■2025年度高等学校受験用

水城高等学校

収録内容一覧

★この問題集は以下の収録内容となっています。また、編集の都合上、解説、解答用紙を省略させていただいている場合もございますのでご了承ください。

（○印は収録、ー印は未収録）

入試問題の収録内容			解説	解答	解答用紙
2024年度	推薦	英語・数学・国語	○	○	○
	一般	英語・数学・国語	○	○	○
	一般再受験	英語・数学・社会・理科・国語	ー	○	○
2023年度	推薦	英語・数学・国語	○	○	○
	一般	英語・数学・国語	○	○	○
	一般再受験	英語・数学・社会・理科・国語	ー	○	○
2022年度	推薦	英語・数学・国語	○	○	○
	一般	英語・数学・国語	○	○	○

★当問題集のバックナンバーは在庫がございません。あらかじめご了承ください。

●凡例●

【英語】

≪解答≫

〔　〕　①別解

②置き換え可能な語句（なお下線は置き換える箇所が2語以上の場合）

（例）<u>I am</u>〔I'm〕glad〔happy〕to～

（　）　省略可能な言葉

≪解説≫

1，**2**…　本文の段落（ただし本文が会話文の場合は話者の１つの発言）

〔　〕　置き換え可能な語句（なお〔　〕の前の下線は置き換える箇所が２語以上の場合）

（　）　①省略が可能な言葉

（例）「（数が）いくつかの」

②単語・代名詞の意味

（例）「彼（＝警察官）が叫んだ」

③言い換え可能な言葉

（例）「いやなにおいがするなべにはふたをするべきだ（＝くさいものにはふたをしろ）」

//　訳文と解説の区切り

cf.　比較・参照

≒　ほぼ同じ意味

【数学】

≪解答≫

〔　〕　別解

≪解説≫

（　）　補足的指示

（例）（右図１参照）など

〔　〕　①公式の文字部分

（例）〔長方形の面積〕＝〔縦〕×〔横〕

②面積・体積を表す場合

（例）〔立方体ABCDEFGH〕

∴　ゆえに

≒　約、およそ

【社会】

≪解答≫

〔　〕　別解

（　）　省略可能な語

＿＿　使用を指示された語句

≪解説≫

〔　〕　別称・略称

（例）政府開発援助〔ODA〕

（　）　①年号

（例）壬申の乱が起きた（672年）。

②意味・補足的説明

（例）資本収支（海外への投資など）

【理科】

≪解答≫

〔　〕　別解

（　）　省略可能な語

＿＿　使用を指示された語句

≪解説≫

〔　〕　公式の文字部分

（　）　①単位

②補足的説明

③同義・言い換え可能な言葉

（例）カエルの子（オタマジャクシ）

≒　約、およそ

【国語】

≪解答≫

〔　〕　別解

（　）　省略してもよい言葉

＿＿　使用を指示された語句

≪解説≫

〈　〉　課題文中の空所部分（現代語訳・通釈・書き下し文）

（　）　①引用文の指示語の内容

（例）「それ（＝過去の経験）が ～」

②選択肢の正誤を示す場合

（例）（ア，ウ…×）

③現代語訳で主語などを補った部分

（例）（女は）出てきた。

／　漢詩の書き下し文・現代語訳の改行部分

水城高等学校

所在地	〒310-0804 茨城県水戸市白梅2-1-45
電　話	029-247-6509
ホームページ	https://www.suijo.ac.jp
交通案内	JR常磐線・水郡線 水戸駅南口より徒歩7分

普通科　男女共学

くわしい情報はホームページへ

応募状況

年度	募集数	受験数	合格数	倍　率
2024	640名	推薦　188名	183名	1.0倍
		一般　3038名	2836名	1.1倍
		一般(再)　978名	938名	1.0倍
2023	640名	推薦　211名	209名	1.0倍
		一般　3504名	3356名	1.0倍
		一般(再)　1008名	968名	1.0倍
2022	640名	推薦　223名	220名	1.0倍
		一般　3716名	3558名	1.0倍
		一般(再)　1200名	1169名	1.0倍

試験科目（参考用：2024年度入試）

推薦・一般：国語・数学・英語(マークシート方式)
一般(再)：国語・数学・英語・理科・社会(記述式)

建学の精神

洗心以て自己の確立を期す

教育の特色

［高校全学年］
・ICT導入による学習の効率化を図り，また資料や動画を用いた効果的な授業を展開している。
・放課後ゼミで実力養成。
・探究型総合学習で深い学びを実現。
［高校１・２学年］
・英語・数学は週６時間の授業。授業と連携したゼミで学習内容の定着を図る。
［高校３学年］
・夏休み前までに主要教科の全課程終了。
・本校独自の総合型選抜・学校推薦型選抜対策を実施。

コース編成

＜SZコース＞
東大・京大・医学部など最難関大学合格を目指す。授業を通して思考力を鍛え，また，アクティブラーニングを積極的に取り入れ，表現力も養成する。

＜SUコース＞
難関国公立・私立大学を目指す。レベルに応じたゼミや習熟度別授業を取り入れ，一人ひとり異なる強みを伸ばしていく。

＜SSコース＞
有名国公立・私立大学を目指す。勉強と部活動を両立できる生活習慣と勉強方法を確立し，習熟度別授業により，着実なレベルアップを目指す。

＜SAコース＞
国公立・私立大学を目指す。スポーツ推薦生も多く在籍。部活動の練習に打ち込んでいる部員たちが安心して取り組むためのシステムを整えている。

合格実績

◎2024年・主な大学合格者数(2024年３月現在)
北海道大２名，東京工業大１名，東京外国語大１名，東北大５名，筑波大15名，千葉大４名，東京学芸大１名，横浜国立大１名，電気通信大１名，山形大６名，宇都宮大２名，埼玉大４名，茨城大38名，信州大２名，九州大１名，早稲田大４名，東京理科大17名，学習院大２名，明治大８名，青山学院大５名，立教大11名，中央大11名，法政大18名，東京電機大９名ほか

編集部注一本書の内容は2024年3月現在のものであり，変更されている場合があります。正確な情報は，学校のホームページ等で必ずご確認ください。

出題傾向と今後への対策　英語

出題内容

	2024		2023		2022	
	推薦	一般	推薦	一般	推薦	一般
大問数	5	5	5	5	5	5
小問数	34	34	34	34	34	34
リスニング	×	×	×	×	×	×

◎大問５題，小問数34問である。出題構成や問題の難易度については例年大きな変化は見られない。

2024年度の出題状況

《推　薦》

1 音声総合・語句解釈
2 文法総合
3 対話文完成―適文選択
4 長文読解総合―会話文
5 長文読解総合―物語

《一　般》

1 音声総合・語句・英文解釈
2 文法総合
3 対話文完成―適文選択
4 長文読解総合―会話文
5 長文読解総合―説明文

解答形式

《推　薦》	記　述／マーク／併　用
《一　般》	記　述／マーク／併　用

出題傾向

多くの受験生にとって取り組みやすい問題となっている。文法，語彙，長文いずれも中学で学習する範囲であり，基礎力の定着度を見る出題構成となっている。解答形式は全問記号選択式となっている。長文読解問題は２題出題されているが，内容は会話文と物語が多い。設問も素直であり，教科書をきちんと理解していれば解けるものが多い。

今後への対策

教科書をていねいに復習し，単語・熟語，文法事項を正確に理解し身につけておこう。文法や単語問題は学校のワークブックや定期テストなどを利用して間違えた問題をきちんと復習しよう。読解問題については薄めの問題集を１冊決めて，何度も繰り返し読み込もう。最後は過去問を解き，問題形式や時間配分を確認しておこう。

◆◆◆◆◆ 英語出題分野一覧表 ◆◆◆◆◆

分野		年度	2022		2023		2024		2025予想※	
			推薦	一般	推薦	一般	推薦	一般	推薦	一般
音声	放送問題									
	単語の発音・アクセント		■	■	■	■	■	■	◎	◎
	文の区切り・強勢・抑揚									
語彙・文法	単語の意味・綴り・関連知識									
	適語(句)選択・補充		●	●	●	●	●	●	◎	◎
	書き換え・同意文完成									
	語形変化		●	●		●			△	◎
	用法選択									
	正誤問題・誤文訂正									
	その他									
作文	整序結合		●	●	●	●	●	●	◎	◎
	日本語英訳	適語(句)・適文選択								
		部分・完全記述								
	条件作文									
	テーマ作文									
会話文	適文選択		●	■	●	■	■	■	◎	◎
	適語(句)選択・補充		●	●	●	●	●	●	◎	◎
	その他									
長文読解	内容把握	主題・表題								
		内容真偽	●	●	●	●	●	●	◎	◎
		内容一致・要約文完成								
		文脈・要旨把握	●	●	●	●	●	●	◎	◎
		英問英答	●	●	●	●	●	●	◎	◎
	適語(句)選択・補充									
	適文選択・補充									
	文(章)整序									
	英文・語句解釈(指示語など)		●	●	●	●	●	●	◎	◎
	その他									

●印：１～５問出題，■印：６～10問出題，★印：11問以上出題。
※予想欄　◎印：出題されると思われるもの。　△印：出題されるかもしれないもの。

出題傾向と今後への対策　数学

出題内容

2024年度

《推薦》　作 証 グ

[1]，[2]は小問集合で，計11問。基本的な計算力や各分野の知識が問われている。[3]は関数で，放物線と直線に関するもの。[4]は平面図形の計量題3問。[5]は空間図形で回転体について問うもの。やや計算が複雑なので，注意を要する。

《一般》　作 証 グ

[1]，[2]は小問集合で，計11問。[3]は関数で，放物線と直線に関するもの。[4]は平面図形で，半円を利用した問題。[5]は空間図形で，正四角錐と立方体を組み合わせた立体について問うもの。回転させてできる立体について問うものもある。

2023年度

《推薦》　作 証 グ

[1]，[2]は小問集合で，計11問。[1]は計算を主とするもの，[2]は各分野からの出題。[3]は関数で，放物線と直線に関するもの。[4]は平面図形で，正三角形を利用した問題。[5]は空間図形で，底面が直角三角形である三角柱について問うもの。

《一般》　作 証 グ

出題構成は推薦とほぼ同じ。[2]では，データの活用から，第1，第2，第3四分位数を求めるものが出題されている。[4]の平面図形は，二等辺三角形と円からつくられた図について問うもの。[5]の空間図形は，直方体について問うもの。

作…作図問題　証…証明問題　グ…グラフ作成問題

解答形式

《推薦》　記述／マーク／併用

《一般》　記述／マーク／併用

出題傾向

[1]，[2]が小問集合，[3]が関数，[4]が平面図形，[5]が空間図形となっている。問題数も大きな変化は見られない。基本～標準レベルの問題中心で，年度により少し難度が高い問題が含まれることもある。解ける問題を確実に得点に結びつけることがカギとなる。

今後への対策

まずは教科書を使って基礎を完成させ，標準レベルの問題集を使ってレベルアップをしていこう。問題はていねいに解き，解法を一つ一つ確認すること。できるだけ多くの問題に当たり，いろいろな解法を身につけるようにするとよい。計算力を要する問題もあるので，計算練習も毎日欠かさず行うようにしよう。

◆◆◆◆◆ 数学出題分野一覧表 ◆◆◆◆◆

分野	年度	2022		2023		2024		2025予想※	
		推薦	一般	推薦	一般	推薦	一般	推薦	一般
数と式	計算，因数分解	★	★	★	★	★	★	◎	◎
	数の性質，数の表し方		●			●	●	△	△
	文字式の利用，等式変形								
	方程式の解法，解の利用	★	★	■	■	■	■	◎	◎
	方程式の応用			●	●	●	●	◎	◎
関数	比例・反比例，一次関数		●			●	●	△	△
	関数 $y=ax^2$ とその他の関数	★	★	★	★	★	★	◎	◎
	関数の利用，図形の移動と関数								
図形	（平面）計量	★	★	★	★	★	★	◎	◎
	（平面）証明，作図								
	（平面）その他								
	（空間）計量	■	★	★	★	★	★	◎	◎
	（空間）頂点・辺・面，展開図	●							
	（空間）その他								
データの活用	場合の数，確率	●	●	●	●	●	●	◎	◎
	データの分析・活用，標本調査			●	●			△	△
その他	不等式								
	特殊・新傾向問題など								
	融合問題								

●印：1問出題，■印：2問出題，★印：3問以上出題。
※予想欄　◎印：出題されると思われるもの。　△印：出題されるかもしれないもの。

出題傾向と今後への対策　国語

出題内容

2024年度

《推　薦》

一 国語の知識　二 論説文　三 小説　四 古文

課題文
二神崎宣武『「おじぎ」の日本文化』
三中村　航『世界中の青空をあつめて』
四『曾呂利物語』

《一　般》

一 国語の知識　二 論説文　三 小説　四 古文

課題文
二池内　了『科学と社会へ望むこと』
三桂　望実『僕は金になる』
四『常山紀談』

2023年度

《推　薦》

一 国語の知識　二 論説文　三 小説　四 古文

課題文
二加藤秀俊『常識人の作法』
三橋本　紡『ひかりをすくう』
四『宇治拾遺物語』

《一　般》

一 国語の知識　二 論説文　三 小説　四 古文

課題文
二西谷　修『私たちはどんな世界を生きているか』
三佐藤まどか『一〇五度』
四『落栗物語』

解答形式

《推　薦》	記　述／マーク／併　用
《一　般》	記　述／マーク／併　用

出題傾向

課題文については，現代文は分量がやや多く，内容も比較的高度なものが選ばれており，古文は分量・内容ともに標準的である。小説は，新しい作家の作品からの出題が多い。設問は，国語の知識に6問，論説文・小説にそれぞれ7問，古文に5問付されており，読解問題中の設問は，8割以上が内容理解に関するものとなっている。

今後への対策

全体の約8割が読解問題なので，現代文・古文ともにしっかりした読解力を養う必要がある。そのためには，問題集に取り組むだけでなく，日頃の読書も必要だろう。また，古文については，文体に慣れておくことが大事である。国語の知識については，参考書などを利用して基本事項を整理し，問題集で確認しておこう。

◆◆◆◆◆ 国語出題分野一覧表 ◆◆◆◆◆

分野		年度	2022 推薦	2022 一般	2023 推薦	2023 一般	2024 推薦	2024 一般	2025予想※ 推薦	2025予想※ 一般
現代文	論説文 説明文	主題・要旨	●	●	●	●	●		◎	◎
		文脈・接続語・指示語・段落関係	●	●	●	●	●	●	◎	◎
		文章内容	●	●	●	●	●	●	◎	◎
		表現	●		●	●		●	◎	◎
	随筆 日記 手紙	主題・要旨								
		文脈・接続語・指示語・段落関係								
		文章内容								
		表現								
		心情								
	小説	主題・要旨					●		△	
		文脈・接続語・指示語・段落関係	●	●	●	●	●	●	◎	◎
		文章内容	●	●	●	●	●	●	◎	◎
		表現	●	●	●	●		●	◎	◎
		心情	●	●	●	●	●	●	◎	◎
		状況・情景								
韻文	詩	内容理解								
		形式・技法								
	俳句 和歌 短歌	内容理解				●				△
		技法								
古典	古文	古語・内容理解・現代語訳	●	●	●	●	●	●	◎	◎
		古典の知識・古典文法								
	漢文	(漢詩を含む)	●	●	●	●	●	●	◎	◎
国語の知識	漢字 語句	漢字	●	●	●	●	●	●	◎	◎
		語句・四字熟語								
		慣用句・ことわざ・故事成語	●	●	●	●	●	●	◎	◎
		熟語の構成・漢字の知識	●	●	●	●	●	●	◎	◎
	文法	品詞	●	●	●	●	●	●	◎	◎
		ことばの単位・文の組み立て								
		敬語・表現技法								
	文学史									
作文・文章の構成・資料										
その他										

※予想欄　◎印：出題されると思われるもの。　△印：出題されるかもしれないもの。

合格を勝ち取るための

本書の使い方

本書に掲載されている過去問をご覧になって，「難しそう」と感じたかもしれません。でも，大丈夫。ほとんどの受験生が同じように感じるのです。高校入試の出題範囲は中学校の定期テストに比べて広いですし，残りの中学校生活で学ぶはずの，まだ習っていない内容からも出題されているかもしれません。

ですから，初めて本書に取り組む際には，点数を気にする必要はありません。点数は本番で取れればいいのです。

過去問で重要なのは「間違えること」です。自分の弱点を知るために，過去問に取り組むのです。当然，間違った問題をそのままにしておいては意味がありません。

本書には，長年にわたって高校受験に関わってきたベテランスタッフによる詳細な解説がついています。間違えた問題は重点的に解説を読み，何度も解きなおしてください。時にはもう一度，教科書で復習するのもよいでしょう。

別冊として，抜き取って使える解答用紙を収録しました。表示してあるように拡大コピーをとれば，実際の入試と同じ条件で，何度でも過去問に取り組むことができます。特に記述問題では解答欄の大きさがヒントになる場合があります。そうした，本番で使える受験テクニックの練習ができるのも，本書の強みです。

前のページにある「出題傾向と今後への対策」もよく読んで，本校の出題傾向に慣れておきましょう。

2024年度 水城高等学校（推薦）

【英　語】（50分）〈満点：100点〉

1　次のA～Cの問いに答えなさい。

A　次の(1)～(3)の各組について，下線部の発音が他の3語と異なる語を，1～4の中から一つずつ選びなさい。

(1)　1　already　　2　pleasure　　3　peace　　4　spend

(2)　1　decided　　2　developed　　3　missed　　4　dropped

(3)　1　call　　2　cold　　3　brought　　4　taught

B　次の(1)～(3)の各組について，最も強いアクセントの位置が他と異なるものを，1～4の中から一つずつ選びなさい。

(1)　1　across (a-cross)　　2　dessert (des-sert)
　　3　goodbye (good-bye)　　4　hundred (hun-dred)

(2)　1　trumpet (trum-pet)　　2　quiet (qui-et)
　　3　protect (pro-tect)　　4　science (sci-ence)

(3)　1　medium (me-di-um)　　2　government (gov-ern-ment)
　　3　delicious (de-li-cious)　　4　everything (ev-ery-thing)

C　次の(1)，(2)の会話について，下線部の語句の意味を推測し，その意味として最も適切なものを，1～4の中から一つずつ選びなさい。

(1)　*A*：My classmates say Henry is the salt of the earth.
　　B：That's true.　He works hard on everything, and he is kind to everyone.
　　A：Oh, I want to become friends with him.

　1　a very bad person　　2　a very good person
　3　a busy person　　4　a unique person

(2)　*A*：Do you have a problem?
　　B：Yes.　I'm all at sea with this math problem.　It's too difficult.
　　A：My brother can help you.　He's a math teacher.

　1　I could find the answer　　2　I want to go to the sea
　3　I love everything　　4　I don't know what to do

2　次のAとBの問いに答えなさい。

A　次の(1)～(5)の（　）に入れるのに最も適切な語(句)を，それぞれ1～4の中から一つずつ選びなさい。

(1)　Have you washed your hands and face (　　)?
　1　a minute ago　　2　still　　3　yet　　4　soon

(2)　The new member (　　) herself to other members.
　1　influenced　　2　interviewed　　3　imagined　　4　introduced

(3)　This is a letter (　　) more than 100 years ago.
　1　write　　2　writing　　3　wrote　　4　written

(4)　I saw Sarah (　　) my way to school this morning.

1　on　　2　in　　3　with　　4　by

(5)　(　　　　) buying a new pen, Paul looked for his old one.

1　According to　　2　Instead of　　3　Thanks for　　4　In front of

B　次の(1)～(3)において(　)内の語を並べかえて自然な英文を完成させたとき，(　)内で２番目と４番目にくる語はそれぞれどれか。１～５の中から一つずつ選びなさい。ただし，文頭にくる語も最初の文字は小文字で示されている場合があります。

(1)　We're (1　be　　2　will　　3　late　　4　she　　5　afraid) again.

(2)　(1　tired　　2　I　　3　if　　4　were　　5　not), I could go out.

(3)　The (1　made　　2　news　　3　mother　　4　my　　5　sad).

3　次の(1)～(3)の会話文の意味が通じるように，それぞれの(　)内に入る最も適切なものを１～４の中から一つずつ選びなさい。

(1)　*A* :　Excuse me.　I'm looking for a white hat.

B :　I'm sorry, (　　　　).

A :　OK, I'll try another shop, but thank you for your help.

1　we have a lot of white ones

2　these hats don't look good

3　it's over there

4　we don't have any hats

(2)　*A* :　Thank you for the wonderful meal.　Now I'm full.

B :　Oh, are you?　(　　　　)

A :　Really?　I'm full, but I can't say no to dessert!

1　I can eat more than you did.

2　I have some dessert for you.

3　You ate a lot of desserts.

4　You shouldn't eat so much.

(3)　*A* :　I know a good restaurant.　Let's go there and have lunch together.

B :　Actually, (　　　　).

A :　Oh, I see.　OK, then see you after lunch.

1　I know which restaurant you are talking about

2　I haven't eaten anything since this morning

3　I have some bread and I'm going to eat it for lunch

4　the restaurant is good, but it's only open for lunch

4　次の会話文を読んで，あとの(1)～(3)の問いに答えなさい。(＊のついた語は注があります)

Keita :　Hello, everyone.　For three months, we, the members of the English club, have practiced for the English debate contest in our city.　Now there is only one week left.

Shunsuke :　I'm getting (　ⓐ　) day by day.

Mana :　Don't worry.　We've practiced a lot, so we will do well in the contest.　By the way, I've been thinking of something about the contest.　Why don't we make T-shirts for our club and wear them to the contest?

Riko :　Can we do that?　I thought [　A　] in the contest.

Mana : I'm sure we don't have to. In the contest last year, students at Minami High School were not wearing their school uniforms. They were wearing their club T-shirts. Those T-shirts looked cool, so I hope we can do the same thing.

Keita : If we do so, that will be nice. What do you all think ?

Riko : I agree.

Shunsuke : I want to do that, too. But ［　B　］?

Mana : I know a good T-shirt shop. It's near the station. If we bring a design to the shop, they will print it on the T-shirts.

Shunsuke : I see. ［　C　］. Can we get the T-shirts during that time ?

Mana : No problem. I hear they can make them in four or five days.

Keita : Wait. I want to ask a very important question. ［　D　］?

Mana : One is 3,000 yen, but the price is half for students.

Keita : Great, it's not very (ⓑ). I think we can buy them. OK, let's do that.

Riko : Then we need to think about what they should look like. Does anyone have any ideas ?

Shunsuke : I do. We are students of Hoshiyama High School. How about putting white *letters to show our school's name on a black T-shirt ? Under the letters, we'll show two mountains and one big star between them.

Mana : Wonderful. It will look like a beautiful night sky.

（注） letter：文字

(1) A～Dの［　］に入れるのに最も適切なものを，それぞれ1～4の中から**一つずつ**選びなさい。

A　1　we had to wear our school uniforms
　　2　we had to make T-shirts for our club
　　3　we needed to see students from other schools
　　4　we needed to buy something to wear

B　1　how can we get to the T-shirt shop
　　2　how can we make our T-shirts
　　3　do you agree with Riko about that
　　4　which T-shirt is good for that

C　1　We have much time after the contest
　　2　The contest is held on the weekend
　　3　There are three days before the contest
　　4　We have only seven days until the contest

D　1　How long will we wait
　　2　Why is the price so high
　　3　How much will they be
　　4　How will they make our T-shirts

(2) ⓐとⓑの(　)に入れるのに最も適切な語を，それぞれ1～4の中から**一つずつ**選びなさい。

ⓐ　1　excited　　2　nervous　　3　bright　　4　ready

ⓑ　1　effective　　2　cheap　　3　expensive　　4　awesome

(3) 次の1～4の絵の中で，英語部員たちが市の討論コンテストで着ると会話文で言っているTシャツのデザインを**一つ**選びなさい。

1

2

3

4

5 次の英文を読んで，あとの(1)，(2)の問いに答えなさい。（*のついた語は注があります）

Aya is a Japanese painter working in Tokyo. When she was a child, she liked painting very much. She enjoyed it every day in elementary school. In junior high school, everyone agreed that she was very good at it.

When she was in high school, she thought of becoming a painter, so she decided to go to an art college. Becoming a painter started to become *realistic, and she began thinking about the career more *seriously little by little. At college, she studied very hard to make her career as a painter.

After college, she didn't start working for a company. She decided to become an *independent painter. She knew that it would not be easy for her, but she wanted to try. It was actually very hard for her, but that didn't stop her. She kept making pieces and tried to improve her skills and *gain experience.

It was a long hard period for her after college. She held a few small *exhibitions in the city and sold some pieces. However, it was very difficult to get enough money to live. She almost gave up on her career as a painter.

One day, when she checked her e-mails in the morning, she found one written in English. When she opened it, she understood that the e-mail was from a man living in the U.S. The e-mail said, "Hello, my name is Kyle. I would like to ask *if you send your pieces overseas. I'm very interested in buying a piece." She was surprised to see the message. She wrote back, "Hi, Kyle. I've never sent one overseas, but I can do that. Which painting would you like, and where do you want me to send it ?"

After a few e-mails with Kyle, she learned a few things about him. She asked, "Where did you find my paintings ?" He answered, "One of my friends in Japan saw your paintings at your exhibition and told me about them. He sent me some photos, and I liked all of them but especially loved one of them. That is the painting I bought."

Aya started crying. She decided to tell him her feelings. "When I received your message, it saved me. I wasn't feeling happy with my career situation. But your messages gave me hope." Then, he wrote, "I think your paintings are fantastic. I love them because I can almost feel your feelings, and I think that's a wonderful thing. Please understand that there are people who like your art all over the world."

At this moment, she remembered, "Why did I want to become a painter ? Because I hoped people would feel something from my paintings."

A few years passed. Now her pieces are getting popular little by little. She holds an exhibition every season and receives more orders every month. Sometimes it's not easy for her, but she keeps working hard.

（注） realistic：現実的な　seriously：真剣に　independent：独立した　gain ～：～を得る
exhibition：展示会　if ～：～かどうか

(1) A～Eの問いに対する答えとして最も適切なものを，それぞれ１～４の中から**一つずつ**選びなさい。

A．When did Aya get the dream to be a painter ?
1 Before she started elementary school.
2 When she was in elementary school.
3 When she was in junior high school.
4 When she was in high school.

B．What did Aya decide to do after college ?
1 She decided to work for a company.
2 She decided to go abroad to study art.
3 She decided to work as a painter.
4 She decided to become an art teacher.

C．Why did Kyle send his first e-mail to Aya ?
1 To tell Aya he was surprised at her great pieces.
2 To ask Aya to teach him how to make good pieces.
3 To tell Aya sending her pieces overseas was easy.
4 To ask Aya to sell and send her painting to him.

D．How did Kyle learn about Aya's paintings ?
1 One of Aya's friends sent him some photos of them.

2　He was told about Aya's paintings by his friend.
3　He went to Japan and visited Aya's exhibition.
4　He heard about Aya when he lived in Japan.

E．Which is true about Aya's life today ?
1　She holds exhibitions four times a year.
2　She receives as many orders as before.
3　She makes two pieces every week.
4　She thinks she can make good pieces easily.

(2)　本文の内容に合う文を，次の１～７の中から**三つ**選びなさい。
1　When Aya was a child, some people told her becoming a painter was not realistic.
2　Before getting the e-mail from Kyle, Aya held more than one exhibition.
3　At college, Aya suddenly stopped making pieces because she couldn't do it.
4　When Aya received the first e-mail from Kyle, she couldn't understand his English.
5　Kyle bought several pieces made by Aya through e-mails.
6　Kyle told Aya there were people who liked her art all over the world.
7　Aya decided to be a painter because she wanted her paintings to give people some feelings.

【数　学】（50分）〈満点：100点〉

1　次の $\boxed{}$ にあてはまる数を答えなさい。

(1)　$-10-3\times(8-4^2)=\boxed{\text{アイ}}$

(2)　$\sqrt{18}\times\sqrt{3}-\dfrac{6}{\sqrt{6}}=\boxed{\text{ウ}}\sqrt{\boxed{\text{エ}}}$

(3)　$(3a+b)^2-2b(a-4b)=\boxed{\text{オ}}a^2+\boxed{\text{カ}}ab+\boxed{\text{キ}}b^2$

(4)　$6x^2-36x-96$ を因数分解した式は $\boxed{\text{ク}}(x+\boxed{\text{ケ}})(x-\boxed{\text{コ}})$ である。

(5)　連立方程式 $\begin{cases}5x-8y=11\\3x-4y=9\end{cases}$ の解は $x=\boxed{\text{サ}}$，$y=\boxed{\text{シ}}$ である。

(6)　2次方程式 $x^2-2x-14=0$ の解は $x=\boxed{\text{ス}}\pm\sqrt{\boxed{\text{セソ}}}$ である。

2　次の $\boxed{}$ にあてはまる数を答えなさい。

(1)　$80n$ がある自然数の2乗になるような自然数 n のうち，最も小さい値は，$n=\boxed{\text{ア}}$ である。

(2)　絵画教室に通う中学生に用意した画用紙を配るのに，1人4枚ずつ配ると22枚余り，1人6枚ずつ配るには12枚足りない。

このとき，中学生の人数は $\boxed{\text{イウ}}$ 人，画用紙の枚数は $\boxed{\text{エオ}}$ 枚である。

(3)　反比例 $y=\dfrac{a}{x}$ について，x の変域が $2\leqq x\leqq 4$ のときの y の変域は $8\leqq y\leqq b$ である。このとき，$a=\boxed{\text{カキ}}$，$b=\boxed{\text{クケ}}$ である。

(4)　袋の中に，-3，-2，-1，1，2，3の数が1つずつ書かれた6枚のカードが入っている。この袋から2枚のカードを同時に1回取り出すとき，取り出した2枚のカードに書かれた数の積が正の数である確率は，$\dfrac{\boxed{\text{コ}}}{\boxed{\text{サ}}}$ である。ただし，どのカードが取り出されることも同様に確からしいとする。

(5)　右の図のように，△ABC の内部に点Dがあり，∠ABD＝∠DBC，∠ACD＝∠DCB，∠BAC＝58°のとき，∠BDC＝$\boxed{\text{シスセ}}$°である。

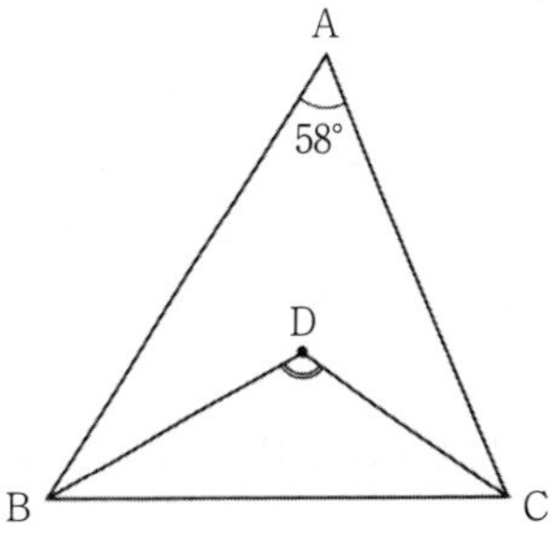

3　右の図において，2点A，Bは放物線 $y=ax^2\,(a>0)$ 上の点で，点Aの x 座標は -2 であり，点Bの x 座標は2より大きい。点Aを通り線分 OB に平行な直線と x 軸との交点をCとし，点Bを通り x 軸に平行な直線と直線 AC との交点をDとする。

次の $\boxed{}$ にあてはまる数を答えなさい。ただし，Oは原点とし，座標軸の1目盛りの長さは1cm とする。

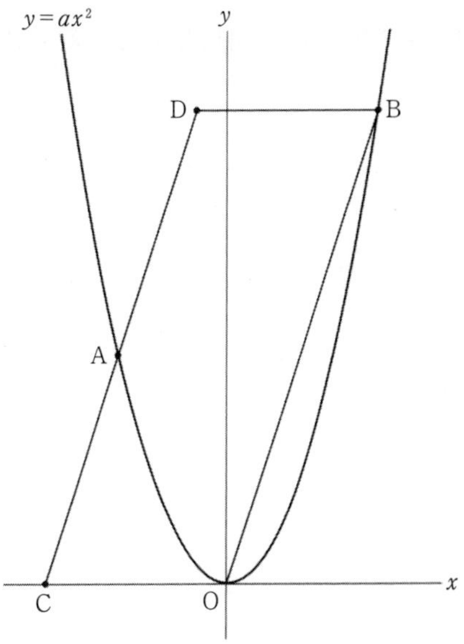

(1)　$a=1$，点Bの x 座標が3のとき，次の①，②の問いに答えなさい。

①　点Bの y 座標は $\boxed{\text{ア}}$ である。

②　直線 AC の式は $y=\boxed{\text{イ}}x+\boxed{\text{ウエ}}$ である。

(2)　点Cの x 座標が -3，四角形 BDCO の面積が 42cm^2 のとき，$a=\dfrac{\boxed{\text{オ}}}{\boxed{\text{カ}}}$ である。

4 　右の図のように，線分 AB を直径とする円Oがあり，直線 l は点Bにおける円Oの接線である。直線 l 上に点Bと異なる点Cをとり，線分 AC と円Oとの交点のうち点Aと異なる点をDとする。また，点Oから線分 AC にひいた垂線と線分 AC との交点をEとし，直線 EO と円Oとの交点のうち，線分 AB に対して点Eと反対側にある点をF，直線 l との交点をGとする。さらに，点Aと点F，点Bと点Dをそれぞれ結ぶ。

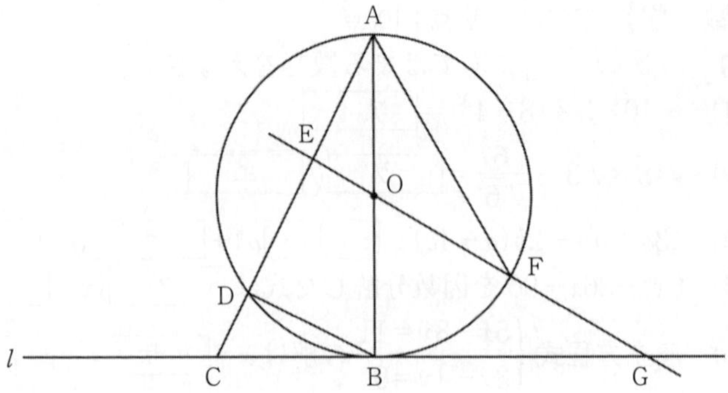

次の $\boxed{}$ にあてはまる数を答えなさい。

(1)　$\angle CAB = a^\circ$ とすると，$\angle BAF$ の大きさは $\left(\boxed{\text{アイ}} - \dfrac{a}{\boxed{\text{ウ}}}\right)$ 度である。

(2)　AB＝6cm，CB＝3cm のとき，次の①，②の問いに答えなさい。

①　線分 BG の長さは $\boxed{\text{エ}}$ cm である。

②　四角形 EDBO の面積は $\dfrac{\boxed{\text{オカ}}}{\boxed{\text{キ}}}$ cm^2 である。

5 　右の図は，AB＝5cm，AE＝3cm，BE＝4cm，$\angle AEB = 90^\circ$ の直角三角形 ABE と，1辺の長さが 4 cm の正方形 BCDE を組み合わせた四角形 ABCD である。辺 AB 上に AM：MB＝1：2 となる点Mをとり，辺 CD 上に MN∥AD となる点Nをとる。この四角形 ABCD を直線 AD を回転の軸として回転させる。

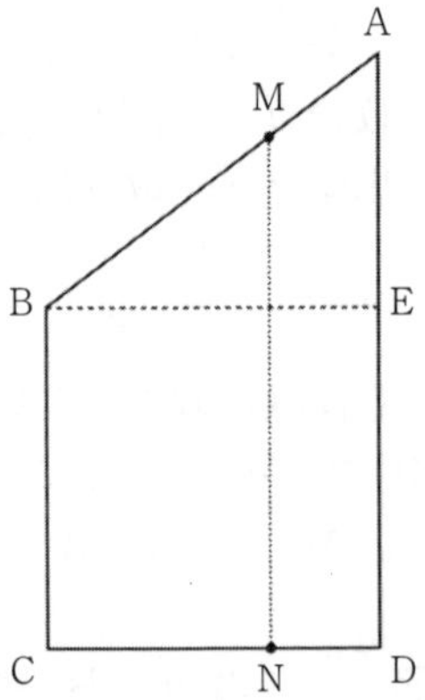

次の $\boxed{}$ にあてはまる数を答えなさい。ただし，円周率は π とする。

(1)　点Nが 270° 回転してできる弧の長さは $\boxed{\text{ア}}$ π cm である。

(2)　線分 MB が 1 回転してできる曲面の面積は $\dfrac{\boxed{\text{イウエ}}}{\boxed{\text{オ}}}$ π cm^2 である。

(3)　△MCD が 1 回転してできる立体の体積は $\dfrac{\boxed{\text{カキク}}}{\boxed{\text{ケ}}}$ π cm^3 である。

＊3　法螺の貝…山伏が山中での連絡や合図のために持っている楽器。
＊4　引導…葬儀において、死者を死後の世界に導くための儀式。

(1)　――①「不思議に思ひ」とあるが、山伏はどのようなことを不思議に思ったのか。最も適当なものを、次の1～5の中から選びなさい。

1　それまでは何もなかった場所に、突然墓場が現れたこと。
2　長い時間歩いたのに、まったく時間が過ぎていないこと。
3　山道を歩いていたのに、いつの間にか野に出ていたこと。
4　周囲を見渡しても、宿泊できそうな場所がなかったこと。
5　まだ昼間であるはずなのに、急に周囲が暗くなったこと。

(2)　――②「折しもあれ、かかる所に来たりぬる事」とあるが、どういう意味だと考えられるか。最も適当なものを、次の1～5の中から選びなさい。

1　ちょうどよく、墓場という宿泊に適した場所を見つけることができた。
2　珍しいことに、墓場という人の少ない場所に大勢の人が集まっている。
3　よりによって、葬儀という不気味な場面に居合わせてしまったものだ。
4　残念なことに、葬儀という神聖な儀式に参列することはできなかった。
5　ちょうど今は、葬儀という自分の役割を果たせる場面に来ているのだ。

(3)　――③「知らぬ道をひとり行くは覚束なき」とあるが、その具体的な内容として最も適当なものを、次の1～5の中から選びなさい。

1　葬儀を終えた参列者たちが、火葬場の屋根の上にいた山伏を見つけ、道案内を欲する山伏の心情を理解したということ。
2　火中から飛び出した死者が、死後の世界へと向かう未知の道のりを一人で進むことを、心細いと思っているということ。
3　突然生き返った死者が、これからは人前に姿を見せずに一人で孤独に生きていくことを、不安に思っているということ。
4　火葬場の屋根の上にいた山伏が、死者を生き返らせる儀式を目撃し、その技を体得する方法を思案しているということ。
5　墓場を立ち去ろうとした山伏が、その先の道が死後の世界に向かっているように感じ、恐怖心を抱いているということ。

(4)　――④「貝に驚きし狐の意趣」とあるが、その具体的な内容として最も適当なものを、次の1～5の中から選びなさい。

1　狐は、昼寝をして静かに休んでいた自分の心を乱した山伏への罰として、仲間の力を借りて山伏の命を奪った。
2　狐は、昼寝をしていた自分を起こして命を救った山伏への恩返しとして、幻想的で美しい光景を山伏に見せた。
3　狐は、昼寝をしていた自分に悪事を働いた山伏への報いとして、墓場で一夜を過ごすように山伏を誘導した。
4　狐は、昼寝をして葬儀に遅れるところだった自分を起こした山伏への返礼として、狐の儀式に山伏を招待した。
5　狐は、昼寝をしていた自分にいたずらをした山伏への仕返しとして、墓場で死人に襲われる幻を山伏に見せた。

(5)　この文章の内容に合うものとして最も適当なものを、次の1～5の中から選びなさい。

1　親切心から動物を助けたが、むしろ悪い結果を引き起こしてしまった山伏の話である。
2　動物をひどくいじめるという悪行によって、死後にその報いをうけた山伏の話である。
3　狐を助けたことによって神の加護を受け、窮地を脱することができた山伏の話である。
4　たわむれに動物をいじめることで、思わぬ事態におちいってしまった山伏の話である。
5　軽率な行動によって神の使いである狐を傷つけて、神の怒りをかった山伏の話である。

4　途方に暮れる　　5　泡を食う

(7)　次は、この文章を読んだ五人の生徒が述べた感想である。この文章の内容に合っている感想を、次の1〜5の中から一つ選びなさい。

1　Aさん「和樹は、祖父に頼まれたこととはいえ、熱中症の恐れもある季節に祖父を山の上まで連れ出した自分の行為に後ろめたさを感じています。そのため、家に帰ると、和樹は水分を補給するように祖父に促しています。封筒を開けた場面で祖父が胸の痛みを感じたのは心臓の病気の再発が原因ですが、和樹は責任を感じているようです。」

2　Bさん「祖父は、山の上の場面で、自分が過去に何らかの不義理をしたことを和樹に告げました。二人が家に戻ったあと、祖父から渡された古い封筒の中に入っていた手紙を読んだ和樹は、祖父が過去に開催された東京オリンピックで何らかの競技のコーチを務めていたことを知り、自分の知らなかった祖父の意外な過去に驚いています。」

3　Cさん「祖父は、果樹園の仕事に没頭するうちに、過去に開催された東京オリンピックに関連して自分がしてしまった何らかの不義理を、無意識に心の奥底に封じ込めていたのだと思います。しかし、二度目の東京でのオリンピック開催が決まったことをきっかけに過去の自分の不義理が思い出されて、深く苦悩しているのだと思います。」

4　Dさん「和樹は、夢を追いかけるために東京に行き、夢を諦めて実家に戻ってきたことについて、自分のなかにはまだやり残したことがあると感じています。そのことを見抜いた祖父は、和樹に夢を追い続けてほしいと考え、和樹と二人で山の上に行き、祖父自身が自分の人生の中で大きく後悔していることについて話したのだと思います。」

5　Eさん「和樹は、祖父に渡された封筒に入っていた二枚の写真のうち、地面と木の根本が写っている写真の意味を理解できずにいましたが、手紙を読んで、その写真は『わたしたちの約束』が埋められた場所の写真だと気づきました。和樹が、その場所と手紙に名前のある五人を祖父の代わりに訪ね、再び東京に出向く展開が予想されます。」

四

次の文章を読んで、あとの(1)〜(5)の問いに答えなさい。

ある＊1山伏、＊2大峰より駆け出《い》で、ある野を通りけるに、ここに狐《きつね》、昼寝して居たりけるを、立ち寄り、耳の元にて＊3法螺《ほら》の貝をしたたかに吹きければ、狐肝を潰し、行き方知らず逃げにけり。其《そ》の後《のち》山伏は、猶《なほ》ゆきけるが、いまだ未《ひつじ》の刻《とき》《午後二時》ばかりにやと思ふ頃、空かき曇り、日暮れぬ。①不思議に思ひ道を急ぎけれども、野遠くして泊まるべき宿もなし。ある三昧《さんまい》《墓場》に行きて、火屋《ひや》《火葬場》の天井に上がりて臥《ふ》しにけり。

かかりける所に、何処ともなく幽《かす》かに光りあまた見えけるが、次第に近付くままに、よく見れば、其の三昧へ葬礼するなり。凡《およ》そ二、三百人もあらんと思しくて、その体《てい》美々しく、＊4引導など過ぎて、やがて死骸に火をかけ、各《おのおの》かへりぬ。山伏は②折しもあれ、かかる所に来たりぬる事と思ふに、漸《やうや》う焼けぬべき所、死人火の中より身ぶるひして飛び出で、あたりをきつと見回しけるが、山伏を見つけて、「何者なればそこにおはしますぞ。③知らぬ道をひとり行くは覚束《おぼつか》なきに、我と共にいざ給《たま》へ」と、山伏に飛びかかりければ、そのまま山伏は消え入りぬ《気絶した》。

ややしばらく有りて、漸う気をとり直し見れば、いまだ昼の七ツ《午後四時くらい》時分にて、しかも三昧にてもなかりけり。さてこそ、④貝に驚きし狐の意趣とは知られけり。

（「曾呂利物語」）

（注）　＊1　山伏…山中で修業をする修験道《しゅげんどう》（山岳崇拝を基本とする日本独自の宗教）の修行者。

＊2　大峰…修験道の聖地とされる場所。

れながら果樹園を大きくしてきた祖父の苦労を思いやるとともに、これからは両親と自分が果樹園を守っていこうと決意している。

4　普段は口数の少ない祖父がいつになく言葉を発し、自分がみかんとともに歩んできたこれまでの人生を誇らしく語る祖父の様子に違和感を抱き、祖父に何かあったのだろうかと心配している。

5　過酷で理不尽なこともあり、きめ細かさや創意工夫が求められる果樹園の仕事に長らく従事し、山の上から見渡せるすべてのみかん畑を作って守り続けてきた祖父に、尊敬の念を抱いている。

(4)　――②「和樹は驚きながら、祖父を見つめた」とあるが、その理由として最も適当なものを、次の1～5の中から選びなさい。

1　長い間果樹園を維持してきた祖父が、自分の手の届く範囲にある大切と考えているものを守り続ける生き方だけでなく、手の届かないものを追うような生き方について話し始めたことを意外に思ったから。

2　手の届く範囲のものごとを守り続ける生き方を続けてきた祖父が、その姿勢をこれから改めることによってより良い生き方を模索していることを知り、和樹にはない向上心を持っていることに感動したから。

3　いつもは自分とあまり話をしない祖父が、和樹が東京に未練を持っていることを感じとったうえで、自分の生き方について振り返る言葉をかけることで和樹を激励しようとしていることを疑問に思ったから。

4　果樹園の経営を成功させた年齢の離れている祖父が、和樹と同様に東京でやり残したことがあることを知ったものの、すべてを失くしてもいいという言葉には共感ができずに納得もできないと思っていたから。

5　自分の手の届く範囲のものを精一杯守ることで今の生活を守ってきた祖父が、今になって手の届かないものを求めるような生き方を理想としていることを知り、無謀な考えだと思ってあきれてしまったから。

(5)　――③「取り戻せないことも、あるのかもな……」とあるが、このときの和樹の気持ちとして最も適当なものを、次の1～5の中から選びなさい。

1　「わたしは、不義理をしてしまった」、「お前は、誰かに、不義理をしてはいないか？」という祖父の言葉と問いが、不義理をされたことばかりであった東京での生活を思い出させ、一度壊れた人間関係は容易には回復できないことを痛感している。

2　「わたしは、不義理をしてしまった」、「それは、取り戻せるのか？」という祖父の言葉と問いから、取り戻すことのできない不義理をしたことを気に病む祖父の気持ちを感じ取り、その気持ちに寄り添うことで祖父の心を軽くしたいと思っている。

3　「お前は、誰かに、不義理をしてはいないか？」、「それは、取り戻せるのか？」という祖父からの立て続けの問いを受け、かつて自分が一方的に別れを告げた恋人のことに思い当たり、その恋人と十分に言葉を交わさなかったことを後悔している。

4　「お前は、誰かに、不義理をしてはいないか？」、「……してない、わけじゃないと思うけど」というやりとりを祖父と交わしたことで、自分が一方的に連絡を絶ってしまったかつての恋人との関係をできれば修復したいという思いを抱いている。

5　「……してない、わけじゃないと思うけど」、「わからない……けど」という煮え切らない返事しかできなかったことで、過去に失ったものに執着している自分の心の弱さを知り、目の前の仕事に必死に取り組む祖父のように生きたいと願っている。

(6)　――④「どうした？　じいちゃん！」とあるが、このときの和樹の気持ちを表す慣用句として最も適当なものを、次の1～5の中から選びなさい。

1　水を差す　　2　舌を巻く　　3　しびれを切らす

祖父のことをちらり、と見やり、和樹はその文を声にだした。

――コーチへ。わたしたちの約束をここに埋めました。オリンピックの年に、一緒に掘り起こしましょう。

コーチというのは誰のことだろう、と疑問に思いながら、和樹は続けた。

「あと、名前と学校が書いてあるよ。東京都、練馬《ねりま》区立開進第二中学……谷井《たにい》康《やすし》、原田《はらだ》ただいち、山本《やまもと》……じのう？ それから、根本《ねもと》美代子《みよこ》、牧口孝子《まきぐちたかこ》、だって」

ちょうどそのとき、軽トラックのエンジン音が聞こえた。父母が帰ってきたのかな、と、和樹は顔をあげる。次に顔を戻したときに、祖父の異変に気付いた。

「④どうした？ じいちゃん！」

祖父は胸の辺りを手で押さえていた。明らかに異変とわかる表情で、荒い息を吐いている。

「大丈夫か？ 苦しいんか？」

和樹は慌てて祖父の脇に駆け寄り、顔をのぞき込んだ。【オ】

「どうした？ じいちゃん大丈夫か？」

祖父の肩に手をやると、うめき声のようなものが聞こえた。

「どこが苦しい？ 胸か？ 痛いのか？」

祖父の手を握ると手が冷たくて驚いてしまった。熱中症なのか、あるいは心臓の病気か何かだろうか。

「……痛い」

蚊《か》のなくような声が聞こえた。

「大丈夫か？ 救急車呼ぶか？」

「どうした、和樹！」

父の声が聞こえ、母も部屋に駆け込んできた。祖父の口から、またうめき声がもれる。

「じいさん、どうした？」

「熱中症かもしれない。それか心臓か。胸が痛いらしい」

「母さん、食塩水持ってきてくれ。じいさん、返事できるか？」

和樹がとまどっている間に、父母はばたばたと動いた。祖父は口を半開きにしたまま、荒い息を吐き続けた。

（中村　航「世界中の青空をあつめて」。一部省略）

（注）＊　十時…午前十時。和樹の両親はまだ涼しい朝のうちから畑仕事を始め、午前十時ごろに一度家に戻ってくる。

(1) ‖a～‖dのときの和樹の心情を表す言葉の組み合わせとして最も適当なものを、次の1～5の中から選びなさい。

1　a　配慮　b　諦め　c　不安　d　歓喜
2　a　尊敬　b　失望　c　心配　d　困惑
3　a　感動　b　怒り　c　後悔　d　混乱
4　a　卑屈　b　悲痛　c　決意　d　疑問
5　a　観念　b　落胆　c　焦り　d　驚嘆

(2) 本文には、次の一文が抜けています。これを入れる位置として最も適当なものを、あとの1～5の中から選びなさい。

そういえば祖父は朝にも、そこで何かをしていた。

1　【ア】　2　【イ】　3　【ウ】　4　【エ】　5　【オ】

(3) ――①「果樹園を見下ろす祖父の横顔を、和樹はじっと見つめた」とあるが、このときの和樹の気持ちとして最も適当なものを、次の1～5の中から選びなさい。

1　広大な藤川家のみかん畑が一望できる山の上を訪れ、谷間の木が全部流された昭和四十七年の災害における苦い思い出をありありと語る祖父の言葉に耳を傾け、祖父の心情を思いやっている。

2　太陽の光が燦々とふりそそぎ、濃い緑に実った果実がこれから一斉に熟していく時期に祖父が自分と二人きりで山の上を訪れたことの意味を考え、祖父の次の言葉を待ちながら緊張している。

3　長い人生をかけ、周囲からのさまざまな評価や疑問を聞き入

「……じいちゃん」

また何かを問いかけたくなった和樹は、祖父を見やった。いつの間にか祖父は目を閉じてシートにもたれている。【ウ】

祖父の深い皺は、長い年月の苦労を感じさせた。（中略）

「大丈夫か？　疲れただろ？」

家に戻った和樹は、座椅子に祖父を座らせた。そのまま台所に行って、麦茶をコップに注いだ。時刻はもう＊十時を過ぎていたから、そろそろ父母が戻ってくるかもしれない。

「じいちゃん、麦茶飲みなよ。車しまってくるから」

祖父の手元に麦茶を置き、和樹は外に出た。玄関の前まで入れた運搬車を、車庫に向かってバックさせる。cエンジンを切ると、また急いで祖父のもとに戻る。

「あれ、じいちゃん？」

麦茶には手がつけられておらず、祖父は仏壇の前にいた。【エ】仏壇台の引き出しから何かを取りだした祖父が、ゆっくりと振り返った。よろよろと歩く祖父の表情が、青ざめているように見えた。

「どうしたの？　それ何？」

祖父は黙ったまま座椅子に腰をおろした。目を閉じる祖父の膝に、仏壇台の引き出しから取りだした封筒が乗っている。

「……和樹、これを開けてくれ」

眉間に深い皺を寄せた祖父が、荒い息を吐いた。

「いいけど、じいちゃん、麦茶飲みなって」

ハイバックの座椅子に深くもたれた祖父の膝の上から、封筒を手に取った。何か書類でも入っているのだろうか、と、その古い封筒に目を落とす。口のところが玉ひもで綴《と》じられている。

「開けるよ」

目を閉じたままの祖父を気にしながら、くるくると玉ひもをほどいた。中をのぞくと、また茶封筒が入っている。それを取りだした和樹は、祖父のことを忘れるほど驚いてしまった。

これは一体、どういうことなのだろう……。

古い茶封筒には、のりで封がされていた。封筒の表に文字が書いてある。

――もしもオリンピックが東京に決まったら、この封筒を開けてください。

もしもオリンピックが東京に決まったら……？

つまり先日、オリンピックの東京開催が決まったから、この封筒を開けるということなのだろうか。

「これを開ければいいの？　じいちゃん」

振り返って尋ねると、祖父は目を閉じたまま小さくうなずいた。

和樹は少し緊張しながら茶封筒を裏返した。乾燥したのり付けの部分を、丁寧に剝がしていく。

「dこれは……写真……と手紙が入ってるよ、じいちゃん」

封筒には白黒写真と便せんが入っていた。目を閉じたままの祖父は返事をしない。

写真は二枚あった。かなり古くて写真同士がくっついてしまっている。ぺりり、と、慎重にその二枚を剝がす。

一枚は意味のわからない写真だった。何の変哲もない地面と木の根本が写っている。もう一枚には何人かの手が写っていた。それぞれ輪っかを作った手が、五つの方向から差しだされ、中央に集まっている。輪っかを作った、五つの手……。五つの輪……。

やがて和樹は気付いた。これはもしかしたら、五輪のマークを模しているのかもしれない。

「何て、書いてある？」

祖父のかすれた声が聞こえて、和樹は写真から便せんに目を移した。

五つの署名が目に入った。その前に短いメッセージが書かれてある。

「何か書いてあるけど……、読むよ、じいちゃん」

続ける」
前方から目を離した祖父が、やがてゆっくりと首を曲げた。
「だが、それとは全く別の、ものごとがある」
祖父の目はゆっくりと和樹の目をとらえた。
「手の届かないものを、追い続ける。すべてを失くしてもいい、と思えるくらいに」
②和樹は驚きながら、祖父を見つめた。普段は、ああ、とか、うん、とか言うくらいで、ほとんどしゃべらない祖父のどこから、その言葉は生まれたのだろう。
「お前は、東京に戻らないのか？」
祖父がまた口を開いた。【イ】
「うん……今は考えてないけど」
「それで、本当にいいのか？ 親の反対を押しきってまで東京に行って……、やり残したことはないのか？」
「そういうのは、多分ないけど」
夢を追いかけるために東京に行って、夢を諦めて実家に戻ってきて、でも自分のなかにはまだやり残したことがあって――。
そんな説明は、自分にはまるで当てはまらない気がした。だけど、そうなんだろ？ と他人に訊《き》かれたなら、うなずいてしまってもいいような気もする。それで納得してくれるのなら、言葉を尽くしてまで説明する必要はない。
「やり残したことって、じいちゃんにはあるの？」
「ないと思っていた」
祖父はまた前に視線を戻した。その横顔に刻まれた深い皺《しわ》を、和樹は仰ぐように見つめた。
「わたしは、不義理をしてしまった」
「不義理？」
祖父はじっと果樹園を見つめる。
「お前は、誰かに、不義理をしてはいないか？」
「……してない、わけじゃないと思うけど」
「それは、取り戻せるのか？」
「わからない……けど」
黙ったままじっと前を見つめる祖父と一緒に、和樹も果樹園を見つめる。
過去を思えば、不義理をされたことばかりのような気がした。あのとき以来、こんなに人は変わるものか、というくらい、多くの人が和樹に対して態度を変えた。b多くの人が関わりを避けるように、和樹の前から消えていった。
だけど、自分にも同じようなことはあったかもしれない。例えば、あのころ付き合い始めた彼女に対して、自分はずいぶんひどかったのではないか、と自覚している。彼女に迷惑をかけたくないという理由で一方的に別れを告げて、それ以降、連絡をとらなかった。
突然、連絡を絶つようなことをした和樹に、彼女はずいぶん心配したかもしれないし、傷ついたかもしれないし、憤《いきどお》ったかもしれない。付き合い始めたばかりだったから、彼女はわけがわからなかっただろう。
そうするしかなかったと今でも思っているが、そう思い込んでいる、というほうが正確なのかもしれない。どちらにしても、あのころの自分にはそれしかできなかった。
申し訳ないことをしてしまった彼女には、今さら合わせる顔はなかった。謝って許してもらっても、自分が楽になるだけで、何かを償えるわけではない。
「③取り戻せないことも、あるのかもな……」
呟いた和樹は、目を細めてみかん畑を見つめた。
守り続けただけだという祖父の果樹園は、毎年、秋になると果実を実らせる。土地と太陽が育んだその果実は、全国へと出荷され、海を渡るものだってある。
だけど和樹が育てようとしたものは、もう影も形もなかった。今の自分には、守っているものなんてない。これから何を守ればいいのかもわからない。

できた歴史をたどりながら、「おじぎ」の文化的な特徴について述べた上で、日本人は「おじぎ」という日本文化に理解と誇りを持っているということを国際社会に発信するべきだと主張している。

3　「おじぎ」がスポーツ競技にとり入れられるようになった理由を考察しながら、複数の具体的な競技を示し、日本人は「おじぎ」という日本文化に理解と誇りを持つことによって、スポーツにおける国際的な競争力を高めていくべきだと主張している。

4　「おじぎ」にみられる日本人の精神性を示しながら、日本国内で「おじぎ」を軽視する傾向が散見される現状に触れ、日本人は「おじぎ」という日本文化に理解と誇りを持った上で、国際社会において柔軟な対応をとっていくべきだと主張している。

5　「おじぎ」という挨拶の形式だけが持つ特異な機能を示しながら、西欧における握手の機能と比較し、日本人は「おじぎ」という日本文化に理解と誇りを持つことによって、西欧讃美と伝統軽視をくりかえしてきた歴史を反省すべきだと主張している。

三

次の文章を読んで、あとの(1)~(7)の問いに答えなさい。

愛媛《えひめ》県で祖父が創業した果樹園を営む家に生まれた藤川和樹《ふじかわかずき》は、大学進学を機に上京して東京で就職し、イベント制作の仕事をしていたが、勤めていた会社が倒産し、今は実家に戻って祖父の世話をしている。高齢の祖父はすでに仕事を退いており、この六ヵ月間は家の垣根より外に出たことがなかったが、九月のある日、和樹は祖父に頼まれ、早朝から祖父を果樹園の運搬車に乗せて山の上に来ている。

「……じいちゃんは、凄《すご》いよ」

和樹は座席の祖父を見上げた。

「これだけの畑を作って……ずっと、守ってきたんだもんな」

見渡す限り藤川家のみかん畑だった。燦々《さんさん》とふりそそぐ陽を受ける木々の間を、出荷のためのトロッコの線路が走っている。今、濃い緑に実った果実は、やがて一斉に熟していくのだろう。

祖父の長い人生は、みかんとともにあった。祖父が続けてきたことは、評価や疑問を挟めるようなことではない。

「……守ってきただけだ」

呟《つぶや》くように祖父が言った。

「昭和四十七年の災害は……、大変だった。谷間の木は、全部流されてしまった」

和樹の生まれる前のことだった。和樹が物心ついてからも、台風や集中豪雨のたびに、祖父や両親は畑を守るために、必死に作業をしていた。

「だが、わたしは守ってきただけだ」

祖父は祖父自身に話しかけているのかもしれない。①果樹園を見下ろす祖父の横顔を、和樹はじっと見つめた。

「ａけど、それって凄いことなんじゃない？　じいちゃんは、何十年もここで頑張ってきたんでしょ？」

「……ああ。そうかもしれん」

祖父はうなずくこともなく、じっと前方を見つめている。【ア】

果樹園労働の過酷《かこく》さや、きめ細かさを和樹は知っている。創意工夫を織り交ぜながら何十年も同じことを続ける大変さや、尊さや、それでも天候に打ちのめされたりする理不尽さも知っている。だけど知っているだけで、本当のところは何も理解できていないのだろう。

「和樹……、それとは全く別のものがある」

風の吹く山頂で、途切れてしまいそうな祖父のかすれ声が続いた。

「守ることも……、守り続けることも、大変なことだ。誰もが、自分の大切なものを、必死で守り続けている。それが人の生きる道だ。誰だって自分の手の届く範囲のものを……、歯を食いしばって守り

こと。

3　「おじぎ」は武道やスポーツの場で行うものなのに、事件や不祥事を謝る場でも「おじぎ」を行うようになったということ。

4　「おじぎ」は双方が一礼をしてお互いに尊譲の意を表すものなのに、一方的な「おじぎ」をする人が増えてきたということ。

5　「おじぎ」は誠心誠意をこめて代表者がひとりで行うものなのに、複数人が並んで「おじぎ」を行うようになったということ。

(5)　――④「某社だけ『おじぎ』が廃止された」とあるが、そのことに対して筆者はどのように考えているか。最も適当なものを、次の1～5の中から選びなさい。

1　国際社会では「おじぎ」は必要ないという某社の代表者の言い分に多少の理解は示しながらも、西欧を讃美するあまりに日本の文化や伝統を軽視し、国際社会での挨拶のあり方を正しく認識できていないと批判している。

2　国際社会では「おじぎ」は必要ないという某社の代表者の言い分に驚き、「おじぎ」と握手のどちらか一方に限定するのではなく、相手への親愛の度合いに応じて使い分ければよいのではないかという疑問を示している。

3　国際社会では「おじぎ」は必要ないという某社の代表者の言い分を合理的なものとして高く評価し、文明讃美の至上主義と自虐的なまでの文化軽視がはびこる今の日本を、よい方向に向かわせるものとして賞賛している。

4　国際社会では「おじぎ」は必要ないという某社の代表者の言い分はまったくあり得ないと非難し、「おじぎ」が身についた日本人は、胸を張っての握手や両手で包んでの握手を身につけることはできないと断言している。

5　国際社会では「おじぎ」は必要ないという某社の代表者の言い分を部分的に認めながらも、「おじぎ」が通じる国があるという事実をもとに、「おじぎ」は国際社会においても最上の親愛の挨拶の表現だと反論している。

(6)　――⑤「それを経ての現在」について、筆者はどのようにとらえているか。最も適当なものを、次の1～5の中から選びなさい。

1　戦後の復興期から高度成長期にかけて、経済や科学の分野における日本の国際的な評価が高まってきた一方で、現在、日本人の習慣になっている握手や「おじぎ」などの日本文化に対する国際的な評価はそこまで高くなっていない。

2　戦後の復興期から高度成長期にかけて、経済や科学の分野における日本の国際的な評価が高まってきた一方で、日本国内では、もっとも美しい日本人の敬意の表現であり、国際的な場にもふさわしい「おじぎ」が行われなくなっている。

3　戦後の復興期から高度成長期にかけて、経済や科学の分野における日本の国際的な評価が高まってきたが、日本国内では、経済や科学の分野よりも日本人独自の握手や「おじぎ」に対する評価を高めるべきだと主張されている。

4　戦後の復興期から高度成長期にかけて、経済や科学の分野における日本の国際的な評価が高まってきたが、そこには経済や科学の分野で日本が築き上げてきた成果だけではなく、日本人の勤勉と礼儀に対する評価も含まれている。

5　戦後の復興期から高度成長期にかけて、経済や科学の分野における日本の国際的な評価が高まってきた一方で、日本国内では、経済や科学の分野における功績よりも、「おじぎ」の伝統が介在している日本独自の文化を誇る人が多くなっている。

(7)　この文章の内容や展開の説明として最も適当なものを、次の1～5の中から選びなさい。

1　「おじぎ」の文化の発端となった「武士道」の歴史をたどりながら、「おじぎ」が国際化していった要因を分析し、日本人は「おじぎ」という日本文化に理解と誇りを持って、国際社会において「おじぎ」を積極的に広めていくべきだと主張している。

2　「おじぎ」の作法を「道なるもの」として伝統的に受け継い

＊4　ノンプロ野球…企業チームによる野球。社会人野球。
＊5　おためごかし…人のためのように見せて、実際は自分の利益を図ること。
＊6　天皇・皇后両陛下…現在の上皇・上皇后両陛下。

(1)　(a)～(d)に入る語の組み合わせとして最も適当なものを、次の1～5の中から選びなさい。

1　a　したがって　b　そして　c　ただし　d　また
2　a　つまり　b　さらに　c　とはいえ　d　ゆえに
3　a　ところが　b　だから　c　すなわち　d　しかし
4　a　または　b　ところで　c　だが　d　なぜなら
5　a　しかも　b　あるいは　c　たとえば　d　ときに

(2)　――①「やがて、それがスポーツの分野での競技として定着していく」とあるが、武道がスポーツの分野での競技として定着していく過程について説明したものとして最も適当なものを、次の1～5の中から選びなさい。

1　文明開化とは別軸で国民国家の統一を目標としていた武道が、江戸の中期以降、「お稽古ごと」として流行をみた芸事と融合することで庶民社会にまで拡大し、地方ごとや全国規模での競技会が催されるものとして定着していった。
2　文明開化とは別軸で国民国家の統一を目標としていた武道が、江戸の中期以降、武道と同様に世界に特異な日本文化である家元制度の拡大によってその役目を終え、体を動かすことを単純に楽しむためのものとして定着していった。
3　崇高な武家倫理であった「武士道」の伝統を受け継ぐ武道が、江戸期以降、「お稽古ごと」として庶民社会にも拡大していったことで、精神修養を目的にするのではなく、技術や技能の向上を目的にするものとして定着していった。
4　崇高な武家倫理であった「武士道」の伝統を受け継ぐ武道が、江戸の中期以降、家元制度の全国的な拡大とともに「お稽古ごと」として女子のたしなみとなり、男女が対等な立場で技術や技能を競い合うものとして定着していった。
5　崇高な武家倫理であった「武士道」の伝統を受け継ぐ武道が、江戸期以降、道場での稽古や学校教育における体育教育の一環として庶民化し、精神修養の大事をうたうだけでなく、技術や技能を競い合うものとして定着していった。

(3)　――②「一目瞭然のことである」とあるが、その内容として最も適当なものを、次の1～5の中から選びなさい。

1　いわゆる芸事は武家礼法の「おじぎ」を範としたが、茶道や日本舞踊は例外的な芸事であるということ。
2　いわゆる芸事は正式な「おじぎ」を行う座礼の場で、色とりどりの鮮やかな着物を着用すべきだということ。
3　いわゆる芸事が座礼において「おじぎ」を行うことは、明確な事実として確認できることだということ。
4　いわゆる芸事とスポーツ競技における「おじぎ」の種類や仕方には、歴然とした違いがあるということ。
5　いわゆる芸事の「おじぎ」とスポーツ競技における「おじぎ」の仕方は、本来同じであるということ。

(4)　――③「不思議なおじぎが流行っている」とあるが、どういうことか。その内容として最も適当なものを、次の1～5の中から選びなさい。

1　「おじぎ」は日本的な精神を重視する武道でのみ行うものなのに、プロ野球選手も「おじぎ」をするようになったということ。
2　「おじぎ」は精神性が現れるものなのに、正しい姿勢で行うべきときに不格好な「おじぎ」を目にするようになったというおじぎは、なくならない。

しかし、一方で、③不思議なおじぎが流行っている。

たとえば、事件や不祥事《ふしょうじ》がおきるたびに、関係者が並んで「すみませんでした」、と深々とおじぎをする。もちろん、それは、丁寧な謝罪のかたちであり、それはそれで認めなくてはならない。

だが、ちょっと不自然なのである。うなじや背筋がまるまっていたり、両手が揃《そろ》っていなかったりするのでは、様《さま》にならない。誠意が伝わらないおじぎが多い、とみるのは私だけだろうか。だいたい、なぜ何人も並んででてこなくてはならないのか。ひとりでよいから、姿勢を正したおじぎをみせてもらいたいものである。（中略）

もうひとつ、最近驚いたことがある。

今年（平成二七年）の四月一日、某《ぼう》テレビ局のニュースで企業の入社式をとりあげていた。

新入社員の緊張した顔、背筋を伸ばして一礼（おじぎ）。毎春、見慣れた光景である。

ところが、④某社だけ「おじぎ」が廃止された、というのだ。代表者（社長）が、インタビューに答えていた。わが社は国際的な企業であり、国際社会ではおじぎは不要であるから、と。誇《ほこ》らしげに答えていた。

もちろん、それにも一理はあるだろう。が、そこまで徹底《てってい》しなくてはならないのか、と疑問に思った。それは、文明讃美《さんび》の至上主義というものであり、自虐的なまでの文化軽視というものである。

国際社会での挨拶がすべて胸を張っての握手ですむ、というのも思い違いである。そして、両手で包んでの握手こそが最上の親愛の表現、というのも思い違いである。たとえば、選挙のたびにくりかえされるそれなどは、＊5おためごかしというしかあるまい。

おじぎがすんなりと通じるところもあるのだ。

たとえば、今年の四月九日、＊6天皇・皇后両陛下が西太平洋のパラオ・ペリリュー島を訪問された。戦歿者《せんぼつしゃ》の慰霊《いれい》のためであったが、慰霊碑《ひ》に向かい、海に向かい、静かに拝礼された。（ｄ）、人びとに対してほほえみをたたえた会釈《えしゃく》をくりかえされていた。それに対してパラオの人たちも、にこやかにおじぎを返していた。それに感動を覚えた人は、内外に多かっただろう。身についたおじぎは、もっとも美しい日本人の敬意の表現であり、そうした場ではもっともふさわしい作法なのである。

ふりかえってみても、私ども日本人は、西欧讃美と伝統軽視をくりかえしてきたように思える。戦後の復興期からその後の高度成長期にかけてが、とくにそうであった。

それによって、たしかに日本は、国際的にも経済や科学の分野で評価を高めてきた。だが、⑤それを経ての現在がどうであるか、だ。

依然として、日本人の評価は、勤勉と礼儀であるのではないか。そこに、おじぎの伝統も介在しているのだ。

海外旅行にでた年配者たちが握手をしながら頭も下げること、海外からの観光客を迎えた旅館やみやげもの店の従業員たちが何度もおじぎをすることなども、けっして否定できないはず。そうした習慣は、自然体での対応というものであって、ゆえに国際社会でも通じることなのである。見ぐるしくなければ、それでよろしいのである。

握手も大事。おじぎも大事。要は、そこでの誠意であり敬意なのではないか。握手かおじぎかの二者択一をせまる必然は、さらさらないのである。日本文化への理解と誇りは、現代の私たちにこそ求められることではあるまいか。

たかが、おじぎ。されど、おじぎなのである。

そのところで、しなやかな日本人でありたい、と私は思うのである。

（神崎宣武「『おじぎ』の日本文化」。一部省略）

（注）＊1　家元制度…芸道などにおける技能を家伝とし、家系的につながっていく流派の内部で継承していく制度。

＊2　小笠原流…礼儀作法（礼法）の流派。

＊3　尊譲…尊敬と謙譲。

とえば茶の湯とか柔《やわら》・柔術という呼称が一般的であった。（ａ）、この場合の道は、明治国家における精神修養の大事をうたっている、といってもよい。あるいは、文明開化とは別軸での、国民国家の標語統一にも適当であった、といってもよい。

そもそも、「武士道」という言葉に「道なるもの」の発端がある、とみてよいのである。

「武士道と云《い》ふは死ぬことと見付けたり」という名文は、『葉隠《はがくれ》』に載る。

『葉隠』は、享保《きょうほう》元（一七一六）年における佐賀鍋島藩《さがなべしまはん》の記録で、同藩の武士の修養書となった。（ｂ）、武士道という言葉は、崇高《すうこう》な武家倫理ともなった。下々《しもじも》、庶民《しょみん》社会まで拡大するには、はばかりの多いことでもあった。なお、時代を経なくてはならなかったのだ。

やがて、明治の時代。芸事は、とくに女子のたしなみとされ、「お稽古ごと」として流行をみた。江戸の中期ごろから生じた＊1家元制度が全国的な拡大をなしたことと、明治という時代が符合する。家元制度もまた、世界には特異な日本文化である。

武術（武道）では、各所に設けられた道場での稽古が江戸期以降の伝統をつないだ。その一方で、いわゆる体育教育の一環として学校教育のなかにもとりいれられた。

とくに、武道は、地方ごとに、あるいは全国規模での競技会が催されることにもなり、その競技人口も増えていった。①やがて、それがスポーツの分野での競技として定着していくのである。

それら道なるものには、礼法、とりわけ「おじぎ」が深く関係している。武家礼法を範としたであろうことも、あらためていうまでもないことだ。

いわゆる芸事は、座礼をともなう。

いちいち事例をあげないが、正式には着物でのぞむことが多い。＊2小笠原流《おがさわらりゅう》の礼法でいうところの指建礼《しけんれい》・折手礼《せっしゅれい》・合手礼《ごうしゅれい》の三種のおじぎが役目にしたがって応用される。あるいは、茶会をのぞいてみれば、あるいは日本舞踊《ぶよう》の稽古場をのぞいてみれば、②一目瞭然のことである。

スポーツ競技でのおじぎは、開始時と終了時に顕著である。双方が一礼をもって＊3尊譲《そんじょう》の意を表すのだ。「礼にはじまり、礼におわる」とは、このことをいう。

たとえば、柔道がオリンピック競技になった。そこでも、相互礼がかわされる。このところで、おじぎが国際化したのである。

野球は、明治六（一八七三）年にアメリカから伝えられたスポーツである。学生野球にはじまる。そのとき、開始時と終了時にホームベースをはさんで相互礼がとりいれられた。武道にならってのことであったのは、いうをまたない。

それが、現在にも伝わる。（ｃ）、学生野球や＊4ノンプロ野球にかぎってのことで、プロ野球は、そのかぎりではない。もとより、アメリカの野球にはその習慣はない。日本のプロ野球は、アメリカのそれにしたがっての特例、とみてよいのだろう。

しかし、プロ野球でも、球場への出入りの際には、帽子を脱いで一礼をすることが習慣となって久しい。もっとも、プロ野球選手の場合、帽子のひさしに手をかけ、首を前につきだすかたちのおじぎも少なくない。形式化しており、その心はいかに、と問いたくもなるが、ここではそこまでいうまい。

こうしたおじぎは、日本人の精神性を投影しての伝承である。そこを神聖な場所として敬意を表するのだ。

もっとも顕著な例は、甲子園《こうしえん》球場での高校野球であろう。敗れた球児たちは、グラウンドの土を袋に入れて持ちかえっていく。けっして古い習慣ではないが、現在では毎大会での行事ともなっている。そして、球児たちは、甲子園を「聖地」とするのである。

こうした、武道はもとより外来スポーツまでをも神聖化する精神が、たしかに私たち日本人には伝わっている。武士道精神、といってよいかどうか。たとえば、剣道場や柔道場には神棚を祀《まつ》っている。たぶんにそれを継いでのことであろう。

二〇二四年度 水城高等学校（推薦）

【国 語】〈五〇分〉〈満点：一〇〇点〉

一 次の(1)～(6)の問いに答えなさい。

(1) 次のア・イの傍線を付したカタカナの部分と同じ漢字を用いるものを、あとの1～4の中からそれぞれ一つずつ選びなさい。

ア 新興の企業にシュッシする。

1 保育士のシカクを取得する。
2 公共のシセツを利用する。
3 研修会にコウシを招く。
4 ジョウシに指示を仰ぐ。

イ 天体の動きをカンソクする。

1 事件のソクホウが届く。
2 友人の意外なソクメンを知る。
3 物理のホウソクを学ぶ。
4 フソクの事態に備える。

(2) 「繕」の訓読みとして正しいものを、次の1～5の中から選びなさい。

1 あきら(める)　2 おちい(る)　3 さまた(げる)
4 つくろ(う)　5 なぐさ(める)

(3) 次の熟語と構成（文字と文字の結びつき・関係）が同じ熟語を、あとの1～5の中から選びなさい。

日没

1 崩壊　2 骨折　3 既成　4 市民　5 閉店

(4) 次のa～dのことわざの意味を、あとの1～5の中から一つずつ選んだとき、残るものはどれか。

a 紺屋《こうや》の白袴《しろばかま》　b 蛙《かえる》の面《つら》に水
c 虻蜂《あぶはち》取らず　d 角《つの》を矯《た》めて牛を殺す

1 どんなことをされても平気でいること。
2 悪いことのうえに、さらに悪いことが重なること。
3 欠点を直そうとして度が過ぎ、全体をだめにすること。
4 他人のことで忙しく、自分のことがおろそかになること。
5 同時に二つのことをしようとして、両方とも失敗すること。

(5) 次の漢文を「王敦《わうとん》其《そ》の兄を護《まも》り、故《ことさら》に衆坐《しゅうざ》に於《お》いて稱《しょう》す、家《か》兄郡《けいぐん》に在りて定めて佳《か》ならん、盧江《ろかう》の人士《じんし》咸之《みなこれ》を稱すと。」と読むとき、返り点が正しくつけられているものを、あとの1～5の中から選びなさい。

王敦護其兄、故於衆坐稱、家兄在郡定佳、盧江人士咸稱之。

1 王敦護㆓其兄㆒、故於㆓衆坐㆒稱、家兄在㆑郡定佳、盧江人士咸㆑稱之。
2 王敦護㆓其兄㆒、故於㆑衆㆑坐㆑稱、家兄在㆓郡定㆒佳、盧江人士咸稱㆑之。
3 王敦護㆑其㆑兄、故於㆓衆坐㆒稱、家兄在㆑郡定佳、盧江人士咸㆓稱之㆒。
4 王敦護㆓其兄㆒、故於㆓衆坐㆒稱、家兄在㆑郡定佳、盧江人士咸稱㆑之。
5 王敦護㆑其㆑兄、故於㆑衆坐㆑稱、家兄在㆓郡定㆒佳、盧江人士咸㆓稱之㆒。

(6) 次の文中に、名詞はいくつあるか。あとの1～5の中から選びなさい。

私たちが試合に勝てると予想をした人は、誰もいないようだ。

1 三つ　2 四つ　3 五つ　4 六つ　5 七つ

二 次の文章を読んで、あとの(1)～(7)の問いに答えなさい。

茶道・華道・香道《こうどう》など。また、柔道・剣道・相撲《すもう》道など。「道《どう》」をつけて呼ぶ芸事や武術が多い。この場合の道は、日本的なるもの、といってよいほどだ。

多くは、明治時代にそう呼ばれるようになった。それまでは、た

英語解答

1 A ⑴…3 ⑵…1 ⑶…2
B ⑴…4 ⑵…3 ⑶…3
C ⑴…2 ⑵…4

2 A ⑴…3 ⑵…4 ⑶…4 ⑷…1
⑸…2
B ⑴ 2番目…4 4番目…1
⑵ 2番目…2 4番目…5
⑶ 2番目…1 4番目…3

3 ⑴ 4 ⑵ 2 ⑶ 3

4 ⑴ A…1 B…2 C…4 D…3
⑵ ⓐ…2 ⓑ…3 ⑶ 2

5 ⑴ A…4 B…3 C…4 D…2
E…1
⑵ 2，6，7

1〔音声総合・語句解釈〕

A＜単語の発音＞

⑴ 1．already[e] 2．pleasure[e] 3．peace[iː] 4．spend[e]
⑵ 1．decided[id] 2．developed[t] 3．missed[t] 4．dropped[t]
⑶ 1．call[ɔː] 2．cold[ou] 3．brought[ɔː] 4．taught[ɔː]

B＜単語のアクセント＞

⑴ 1．a-cróss 2．des-sért 3．good-býe 4．hún-dred
⑵ 1．trúm-pet 2．quí-et 3．pro-téct 4．scí-ence
⑶ 1．mé-di-um 2．góv-ern-ment 3．de-lí-cious 4．év-ery-thing

C＜語句解釈＞

⑴A：私のクラスメートは，ヘンリーはとてもいい人だと言ってる。／B：そうだね。彼は何事にも一生懸命だし，誰に対しても親切だよ。／A：へえ，彼と友達になりたいな。〃直後のBの言葉からヘンリーが，2．「とても善良な人」であることがわかる。the salt of the earth は「善良で信頼できる人，模範となる人」という意味。

⑵A：何か困ってるの？／B：うん。この数学の問題が手に負えなくて。難しすぎるんだ。／A：私の兄が助けてくれるわ。数学の先生をしてるの。〃Bは数学の問題に苦労していることがわかる。この意味に近いのは，4．「私はどうしたらいいのかわからない」。(all) at sea は，「途方に暮れて，どうしたらいいかわからない」という意味。

2〔文法総合〕

A＜適語（句）選択＞

⑴‘Have/Has＋主語＋過去分詞…＋yet？’は，現在完了の疑問文(‘完了’用法)で「もう～したか」という意味。なお，現在完了形の文では a minute ago「1分前」のようにはっきりと過去を表す語（句）は使えないので1は不可。 「もう手と顔を洗いましたか」

⑵‘introduce ～self (to …)’で「(…に)自己紹介をする」という意味。 influence「～に影響を及ぼす」 「新メンバーは他のメンバーに自己紹介をした」

⑶「書かれた」という受け身の意味で a letter を修飾する過去分詞の形容詞的用法。 write－wrote－written 「これは100年以上前に書かれた手紙だ」

(4)'on ～'s way to …' で「…へ行く途中で」という意味。　「今朝学校に行く途中でサラを見かけた」

(5)instead of ～「～の代わりに，～ではなく」　according to ～「～によると」　「ポールは新しいペンを買うのではなく，古いペンを捜した」

B＜整序結合＞

(1)'be afraid (that)＋主語＋動詞…'「～ではないかと心配する」の形をつくる。afraid の後の'主語＋動詞…' は she will be late again とまとまる。　We're afraid she will be late again.「彼女がまた遅刻するのではないかと私たちは心配している」

(2)'If＋主語＋動詞の過去形～，主語＋助動詞の過去形＋動詞の原形…' の形で「もし～なら，…なのに」という'現在の事実に反する仮定'を表す仮定法過去の文をつくる。なお，仮定法過去の文では，if節の動詞が be動詞の場合，主語の人称にかかわらず were を使うことが多い。　If I were not tired, I could go out.「もし疲れていなければ，出かけられるのに」

(3)'make＋人＋形容詞'「〈人〉を～(の状態)にする」の形にまとめる。　The news made my mother sad.「そのニュースは私の母を悲しませた」

3〔対話文完成─適文選択〕

(1)A：すみません。白い帽子を探しているんですが。／B：申し訳ありません，当店には帽子はございません。／A：わかりました，他のお店に行ってみます。ありがとうございました。∥帽子を求めに来たAだが，Bの返答を聞いた後，他の店に行くと言っていることから，この店には帽子が売られていないと考えられる。

(2)A：すばらしい食事をありがとう。もうおなかいっぱい。／B：あら，そう？　デザートを用意してあるんだけど。／A：本当？　おなかいっぱいだけど，デザートなら断れないわ！∥この後，Aは「デザートは断れない」と言っている。　say no to ～「～を断る」

(3)A：いいレストランを知ってるんだ。そこへ行って一緒にランチを食べよう。／B：実は私，パンを持っていて，昼食にはそれを食べようと思っているの。／A：あっ，そうなんだ。わかった，じゃあ，ランチの後で会おう。∥Aは最後に「ランチの後で会おう」と言っていることから，BはAが提案したレストランに行かないことがわかるので，その理由となるものを選ぶ。

4〔長文読解総合─会話文〕

≪全訳≫❶ケイタ(K)：やあ，みんな。この3か月間，僕たち英語部の部員は，市の英語ディベートコンテストのために練習してきた。残すところあと1週間だ。❷シュンスケ(S)：日に日に緊張してきたよ。❸マナ(M)：大丈夫よ。私たちはたくさん練習してきたから，本番はきっとうまくいくわ。ところで，コンテストについて考えていることがあるんだ。部のTシャツをつくって，それを着てコンテストに参加するのはどう？❹リコ(R)：そんなことできるの？　$_A$コンテストは制服で参加しなければいけないと思ってたけど。❺M：その必要はないはずよ。去年のコンテストでは，ミナミ高の生徒は制服を着ていなかったわ。彼らは部のTシャツを着ていたの。そのTシャツがかっこよかったから，私たちも同じことができたらいいなと思ったの。❻K：そうするなら，いいだろうね。みんなはどう思う？❼R：私は賛成よ。❽S：僕もそうしたいな。でも，$_B$Tシャツはどうやればつくれるの？❾M：いいTシャツ屋さんを知ってるよ。駅の近くにあるの。デザインをお店に持っていけばTシャツにプリントしてくれるんだ。❿S：なるほど。$_{C}$コンテストまであと7日しかないけど。その間にTシャツができるかな？⓫M：大丈夫。4，5日でつくれるらしいから。⓬K：ちょっと待って。すごく大事なことをききたいんだけど。$_{D}$それっていくらなの？⓭M：1着3000円だけど，学生は半額よ。⓮K：いいね，あんまり高くない。買えると思うな。よし，そうしよう。⓯R：じゃあ，どんなのにするか考えないと。誰かアイデアはある？⓰S：あるよ。僕たちはホシヤマ高校の生徒だ。黒いTシャツに白い文字で学校名を入れるのはどう？　その下に2つの山とその間に大きな星を1つ入れるんだ。⓱M：いいわね。きれいな夜空に見えそうだわ。

(1)＜**適文選択**＞A．コンテストに部のTシャツをつくってそれを着て参加しようというマナの提案に対するリコの返答。この後マナが，去年は制服を着ていない高校があったと発言していることから，リコは制服について言及したとわかる。直後のマナのI'm sure we don't have toの後に，wear our school uniformsが省略されている。　B．この後マナが，Tシャツのつくり方を説明している。　C．直後にあるduring that time「その間に」のthat timeが具体的に何を指すか考える。第1段落最終文より，コンテストまであと1週間であることがわかるので，このthat timeは4にあるseven days「7日間」を指すと考えられる。　D．この後マナが，Tシャツの値段を説明している。

(2)＜**適語選択**＞ⓐ直後でマナが，Don't worry.「大丈夫よ」と言っていることから，シュンスケが不安になっていることがわかる。'get＋形容詞'「～(の状態)になる」　ⓑTシャツの値段を聞いたケイタの発言。直前でGreat「いいね」と言っていることから判断できる。not very ～は「あまり～ではない」という意味。　expensive「高価な」　effective「効果的な」　awesome「すごい」

(3)＜**要旨把握**＞第16段落参照。校名の下に2つの山とその間に大きな星が1つ入っているものを選ぶ。

5〔**長文読解総合―物語**〕

≪全訳≫❶アヤは東京で活躍する日本人画家だ。子どもの頃，彼女は絵を描くのがとても好きだった。小学生のときは毎日絵を描いて楽しんでいた。中学生になると，誰もが彼女の絵のうまさを認めるようになった。❷高校生になると，画家になることを考えたので，美術大学への進学を決めた。画家になることが現実的になり始め，彼女はその仕事について少しずつもっと真剣に考えるようになった。大学では，画家としてキャリアを築くためにとても一生懸命勉強した。❸大学卒業後は，会社勤めをしなかった。独立した画家になろうと決めたのだ。彼女は，それは簡単なことではないとわかっていたが，挑戦してみたかった。実際，彼女にとってそれはとても大変なことだったが，だからといって彼女はやめはしなかった。彼女は作品をつくり続け，技術を向上させ，経験を積もうと努めた。❹大学卒業後，彼女にとっては長い苦難の時期だった。市内で何度か小さな個展を開き，何点かは売れた。しかし，生活するのに十分なお金を得るのはとても難しかった。彼女は画家としてのキャリアを諦めかけていた。❺ある日の朝，メールをチェックすると，英語で書かれたものがあった。開封すると，アメリカに住む男性からのメールだとわかった。メールには「こんにちは，私はカイルといいます。海外にあなたの作品を送っているかどうかをお尋ねしたいのです。あなたの作品を購入することにとても関心を持っています」と書かれていた。彼女はそのメッセージを見て驚いた。彼女は返事を書いた。「こんにちは，カイルさん。海外に作品を送ったことはありませんが，送ることは可能です。どの絵をお求めになりたいのですか？　どちらに送ればいいですか？」❻カイルとの数回のメールのやり取りの後，彼女は彼についていくつかのことを知った。彼女は「私の絵をどこで見つけたのですか？」と尋ねた。彼はこう答えた。「日本にいる友人の１人が，あなたの個展であなたの絵を見て，私に教えてくれたんです。彼は写真を何枚か送ってくれて，私はどの絵も気に入ったのですが，その中の１枚が特に気に入ったのです。それが私が買った絵です」❼アヤは泣き出した。彼女は自分の気持ちを彼に伝えることにした。「あなたのメッセージを受け取ったとき，私は救われました。私は自分のキャリアの状況に満足していませんでした。でも，あなたのメッセージは私に希望を与えてくれました」　すると彼はこう返事をした。「あなたの絵はすばらしいと思います。私があなたの絵を大変気に入っているのは，あなたの気持ちが伝わってくるようだからで，それはすばらしいことだと思います。あなたの絵を好きな人が世界中にいることをわかってください」❽このとき，彼女は思い出した。「私はなぜ画家になりたいと思ったのか？　それは私の絵から人々に何かを感じてもらえたらと思ったからだ」❾数年がたった。今，彼女の作品は少しずつ人気を集めている。彼女は季節ごとに個展を開催し，毎月注文が増えている。ときに困難を感じることはあっても彼女は努力し続けている。

⑴＜**英問英答**＞**A**．「アヤが画家になる夢を持ったのはいつか」―４．「高校生のとき」　第２段落第１文参照。　**B**．「アヤは大学卒業後，何をすることにしたか」―３．「画家として働くことにした」　第３段落第１，２文参照。　decide to ～「～することに決める」　**C**．「なぜカイルはアヤに最初のメールを送ったのか」―４．「アヤに彼女の作品を自分に売って送ってくれるように頼むため」　第５段落第３～５文参照。　would like to ～「～したい」　‘ask＋人＋to ～’「〈人〉に～するように頼む」　**D**．「カイルはどうやってアヤの絵を知ったか」―２．「友人からアヤの絵のことを聞いた」　第６段落第２，３文参照。　**E**．「アヤの現在の生活について正しいのはどれか」―１．「彼女は年に４回個展を開いている」　第９段落第３文参照。every season「季節ごとに」は「年に４回」ということ。

⑵＜**内容真偽**＞１．「アヤが子どもの頃，画家になるのは現実的ではないと彼女に言う人がいた」…×　そのような記述はない。　２．「カイルからメールをもらう前，アヤは２回以上個展を開いた」…○　第４段落第２文に一致する。more than one ～ は「１つより多くの～」→「２つ以上の～」という意味。　３．「大学時代，アヤは突然作品をつくるのをやめた，というのも彼女は作品をつくれなかったからだ」…×　そのような記述はない。　４．「カイルから初めてＥメールを受け取ったとき，アヤは彼の英語を理解できなかった」…×　第５段落参照。アヤはカイルと直接英語でやり取りしていた。　５．「カイルはメールを通じて，アヤの作品を何点か購入した」…×　第６段落終わりの２文参照。カイルが購入したのは１点である。　６．「カイルはアヤに，世界中にアヤの絵が好きな人がいると言った」…○　第７段落最終文に一致する。　７．「アヤが画家になろうと決めたのは，自分の絵を通じて人々に何らかの気持ちを伝えたいと思ったからだ」…○　第８段落に一致する。　‘want＋目的語＋to ～’「…に～してほしい」

2024年度／水城高等学校（推薦）

数学解答

1 (1) ア…1　イ…4
(2) ウ…2　エ…6
(3) オ…9　カ…4　キ…9
(4) ク…6　ケ…2　コ…8
(5) サ…7　シ…3
(6) ス…1　セ…1　ソ…5

2 (1) 5
(2) イ…1　ウ…7　エ…9　オ…0
(3) カ…3　キ…2　ク…1　ケ…6
(4) コ…2　サ…5
(5) シ…1　ス…1　セ…9

3 (1) ①　9
②　イ…3　ウ…1　エ…0
(2) オ…7　カ…8

4 (1) ア…4　イ…5　ウ…2
(2) ①　6
②　オ…2　カ…7　キ…5

5 (1) 2
(2) イ…1　ウ…6　エ…0　オ…9
(3) カ…1　キ…2　ク…8　ケ…3

1〔独立小問集合題〕

(1)＜**数の計算**＞与式 $=-10-3\times(8-16)=-10-3\times(-8)=-10-(-24)=-10+24=14$

(2)＜**数の計算**＞与式 $=\sqrt{18\times3}-\dfrac{6\times\sqrt{6}}{\sqrt{6}\times\sqrt{6}}=\sqrt{3^2\times6}-\dfrac{6\sqrt{6}}{6}=3\sqrt{6}-\sqrt{6}=2\sqrt{6}$

(3)＜**式の計算**＞与式 $=9a^2+6ab+b^2-2ab+8b^2=9a^2+4ab+9b^2$

(4)＜**式の計算—因数分解**＞与式 $=6(x^2-6x-16)=6(x+2)(x-8)$

(5)＜**連立方程式**＞$5x-8y=11$……①，$3x-4y=9$……②とする。②×2より，$6x-8y=18$……②′　①−②′より，$5x-6x=11-18$，$-x=-7$　$\therefore x=7$　これを①に代入して，$5\times7-8y=11$，$35-8y=11$，$-8y=-24$　$\therefore y=3$

(6)＜**二次方程式**＞解の公式より，$x=\dfrac{-(-2)\pm\sqrt{(-2)^2-4\times1\times(-14)}}{2\times1}=\dfrac{2\pm\sqrt{60}}{2}=\dfrac{2\pm2\sqrt{15}}{2}=1\pm\sqrt{15}$ である。

2〔独立小問集合題〕

(1)＜**数の性質**＞$80n$ が自然数の2乗になるとき，$80n$ を素因数分解すると，どの素因数も個数が偶数となる。$80n=2^4\times5\times n$ であるから，これが自然数の2乗となる最も小さい自然数 n は，$2^4\times5\times n=2^4\times5^2$ となる自然数 n である。よって，求める自然数 n は，$n=5$ である。

(2)＜**一次方程式の応用**＞中学生の人数を x 人とすると，1人4枚ずつ画用紙を配ると22枚余るから，画用紙の枚数は $4x+22$ 枚と表せる。また，1人6枚ずつ画用紙を配ると12枚足りないから，画用紙の枚数は $6x-12$ 枚とも表せる。よって，$4x+22=6x-12$ が成り立つ。これを解くと，$-2x=-34$，$x=17$ となるので，中学生の人数は17人である。画用紙の枚数は，$4x+22=4\times17+22=90$（枚）となる。

(3)＜**関数—*a*，*b* の値**＞反比例 $y=\dfrac{a}{x}$ は，x の変域が $2\leqq x\leqq4$ のときに y の変域が $8\leqq y\leqq b$ となることより，$a>0$ である。これより，$x>0$ においては，x の値が増加すると y の値は減少するから，x の値が最小の $x=2$ のとき y の値は最大の $y=b$ となり，x の値が最大の $x=4$ のとき y の値は最小の $y=8$ となる。$y=\dfrac{a}{x}$ に $x=4$，$y=8$ を代入して，$8=\dfrac{a}{4}$，$a=32$ である。反比例の式は $y=\dfrac{32}{x}$ となるから，$x=2$，$y=b$ を代入して，$b=\dfrac{32}{2}$，$b=16$ である。

(4)＜確率─カード＞6枚のカードから2枚のカードを同時に1回取り出すときの取り出し方は，(−3, −2)，(−3, −1)，(−3, 1)，(−3, 2)，(−3, 3)，(−2, −1)，(−2, 1)，(−2, 2)，(−2, 3)，(−1, 1)，(−1, 2)，(−1, 3)，(1, 2)，(1, 3)，(2, 3)の15通りある。このうち，数の積が正の数となるのは，2枚とも負の数か，2枚とも正の数の場合で，下線をつけた6通りある。よって，求める確率は $\frac{6}{15}=\frac{2}{5}$ である。

(5)＜平面図形─角度＞右図で，$\angle ABD=\angle DBC=a$，$\angle ACD=\angle DCB=b$ とすると，$\angle ABC=2\angle ABD=2a$，$\angle ACB=2\angle ACD=2b$ となる。△ABCの内角の和は180°であるから，$\angle BAC+\angle ABC+\angle ACB=180°$ より，$58°+2a+2b=180°$ が成り立ち，$2a+2b=122°$，$2(a+b)=122°$，$a+b=61°$ となる。さらに，△BCDの内角の和も180°であるから，$\angle BDC=180°-(\angle DBC+\angle DCB)=180°-(a+b)=180°-61°=119°$ である。

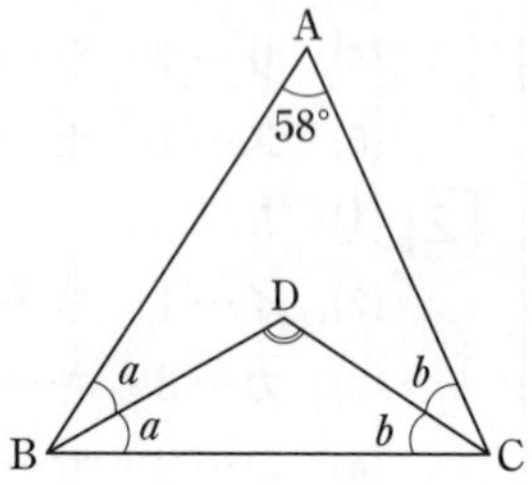

3 〔関数─関数 $y=ax^2$ と一次関数のグラフ〕

≪基本方針の決定≫(2) 点Bの座標を，a を用いて表す。

(1)＜y 座標，直線の式＞①右図で，$a=1$ より，点Bは，放物線 $y=x^2$ 上の点となる。点Bの x 座標が3のとき，$x=3$ を代入して，y 座標は，$y=3^2=9$ となる。　②右図で，点Aは放物線 $y=x^2$ 上の点であり，x 座標は−2であるから，$y=(-2)^2=4$ より，A(−2, 4)である。また，①より，B(3, 9)であるから，直線OBの傾きは $\frac{9}{3}=3$ である。OB∥CDなので，直線ACの傾きも3となる。直線ACの式を $y=3x+b$ とおくと，点Aを通ることより，$4=3\times(-2)+b$，$b=10$ となる。よって，直線ACの式は，$y=3x+10$ である。

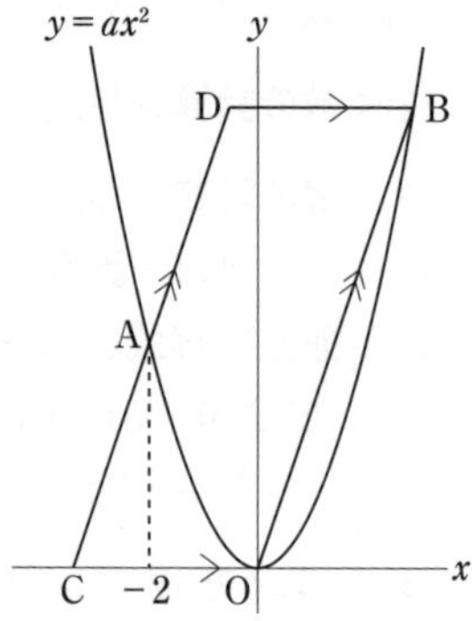

(2)＜比例定数＞右上図で，OB∥CD，OC∥BDより，四角形BDCOは平行四辺形である。点Cの x 座標が−3より，C(−3, 0)であり，$OC=0-(-3)=3$ である。▱BDCOの底辺をOCと見たときの高さを h cmとすると，面積が42cm²だから，$OC\times h=42$ より，$3\times h=42$ が成り立つ。これより，$h=14$ となるから，点Bの y 座標は14である。また，点Aは放物線 $y=ax^2$ 上の点であり，x 座標が−2だから，$y=a\times(-2)^2=4a$ となり，A(−2, 4a)である。C(−3, 0)だから，直線ACの傾きは $\frac{4a-0}{-2-(-3)}=4a$ である。OB∥CDなので，直線OBの傾きも $4a$ となり，直線OBの式は $y=4ax$ と表せる。点Bは直線 $y=4ax$ 上にあり，y 座標が14なので，$14=4ax$ より，$x=\frac{7}{2a}$ となり，$B\left(\frac{7}{2a}, 14\right)$ である。点Bは放物線 $y=ax^2$ 上にあるから，$14=a\times\left(\frac{7}{2a}\right)^2$ が成り立ち，$14=a\times\frac{49}{4a^2}$，$14=\frac{49}{4a}$，$a=\frac{7}{8}$ となる。

4 〔平面図形─円と直線〕

≪基本方針の決定≫(2)① △ABC≡△GBOであることに気づきたい。

(1)＜角度＞次ページの図で，$\angle OEA=90°$ であるから，$\angle CAB=a°$ とすると，△AEOにおいて内角と外角の関係より，$\angle AOF=\angle OEA+\angle CAB=90°+a°$ である。円Oの半径より，OA＝OFだから，△OAFは二等辺三角形であり，$\angle BAF=(180°-\angle AOF)\div2=\{180°-(90°+a°)\}\div2=(90°-a°)\div2$

$=45^\circ-\dfrac{a^\circ}{2}=\left(45-\dfrac{a}{2}\right)^\circ$ となる。

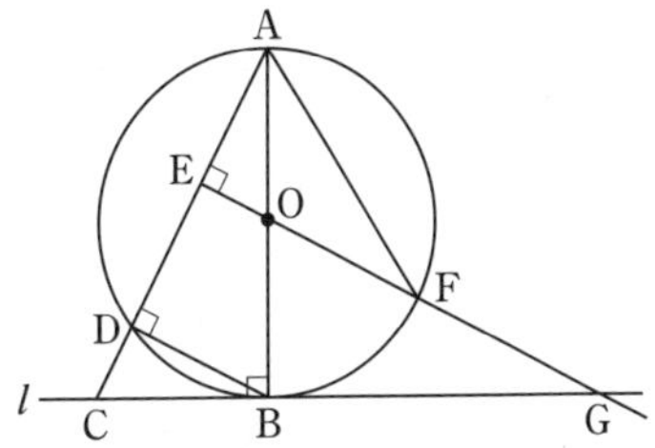

(2)＜**長さ，面積**＞①右図で，直線 l は点Bで円Oと接するから，$\angle ABC=\angle GBO=90^\circ$ である。$CB=3$ であり，$AB=6$ より，$OB=\dfrac{1}{2}AB=\dfrac{1}{2}\times6=3$ となるから，$CB=OB=3$ である。また，$\triangle ABC$ と $\triangle AEO$ において，$\angle ABC=\angle AEO=90^\circ$，$\angle CAB=\angle OAE$ だから，$\angle ACB=\angle AOE$ となる。対頂角より，$\angle AOE=\angle GOB$ なので，$\angle ACB=\angle GOB$ となる。よって，$\triangle ABC\equiv\triangle GBO$ である。合同な図形の対応する辺なので，$BG=BA=6$(cm)である。　②右上図で，線分 AB は円Oの直径だから，$\angle ADB=90^\circ$ である。$\angle AEO=90^\circ$ なので，$\angle AEO=\angle ADB$ となり，$EG /\!/ DB$ である。これより，$CD:DE=CB:BG=3:6=1:2$ である。また，$BO=OA$ だから，$DE=EA$ となる。よって，$CD:DE:EA=1:2:2$ である。$CD:DA=1:(2+2)=1:4$ となるので，$\triangle BCD:\triangle ADB=CD:DA=1:4$ である。$\triangle ABC=\dfrac{1}{2}\times CB\times AB=\dfrac{1}{2}\times3\times6=9$ だから，$\triangle ADB=\dfrac{4}{1+4}\triangle ABC=\dfrac{4}{5}\times9=\dfrac{36}{5}$ となる。次に，$\angle AEO=\angle ADB$，$\angle EAO=\angle DAB$ だから，$\triangle AEO\backsim\triangle ADB$ である。相似比は $AO:AB=1:2$ だから，面積比は，相似比の2乗より，$\triangle AEO:\triangle ADB=1^2:2^2=1:4$ となり，$\triangle AEO=\dfrac{1}{4}\triangle ADB=\dfrac{1}{4}\times\dfrac{36}{5}=\dfrac{9}{5}$ となる。したがって，〔四角形 EDBO〕$=\triangle ADB-\triangle AEO=\dfrac{36}{5}-\dfrac{9}{5}=\dfrac{27}{5}$ (cm^2)である。

5〔**空間図形―回転体**〕

≪**基本方針の決定**≫(2)　円錐の側面の一部である。　(3)　CM を延長して考える。

図1

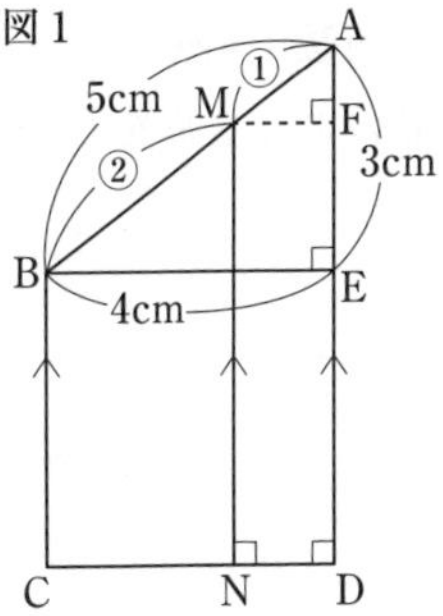

(1)＜**長さ**＞右図1で，$AD /\!/ MN /\!/ BC$ より，$DN:NC=AM:MB=1:2$ だから，$DN=\dfrac{1}{1+2}CD=\dfrac{1}{3}\times4=\dfrac{4}{3}$ である。$\angle CDE=90^\circ$ なので，点Nを直線 AD を回転の軸として 270° 回転させると，半径が $DN=\dfrac{4}{3}$，中心角が 270° のおうぎ形の弧をえがく。よって，求める弧の長さは，$2\pi\times\dfrac{4}{3}\times\dfrac{270^\circ}{360^\circ}=2\pi$ (cm)である。

図2

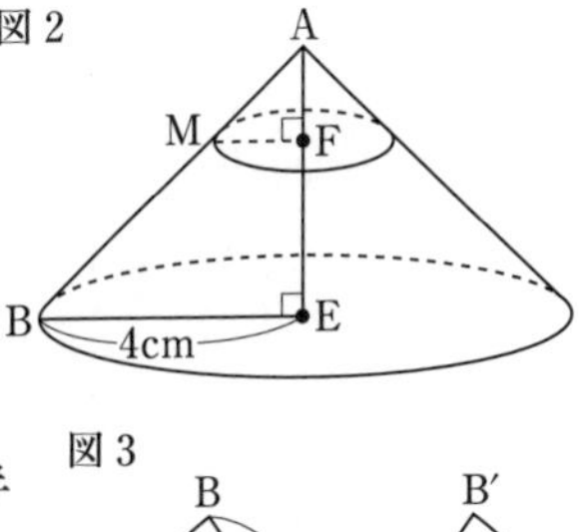

(2)＜**面積**＞右図1で，点Mから AD に垂線 MF を引く。$\angle AEB=\angle AFM=90^\circ$ だから，線分 MB を直線 AD を回転の軸として1回転させると，右図2で，$\triangle ABE$ を1回転させてできる円錐の側面から，$\triangle AMF$ を1回転させてできる円錐の側面を除いた曲面となる。$AM=\dfrac{1}{1+2}AB=\dfrac{1}{3}\times5=\dfrac{5}{3}$ だから，側面を展開すると，右下図3のようになり，求める曲面の面積は，〔おうぎ形 ABB′〕−〔おうぎ形 AMM′〕で求められる。図2で，$\triangle ABE$ を1回転させてできる円錐の底面の半径は $BE=4$ なので，底面の円の周の長さは $2\pi\times4=8\pi$ であり，図3で，$\overset{\frown}{BB'}=8\pi$ である。おうぎ形 ABB′ の中心角を a とすると，$\overset{\frown}{BB'}$ の長さについて，$2\pi\times5\times\dfrac{a}{360^\circ}=8\pi$ が成り立ち，$\dfrac{a}{360^\circ}=\dfrac{4}{5}$ となる。よって，〔おうぎ形 ABB′〕$=\pi\times5^2\times\dfrac{a}{360^\circ}=\pi\times5^2\times\dfrac{4}{5}=20\pi$，〔おうぎ形 AMM′〕$=$

図3

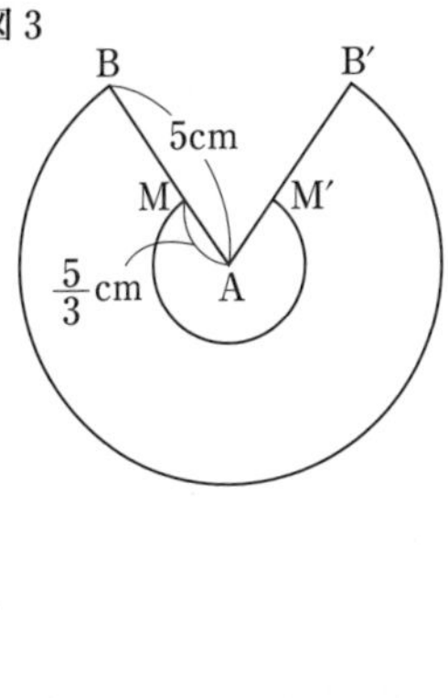

$\pi\times\left(\frac{5}{3}\right)^2\times\frac{a}{360^\circ}=\pi\times\left(\frac{5}{3}\right)^2\times\frac{4}{5}=\frac{20}{9}\pi$ となるので，求める曲面の面積は，〔おうぎ形 ABB′〕－〔おうぎ形 AMM′〕$=20\pi-\frac{20}{9}\pi=\frac{160}{9}\pi$ (cm^2)である。

(3)**＜体積＞**右図4で，CMの延長と直線ADの交点をGとすると，△MCDを直線ADを回転の軸として1回転させてできる立体は，△GCDを1回転させてできる円錐から，△GMF，△DMFを1回転させてできる円錐を除いたものとなる。GD∥BCより，△AGM∽△BCMであるから，AG：BC＝AM：MB＝1：2となり，$\mathrm{AG}=\frac{1}{2}\mathrm{BC}=\frac{1}{2}\times4=2$ である。よって，△GCDを1回転させてできる円錐は，底面の半径がCD＝4，高さがGD＝AG＋AE＋ED＝2＋3＋4＝9だから，体積は，$\frac{1}{3}\times\pi\times\mathrm{CD}^2\times\mathrm{GD}=\frac{1}{3}\times\pi\times4^2\times9=48\pi$ である。また，△GMF，△DMFを1回転させてできる円錐は，底面の半径が $\mathrm{MF}=\mathrm{DN}=\frac{4}{3}$ で，高さがそれぞれGF，DFだから，この2つの円錐の体積の和は，$\frac{1}{3}\times\pi\times\mathrm{MF}^2\times\mathrm{GF}+\frac{1}{3}\times\pi\times\mathrm{MF}^2\times\mathrm{DF}=\frac{1}{3}\pi\times\mathrm{MF}^2\times(\mathrm{GF}+\mathrm{DF})=\frac{1}{3}\pi\times\mathrm{MF}^2\times\mathrm{GD}=\frac{1}{3}\pi\times\left(\frac{4}{3}\right)^2\times9=\frac{16}{3}\pi$ である。よって，求める立体の体積は，$48\pi-\frac{16}{3}\pi=\frac{128}{3}\pi$ (cm^3)である。

図4

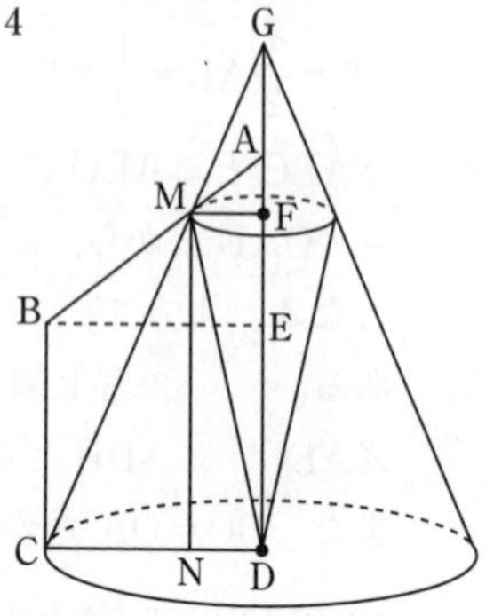

＝読者へのメッセージ＝

関数 $y=ax^2$ のグラフは放物線で，英語ではパラボラ(parabola)といいます。パラボラアンテナはお皿のような形をしていますが，その断面が放物線になっています。

国語解答

一　(1)　ア…1　イ…4　(2)　4
(3)　2　(4)　2　(5)　4　(6)　3

二　(1)　1　(2)　5　(3)　3　(4)　2
(5)　1　(6)　4　(7)　4

三　(1)　2　(2)　4　(3)　5　(4)　1
(5)　3　(6)　5　(7)　3

四　(1)　5　(2)　3　(3)　2　(4)　5
(5)　4

一〔**国語の知識**〕

(1)＜**漢字**＞ア.「出資」と書く。1は「資格」，2は「施設」，3は「講師」，4は「上司」。　イ.「観測」と書く。1は「速報」，2は「側面」，3は「法則」，4は「不測」。

(2)＜**漢字**＞「繕」の音読みは「修繕」などの「ゼン」。1は「諦(める)」，2は「陥(る)」，3は「妨(げる)」，5は「慰(める)」。

(3)＜**熟語の構成**＞「日没」と「骨折」は，上の漢字と下の漢字が主語と述語の関係にある熟語。「崩壊」は，似た意味の漢字を重ねた熟語。「既成」と「市民」は，上の漢字が下の漢字を修飾している熟語。「閉店」は，下の漢字が上の漢字の目的語になっている熟語。

(4)＜**ことわざ**＞a.「紺屋の白袴」は，他の人のことで忙しくて，自分のことを後回しにすること(…4)。　b.「蛙の面に水」は，どんな扱いを受けても平気であること(…1)。　c.「虻蜂取らず」は，欲張りすぎて失敗する，という意味(…5)。　d.「角を矯めて牛を殺す」は，小さな欠点を直そうとして，かえって全体をだめにしてしまう，という意味(…3)。

(5)＜**漢文の訓読**＞「王敦」→「其兄」→「護」→「故」→「衆坐」→「於」→「稱」→「家兄」→「郡」→「在」→「定佳」→「廬江人士咸」→「之」→「稱」の順に読む。下から上に一字返るときはレ点を使い，下から上に二字以上返るときは一二点を使う。

(6)＜**品詞**＞名詞は，活用のない自立語で，物事の名称を表す単語。与えられた文を単語に区切ると，「私たち(名詞)／が(助詞)／試合(名詞)／に(助詞)／勝てる(動詞)／と(助詞)／予想(名詞)／を(助詞)／し(動詞)／た(助動詞)／人(名詞)／は(助詞)，／誰(名詞)／も(助詞)／い(動詞)／ない(助動詞)／ようだ(助動詞)」となる。

二〔**論説文の読解―文化人類学的分野―日本文化**〕出典：神崎宣武『「おじぎ」の日本文化』「現代へと変転する『おじぎ』のかたち」。

≪**本文の概要**≫日本では明治時代になって，芸事や武術が茶道・柔道などのように，「道」をつけて呼ばれるようになった。江戸時代の気高く崇高な倫理であった武士道の精神が，庶民の「お稽古ごと」や武術，さらには体育教育の一環として学校教育の中に取り入れられたのである。特に，礼法を重んじる精神，例えば，芸事の場での座礼やスポーツ競技の相互礼といったおじぎは，神聖な場所や相手への敬意を表すものとして定着した。一方で，最近，おじぎを軽んじる傾向もある。例えば，事件や不祥事が起きるたびに関係者が謝罪として行うおじぎは，本来の姿勢から外れた不格好なものが多く，あまり誠意が感じられない。また，国際社会ではおじぎが不要だと主張する人たちもいる。ただ，おじぎを否定する背景には，自国の伝統軽視の精神によるところが大きい。しかし，日本人が海外から評価されてきた点が，勤勉さと礼儀正しさであることを考えれば，現代の日本人にこそ，日本文化への理解と誇りが求められるのではないだろうか。

(1)＜**接続語**＞a．明治時代になって芸事や武術に「道」をつけて呼ぶようになり，それ以前は「茶の湯とか柔・柔術という呼称が一般的」だったことを考えると，「この場合の道は，明治国家における精神修養の大事をうたっている」といえる。　b.『葉隠』は，佐賀鍋島藩の「武士の修養書」になり，それから「『武士道』という言葉は，崇高な武家倫理ともなった」のである。　c.現在でも，武道にならって野球の試合の開始時と終了時に「相互礼」を行う習慣があるが，そうはいっても，それは，「学生野球やノンプロ野球」に限られる。　d.天皇・皇后両陛下は「慰霊碑に向かい，海に向かい，静かに拝礼」され，さらに，「人びとに対してほほえみをたたえた会釈をくりかえされて」いた。

⑵**＜文章内容＞**武家の倫理観に由来する「武道」は，各所の「道場での稽古」が伝統をつなぎ，明治期には体育教育にも取り入れられた。その結果武道は，精神修養の場としての機能を持つだけでなく，技術や能力を競い合う「競技」となっていった。

⑶**＜文章内容＞**茶会や日本舞踊の稽古場などを見ると，「芸事は，座礼をともなう」ものであり，おじぎが定着していることが，事実として確かめることができる。

⑷**＜文章内容＞**おじぎは，本来，相手への「敬意を表する」ものであるが，謝罪の場で行われるおじぎは，「うなじや背筋がまるまっていたり」して不格好なおじぎになっており，「誠意が伝わらない」ものが多いのである。

⑸**＜文章内容＞**国際社会の中で日本的なおじぎが不要だという考えに「一理はある」が，それは自国文化に対する「自虐的なまでの文化軽視」といえる。自然体で行われる日本的なおじぎは「もっとも美しい日本人の敬意の表現」であり，「国際社会でも通じる」ものである。

⑹**＜文章内容＞**日本が国際的に経済や科学の分野で評価されてきたのは，成果だけでなく，おじぎという日本の文化の伝統によって培われてきた「勤勉と礼儀」に対する評価もある。

⑺**＜要旨＞**おじぎは，単なる挨拶の形式ではなく，相手に「敬意を表する」という「日本人の精神性を投影」した伝承である。その精神性は，スポーツ競技のみならず，日本文化に深く根ざし，日本人の礼儀正しさにもつながっている。昨今，国際社会では握手が大事であり，おじぎは不要だというような見方もあるが，国際社会では日本人の勤勉さと礼儀正しさが評価されている以上，日本人は，日本文化への理解や誇りを持ち，握手とおじぎのどちらも大切にすべきである。

三〔**小説の読解**〕出典：中村航『世界中の青空をあつめて』。

⑴**＜心情＞**a.祖父は「守ってきただけだ」と話したが，和樹は，祖父がみかん畑を守り続けるために多くの苦労や工夫をしてきたことを知っているので，祖父の努力を誇らしく思っていた。　b.和樹は，自分と関わりのあった多くの人が，「和樹に対して態度を変え」て自分を避けるようになったことにがっかりした。　c.祖父がかなり疲れているようだったので，和樹は，祖父の体調が気になり，車を車庫に入れると急いで戻ってきた。　d.封筒の表には「もしもオリンピックが東京に決まったら」開けてくださいと書かれており，中には手紙と白黒写真が入っていたので，和樹は，その封筒をどう扱ってよいか困ってしまった。

⑵**＜文脈＞**「仏壇の前にいた」祖父を見て，和樹は，今朝も祖父が仏壇の前で「何かをしていた」ことを思い出した。

⑶**＜心情＞**みかん畑を言葉少なに見つめる祖父の顔を見て，畑を守るためにどれほど多くの努力や苦労があったかと考えると，和樹は，祖父を尊敬せずにはいられない気持ちになった。

⑷**＜文章内容＞**いつもは「ほとんどしゃべらない祖父」が，「手の届く範囲のもの」を守り続ける生き方ではなく，「手の届かないもの」を追い求める生き方もあるのだなどと語り出したので，和樹は驚いた。

⑸**＜心情＞**祖父から「誰かに，不義理をしてはいないか？」「それは，取り戻せるのか？」と続けざ

まに問われ，和樹は，つき合い始めた彼女に「一方的に別れ」を告げたことを思い出した。和樹は，今さら謝って許してもらっても自己満足でしかないと思うと，取り戻せないこともあると思えてきた。

(6)＜**慣用句**＞「泡を食う」は，ひどくうろたえて慌てる，という意味。祖父が急に胸の辺りを手で押さえて苦しみ出したので，和樹は驚き慌ててしまった。

(7)＜**要旨**＞祖父は，人生には守ることとは「全く別の，ものごとがある」や「わたしは，不義理をしてしまった」と和樹に言い，出かける前にも封筒のある仏壇の前で「何かをしていた」ことから，祖父の体調の急変は，単に熱中症や心臓の病気ではなく，東京オリンピックにまつわる過去の不義理に対する，祖父の苦悩によるものだと考えられる(1…×，3…○)。和樹は，祖父から自分が過去に不義理をしたことを告げられ，祖父の不義理に関連のありそうな封筒を開封したものの，急に祖父の体調が悪化したことで，不義理の内容や手紙と写真との関係，「コーチ」とは誰のことかなどについて考える余裕はなかった(2・4・5…×)。

四〔**古文の読解─仮名草子**〕出典：『曾呂利物語』巻一の十。

≪**現代語訳**≫ある山伏が，大峰から駆け出し，ある野原を通っていたときに，ここで狐が，昼寝をしていたのを，(山伏は)立ち寄って，(狐の)耳もとで法螺貝を思いきり吹いたので，狐はひどく驚いて，どこかへ逃げていった。

その後山伏が，そのまま道を進んでいったところ，まだ午後二時ぐらいだろうかと思う頃，空が曇り，日が暮れてしまった。(山伏が)不思議に思って道を急いだが，野原は遠くまで続いて泊まれるような宿もない。(山伏は)ある墓場に着いて，火葬場の天井に上って(そこで)横になった。

このような所に，どこからともなくかすかな光が数多く見えてきたと思うと，徐々に近づいてくるので，(山伏が)よく見ていると，この墓場へ向かってくる葬礼であった。およそ二，三百人もいるかと思われ，その様子は美しく，引導などの儀式を終えて，そのまま死骸に火をつけると，(参列者は)それぞれ帰っていった。山伏はよりによって，葬儀という不気味な場面にい合わせてしまったものだと思っているうちに，段々と焼けているはずの，死人が火の中から身震いしながら飛び出してきて，周囲をきっと見回したが，山伏を見つけて，「何者がそこにいらっしゃるのか。知らない道を一人で行くのは心細いので，私と一緒にさあ行きましょう」と，山伏に飛びかかったので，そのまま山伏は気絶した。

しばらくして，(山伏が)ようやく気を取り戻して(周囲を)見ると，まだ午後四時ぐらいで，しかも墓場でもなかった。さては，法螺貝に驚いた狐の(山伏に対する)仕返しであると気づいたのだった。

(1)＜**古文の内容理解**＞山伏は，まだ「未の刻」のはずなのに，空が急に暗くなり，日が暮れてしまったことを怪しんだ。

(2)＜**古文の内容理解**＞山伏は，急に暗くなったのでしかたなく墓場に泊まることにしたが，そこで葬儀まで行われたので，気味の悪いところにちょうどい合わせてしまったと思った。

(3)＜**古文の内容理解**＞火の中から死人が飛び出してきたと思ったら，その死人が山伏に，一人で行くのは不安だから一緒にあの世へ行こうと誘ってきたので，山伏は恐怖で気絶した。

(4)＜**古文の内容理解**＞昼寝をしていた狐が，突如，山伏の法螺貝によって驚かされたことを恨みに思い，山伏に怖い幻を見せて仕返しをしたのである。

(5)＜**古文の内容理解**＞法螺貝で狐を驚かせた山伏は，狐から怖い思いをさせられるという仕返しをされた。この話は，動物をいじめてはいけないという教訓を与えている。

2024年度 水城高等学校

【英　語】（50分）〈満点：100点〉

1 次のA～Cの問いに答えなさい。

A　次の(1)～(3)の各組について，下線部の発音が他の3語と異なる語を，1～4の中から一つずつ選びなさい。

(1)　1　thousand　2　cousin　3　about　4　found
(2)　1　weather　2　athlete　3　both　4　cloth
(3)　1　guide　2　behind　3　activity　4　library

B　次の(1)～(3)の各組について，最も強いアクセントの位置が他と異なるものを，1～4の中から一つずつ選びなさい。

(1)　1　bathroom (bath-room)　2　classmate (class-mate)
　　3　percent (per-cent)　4　moment (mo-ment)
(2)　1　damage (dam-age)　2　children (chil-dren)
　　3　sixty (six-ty)　4　before (be-fore)
(3)　1　anywhere (an-y-where)　2　continue (con-tin-ue)
　　3　powerful (pow-er-ful)　4　probably (prob-a-bly)

C　次の(1)，(2)の会話について，下線部の語句の意味を推測し，その意味として最も適切なものを，1～4の中から一つずつ選びなさい。

(1)　*A*：We are going to lose the game.
　　B：Let's keep our chins up.　The game hasn't finished yet.
　　A：Well, you're right.　OK, I'll do my best until the end.
　1　feel angry　2　stop working
　3　be positive　4　he bored

(2)　*A*：How about Mark's birthday party next week？
　　B：I need some help with it, so my friends will pitch in.
　　A：Then, you can hold a good party, right？
　1　my friends will work together
　2　I'll throw balls with my friends
　3　I'll hold one for my friends
　4　my friends will have another party

2 次のAとBの問いに答えなさい。

A　次の(1)～(5)の(　)に入れるのに最も適切な語(句)を，それぞれ1～4の中から一つずつ選びなさい。

(1)　He was surprised and said, "(　　) a beautiful picture !"
　1　Why　2　How　3　Where　4　What
(2)　He can do anything, so he is (　　) by everyone.
　1　respected　2　returned　3　received　4　rested
(3)　I will stay home tomorrow if it (　　) colder than today.

1　will be　　2　is　　3　was　　4　have been

(4)　I'm happy that my grandmother is getting well little (　　) little.

1　for　　2　by　　3　of　　4　at

(5)　Which season do you like (　　), spring or fall ?

1　much　　2　better　　3　best　　4　well

B　次の(1)～(3)において(　)内の語を並べかえて自然な英文を完成させたとき，(　)内で２番目と４番目にくる語はそれぞれどれか。１～５の中から一つずつ選びなさい。ただし，文頭にくる語も最初の文字は小文字で示されています。

(1)　(1　student　　2　which　　3　question　　4　the　　5　answered) ?

(2)　Do you (1　with　　2　talking　　3　the　　4　boy　　5　know) Ms. Mori ?

(3)　I (1　a　　2　had　　3　wish　　4　TV　　5　I) in my room.

3　次の(1)～(3)の会話文の意味が通じるように，それぞれの(　)内に入る最も適切なものを１～４の中から一つずつ選びなさい。

(1)　*A* :　Look, the train is coming in.

B :　(　　　　)

A :　Oh, really ?　Which train should we take then ?

1　Let's take that train.

2　That's not the one to take.

3　All right, let's wait for it.

4　You should take pictures of it.

(2)　*A* :　Have you read the email I sent last night ?

B :　The email ?　Sorry, I didn't know about it.

A :　That's OK.　(　　　　)

1　It doesn't say anything important.

2　I quickly read it when I got it.

3　I sent it to you this morning.

4　I will read it after getting home.

(3)　*A* :　Dad, can I use your computer this afternoon ?

B :　Well, (　　　　).

A :　Don't worry.　I will use it to write a homework report.

1　you can't if you want to use it for playing games

2　I'm going to use it today, so you can use it tomorrow

3　it's old now, so I will buy a new one next week

4　you can do anything you like with it

4 次の会話文を読んで，あとの(1)～(3)の問いに答えなさい。

Misaki : Hello, Kate. I heard you are going to go back to your country.

Kate : Hi, Misaki. Yes, I am. I have really enjoyed staying here for six months. I don't want to leave, but I have to. [A].

Misaki : We'll feel the same way about you. When are you going to leave Japan ?

Kate : On March 22. It's next Friday. Today is March 15, so I just have one more week here.

Misaki : I see. Actually, Ryota, Saori, and I are making plans for a farewell party for you.

Kate : Really ? I'm so happy.

Misaki : [B] ?

Kate : Of course! I'm a little busy because I need to get ready, but I will make time for it. Thank you so much. [C] ?

Misaki : At Saori's house. Do you know where it is ?

Kate : Yes. I've been to her house (ⓐ) times to do homework with her.

Misaki : Good. Please come at 2 p.m.

Kate : OK. Should I bring something to eat or drink ?

Misaki : [D]. This is a party for you. Saori and I are going to make a cake before the party. We'll have the cake with some tea made by Ryota during the party. So, you don't need to bring anything.

Kate : How kind! Can I ask what kind of cake you are going to make ?

Misaki : Well, we know that you like sour fruits like oranges and strawberries, but you don't like other kinds of fruits such as bananas. So, we are going to make a chocolate cake, and we'll put your favorite fruits on top.

Kate : Wow, you know me and my favorite things so well.

Misaki : We do because we have always been together for (ⓑ) a year.

(1) A～Dの[ ]に入れるのに最も適切なものを，それぞれ１～４の中から**一つずつ**選びなさい。

A
1 I feel that I want to visit Japan again
2 I will miss you and all the friends I made here
3 I will tell my family about all of you
4 I feel that Japan is a nice country

B
1 Will you be busy after going back to your country
2 Can you hold the party next Saturday
3 If we hold it this Sunday, can you come
4 Is March 14 good for your farewell party

C
1 Where did you make time for it
2 Where can we get ready for it
3 Where did you enjoy the party
4 Where will the party be held

D
1 No, you don't have to bring anything
2 Yes, please bring four dishes
3 No, I will bring your favorite kind of cake
4 Yes, let's bring a cake and some tea

(2) ⓐとⓑの(　)に入れるのに最も適切な語を，それぞれ１～４の中から**一つずつ**選びなさい。

ⓐ　1　similar　　2　sure　　3　second　　4　several
ⓑ　1　half　　2　over　　3　still　　4　almost

(3)　次の1～4の絵の中で，ケイトのお別れパーティーで食べる予定だと会話文で言っているケーキを**一つ**選びなさい。

1

2

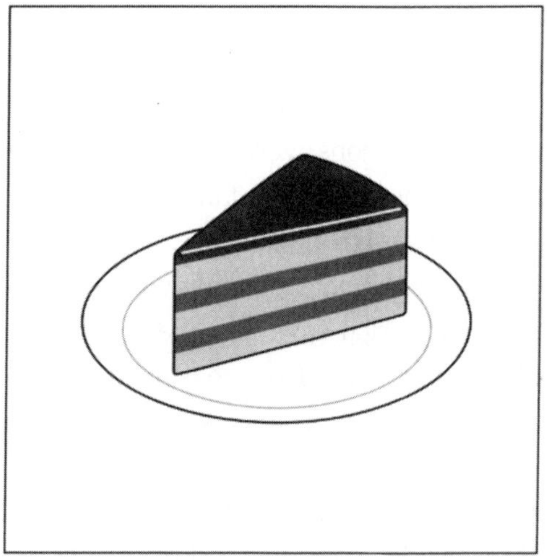

3

4

5　次の英文を読んで，あとの(1)，(2)の問いに答えなさい。（＊のついた語(句)は注があります）

Maybe the first animals that people kept for their milk were not cows. Researchers think that those animals were sheep or goats because they could give a lot of milk and there were large numbers of them at that time.

It is said that people started to keep cows about 8,000 or 9,000 years ago. We know that cow's milk was used by people in *Mesopotamia about 6,000 years ago because some pictures drawn there at that time show that.

In Japan, researchers have found some cow bones from the *ruins of the Yayoi period. That means Japanese people at that time kept cows. Researchers have found no cow bones from the ruins of the Jomon period, so they think that cows were first brought from some other countries near Japan around the end of the Jomon period or the early Yayoi period.

However, Japanese people didn't keep cows for their milk at first. They kept cows because they wanted the animals to work for farming. Some people just kept cows to show that they were rich and powerful because there were not many cows in Japan at that time.

People say that *Emperor Kotoku was the first Japanese person to have cow's milk. He lived in the Asuka period. A man from a foreign family once saw the emperor and gave him food made from cow's milk. The food was called *so*. It was something like cheese. The emperor liked it very much. After that, some jobs were created. People in those jobs took care of cows, got milk from them, and gave it to the emperor's family and some other people.

There is a word *daigomi* in Japanese. It means "the real pleasure of something." *Daigo* is one kind of food that was eaten in Japan many years ago, and it was made from cow's milk. A dictionary written in the Heian period says that we can get *raku* by boiling cow's milk, we can make *so* from *raku*, and we can make *daigo* from *so*. In that period, even cow's milk was something only for rich people. Among foods made from cow's milk, *daigo* was very expensive, and *ordinary people could never eat it.

Cow's milk became something ordinary people could enjoy much later. It was in the Meiji period. In the 1860s, Maeda Tomekichi learned from a foreign man some good ways to take care of cows and get milk from them. Then he started to sell cow's milk in Yokohama. This was the first *dairy in Japan, and cow's milk started to become popular. Around that time, the Japanese government also worked to make cow's milk popular. The government told people that cow's milk is good for their health and people should drink it or have it in their *diet.

After *World War Ⅱ, when there wasn't much food in Japan, people mainly ate potatoes and some other kinds of vegetables. However, those were not enough, especially for children. So, cow's milk was *served with lunch in many elementary schools. It helped children's health a lot.

Today, cow's milk is very popular in Japan. We can find it in every supermarket and convenience store. Also, people often use cow's milk to cook something. Maybe we can say that cow's milk is a part of the Japanese food culture.

（注） Mesopotamia：メソポタミア　ruin：遺跡　emperor：天皇　ordinary：一般の
dairy：牛乳販売店　diet：食事　World War Ⅱ：第二次世界大戦
serve：(食事などを)出す

⑴ A～Eの問いに対する答えとして最も適切なものを，それぞれ１～４の中から**一つずつ**選びなさい。

A．According to researchers, when did cows first come to Japan？

1　Before the Jomon period.
2　Around the early Jomon period.
3　From the Jomon to the Yayoi periods.
4　Around the end of the Yayoi period.

B．What did Emperor Kotoku do？

1　He gave cow's milk to a man from a foreign family.
2　He ate the food made from cow's milk and liked it.
3　He created some jobs to take care of him.

4 He named the food like cheese *so*.

C. Which is true about *daigo*?

1 At first, it was made from goat's milk.

2 We can make *raku* and *so* from it.

3 We need to make *so* before getting it.

4 In the Heian period, it was not expensive.

D. What was done by Maeda Tomekichi?

1 Buying a lot of cow's milk from a foreign man.

2 Learning how to take care of cows and get their milk.

3 Giving cow's milk to elementary schools in Yokohama.

4 Telling the Japanese government the good points of milk.

E. After World War Ⅱ, what did children in many elementary schools do?

1 They mainly ate potatoes cooked with some cow's milk.

2 They got cow's milk at their schools and brought it home.

3 They said that vegetables could help their health a lot.

4 They had cow's milk which was served with their school lunch.

(2) 本文の内容に合う文を，次の１～７の中から**三つ**選びなさい。

1 Maybe sheep or goats were the first animals that were kept by people for their milk.

2 Cows were first brought to Japan because Japanese people wanted to drink their milk.

3 A dictionary was written in the Heian period, and it had about a thousand words.

4 When there weren't many cows in Japan, some people kept cows to show they were rich and powerful.

5 Cow's milk became something ordinary people could enjoy in the Meiji period.

6 In the 1860s, the Japanese government didn't try to make cow's milk popular.

7 Today, Japanese people use more cow's milk than people in other countries.

【数　学】（50分）〈満点：100点〉

1　次の$\boxed{}$にあてはまる数を答えなさい。

(1)　$6\times(-2^3)+(-8)^2=\boxed{\text{アイ}}$

(2)　$\dfrac{1}{\sqrt{3}}+\sqrt{32}\div\sqrt{\dfrac{3}{2}}=\boxed{\text{ウ}}\sqrt{\boxed{\text{エ}}}$

(3)　$(5a+6b)(7a-8b)-2(4a+5b)(4a-5b)=\boxed{\text{オ}}a^2+\boxed{\text{カ}}ab+\boxed{\text{キ}}b^2$

(4)　$2x(x+5y)+6x+30y$ を因数分解した式は $\boxed{\text{ク}}(x+\boxed{\text{ケ}})(x+\boxed{\text{コ}}y)$ である。

(5)　連立方程式 $\begin{cases}x-8y=6\\0.3x-1.6y=2\end{cases}$ の解は $x=\boxed{\text{サ}}$，$y=\dfrac{\boxed{\text{シ}}}{\boxed{\text{ス}}}$ である。

(6)　２次方程式 $x^2-10x+20=0$ の解は $x=\boxed{\text{セ}}\pm\sqrt{\boxed{\text{ソ}}}$ である。

2　次の$\boxed{}$にあてはまる数を答えなさい。

(1)　$2\sqrt{6}<a<3\sqrt{6}$ を満たす自然数 a は全部で $\boxed{\text{ア}}$ 個ある。

(2)　Ｆさんは自宅から駅に向かって時速６km で歩いた。Ｆさんの兄が，Ｆさんが出発してから５分後に自宅を出発し，同じ道を時速15km で走ってＦさんを追いかけたところ，駅に到着する前に追いついた。

このとき，Ｆさんの兄がＦさんに追いついたのは，Ｆさんの兄が自宅を出発してから $\boxed{\text{イ}}$ 分 $\boxed{\text{ウエ}}$ 秒後である。

(3)　３直線 $l：y=2x$，$m：y=-x-6$，$n：y=\dfrac{1}{2}x+3$ がある。l と m との交点をＡ，l と n との交点をＢ，m と n との交点をＣとするとき，△ABC の面積は $\boxed{\text{オカ}}$ cm^2 である。ただし，座標軸の１目盛りの長さは１cm とする。

(4)　箱Ａに赤玉２個と白玉２個，箱Ｂに赤玉１個と白玉３個が入っている。箱Ａ，箱Ｂからそれぞれ１個ずつ玉を取り出すとき，少なくとも１個は白玉を取り出す確率は，$\dfrac{\boxed{\text{キ}}}{\boxed{\text{ク}}}$ である。ただし，それぞれの箱において，どの玉が取り出されることも同様に確からしいとする。

(5)　右の図で，点Ａは直線 l 上の点，点Ｂは直線 m 上の点であり，△ABC は AB＝AC の二等辺三角形である。

$l/\!/m$ のとき，$\angle\text{BAC}=\boxed{\text{ケコ}}^\circ$ である。

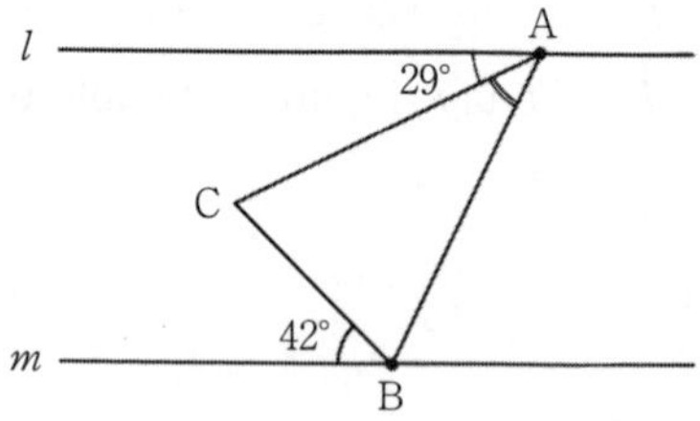

3　A(2, 10), B(2, 2), C(4, 2), D(4, 10)であり，この4点を結んでできる長方形ABCDと放物線$y=ax^2\left(\frac{1}{8}<a<\frac{5}{2}\right)$との2つの交点のうち，$x$座標が小さい方の点をP，大きい方の点をQとする。

次の□にあてはまる数を答えなさい。ただし，Oは原点とする。

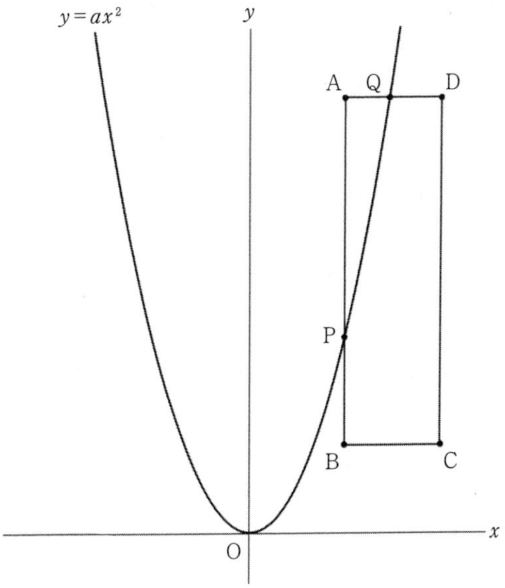

(1)　2点B，Dを通る直線の式は$y=$[ア]$x-$[イ]である。

(2)　$a=2$のとき，点Pの座標は([ウ], [エ])，点Qの座標は($\sqrt{[オ]}$, [カキ])である。

(3)　直線PQが長方形ABCDの面積を2等分するときのaの値は，$a=\frac{[ク]}{[ケ]}$である。

4　右の図のように，線分ABを直径とする半円Oがあり，$\overset{\frown}{AB}$上に2点C，DをA，C，D，Bの順に$\overset{\frown}{AC}=\overset{\frown}{DB}$となるようにとる。線分ODと線分BCとの交点をEとし，点Bを通り線分ACに平行な直線と直線CDとの交点をFとする。

次の□にあてはまる数を答えなさい。

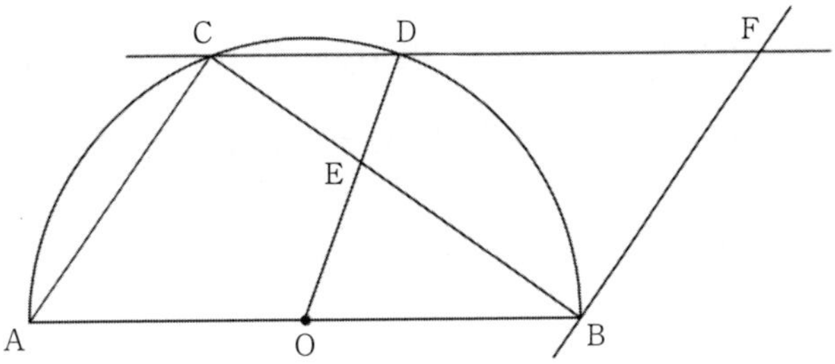

(1)　$\angle CAB=a^\circ$とすると，$\angle DOB$の大きさは([アイウ]$-$[エ]a)度である。

(2)　AB=6cm，CD=2cmのとき，次の①，②の問いに答えなさい。

①　線分DEの長さは$\frac{[オ]}{[カ]}$cmである。

②　四角形DEBFの面積は，四角形CABFの面積の$\frac{[キク]}{[ケコ]}$倍である。

5 図1の立体は，1辺の長さが4 cmの正方形BCDEを底面とし，高さが3 cmの正四角すいA-BCDEと，1辺の長さが4 cmの立方体BCDE-FGHIを組み合わせたものである。

次の[　]にあてはまる数を答えなさい。

図1

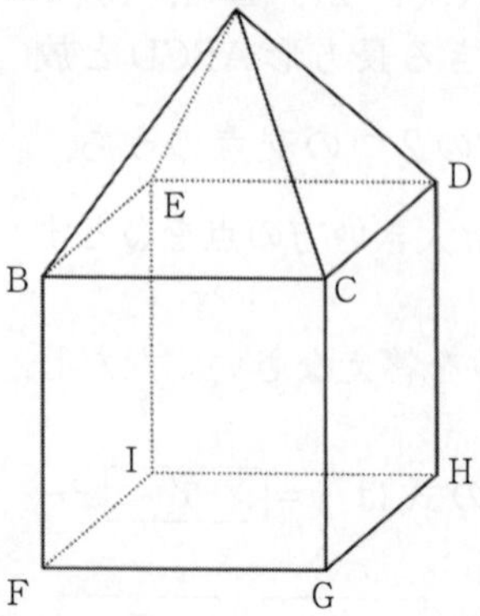

図2

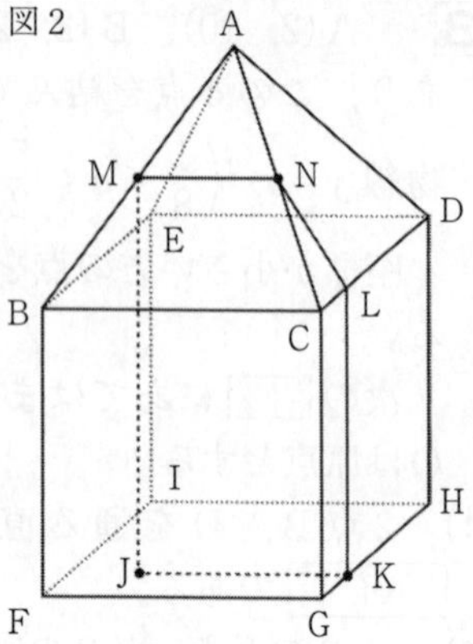

(1) この立体の体積は[アイ] cm^3である。

(2) 図2のように，図1において，辺AB，ACの中点をそれぞれM，Nとする。点Mを通り辺BFに平行な直線と面FGHIとの交点をJ，点Jを通り線分MNに平行な直線と辺GHとの交点をK，点Kを通り線分MJに平行な直線と辺CDとの交点をLとする。

このとき，次の①，②の問いに答えなさい。

① 線分MJの長さは$\dfrac{\boxed{\text{ウエ}}}{\boxed{\text{オ}}}$ cmである。

② 五角形MJKLNを直線MJを回転の軸として1回転させてできる立体の体積は$\dfrac{\boxed{\text{カキ}}}{\boxed{\text{ク}}}\pi$ cm^3である。ただし，円周率はπとする。

5　人々が、馬が跳ねたときにすぐさま剣を抜かなかった弟子の剣士としての力量を、疑わしく思ったということ。

(3)　――③「人々謀りしにたがひければ」とあるが、どういうことか。最も適当なものを、次の1～5の中から選びなさい。

1　人々は、馬が跳ねたときに卜伝が早業を見せることができるのかを試すために、跳馬をつないだ道に卜伝をおびき出したということ。

2　人々は、馬が跳ねたときの対処の難しさを卜伝に分からせようと企てたが、それを見抜いた卜伝は馬がいる道を回避したということ。

3　人々は、馬が跳ねたときの弟子と卜伝の対応の違いを確かめたいと思ったが、卜伝が馬の後を通っても馬が跳ねなかったということ。

4　人々は、馬が跳ねたときに弟子が早業を見せたという話を信用しない卜伝に命じられ、当時と同じ状況を忠実に再現したということ。

5　人々は、馬が跳ねたときの卜伝の振る舞いを見ようと策略をめぐらしたが、卜伝が馬の後を避けたので馬が跳ねなかったということ。

(4)　――④「一の太刀の位に及ばざる事遙なれば」とあるが、卜伝がそのように言った理由として最も適当なものを、次の1～5の中から選びなさい。

1　弟子が一の太刀を人前で披露したことを知り、奥義を伝授したことを後悔したから。

2　日常の些細《ささい》な場面で剣術の技量を発揮できなかった弟子を、未熟だと判断したから。

3　先々のことを予見せず、油断して軽率な行いをした弟子の、心の隙を見抜いたから。

4　自分が褒めることで弟子が気を抜き、修練を怠ることがないようにしたかったから。

5　常に敵と対峙《たいじ》しているつもりで緊張感を保てという教えを、弟子が忘れていたから。

(5)　この文章が述べている内容として最も適当なものを、次の1～5の中から選びなさい。

1　偶然の幸運に恵まれた勝利は、真の勝利とは言えない。

2　跳馬さえ黙らせる気迫を備えた者が、真の達人である。

3　剣術の奥義とは、自分自身の手で生み出すものである。

4　真の幸福とは、自分自身の手でつかみ取るものである。

5　敵に敗れた経験がなければ、剣豪を名乗る資格はない。

えていた自分の考えを反省する守の姿を、客観的な視点から描いている。

2 戸塚プロの話を聞きながら、姉がプロ棋士になることを望む自分の思いの是非に思い悩む守の葛藤を、比喩表現を用いて描いている。

3 戸塚プロの話を聞きながら、姉がプロ棋士になることの難しさを徐々に痛感していく守の様子を、記号を効果的に用いて描いている。

4 戸塚プロの話を聞きながら、勝負の世界に生きるプロ棋士たちの壮絶な生き様に驚嘆する守の心情を、守の視点を中心に描いている。

5 戸塚プロの話を聞きながら、姉がプロ棋士になるまでの道筋を具体的に思い描く守の内面を、将棋の指し方に重ねながら描いている。

四 次の文章を読んで、あとの(1)～(5)の問いに答えなさい。

＊1卜伝《ぼくでん》が弟子の中に勝《すぐ》れたる者に、＊2一《ひとつ》の太刀《たち》の極意を授くべしと人も思ひけるに、彼《か》の弟子或時《あるとき》、道のほとりにつなぎたる馬の後を通りけるに、彼の馬跳ねたりしに、ひらりと飛退《とびの》きて身にあたらず。見し人、「さすがに、①『塚原《つかはら》が弟子の中にも勝れたるよ』といひしにたがはず」とほめて卜伝に語りけるに、卜伝大きに驚きて、「さては一の太刀授くべき器にあらず」といひけり。②諸人此《こ》の事を不審して、「試みよ」とたぐひ無き跳馬《はねうま》を道のかたへに繋《つな》ぎ、卜伝を招きてかたはらに隠れて見居たりしに、卜伝馬の後を除《よ》けて通りしゆゑ、馬跳ねんともせず。③人々謀《はか》りしにたがひければ、後にかくと語り、さて、「彼の弟子の早業《はやわざ》をほめ給《たま》はぬはいかに」といひければ、卜伝聞きて、「さればとよ。馬のはぬるに飛退きたるは、業は利《き》きたるに似たれども、馬ははぬるものといふ事を忘れて、うかと通りしは怠《おこたり》なり。飛退きたるは仕合《しあはせ》といふものなり。剣術も時により、下手にても仕合にて勝つ事あるべし。それは勝ちたりとも上手とはいふべからず。ただ先《せん》を忘れず機をぬかぬをよしとするなり。④一の太刀の位《くらゐ》に及ばざる事遥《はるか》なれば誉《ほ》めざりき」と答へしとぞ。

(「常山紀談」)

(注) ＊1 卜伝…塚原卜伝。生涯無敗の戦歴を誇ったとされる戦国時代の剣豪。

＊2 一の太刀…卜伝が会得《えとく》した剣術の奥義《おうぎ》。

(1) ——①「『塚原が弟子の中にも勝れたるよ』といひしにたがはず」の意味として最も適当なものを、次の1～5の中から選びなさい。

1 「塚原の弟子の中でも最も優秀である」という評価は適切でなかった。

2 「塚原の弟子の中でも最も優秀である」と自負するだけのことはある。

3 「塚原の弟子の中でも最も優秀である」という評判は本当であった。

4 「塚原の弟子の中でも最も優秀である」という評価は変わらなかった。

5 「塚原の弟子の中でも最も優秀である」という評判が立ったのか。

(2) ——②「諸人此の事を不審して」とあるが、どういうことか。最も適当なものを、次の1～5の中から選びなさい。

1 人々が、跳馬をあっさりと手なずけて巧みに乗りこなした卜伝の弟子の技術に、たいへん驚いたということ。

2 人々が、跳ねた馬を身軽にかわした弟子の所作を卜伝が批判的に捉えたことを、不思議に思ったということ。

3 人々が、一の太刀を授かった弟子が奥義を使わずに跳馬の攻撃を退けた話を、信じられなかったということ。

4 人々が、跳ねた馬から逃げだした臆病な弟子に一の太刀を授けるべきではないと、卜伝に抗議したということ。

で棋士になれるほどまで棋力を上げるのは難しいという戸塚プロの話に疑問を抱くとともに、感情的に反発している。

4　夢のある人生をあきらめた自分に代わって、姉には華々しい人生を送ってほしいと熱望する思いから、棋力を上げる期間が二年しかないという戸塚プロの話を受け入れながらも、姉がプロになれる可能性を否定しないでほしいと願っている。

5　普通で平凡な自分とは違い、姉の性格では会社員という形で働くことはできないと確信する思いから、現状の仕組みで姉がプロを目指すのは困難な挑戦だという戸塚プロの話を理解しながらも、戸塚プロの力を借りたいと必死になっている。

(4)　――②「どう考えても相当に難しい挑戦になるでしょう」とあるが、このときの戸塚プロの気持ちとして最も適当なものを、次の1~5の中から選びなさい。

1　守との対話を通じて、りか子にプロになってほしいと願う守の切実な思いを感じ取り、りか子がプロになれるとは思えないものの、守の気持ちに配慮して多少の期待を持たせようと思っている。

2　守との対話を通じて、りか子の将棋の才能を過信している守の無謀な思いを感じ取り、りか子がプロになれる可能性はなくはないものの、守に現実の厳しさを伝えたほうがよいと思っている。

3　りか子との対局を通じて、りか子のこれまでの将棋への向き合い方を感じ取り、才能に甘んじて努力を怠ってきたりか子は、プロになるための努力を続けることができないだろうと思っている。

4　りか子との対局を通じて、りか子が秘める将棋の才能を感じ取り、今はまだ負け方を知らず努力も不十分ではあるが、これからの二年間は心を入れ替えて努力を積み重ねてほしいと思っている。

5　りか子との対局や守との対話を通じて、二人の将棋にかける情熱を感じ取り、まずは守にあえて厳しい言い方をすることで、りか子の挑戦を最後まで支えていく覚悟を決めさせようとしている。

(5)　――③「戸塚プロが言うような努力」とあるが、その内容を表すことわざとして最も適当なものを、次の1~5の中から選びなさい。

1　七転び八起き　　2　石橋をたたいて渡る
3　好きこそものの上手なれ　　4　急がば回れ
5　雨垂れ石をうがつ

(6)　――④「弟さんから見てお姉さんはどんな人ですか?」とあるが、このときの戸塚プロの気持ちとして最も適当なものを、次の1~5の中から選びなさい。

1　性格と将棋は関係するのかという守の質問に答えるために、対局中に印象的だったりか子の性格と将棋の指し方を整理した上で、守が思うりか子の性格を確認しようとしている。

2　荒っぽい勝負を好み、形勢が不利なときに粘り強さがなく諦めが早い将棋から受けた、りか子の性格は不真面目だという印象が正しいかどうかを確認しようとしている。

3　荒っぽい指し方をするりか子が、過去にどのような将棋の指し方を経由して今のスタイルに落ち着いたのかを推測するために、りか子の人間性や生き方を確認しようとしている。

4　りか子の直感的で雑な勝負の仕方を良い方向に変化させていくための方策を練るために、守が考えるりか子の長所や、りか子がこれまで生きてきた環境を確認しようとしている。

5　非論理的で強引な攻めを繰り出すりか子の荒っぽい将棋から抱いた、りか子の人間性や生き方には繊細さが欠けているという印象が正しいかどうかを確認しようとしている。

(7)　この文章の内容と表現について説明したものとして最も適当なものを、次の1~5の中から選びなさい。

1　戸塚プロの話を聞きながら、プロ棋士になることを安易に捉

「生き様が変わるということですか？」
「いえ、そうではなくて、なんて言ったらいいか……年を重ねるうちに勝負の仕方が変化していくんです。若い頃は勢いで勝負していた人も、年を重ねるうちに、無茶な指し方をしなくなります。無駄な駒の動きをしなくなって、その流れは美しいダンスのようになります。円熟期の棋士の将棋には、シャープさと豊かさが同居しています。更に年を重ねると、諦めが早くなってしまうみたいですが。これは女流棋士ではなく、男性の棋士を見ていて、私が感じていることなので、一般論ではありません。どうしてお姉さんの人となりを尋ねたかといえば、私が将棋から受け取ったものが、合っているかどうか確かめたかったからなんです。守さんは純粋でマイペースと評されましたけれど、そこには守さんの優しさが入っていませんか？　りか子さんから受けたのは、荒っぽい勝負をする人との印象でした。力任せに仕掛けてくるのですが、その作戦に根拠はないんです。これでいけるんじゃないかとの勘が頼りといったように見えました。こういう将棋をする人は、雑に生きているのではないかと思ったんですが違いますか？　自分を大切にしていないと言い換えてもいいですが」
「……………」
「その顔じゃ、私の受けた印象はそれほど外れてはいなかったようですね」戸塚プロが小さく笑った。「それでは、りか子さんと少し話をしてみましょう」
　戸塚プロは立ち上がった。

（桂　望実「僕は金になる」。一部省略）

（注）＊1　女流育成会…女流棋士の育成を目的とした日本将棋連盟の機関で、二〇〇八年度末をもって廃止され、その機能は男女混合の研修会に移行された。現在、女流棋士希望研修生の入会は二十五歳以下となり、研修会内部のリーグ戦の成績と通算対局数の条件を満たせば女流棋士の資格を得られる。
＊2　棋譜…一局の中でそれぞれの棋士が指した手を順番に記録したもの。

(1)　(a)〜(d)に入る語の組み合わせとして最も適当なものを、次の1〜5の中から選びなさい。

1　a　ふいに　b　きっぱりと　c　あっさり　d　堅実な
2　a　まさに　b　まじまじと　c　じっくり　d　無難な
3　a　だしぬけに　b　やんわりと　c　すっかり　d　律儀な
4　a　おもむろに　b　うんざりと　c　さっぱり　d　退屈な
5　a　にわかに　b　はっきりと　c　うっかり　d　地味な

(2)　本文には、次の二文が抜けています。これを入れる位置として最も適当なものを、あとの1〜5の中から選びなさい。
だから頼む。姉ちゃんの可能性がゼロだとは言わないでくれ。

1　【ア】　2　【イ】　3　【ウ】　4　【エ】　5　【オ】

(3)　——①「難しくても可能性はゼロではないんですよね？」とあるが、このときの守の様子の説明として最も適当なものを、次の1〜5の中から選びなさい。

1　今年二十七歳になる姉は、プロになれないとは言わないが可能性は低いという指摘に落胆する思いから、今の棋力では女流育成会のリーグ戦で上位二位に入れないという戸塚プロの話が耳に入らず、現実逃避して理想の未来を妄想している。
2　プロ棋士になるという自分の夢を姉に託すことで、自分の人生の新たな一歩を踏み出したいと懇願する思いから、姉が棋士になれる可能性は非常に低いという戸塚プロの話に納得しながらも、残されたわずかな可能性を信じようとしている。
3　将棋の才能に恵まれた姉であれば、自分とは違って特別な人生を送ることができるはずだと楽観する思いから、わずか二年ような毎日を送って欲しい。ワクワクしてドキドキするような人生を選んで欲しい。それは誰にでも選べるものじゃないから。今はまだ戸塚プロに（ｃ）負けてしまうぐらいでも、姉ちゃんだったらきっともっと棋力を上げられるはず。【エ】

　戸塚プロは自分の湯呑みに手を伸ばした。両手で湯呑みを持ち上げそれを口に付ける。それから湯呑みを卓に戻した。

　戸塚プロが口を開いた。「ゼロとは言いません。ただ②どう考えても相当に難しい挑戦になるでしょう。りか子さんには将棋の才能があります。そのせいでしょう。これまで努力をしてきていませんね？」

「……それは……どういう？」

「一局やってみて感じたのは――この娘さんは負け方を知らないということです。これまで才能があるから、自分の感覚だけで勝ててこれたんでしょう。だからどうしたら負けるのかをわかっていません。普通はたくさん負けるんです。負けた中からいろんなことを学んでいくんです。他の人が対局した＊2棋譜を勉強して、どうやって負けたのか、どうやって勝てたのかを分析するのも大事です。そういう努力を積み重ねてきた人たちのうちで、ごく一部の人がプロになれるんです。素人をたくさん負かしたところで、そこで学んでいなければ棋力アップにはまったく繋《つな》がりません。才能だけじゃプロにはなれないんです。努力を続ける能力もないと。つまり才能と努力の両方が必要なんです。りか子さんの場合才能があって持ち前の感覚だけで勝ててきたので、努力をしてこなかったんでしょう。素人の中では強いでしょうがプロとの差は大きいです。それを二年間で埋めるのは至難の業です。これまで努力をしてこなかった人が、これから人の何十倍もの努力をすることができるでしょうか？」

「……」

「私は思うんです。一流の人というのは、努力を続けられる人なんじゃないかって。棋士じゃなくても料理人でもマラソンの選手でも、どんな世界にいる人でも、トップにいる人は膨大な時間を努力にあてていると思うんです。それができる人だけが一流なんだとも言えますね。負ければ口惜《くや》しいですね。その口惜しさでやる気を途切れさせるのではなく、努力を続けるんです。これは大変ですよ。一、二週間ぐらいだったらできるかもしれませんが、ずっとなんですよ。リーグ戦突破を目標に、二年間努力を続けるのはしんどいことです。仮に二年間努力を重ねて運良くプロになれたとしても、それからも努力を続けなくてはなりません。プロとして対局をしていくんですから。将棋の世界にいる限り努力を続ける必要があります。それがりか子さんにできるでしょうか？」

「……」

　③戸塚プロが言うような努力を続けることが、姉ちゃんにできるだろうか？　難しい挑戦になるのは間違いないようだ。（中略）

　戸塚プロがまた湯呑みに手を伸ばして緑茶を飲んだ。

　その湯呑みには白い地に赤い花の絵が描かれていた。

　その花と似た色の口紅を戸塚プロはしている。ショートカットで、白いシャツの上にベージュ色のセーターを重ね着していた。三十五歳と聞いていたが、きちんとした印象のせいかもっと年上に感じられる。

「④弟さんから見てお姉さんはどんな人ですか？」戸塚プロが質問を重ねてきた。

「どんな人というのは性格でしょうか？　そうですか。姉は……姉は……純粋なところがあります。人擦れしてないと言いますか。それとマイペースです。あの、性格は将棋と関係しますか？」【オ】

「はい」頷いた。「性格は将棋に出ます。そそっかしい人はそそっかしい将棋を指します。おっとりした人はおっとりした将棋を指します。それに生き様も出るんですよ。苦労してきた人は粘り強い将棋を指しますし、途中形勢が有利になっても、無駄打ちをして遊んだりせず（ｄ）勝負をします。若くしてプロになって、スポットライトを急に浴びたような人は派手な将棋をします。駒を大胆に動かしてドラマチックな展開にするんです。それに将棋は変わります」

あと、「時」を巡る人間の価値観の歴史を示し、最終的には、画一化したグローバルな世界を変えるために、現代人はローカルな時間を取り戻すべきだと主張している。

三 次の文章を読んで、あとの(1)~(7)の問いに答えなさい。

大学を卒業し、上京して社会人になった守《まもる》(僕)には、りか子という姉がいる。幼少期から将棋《しょうぎ》が強かった姉がプロ棋士になれるかどうかを判断してもらうため、女流プロ棋士の戸塚萌《とつかもえ》に対局を依頼した守は、事情を説明しないまま姉を東京へ呼び寄せた。

正座中の姉ちゃんは苦しそうに顔を顰《しか》めて将棋盤を見つめる。やがて姿勢がどんどん前に傾いていく。両手で自分のスカートをぐっと摑《つか》んだ。唇を噛《か》みなおも駒を睨《にら》む。すると（ a ）顔を上げた。初めて興味をもったといった表情で対局相手を見つめる。それから再び盤に目を落とし、駒にその瞳を据える。程なくして姉ちゃんの肩が少し下がった。

そして「負けました」と言ってうな垂れた。

戸塚萌女流プロはまっすぐな背を前に倒して、綺麗《きれい》な礼をすると「一休みさせて貰《もら》うわ」と言った。

戸塚プロに促された僕は、彼女の後に続いて部屋を出て少し離れた部屋に移動した。

そこは六畳の和室で中央に卓が置いてあった。床の間には花瓶に入れられた一輪の椿《つばき》が飾られている。

卓を挟んで向かい合うように置かれた座布団に、僕は座った。そして戸塚プロが茶筒を傾けて、蓋に茶葉を移すのを見つめた。（中略）

僕は尋ねる。「姉は……姉の棋力はどうなんでしょう?」【ア】

急須から湯呑《ゆの》みに緑茶を注ぐ。「悪くはないですね。才能はあると思いますよ」

「そうですか?」勢い込んで聞いた。「それではプロになれるでしょうか?」

「どうぞ」湯呑みを僕の前に置いた。

「有り難《がと》うございます」

「プロになれるかどうかはわかりません。この間も説明しましたように、＊1女流育成会に入会してリーグ戦に出て一位か二位になれば、女流のプロ棋士になれるという仕組みがあります」

「はい」頷《うなず》いた。

「りか子さんは二十六歳と言っていたかしら?」戸塚プロが質問してきた。

「今二十六で、今年の誕生日で二十七歳になります」【イ】

「女流育成会の入会資格は二十九歳までなので、ギリギリですね」

「……ギリギリですか?」

「女流プロになるための要件が今後変わるかもしれないので、なんとも言えませんが、現状の仕組みでプロに挑戦するとしたら二年しかありません。時間が全然足りませんね」

「……」

「今の棋力では上位二名には入れないでしょう」戸塚プロが（ b ）言った。「今日から死ぬ気で頑張ったとしても、二年間でどれだけ棋力を上げられるか――難しいトライになるでしょう」

「①難しくても可能性はゼロではないんですよね?」縋《すが》るように戸塚プロを見つめた。【ウ】

ゼロではないと言ってくれ。聞きたいんだ。まだチャンスはあるって。僕はもう平凡な人生しかないけど、姉ちゃんには特別な人生があるって思いたいんだ。僕には見つけられなかった夢を、姉ちゃんに託したいんだ。嫌なことにもだいぶ慣れてきたしね、僕は多分今の会社で定年まで会社員っていうのをやる。これから三十年以上もあると考えると、ちょっと気が遠くなるけど、きっと僕は毎日会社に出社するのだろう。僕は普通で平凡な人間だから。でも姉ちゃんは違う。将棋の才能がある。厳しい世界だろうけど、そこで輝く

ものから個人が自由に扱うものになったことを読者に印象づけようとしている。

2　「教会の鐘」と対比的なものとして、より短い時間を正確に確認できる「腕時計」を挙げることで、人々が統一された時間に従ってより規則的な生活を送るようになったことを明確化しようとしている。

3　「懐中時計」と対比的なものとして、装飾品としての価値を排除した「腕時計」を挙げることで、門閥や血統が支配する封建的な時代から個人が自由を享受する時代に変わったことを示そうとしている。

4　「懐中時計」と対比的なものとして、より多くの機能が盛り込まれている「腕時計」を挙げることで、多くの人が共同作業をすることでさらなる文明の発展がもたらされたことを例示しようとしている。

5　「懐中時計」と対比的なものとして、筆者自身も所持したことのある「腕時計」を挙げることで、筆者自身の体験を根拠としながら共時的世界観を最重要視する現代的な価値観を批判しようとしている。

(6)　――⑤「『通時的発想』を回復する必要があるのではないかと思う」とあるが、筆者がそのように思うのはなぜか。その理由として最も適当なものを、次の1～5の中から選びなさい。

1　人々は自分の時間を自由に支配できるという通時的発想を回復することによって、世界中の人間に共通する時間の中で生きることを強制されている現代人に、未来のことを考える精神的な余裕を与える必要があるから。

2　自分だけが利得にありつく権利を肯定する通時的発想を回復することによって、未来を生きる世代にも同様の権利があるという理解へと現代人を導き、贅沢三昧をし尽くしている今の生活を改めさせる必要があるから。

3　個人の生き方が公共に制約されるという通時的発想を回復することによって、都市という公共の場の未来への維持という方針を現代人に示し、地下資源や自然破壊、原発などにまつわる問題を解決する必要があるから。

4　現代を襲った自然災害は未来に再び訪れるという通時的発想を回復することによって、現代人が地球を守るために国境を越えて協調し合う態勢を速やかに整え、子孫の世代の生存に対する責任を果たす必要があるから。

5　今の時間は未来につながっているという通時的発想を回復することによって、時間的な速さに最大の価値を置き、共時的な利得を刹那的に追求している現代人が、子孫の世代に配慮するようにしていく必要があるから。

(7)　この文章の内容や展開の説明として最も適当なものを、次の1～5の中から選びなさい。

1　筆者自身の幼少期の体験を示しながら本文の話題を提示したあと、「時」に関する二つの大きな視点を示し、最終的には、筆者が幼少期から抱き続けてきた「時」に関する疑問について、現代人の意識を参考にして推測している。

2　筆者自身の幼少期の体験を示しながら本文の話題を提示したあと、「時」を測る技術の日本での発達を示し、最終的には、「時」に対して現代人が抱く恐怖を克服するための意識として、日本の伝統的な価値観を再評価している。

3　筆者自身の幼少期の体験を示しながら本文の話題を提示したあと、「時」を巡る歴史を時系列に沿いながら示し、最終的には、筆者自身の幼少期の体験とも結びつく、現代人に必要な「時」の捉え方についての意見を述べている。

4　筆者自身の幼少期の体験を示しながら本文の話題を提示したあと、「時」を測る道具である時計の発達の歴史を示し、最終的には、現代人が今の生き方を改めるために必要となる、時計という道具の新たなあり方を提示している。

5　筆者自身の幼少期の体験を示しながら本文の話題を提示した

＊6　刹那的…今この瞬間だけを充実させて生きようとすること。

(1)　（a）～（d）に入る語の組み合わせとして最も適当なものを、次の1～5の中から選びなさい。

1　a　つまり　b　だから　c　さて　d　果たして
2　a　さらに　b　しかし　c　例えば　d　やがて
3　a　なぜなら　b　また　c　ところで　d　従って
4　a　あるいは　b　すなわち　c　確かに　d　しかも
5　a　そして　b　ただし　c　かつて　d　要するに

(2)　――①「暗闇の恐怖」とはどのような恐怖か。最も適当なものを、次の1～5の中から選びなさい。

1　それまでは無意識のうちに認識して追い続けていた時間というものが、永遠に続くものであると知った恐怖。
2　永遠に続くのではないかと感じた暗闇の存在によって、「明けない夜はない」という意識を否定された恐怖。
3　このまま暗闇の中で寝入ると、唯一知覚できる胸の鼓動が永遠に止まってしまうのではないかと感じた恐怖。
4　時間が失われてしまったかのような何の変化も知覚できない暗闇の中に、永遠に閉じこめられるという恐怖。
5　横で寝ている兄の存在を知覚できず、自分が生きる世界から他の人間がいなくなってしまったと感じた恐怖。

(3)　――②「新たな恐怖」とはどのような恐怖か。その内容として最も適当なものを、次の1～5の中から選びなさい。

1　個人としての時間を重視し、集団としての時間との調和が失われたことで、文明的な生活が崩壊するという恐怖。
2　人生とは規則的に変化する客観的な運動に過ぎず、人間は個人としての時間を生きることはできないという恐怖。
3　個人としての時間がないがしろにされ、世界全体にまで肥大した集団としての時間に服従させられるという恐怖。
4　時間が公用化された現代において、個人としての時間を手に入れるための苦闘の歴史が繰り返されるという恐怖。
5　集団としての時間を正確に守らなければ、世界中が一体化したグローバルな世界で生きられなくなるという恐怖。

(4)　――③「日本の時計産業の発展の礎」とあるが、何のことか。その内容として最も適当なものを、次の1～5の中から選びなさい。

1　十六世紀に渡来した機械式時計がヨーロッパでは十三世紀末に発明されたことに感嘆した日本の職人が、ヨーロッパとの技術力の差を埋めるために自らの特性を活かして向上させた、「時」を測るための技術開発。
2　十六世紀に渡来した機械式時計が十八世紀にかけて小型化していく中で、日本の時計職人が器用さと工夫好きという特性によって時計の装飾性や機能性を追求したことに象徴される、「時」を測るための技術開発。
3　十六世紀に機械式時計と鉄砲が渡来したあと、戦乱が絶えた江戸時代にすたれた鉄砲鍛冶の手先の器用な職人が時計職人に転じて巧妙な工夫を施すようになったことで高度化した、「時」を測るための技術開発。
4　十六世紀に渡来した機械式時計を自らの手で生産するようになったことで誕生し、江戸時代になって器用さと工夫好きという特性をさらに洗練させていった日本の時計職人による、「時」を測るための技術開発。
5　十六世紀にヨーロッパから機械式時計が渡来したことを機に、太陽の動きに合わせて季節や地域ごとに異なる時間を定める日本の「不定時法」を「標準時」に改める中で発達した、「時」を測るための技術開発。

(5)　――④「市民革命は腕時計とともにやってきた」とあるが、筆者がこのように述べるのは、どのような意図からか。最も適当なものを、次の1～5の中から選びなさい。

1　「教会の鐘」と対比的なものとして、読者にとって身近だと思われる「腕時計」を挙げることで、時間が人々に共有される鉄砲鍛冶《かじ》の仕事はすたれたが、時計職人はより高級な時計作りに熱中した。当時は、太陽の動きに合わせて時間を決める「不定時法」であったので、季節ごとに、また地域ごとに時間が異なっていた。そのことまで考慮した時計でなければならないから、実に巧妙な工夫が必要とされたのである。この日本人の器用さと工夫好きという特性によって活かされた「時」を測るための技術開発が、＊1懐《かい》中《ちゅう》時計の時代になって③日本の時計産業の発展の礎《いしずえ》になったと言われている。

十八世紀になって小型の機械式時計、つまり懐中時計が発明され、装飾品としても重宝されて、誰もが欲しがった。マリー・アントワネットが、あらゆる機能を盛り込んだ世界一美しい時計を注文したことが知られている。もっともそれを手にする前に、彼女は革命で処刑されてしまったのだが。懐中時計の出現は、教会が鐘で知らせ、人々に共有される時間から、個人がそれぞれ時計を所有して、自分の都合で時間をコントロールするようになったことを意味する。まさにフランス革命が、過去の＊2封建時代の＊3門閥や血統が物言う＊4通時的な時間感覚から、個人の生き方を最重要視する＊5共時的世界観をもたらしたのと、軌を一にしている。個人を制約する公共時間から解放されて、人々は自分が支配する時間という大いなる自由を得た気分になったのである。④市民革命は腕時計とともにやってきたと言えるかもしれない。なんだか、高校に入学してお祝いでもらった腕時計を腕にはめて何度も見入った、あのときめきと似ているような気がする。

しかし、再び時間は公有化されることになった。産業革命によって鉄道が各地を結ぶようになって、列車の到着や発車の時刻を共通にしていなければならないからだ。それだけでなく、工場や官庁や学校や軍隊など、多くの人間が集合し、共同作業をする場所で、時間が個人ごとにバラバラであっては困る。こうして国として統一した時間を定め、やがて国境を越えて互いの時間を換算する取り決めが行われるようになった。「標準時」と呼ぶ、世界中の人間誰にも共通する時間の中で、人は生きるようになったのである。日本の標準時は一八八八年(明治二一年)から施行され、これによって「遅刻」という概念が生まれたそうである。近代になって集団を律する時間が国家によって定められ、さらに交通や貿易の発達によって地球は一体化し、世界中が共通した時間網で覆われることになった。ローカルに生きている私たちなのだが、グローバルな時間に否応《いやおう》なく従わざるを得なくなっているのが現在であろう。

それと同時に、私たちはより速くあることに最大の価値を置き、世界中が加速された時間を生きるようになった。その結果として＊6刹那《せつな》的な発想になり、遠い未来のことを考えなくなってしまった。「今だけ」自分(たち)だけが利得にありつけばよいと思う習性である。実際、貴重な地下資源を使い尽くし、美しい自然を破壊し、原発の廃棄物を累積させ、多大な借金と老朽化した都市ばかりを残すというふうに、自分たちの世代が贅沢三昧《ぜいたくざんまい》をし尽くして、その災厄は全て子孫たちに押し付けている。まさに「我が亡《な》き後に洪水よ　来たれ」である。しかし、それではあまりに私たちの子孫に対して無責任ではないか。未来に登場する私たちの子孫に何を残すかを考えること、つまりこの時間は未来にも流れ、子孫たちが生きるのであるという⑤「通時的発想」を回復する必要があるのではないかと思う。「時」を巡る歴史はこのことを物語っているのではないだろうか。

(池内　了「科学と社会へ望むこと」)

(注)＊1　懐中時計…衣服のポケットや懐《ふところ》などに入れて持ち歩く、小型の携帯用時計。
＊2　封建時代…身分的な特権を有する階層が存在し、それ以外の個人の自由や権利が制限された時代。
＊3　門閥…家柄。
＊4　通時的…時間の流れや歴史的な変化に沿うこと。
＊5　共時的…時間の流れや歴史的な変化を考慮せず、一定の時期だけに着目すること。

かったので、そのままずっと続くのではないかと思い込んでしまったのである。人間は常に変化する環境の中で生きており、変化を通じて時間の歩みを知らず知らずのうちに認識し、時間の軌跡を追い続けている存在なのではないか。だから、何事も変化しないかのような瞬間を過ごして、私は時間を失ったかのように恐怖を感じたのであった。

やがて、胸の鼓動がドキンドキンと打つことで確かに時が進んでいることを知って、その恐怖は消えた。このまま永遠に鼓動を打ち続けるのみとは考えずに、やがて朝が来るだろうと思ったからだ。「明けない夜はない」との意識がいつの間にか刷り込まれていたためだろう。そう思うと安心したためか、すぐに寝入ってしまい、夜中に目覚めて①暗闇の恐怖に駆られたことは夢の中の出来事のように思われた。胸の鼓動という私の体が指し示す時間が、私を平静に戻してくれたのである。誰もが鼓動を打っているのだから、その時間は私だけでなく、横で寝ている兄にも共通して流れている、そう思い当たったこともある。

人間は、それぞれが持つ独自の時間を生きつつ、誰にも共通する時間が流れていることを知って、時の流れとともに生起する規則性を読み取ってきた。（ａ）、その時間を社会的集団として共有することによって、文明社会を築いてきたのである。言い換えると、人間が追いかけて来た「時」の歴史は、個人としての時間と集団としての時間をいかに調和させるかに苦闘してきた歴史と言えるかもしれない。その結果、今や世界全体が単一の「時」に支配され、そのまま先導されていくのではないかという、②新たな恐怖の時代を迎えているのではないだろうか。

誰にも共通する時間を定めるために、規則的に変化する客観的な運動が探された。最初に選ばれたのは、東から昇り西に沈む太陽の運動、そして日ごとに形を変えつつ三〇日足らずで元の形に戻る月の変化である。これによって、人々は一日、一月を数え、季節の変化を知り、暦として整理して農作業に活かすようになった。時間は生活を区切る重要な目安になったのである。（ｂ）、太陽や月の運動・変化からは大ざっぱな時間しか測れない。一本の棒が作り出す太陽の影によって時間を測る日時計は、宇宙の運動を地上に固定する素晴らしいアイデアなのだが、短い時間間隔や正確な時刻を知ることはできない。より短い時間を正確に測れる時計が求められるようになるのは必然であった。このことは、人間の集団的活動が活発になるとともに、時間を精度よく測る必要ができたことを意味している。

（ｃ）、紀元六六〇年に中大兄皇子《なかのおおえのおうじ》（後の天智《てんじ》天皇）が、水の落下を使用した水時計を使って時間を測った（これを「漏刻《ろうこく》」と言う）ことが知られている。日時計では不可能な、雨の日や夜でも時間が測れる時計が日本に登場した最初であった。権力を持つ者は人々の時間を支配することを望んだのである。現在「時の記念日」は六月十日なのだが、その由来は、大津《おおつ》市にある天智天皇を祀《まつ》る近江《おうみ》神社が、この日に「漏刻祭」を行うことに因《ちな》んだもののようである。

ヨーロッパで機械式の時計が発明されたのは十三世紀末で、毎日決められた時間に祈りを捧《ささ》げるために修道院で造られた。（ｄ）都市の教会に広がり、鐘を鳴らして人々に時間を知らせるという重要な役割を担うようになった。時報の鐘の音が聞こえる範囲で一つの都市が形成されたと言われている。まさに「時」が人間の共同生活をつなぐ役割を担うようになったのだ。ミレーの名画「晩鐘《ばんしょう》」では、若い農夫の夫婦が遠くに見える教会の鐘の音を聞き、作業を中断して手を合わせている光景が描かれている。これは十九世紀に書かれた絵なのだが、まさにこの頃まで、「時」が長い間人々の生活を律していたことがわかる。

日本に機械式時計が伝来したのは十六世紀で、イエズス会の宣教師が持ち込んだ。種子島《たねがしま》に鉄砲が渡来したのと同じ頃である。この時計の機械的な仕組みに感嘆し、手先の器用な職人たちが自らの手で時計を生産するようになった。鉄砲も同じで、日本は一時世界一の鉄砲所有国となったのである。やがて戦乱が絶えた江戸時代には、

二〇二四年度
水城高等学校

【国　語】〈五〇分〉〈満点：一〇〇点〉

一

(1)　次の(1)~(6)の問いに答えなさい。
次のア・イの傍線を付したカタカナの部分と同じ漢字を用いるものを、あとの1~4の中からそれぞれ一つずつ選びなさい。

ア　ヘンキョウの地を旅する。

1　土器のハヘンが見つかる。
2　運転免許証をヘンノウする。
3　部隊をヘンセイする。
4　シュウヘンに注意をはらう。

イ　事態のシュウソクを図る。

1　大臣のキョシュウが決まる。
2　企業をバイシュウする。
3　シュウハの作法にしたがう。
4　言動がシュウモクを集める。

(2)　「欺」の訓読みとして正しいものを、次の1~5の中から選びなさい。

1　あざむ(く)　2　いまし(める)　3　かえり(みる)
4　こば(む)　5　つぐな(う)

(3)　次の熟語と構成(文字と文字の結びつき・関係)が同じ熟語を、あとの1~5の中から選びなさい。

断念

1　経過　2　人造　3　降車　4　根絶　5　慶弔

(4)　次のa~dの慣用句の意味を、あとの1~5の中から一つずつ選んだとき、残るものはどれか。

a　しびれを切らす　b　水を打ったよう
c　下駄を預ける　d　虫が知らせる

1　何となく前もって心に感じること。
2　さっぱりした性格で曲がったことを嫌うこと。
3　相手に物事の処置をいっさい任せること。
4　長く待たされて我慢できなくなること。
5　その場にいる人々が一斉に静まりかえること。

(5)　次の漢文を「昔粛祖《しゅくそ》崩ずるに臨み、諸君親しく御床に升《のぼ》り、並びに眷識《けんしき》を蒙《かうむ》り、共に遺詔《いしょう》を報ず。」と読むとき、返り点が正しくつけられているものを、あとの1~5の中から選びなさい。

昔粛祖臨崩、諸君親升御床、並蒙眷識、共報遺詔。

1　昔粛祖㆓臨崩㆒、諸君親㆑升㆑御床、並㆑蒙㆓眷識㆒、共㆑報㆓遺詔㆒。
2　昔粛祖臨㆑崩、諸君親㆑升㆓御床㆒、並㆑蒙㆓眷識㆒、共報㆓遺詔㆒。
3　昔粛祖㆓臨崩㆒、諸君親㆑升㆑御床、並蒙㆓眷識㆒、共報㆓遺詔㆒。
4　昔粛祖臨㆑崩、諸君親升㆓御床㆒、並㆑蒙㆓眷識㆒、共㆑報㆓遺詔㆒。
5　昔粛祖臨㆑崩、諸君親升㆓御床㆒、並蒙㆓眷識㆒、共報㆓遺詔㆒。

(6)　次の文中に、形容詞はいくつあるか。あとの1~5の中から選びなさい。

郊外に新しくできる遊園地には、日本一大きい観覧車が設置されるらしい。

1　一つ　2　二つ　3　三つ　4　四つ　5　五つ

二　次の文章を読んで、あとの(1)~(7)の問いに答えなさい。

子どもの頃、深夜に目覚めて何も見えず、このまま永遠に真っ暗闇が続くのではないかという恐怖に捉われたことがある。このときの「永遠」という感覚は、何も変化せず時間が止まってしまったかのような感覚のことだ。それまでにそのような経験をしたことがな

英語解答

1 A (1)…2 (2)…1 (3)…3
B (1)…3 (2)…4 (3)…2
C (1)…3 (2)…1

2 A (1)…4 (2)…1 (3)…2 (4)…2
(5)…2
B (1) ２番目…1 ４番目…4
(2) ２番目…3 ４番目…2
(3) ２番目…5 ４番目…1

3 (1) 2 (2) 1 (3) 1

4 (1) A…2 B…3 C…4 D…1
(2) ⓐ…4 ⓑ…1 (3) 4

5 (1) A…3 B…2 C…3 D…2
E…4
(2) 1，4，5

1〔音声総合・語句・英文解釈〕

A＜単語の発音＞

(1) 1．thousand[au] 2．cousin[ʌ] 3．about[au] 4．found[au]
(2) 1．weather[ð] 2．athlete[θ] 3．both[θ] 4．cloth[θ]
(3) 1．guide[ai] 2．behind[ai] 3．activity[i] 4．library[ai]

B＜単語のアクセント＞

(1) 1．báth-room 2．cláss-mate 3．per-cént 4．mó-ment
(2) 1．dám-age 2．chíl-dren 3．síx-ty 4．be-fóre
(3) 1．án-y-where 2．con-tín-ue 3．pów-er-ful 4．prób-a-bly

C＜語句・英文解釈＞

(1)A：試合に負けそうだ。／B：気を落とさないでいこう。まだ試合は終わってないんだから。／A：ああ，そうだね。よし，最後までがんばるぞ。∥弱気になりかけたAが，Bの言葉を聞いてやる気を取り戻していることから，BはAを励ますようなことを言ったのだとわかる。そのような意味を表すのは3．「前向きになる」。keep ～'s chin up は直訳の「顎を上に向け続ける」から転じて「元気を出す，気を落とさない」という意味。

(2)A：来週のマークの誕生日パーティーはどうなってる？／B：ちょっと手伝いが欲しいから，友達が手伝ってくれることになったよ。／A：じゃあ，いいパーティーができるね。∥この後のAの言葉から，パーティーは滞りなく行われることがわかる。1．「友達が協力してくれる」はその理由となり，会話がつながる。この pitch in は「協力する」という意味。

2〔文法総合〕

A＜適語(句)選択＞

(1)'What (a/an)＋形容詞＋名詞(＋主語＋動詞…)！' の形の感嘆文。なお，感嘆文には 'How＋形容詞〔副詞〕(＋主語＋動詞…)！' の形もある。 「彼は驚いて，『なんてきれいな写真なんだろう！』と言った」

(2)'be動詞＋過去分詞' の受け身形。 respect「～を尊敬する」 rest「休む」 「彼は何でもできるので，皆から尊敬されている」

(3)'時' や '条件' を表す副詞節(if, when, before などから始まる副詞のはたらきをする節)の中は，未来の内容でも現在形で表す。　「明日が今日より寒ければ私は家にいるつもりだ」

(4)little by little で「少しずつ」という意味。　「祖母が少しずつ元気になっていくのがうれしい」

(5)'Which do you like better, *A* or *B* ?'「*A*と*B*とではどちらが好きですか」の形。　「春と秋とではどちらの季節が好きですか」

B＜整序結合＞

(1)疑問詞 which を使った疑問文で，do/does/did がないので，which(＋名詞)を主語とする文になるとわかる。動詞以下は answered the question とまとまるので，主語を Which student「どの生徒」とする。　Which student answered the question ?「どの生徒がその質問に答えたか」

(2)Do you の後には動詞の原形の know を置き，その目的語として the boy を続ける。残りは現在分詞の形容詞的用法として talking with Ms. Mori とまとめ，前の名詞 the boy を後ろから修飾する。　Do you know the boy talking with Ms. Mori ?「モリさんと話している少年を知っていますか」

(3)'I wish＋主語＋動詞の過去形～' で「～であればいいのに」と '現在の事実に反する願望' を表す仮定法過去の文をつくる。　I wish I had a TV in my room.「私の部屋にテレビがあればいいのに」

3〔対話文完成―適文選択〕

(1)A：ほら，電車が来たよ。／B：あれは乗る電車じゃないよ。／A：えっ，そうなの？　じゃあ，どの電車に乗ればいいの？〃この後のAの言葉から，Aはやってきた電車に乗るつもりだったことがわかる。Bはそうでないことを教えたのである。one は train を指す。

(2)A：昨日の夜に送ったメールを読んだ？／B：メール？　ごめん，それは知らなかった。／A：いいのよ。大事なことは書いてないから。〃自分の送ったメールを見ていなかったBに対し，Aは That's OK. と言って気にしていないことから，メールが重要なものではなかったと考えられる。主語の It は the email を指す。

(3)A：お父さん，午後，お父さんのパソコンを使ってもいい？／B：うーん，ゲームに使うならだめだよ。／A：心配いらないわ。宿題のレポートを書くのに使うから。〃この後のAの言葉から，父親のBはパソコンの使途について言及したことがわかる。

4〔長文読解総合―対話文〕

≪全訳≫❶ミサキ(M)：こんにちは，ケイト。あなたが国に帰るって聞いたわ。❷ケイト(K)：こんにちは，ミサキ。ええ，そうなの。半年間ここにいて本当に楽しかったわ。帰りたくないけど，しかたがないわね。Aあなたやここでできた友達みんなのことが恋しくなるわ。❸M：私たちも同じ気持ちよ。いつ日本を出発するの？❹K：3月22日よ。来週の金曜日。今日が3月15日だから，あと1週間しかないわ。❺M：そうなの。実はね，リョウタとサオリと私とであなたの送別会の計画を立てているの。❻K：本当？　とてもうれしいわ。❼M：B今度の日曜日にやるとしたら，来られる？❽K：もちろん！準備があるからちょっと忙しいけど，そのための時間をつくるわ。本当にありがとう。Cパーティーはどこでやるの？❾M：サオリの家よ。場所はわかる？❿K：わかるわ。何度か宿題をしに行ったことがあるから。⓫M：よかった。午後２時に来てね。⓬K：わかった。何か食べ物や飲み物を持っていった方がいい？⓭M：$_D$いえ，何も持ってくる必要はないわ。あなたのためのパーティーだもの。パーティーの前にサオリと私でケーキをつくるの。パーティーでは，リョウタがいれてくれた紅茶と一緒に食べるつもり。だから，何も持ってこなくていいわ。⓮K：なんて優しいの！ どんなケーキをつくるのかきいてもいい？⓯M：そうね，あなたがオレンジやイチゴのようなすっぱい果物が好きだってことは知ってるけど，それ以外のバナナのような果物は好きじゃないでしょ。だから，チョコレートケーキをつくって，その上にあなたの好きな果物をのせるつもりよ。⓰K：まあ，あなたたちは私と私の好きなものをよく知っているのね。⓱M：そうよ，だって半年間ずっと一緒にいるんだもの。

⑴＜**適文選択**＞A．国に帰るケイトの気持ちを表す内容が入る。ミサキも同じ気持ちであることから考える。ここでの miss は，「～がいないのを寂しく思う」という意味。また，all the friends の後には目的格の関係代名詞が省略されている。　B．この後，ケイトが「そのための時間をつくる」と言っていることから，ミサキはパーティーの日程について言及したことがわかる。　C．この後，ミサキが答えた「サオリの家」はパーティーが行われる場所だと考えられる。　D．ケイトに「何か食べ物や飲み物を持っていった方がいい？」ときかれたミサキの返答。この後に続く内容から，ケイトは何も持っていく必要がないと考えられる。don't have to ～ は「～する必要がない」という意味。

⑵＜**適語選択**＞ⓐ直後に times という複数形があるので，several times「何度か」とする。several「いくつかの」　ⓑ第２段落参照。ケイトは日本に six months「６か月」滞在している。half a year で「半年」という意味を表す。

⑶＜**要旨把握**＞第15段落参照。ミサキたちがつくるケーキはチョコレートケーキで，その上にオレンジとイチゴをのせることがわかる。

5 〔長文読解総合―説明文〕

≪全訳≫❶もしかしたら，人がミルクを飲むために飼った最初の動物は牛ではなかったかもしれない。研究者たちは，それらの動物は羊やヤギだったと考えている。というのは，そうした動物は乳がよく出るし，当時は数も多かったからだ。❷人々が牛を飼い始めたのは8000年から9000年前だといわれている。牛の乳は約6000年前のメソポタミアの人々によって使われていたことがわかっているが，それは当時その地で描かれた絵画がそのことを示しているからだ。❸日本では，弥生時代の遺跡から牛の骨が研究者によって見つけられている。それが意味するのは，当時の日本人が牛を飼っていたということだ。縄文時代の遺跡からは牛の骨は見つかっていないので，牛は縄文時代末期か弥生時代初期頃に日本の近くの他の国から初めて連れてこられたと研究者は考えている。❹しかし，日本人は最初，ミルクのために牛を飼っていたわけではなかった。牛を飼っていたのは，牛に農作業をさせたかったからだ。当時の日本には牛があまりいなかったので，ただ自分が金持ちで権力者であることを示すために牛を飼っていた人もいた。❺初めて牛の乳を飲んだ日本人は孝徳天皇だといわれている。彼は飛鳥時代の人だ。あるとき，渡来人の子である男が孝徳天皇に会い，牛の乳でつくった食べ物を献上した。その食べ物は「蘇《そ》」と呼ばれていた。それはチーズのようなものだった。天皇はそれをとても気に入った。その後，いくつかの仕事が生まれた。その仕事についていた人たちは牛の世話をし，牛の乳を搾り，それを天皇家や他の人たちに与えた。❻日本語には「醍醐味《だいごみ》」という言葉がある。それは「あるものの本当の喜び」という意味だ。醍醐とは，昔，日本で食べられていた食べ物の一種で，牛の乳からつくられたものである。平安時代に書かれた辞書には「牛の乳を煮ると酪ができ，酪から蘇ができ，蘇から醍醐ができる」とある。その時代，牛乳といえども金持ちだけのものだった。牛乳からつくられた食べ物の中でも醍醐はとても高価だったので，庶民はそれを食べることはできなかった。❼牛乳が庶民の口に入るようになったのは，ずっと後のことだった。それは明治時代である。1860年代，前田留吉という人が外国人からよい牛の世話の仕方や乳の搾り方を教わった。それから彼は横浜で牛乳を売り始めた。これが日本で最初の牛乳販売店であり，牛乳は普及し始めた。その頃，日本政府も牛乳の普及に努めた。牛乳は健康によいので飲むか，食事に取り入れるかするべきだ，と政府は人々に説いた。❽第二次世界大戦後，日本では食べ物が少なかったため，人々は主にジャガイモや他の種類の野菜を食べていた。しかし，特に子どもたちにとっては，それだけでは十分ではなかった。そこで，多くの小学校で給食に牛乳が出されるようになった。牛乳は子どもたちの健康に大いに役立った。❾今日，牛乳は日本でとても人気がある。どこのスーパーマーケットでも，コンビニエンスストアでも，牛乳を見つけることができる。また，牛乳を使って料理をすることも多い。牛乳は日本の食文化の一部だといえるかもしれない。

(1)**＜英問英答＞**A.「研究者によると，牛が日本に初めてやってきたのはいつか」―3.「縄文時代から弥生時代にかけて」　第3段落参照。　B.「孝徳天皇は何をしたか」―2.「牛の乳からつくられた料理を食べ，気に入った」　第5段落参照。　C.「醍醐について正しいのはどれか」―3.「それを得る前に蘇をつくらなければならない」　第6段落第4文参照。　D.「前田留吉は何をしたか」―2.「牛の世話と乳の搾り方を学んだ」　第7段落第3文参照。　E.「第二次世界大戦後，多くの小学校で子どもたちは何をしたか」―4.「給食に出された牛乳を飲んだ」　第8段落参照。

(2)**＜内容真偽＞**1.「もしかしたら，羊やヤギがミルクのために人々に飼われた最初の動物かもしれない」…○　第1段落に一致する。　2.「牛が日本に最初に連れてこられたのは，日本人が牛の乳を飲みたかったからだ」…×　第4段落第1，2文参照。牛を飼う当初の目的は，農作業をさせることだった。　3.「平安時代には辞書が書かれ，その語数は約1000語だった」…×　第6段落第4文に平安時代の辞書に関する記述はあるが，収録語数については書かれていない。　4.「日本に牛があまりいなかった頃，自分が金持ちで権力者であることを示すために牛を飼っていた人もいた」…○　第4段落第3文に一致する。　5.「牛乳は明治時代に庶民でも飲めるものになった」…○　第7段落第1，2文に一致する。　6.「1860年代，日本政府は牛乳を普及させようとはしなかった」…×　第7段落最後の2文に反する。Around that time の that time は the 1860s を指す。　7.「今日，日本人は他の国の人々よりも牛乳を多く使っている」…×　そのような記述はない。

2024年度／水城高等学校

数学解答

1 (1) ア…1　イ…6
(2) ウ…3　エ…3
(3) オ…3　カ…2　キ…2
(4) ク…2　ケ…3　コ…5
(5) サ…8　シ…1　ス…4
(6) セ…5　ソ…5

2 (1) 3　(2) イ…3　ウ…2　エ…0
(3) オ…2　カ…4
(4) キ…7　ク…8
(5) ケ…3　コ…8

3 (1) ア…4　イ…6
(2) ウ…2　エ…8　オ…5　カ…1
キ…0
(3) ク…3　ケ…5

4 (1) ア…1　イ…8　ウ…0　エ…2
(2) ① オ…6　カ…5
② キ…1　ク…3　ケ…3
コ…0

5 (1) ア…8　イ…0
(2) ① ウ…1　エ…1　オ…2
② カ…9　キ…1　ク…2

1〔独立小問集合題〕

(1)＜**数の計算**＞与式$=6\times(-8)+64=-48+64=16$

(2)＜**数の計算**＞与式$=\frac{1}{\sqrt{3}}+\sqrt{4^2\times2}\div\frac{\sqrt{3}}{\sqrt{2}}=\frac{1}{\sqrt{3}}+4\sqrt{2}\times\frac{\sqrt{2}}{\sqrt{3}}=\frac{1}{\sqrt{3}}+\frac{4\times2}{\sqrt{3}}=\frac{1}{\sqrt{3}}+\frac{8}{\sqrt{3}}=\frac{9}{\sqrt{3}}=\frac{9\times\sqrt{3}}{\sqrt{3}\times\sqrt{3}}=\frac{9\sqrt{3}}{3}=3\sqrt{3}$

(3)＜**式の計算**＞与式$=(35a^2-40ab+42ab-48b^2)-2(16a^2-25b^2)=35a^2+2ab-48b^2-32a^2+50b^2=3a^2+2ab+2b^2$

(4)＜**式の計算―因数分解**＞与式$=2x(x+5y)+6(x+5y)$として，$x+5y=A$とおくと，与式$=2xA+6A=2(x+3)A$となる。Aをもとに戻して，与式$=2(x+3)(x+5y)$である。

(5)＜**連立方程式**＞$x-8y=6$……①，$0.3x-1.6y=2$……②とする。②×10より，$3x-16y=20$……②′
①×2－②′より，$2x-3x=12-20$，$-x=-8$　$\therefore x=8$　これを①に代入して，$8-8y=6$，$-8y=-2$　$\therefore y=\frac{1}{4}$

(6)＜**二次方程式**＞二次方程式の解の公式を用いて解くと，$x=\frac{-(-10)\pm\sqrt{(-10)^2-4\times1\times20}}{2\times1}=\frac{10\pm\sqrt{20}}{2}=\frac{10\pm2\sqrt{5}}{2}=5\pm\sqrt{5}$となる。

2〔独立小問集合題〕

(1)＜**数の性質**＞$2\sqrt{6}<a<3\sqrt{6}$より，$\sqrt{2^2\times6}<\sqrt{a^2}<\sqrt{3^2\times6}$，$\sqrt{24}<\sqrt{a^2}<\sqrt{54}$，$24<a^2<54$である。これを満たす自然数$a$は，$4^2=16$，$5^2=25$，$6^2=36$，$7^2=49$，$8^2=64$より，$a=5$，6，7である。よって，$2\sqrt{6}<a<3\sqrt{6}$を満たす自然数$a$は$a=5$，6，7の3個ある。

(2)＜**一次方程式の応用**＞Ｆさんの兄が自宅を出発してからx分後にＦさんに追いついたとする。Ｆさんが出発して5分後にＦさんの兄が出発しているので，Ｆさんは兄より5分早く自宅を出発している。これより，Ｆさんが兄に追いつかれるまでに歩いた時間は$x+5$分となる。Ｆさんは時速6kmで歩いたので，追いつかれるまでに歩いた道のりは$6\times\frac{x+5}{60}=\frac{x+5}{10}$(km)である。兄は時速15kmで走ったので，追いつくまでに走った道のりは$15\times\frac{x}{60}=\frac{1}{4}x$(km)である。兄がＦさんに追いついたとき，2人の進んだ道のりは等しいから，$\frac{x+5}{10}=\frac{1}{4}x$ が成り立つ。これを解くと，$2(x+5)=5x$，$2x+10=5x$，$-3x=-10$，$x=\frac{10}{3}$(分)後となる。$\frac{10}{3}=3+\frac{1}{3}$ であり，$\frac{1}{3}$分は，$60\times\frac{1}{3}=20$(秒)だから，Fさんの兄がFさんに追いついたのは，Fさんの兄が自宅を出発してから3分20秒後である。

(3)＜**関数—面積**＞右図1で，点Aは2直線 $y=2x$，$y=-x-6$ の交点だから，$2x=-x-6$，$3x=-6$，$x=-2$ となり，$y=2\times(-2)$，$y=-4$ となる。よって，A$(-2,\ -4)$である。点Bは2直線 $y=2x$，$y=\frac{1}{2}x+3$ の交点だから，$2x=\frac{1}{2}x+3$，$\frac{3}{2}x=3$，$x=2$ となり，$y=2\times2$，$y=4$ となる。よって，B(2, 4)である。点Cは2直線 $y=-x-6$，$y=\frac{1}{2}x+3$ の交点だから，$-x-6=\frac{1}{2}x+3$，$-\frac{3}{2}x=9$，$x=-6$ となり，$y=-(-6)-6$，$y=0$ となる。よって，C$(-6,\ 0)$である。直線 $y=2x$ は原点Oを通るから，△ABC＝△AOC＋△BOC である。OC＝6を底辺と見ると，2点A，Bの y 座標より，△AOC，△BOC の高さはともに4となる。したがって，△AOC＝△BOC＝$\frac{1}{2}\times6\times4=12$ だから，△ABC＝12＋12＝24(cm²)である。

図1

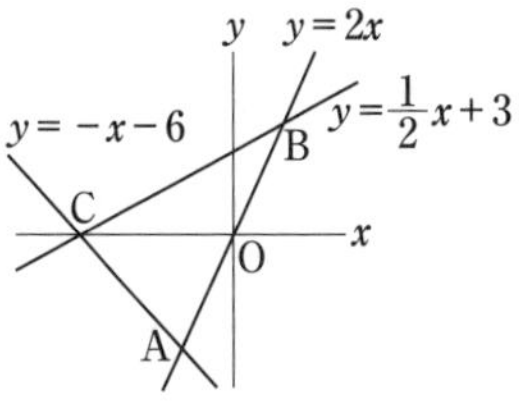

(4)＜**確率—色玉**＞箱Aには2＋2＝4(個)，箱Bには1＋3＝4(個)の玉が入っているので，箱A，箱Bから1個ずつ玉を取り出すとき，それぞれの箱からの取り出し方が4通りより，取り出し方は全部で，4×4＝16(通り)ある。このうち，少なくとも1個は白玉を取り出す場合は，2個とも赤玉を取り出す場合以外の場合である。箱Aには赤玉が2個，箱Bには赤玉が1個入っているので，箱A，箱Bから赤玉を取り出すときの取り出し方は，それぞれ，2通り，1通りであり，2個とも赤玉を取り出す場合は2×1＝2(通り)ある。よって，少なくとも1個は白玉を取り出す場合は16−2＝14(通り)だから，求める確率は $\frac{14}{16}=\frac{7}{8}$ である。

(5)＜**平面図形—角度**＞右図2のように，直線 l 上の点Aより左に点D，直線 m 上の点Bより左に点Eをとり，点Cを通り直線 l に平行な直線 n を引き，直線 n 上の点Cより右に点Fをとる。l//n，n//m より，平行線の錯角は等しいから，∠ACF＝∠CAD＝29°，∠BCF＝∠CBE＝42°であり，∠ACB＝∠ACF＋∠BCF＝29°＋42°＝71°となる。△ABC は AB＝AC の二等辺三角形だから，∠ABC＝∠ACB＝71°となり，∠BAC＝180°−∠ABC−∠ACB＝180°−71°−71°＝38°である。

図2

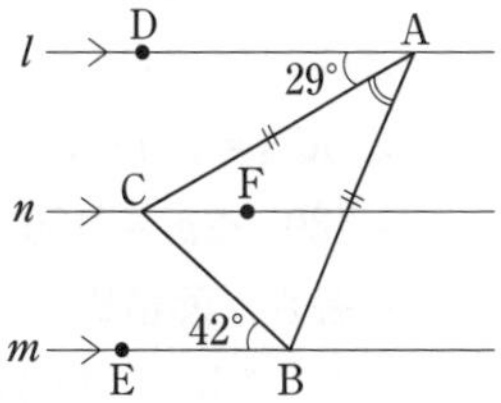

3 〔**関数—関数 $y=ax^2$ と一次関数のグラフ**〕

≪基本方針の決定≫(3)　長方形は対角線の交点について対称である。

(1)＜**直線の式**＞右図1で，B(2, 2)，D(4, 10)だから，直線BDの傾きは，$\frac{10-2}{4-2}=4$ である。これより，直線BDの式は $y=4x+b$ とおける。点Bを通ることより，$2=4\times2+b$，$b=-6$ となるから，直線BDの式は $y=4x-6$ である。

(2)＜**座標**＞右図1で，$a=2$ より，放物線の式は $y=2x^2$ である。$x=2$ のとき，$y=2\times2^2=8$ となり，点(2, 8)は線分AB上にあるから，P(2, 8)となる。また，$y=10$ のとき，$10=2x^2$，$x^2=5$，$x=\pm\sqrt{5}$ となり，2≦

図1

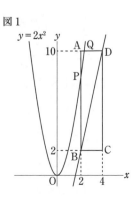

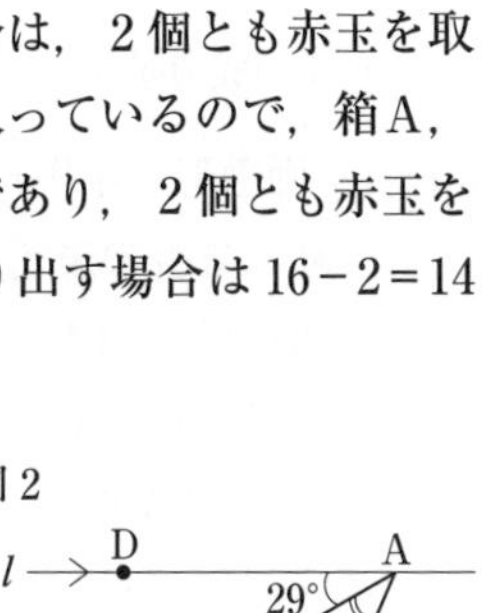

$\sqrt{5}\leqq4$ だから，点$(\sqrt{5},\ 10)$は線分AD上にある。よって，Q$(\sqrt{5},\ 10)$である。

(3)＜**比例定数**＞右図2で，長方形ABCDの対角線AC，BDの交点をEとすると，長方形ABCDは点Eについて対称だから，長方形ABCDの面積を2等分する直線は点Eを通る。よって，直線PQが長方形ABCDの面積を2等分するとき，直線PQは点Eを通る。このとき，点Pが線分AB上，点Qが線分CD上の点となるか，点Pが線分BC上，点Qが線分AD上の点となる。ここで，放物線$y=ax^2$がB(2, 2)を通るときを考えると，$2=a\times2^2$より，$a=\dfrac{1}{2}$である。$y=\dfrac{1}{2}x^2$において，$x=4$のとき，$y=\dfrac{1}{2}\times4^2=8$となり，点(4, 8)は線分CD上の点である。これより，点Pが線分BC上の点となるとき，点Qは線分CD上の点であるから，直線PQが点Eを通ることはない。したがって，直線PQが長方形ABCDの面積を2等分するとき，点Pは線分AB上，点Qは線分CD上の点である。点Pのx座標は2だから，$y=a\times2^2=4a$より，P$(2,\ 4a)$である。点Qのx座標は4だから，$y=a\times4^2=16a$より，Q$(4,\ 16a)$である。点Eは線分PQの中点だから，y座標は，$\dfrac{4a+16a}{2}=10a$である。点Eは線分ACの中点でもあり，2点A，Cのy座標はそれぞれ10，2だから，点Eのy座標は，$\dfrac{10+2}{2}=6$である。よって，$10a=6$が成り立ち，$a=\dfrac{3}{5}$である。

図2

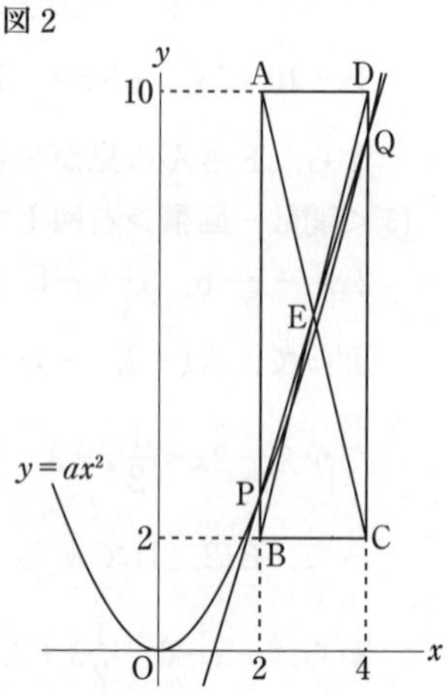

4〔**平面図形—半円**〕

≪**基本方針の決定**≫(1)　$\overset{\frown}{AC}=\overset{\frown}{DB}$であることに着目する。　(2)①　△ECDと△EBOに着目する。
②　四角形CABFが平行四辺形であることに気づきたい。

(1)＜**角度**＞右図1で，点Cと点Oを結ぶ。$\overset{\frown}{AC}=\overset{\frown}{DB}$だから，∠AOC＝∠DOBである。△AOCはOA＝OCの二等辺三角形だから，∠OCA＝∠OAC＝∠CAB＝$a°$であり，∠AOC＝180°－∠OAC－∠OCA＝180°－$a°$－$a°$＝180°－2$a°$となる。よって，∠DOB＝∠AOC＝180°－2$a°$＝(180－2a)°である。

図1

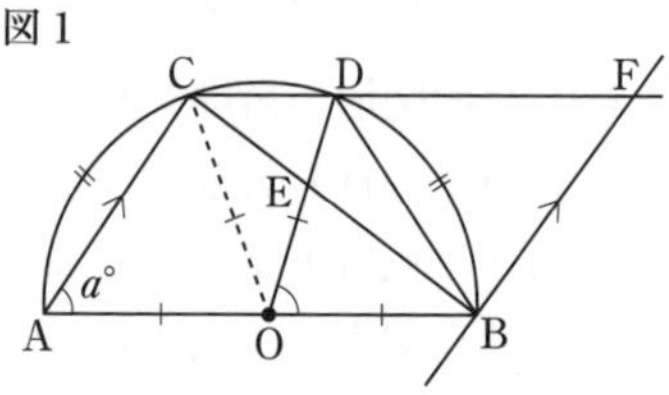

(2)＜**長さ，面積比**＞①右図2で，∠CED＝∠BEOであり，$\overset{\frown}{DB}=\overset{\frown}{AC}$より，∠ECD＝∠EBOだから，△ECD∽△EBOとなる。これより，DE：OE＝CD：BOであり，CD＝2，BO＝$\dfrac{1}{2}$AB＝$\dfrac{1}{2}\times6=3$だから，DE：OE＝2：3である。DO＝BO＝3だから，DE＝$\dfrac{2}{2+3}$DO＝$\dfrac{2}{5}\times3=\dfrac{6}{5}$(cm)となる。　②図2で，①より，∠ECD＝∠EBOだから，CF∥ABである。AC∥BFだから，四角形CABFは平行四辺形となる。よって，CF＝AB＝6，△CBF＝$\dfrac{1}{2}$▱CABFである。点Bと点Dを結び，△CBD，△CBFの底辺をそれぞれCD，CFと見ると，高さは等しいから，△CBD：△CBF＝CD：CF＝2：6＝1：3である。これより，△CBD＝$\dfrac{1}{3}$△CBF＝$\dfrac{1}{3}\times\dfrac{1}{2}$▱CABF＝$\dfrac{1}{6}$▱CABFである。また，CF∥ABより，CE：BE＝DE：OE＝2：3となるから，△ECD，△EBDの底辺をそれぞれCE，BEと見ると，△ECD：△EBD＝CE：

図2

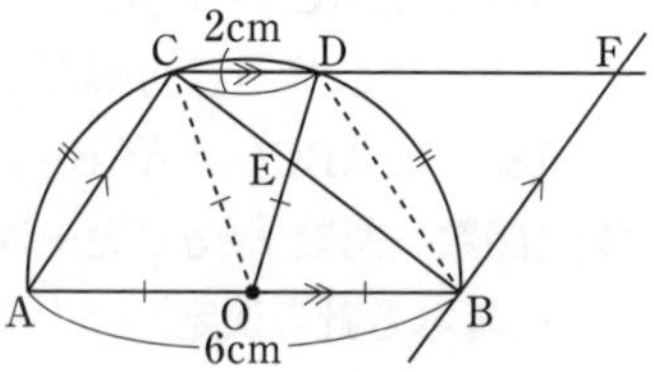

BE＝2：3となる。$\triangle ECD=\frac{2}{2+3}\triangle CBD=\frac{2}{5}\times\frac{1}{6}$▱CABF$=\frac{1}{15}$▱CABFとなるから，〔四角形DEBF〕$=\triangle CBF-\triangle ECD=\frac{1}{2}$▱CABF$-\frac{1}{15}$▱CABF$=\frac{13}{30}$▱CABFとなり，四角形DEBFの面積は四角形CABFの面積の$\frac{13}{30}$倍である。

5 〔**空間図形—正四角錐と立方体**〕

≪**基本方針の決定**≫⑵② JM，LNを延長してできる図形に着目する。

⑴＜**体積**＞右図1の立体は，底面が1辺4cmの正方形で高さが3cmの正四角錐A-BCDEと，1辺4cmの立方体BCDE-FGHIを組み合わせたものだから，体積は，$\frac{1}{3}\times4^2\times3+4^3=16+64=80(\mathrm{cm}^3)$である。

図1

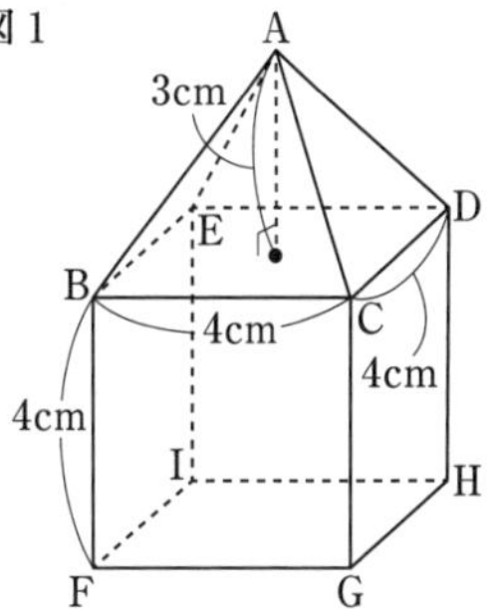

⑵＜**長さ，体積**＞①右下図2のように，2つの正方形BCDE，FGHIの対角線の交点をそれぞれP，Qとし，MJと平面BCDEとの交点をRとする。立体A-BCDEは正四角錐，立体BCDE-FGHIは立方体だから，図形の対称性から，3点A，P，Qは一直線上にあり，AQ⊥〔面FGHI〕となる。BF⊥〔面FGHI〕だから，BF∥AQとなり，BF∥MJより，BF∥MJ∥AQである。このとき，△MBR∽△ABPとなるから，MR：AP＝MB：ABとなる。ここで，点Mは辺ABの中点より，MB：AB＝1：2であり，正四角錐A-BCDEの高さが3cmより，AP＝3である。よって，MR：AP＝1：2より，$\mathrm{MR}=\frac{1}{2}\mathrm{AP}=\frac{1}{2}\times3=\frac{3}{2}$となる。また，RJ＝BF＝4だから，$\mathrm{MJ}=\mathrm{MR}+\mathrm{RJ}=\frac{3}{2}+4=\frac{11}{2}(\mathrm{cm})$となる。 ②図2で，JMの延長とLNの延長の交点をSとする。BF∥MJより，MJ⊥〔面FGHI〕であり，MJ∥LKだから，四角形RJKLは長方形となる。これより，RL⊥SJ，JK⊥SJであり，MN∥JKより，MN⊥SJとなる。よって，五角形MJKLNを直線SJを回転の軸として1回転させると，長方形RJKLを1回転させてできる円柱と△SRLを1回転させてできる円錐を合わせた立体から，△SMNを1回転させてできる円錐を除いた立体となる。2点M，Nはそれぞれ辺AB，ACの中点だから，△ABCで中点連結定理より，$\mathrm{MN}=\frac{1}{2}\mathrm{BC}=\frac{1}{2}\times4=2$，MN∥BCである。MN∥RLだから，RL∥BCとなり，△DRL∽△DBCである。AM＝BMより，$\mathrm{PR}=\mathrm{BR}=\frac{1}{2}\mathrm{BP}=\frac{1}{2}\times\frac{1}{2}\mathrm{DB}=\frac{1}{4}\mathrm{DB}$だから，$\mathrm{DR}=\mathrm{DB}-\mathrm{BR}=\mathrm{DB}-\frac{1}{4}\mathrm{DB}=\frac{3}{4}\mathrm{DB}$となり，$\mathrm{DR}:\mathrm{DB}=\frac{3}{4}\mathrm{DB}:\mathrm{DB}=3:4$である。よって，RL：BC＝DR：DB＝3：4だから，$\mathrm{RL}=\frac{3}{4}\mathrm{BC}=\frac{3}{4}\times4=3$である。長方形RJKLを1回転させてできる円柱の体積は，$\pi\times\mathrm{RL}^2\times\mathrm{RJ}=\pi\times3^2\times4=36\pi$となる。次に，△SMN∽△SRLとなり，SM：SR＝MN：RL＝2：3である。これより，SM：MR＝2：(3－2)＝2：1であり，$\mathrm{MR}=\frac{3}{2}$だから，$\mathrm{SM}=2\mathrm{MR}=2\times\frac{3}{2}=3$，$\mathrm{SR}=\mathrm{SM}+\mathrm{MR}=3+\frac{3}{2}=\frac{9}{2}$である。△SRL，△SMNを1回転させてできる円錐の体積は，それぞれ，$\frac{1}{3}\times\pi\times\mathrm{RL}^2\times\mathrm{SR}=\frac{1}{3}\times\pi\times3^2\times\frac{9}{2}=\frac{27}{2}\pi$，$\frac{1}{3}\times\pi\times\mathrm{MN}^2\times\mathrm{SM}=\frac{1}{3}\times\pi\times2^2\times3=4\pi$となる。以上より，求める立体の体積は，$36\pi+\frac{27}{2}\pi-4\pi=\frac{91}{2}\pi\ (\mathrm{cm}^3)$となる。

図2

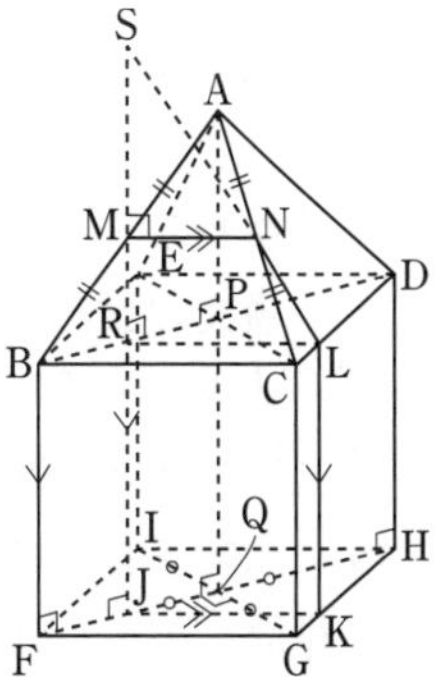

国語解答

一 (1) ア…4　イ…2　(2) 1　(3) 3　(4) 2　(5) 5　(6) 2

二 (1) 2　(2) 4　(3) 3　(4) 4　(5) 1　(6) 5　(7) 3

三 (1) 1　(2) 4　(3) 4　(4) 3　(5) 1　(6) 5　(7) 3

四 (1) 3　(2) 2　(3) 5　(4) 3　(5) 1

一〔国語の知識〕

(1)**＜漢字＞**ア．「辺境」と書く。1は「破片」，2は「返納」，3は「編制」または「編成」，4は「周辺」。　イ．「収束」と書く。1は「去就」，2は「買収」，3は「宗派」，4は「衆目」。

(2)**＜漢字＞**「欺」の音読みは「詐欺」などの「ギ」。2は「戒(める)」，3は「顧(みる)」または「省(みる)」，4は「拒(む)」，5は「償(う)」。

(3)**＜熟語の構成＞**「断念」と「降車」は，下の漢字が上の漢字の目的語になっている熟語。「経過」は，似た意味の漢字を重ねた熟語。「人造」は，上の漢字と下の漢字が主語と述語の関係にある熟語。「根絶」は，上の漢字が下の漢字を修飾している熟語。「慶弔」は，反対の意味の漢字を重ねた熟語。

(4)**＜慣用句＞**a．「しびれを切らす」は，待ちきれない，という意味(…4)。　b．「水を打ったよう」は，その場にいる大勢の人が静まりかえるさま(…5)。　c．「下駄を預ける」は，相手に責任などを一任する，という意味(…3)。　d．「虫が知らせる」は，予感がする，という意味(…1)。

(5)**＜漢文の訓読＞**「昔粛祖」→「崩」→「臨」→「諸君親」→「御床」→「升」→「並」→「眷識」→「蒙」→「共」→「遺詔」→「報」の順に読む。下から上に一字返るときはレ点を使い，下から上に二字以上返るときは一二点を使う。

(6)**＜品詞＞**形容詞は，活用のある自立語で，言い切りの形が「い」で終わる物事の状態や性質を表す単語。与えられた文を単語に区切ると，「郊外(名詞)／に(助詞)／新しく(形容詞)／できる(動詞)／遊園地(名詞)／に(助詞)／は(助詞)，／日本一(名詞)／大きい(形容詞)／観覧車(名詞)／が(助詞)／設置さ(動詞)／れる(助動詞)／らしい(助動詞)」となる。

二〔論説文の読解―自然科学的分野―技術〕出典：池内了『科学と社会へ望むこと』「科学アラカルト」。

≪本文の概要≫人間には，それぞれが独自に持つ個人としての時間と，誰にも共通する集団としての時間がある。そして，人間は，社会集団として時間を共有することにより，文明社会を築いていった。共通する時間を定めるため，人間ははじめ，太陽の運動や月の変化のような規則的に変化する運動を用いた。しかし，人間の集団活動が活発化すると，より高い精度で時間を測って時刻を知ることが必要となってくる。そこで，十三世紀末にヨーロッパで機械式の時計が発明された。これは，祈りを捧げる時間を知らせるための物であったが，時刻を告げる教会の鐘の音は，一般の人々に共通の時間を知らせる物になった。十八世紀に小型の機械時計が発明され，個人でも時計を携帯するようになると，時間を個人で管理することが可能になった。その後，産業革命を経て，多くの人間が共同作業できるよう，国家レベルで統一した時間が設定されると，時間は，速さに最大の価値が置かれるようになった。その結果，人々は，「今だけ」自分(たち)だけの利益を求め，資源の枯渇や環境破壊などの問題を引き起こしている。「時」の歴史を振り返ることは，時間が過去だけでなく未来にも続いていることを思い起こさせ，未来とも共有する資源や環境について考える機会を与えてくれる。

(1)**＜接続語＞**a．人間は，「それぞれが持つ独自の時間」と「誰にも共通する時間」が流れているのを知っているだけでなく，共通する時間を「社会的集団として共有することによって，文明社会を築いて」きた。　b．人間は，太陽の動きや月の変化から生活するための時間を区切ってきたが，そこからは「大ざっぱな時間しか測れない」という問題がある。　c．中大兄皇子が「水時計を使って時間を測った」ことは，「人間の集団的活動が活発になるとともに，時間を精度よく測る必要ができたこと」を意味する例である。　d．「毎日決められた時間に祈りを捧げるために修道院で造られた」機械式の時計は，しだいに都市の教会に広がり，「人々に時間を知らせるという重要な役割を担うように」なった。

⑵＜**文章内容**＞「私」は，子どもの頃，深夜に目覚めて何も見えない真っ暗闇の中にいたことで，「何も変化せず時間が止まってしまったかのような感覚」を覚え，「永遠に真っ暗闇が続くのではないかという恐怖」にとらわれたことがある。

⑶＜**文章内容**＞世界中の人が，個人としての時間ではなく，社会で決められた「単一の『時』に支配」されて，その時間の枠に合わせて生きるように強制されていくかもしれないという，永遠に時間が止まってしまうかもしれないという恐怖とは別の「新たな恐怖」を感じているかもしれない。

⑷＜**文章内容**＞十六世紀に日本に機械式時計が伝来すると，その「機械的な仕組み」に感銘を受けた日本人の器用な職人たちは，当時の「不定時法」に合わせて工夫を重ねて時計をつくっていった。その技術開発が，日本の時計産業の発展の礎につながったといわれる。

⑸＜**文章内容**＞市民革命によって「門閥や血統」ではなく個人の自由が尊重されるようになったのと同じ頃に，時間も，「教会の鐘」によって「共有される時間」から，個々の人が持つ時計によって自由に「コントロール」できるものに変化した。「私」は，人々が抱いた自由に対する期待感は高校生になって初めて「腕時計」を持ったときのときめきに「似ている」のではないかと，思っている。

⑹＜**文章内容**＞時間的な速さに価値を置く現代，私たちは「『今だけ』自分(たち)だけ」を優先するあまり，資源や環境を使い果たそうとしている。しかし，私たちは，「時間は未来にも流れ，子孫たちが生きるのである」という通時的な発想に立ち返ることで，未来と共有する資源や環境のあり方を考えていく必要がある。

⑺＜**表現**＞まず，時間が止まってしまったのかもしれないと恐怖し，その後心臓の鼓動から時間が流れていることを感じて恐怖から脱したという，「私」自身の幼少期の体験が示される。次に，同じ「時」という話題につなげて，「個人としての時間と集団としての時間」の調和が図られてきた人間の「『時』を巡る歴史」がたどられる。そして，現代人の「刹那的」な「時」の感覚には，「時間は未来にも流れ」ていくという意識が欠けていることが指摘されている。

三〔**小説の読解**〕出典：桂望実『僕は金になる』。

⑴＜**表現**＞a．りか子は，「唇を嚙みなおも駒を睨」んでいると思ったら，急に顔を上げ，「対局相手を見つめ」た。　b．戸塚プロは，守に遠慮することなく，「今の棋力では上位二名には入れない」と断言した。　c．守は，りか子は今はまだ戸塚プロに簡単に負けてしまうレベルだが，「きっともっと棋力を上げられるはず」だと思った。　d．「苦労してきた人」は，「無駄打ちをして遊んだりせず」に危なげのない勝負をする。

⑵＜**文脈**＞今は戸塚プロの実力に及ばなくても，「姉ちゃんだったらきっともっと棋力を上げられるはず」と信じる守は，心の中で「姉ちゃんの可能性がゼロだとは言わないでくれ」と願った。

⑶＜**文章内容**＞守は，「平凡な人生しかない」自分の代わりに，りか子には「輝くような毎日を送って欲しい」と願うあまり，戸塚プロに厳しい現実を突きつけられても，りか子がプロ棋士になる未来を完全に否定しないでほしいと「縋るよう」な思いでいた。

(4)**＜心情＞**対局してみて，戸塚プロは，自分の感覚に頼りがちで，勝敗を分析する「努力をしてこなかった」と思われるりか子には，二年間でプロの棋力に追いつく努力をするのは難しいと感じた。

(5)**＜ことわざ＞**「七転び八起き」は，何回失敗しても諦めずに努力し続けること。戸塚プロは，「負けた中からいろんなことを学んでいく」というような努力を，プロになるための間だけでなく，プロになった後も続ける必要があると言った。

(6)**＜心情＞**戸塚プロは，りか子の将棋を，荒っぽく勘が頼りで「根拠はない」攻め方だと感じ，そこからりか子に対して「雑に生きている」という印象を抱いた。戸塚プロは，守からりか子の性格を聞くことで，自分のりか子に対する印象が正しいものかを確認しようとしたのである。

(7)**＜表現＞**りか子がプロ棋士になる難しさを，ていねいに，はっきりと伝える戸塚プロの話を聞きながら，それを理解しつつも受け入れがたく思っている守の心情や言葉につまる様子が，「……」で表されている。

四〔**古文の読解―随筆**〕出典：湯浅常山『常山紀談』巻之二十三。

≪現代語訳≫卜伝の弟子の中で優れている者に，一の太刀の奥義を伝授するだろうと(周囲の)人も思っていたが，その弟子があるとき，道のほとりにつないであった馬の後ろを通ったときに，その馬が(足を)跳ね上げたのを，(その弟子は)ひらりと飛びのいて(馬の足が)体に当たらない。(その光景を)見た人は，「やはり，『(彼は)塚原の弟子の中でも優れているよ』というのに間違いはない」と褒めて卜伝に(そのことを)語ったところ，卜伝は非常に驚いて，「それでは(その弟子は)一の太刀を伝授するのにふさわしい器ではない」と言った。人々はこのことを疑問に思って，「(卜伝を)試してみよう」と非常によく跳ねる馬を道のそばにつないで，卜伝を呼んで(自分たちは)近くに隠れて(様子を)見ていると，卜伝は馬の後ろをよけて通ったので，馬は(足を)跳ねようとしない。人々が企てたことと違ったので，後に(人々は卜伝に)こうだったと語り，さて，「あの弟子の早業をお褒めにならなかったのはなぜか」と言うと，卜伝は(それを)聞いて，「だからだよ。馬が跳ねたときに飛んでよけるのは，技術が優れている様子に似ているけれども，馬は跳ねるものだということを忘れて，不用意に(馬の後ろを)通ったことは怠慢である。(馬が跳ねたときに)飛びのいたのは運というものである。剣術もときによって，下手な者でも試合で(強い者に)勝つことがあるはずだ。(しかし)それは(試合に)勝ったとしても(剣術が)うまいということにはならない。ただ将来に何が起こるかを忘れないようにして気を抜かないことをよしとするのである。(弟子の行為は)一の太刀を伝授する領域にはるかに及ばないので褒めなかったのである」と答えたということである。

(1)**＜古文の内容理解＞**卜伝の弟子の中で優れている者が，跳ね馬に蹴られそうになったときに，すばやくそれをかわしたのを目撃した人々は，最も優秀な弟子だという評判は間違いではない，つまり本当だと納得した。

(2)**＜古文の内容理解＞**跳ねた馬の足をすばやくかわした弟子の行為を，人々は高く評価したのに対し，師匠の卜伝が奥義を伝授する器ではないと非難したので，人々は疑問に思った。

(3)**＜古文の内容理解＞**弟子に批判的な卜伝の発言に対して疑問に思った人々は，馬が跳ねたときに卜伝がどう対応するか見ようと策略を企てたが，卜伝は，馬が跳ねる状況を回避する行動を取った。

(4)**＜古文の内容理解＞**馬は跳ねるものだということを忘れて馬の後ろを通ったのは，弟子の気が緩んでいる証拠なので，卜伝は，弟子は奥義を授けるに値しないと考えたのである。

(5)**＜古文の内容理解＞**跳ね上がった馬の足をよけたことは運にすぎない。剣術も，ときに下手な者でも強い者に勝つことがあるが，それは運によるものであり，試合に勝ったとしても剣術がうまいということにはならない。将来に起こることを予期して備えるような注意深さが，必要なのである。

2024年度 水城高等学校（一般再受験）

【英　語】（50分）〈満点：100点〉

1　次の(1)～(4)は，放送による問題です。それぞれ放送の指示にしたがって答えなさい。

〈編集部注：放送文は未公表につき掲載してありません。〉

(1)　これから，No. 1 から No. 5 まで，５つの英文を放送します。放送される英文を聞いて，その内容に合うものを選ぶ問題です。それぞれの英文の内容に最もよく合うものを，ア，イ，ウ，エの中から１つ選んで，その記号を書きなさい。

No. 1

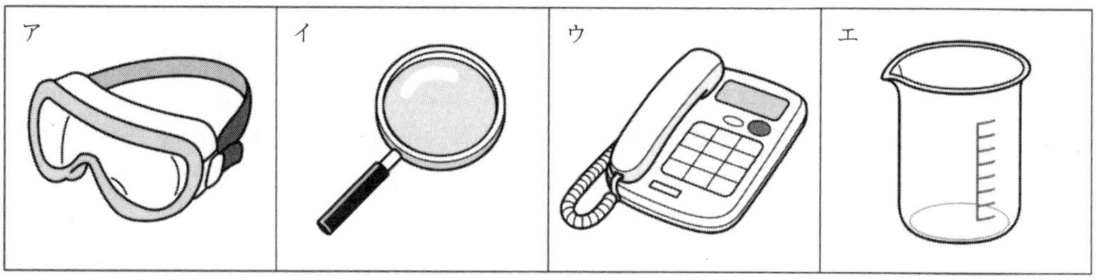

No. 2

ア

外国に行ったことがありますか。	
はい	30人
いいえ	70人

イ

外国に行ったことがありますか。	
はい	20人
いいえ	80人

ウ

外国に行ったことがありますか。	
はい	6人
いいえ	24人

エ

外国に行ったことがありますか。	
はい	20人
いいえ	10人

No. 3

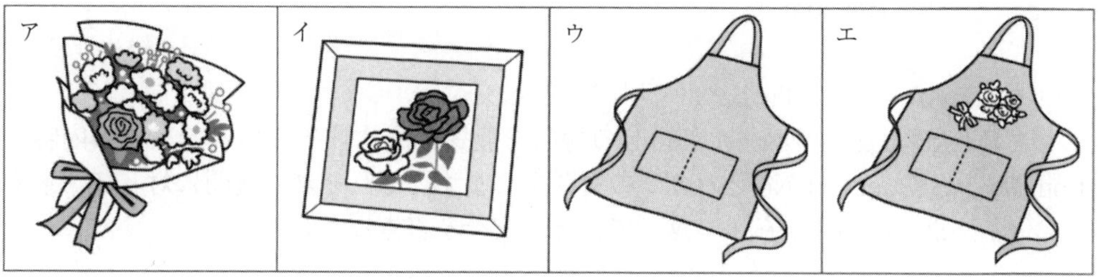

No. 4

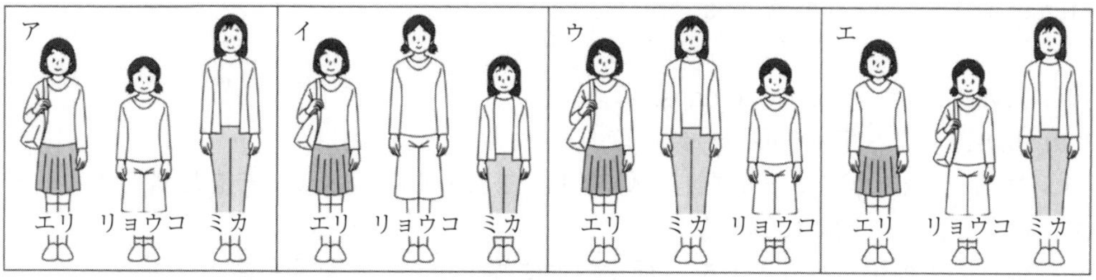

No. 5

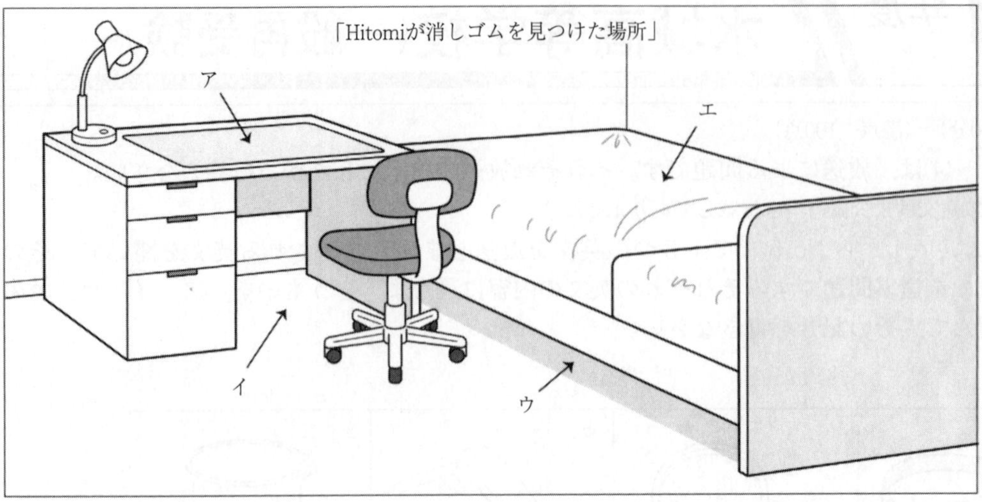

(2)　これから，No. 1 から No. 4 まで，４つの対話を放送します。それぞれの対話のあとで，その対話について１つずつ質問します。それぞれの質問に対して，最も適切な答えを，ア，イ，ウ，エの中から１つ選んで，その記号を書きなさい。

No. 1

ア　At a museum.　　イ　At a station.

ウ　At a restaurant.　　エ　At the city gym.

No. 2

ア　It will be sunny in the morning, but rainy in the afternoon.

イ　It will be cloudy in the afternoon, but sunny in the morning.

ウ　It will be sunny in the morning, but cloudy in the evening.

エ　It will be cloudy in the afternoon, but rainy in the morning.

No. 3

ア　His mother.　　イ　His mother's friend.

ウ　His sister.　　エ　His aunt.

No. 4

ア　One.　　イ　Two.　　ウ　Three.　　エ　Four.

(3)　これから，マキ(Maki)と友人のポール(Paul)の対話を放送します。そのあとで，その内容について，Question No. 1 と Question No. 2 の２つの質問をします。それぞれの質問に対して，最も適切な答えを，ア，イ，ウ，エの中から１つ選んで，その記号を書きなさい。

No. 1

ア　On July 31st.　　イ　On August 2nd.

ウ　On August 3rd.　　エ　On August 4th.

No. 2

ア　For two days.　　イ　For three days.

ウ　For four days.　　エ　For five days.

(4)　中学生のヨシコ(Yoshiko)がスピーチをしています。これからそのスピーチを放送します。その内容について，次の①，②の問いに答えなさい。

①　ヨシコが日曜日の午前中に行うことを，行う順番に並べかえて，記号で答えなさい。

②　次の質問の答えになるように，(　)に適切な**英語 1 語**を書きなさい。

What time does Yoshiko get up on Sundays ?

—She gets up at (　　　).

これで，放送による聞き取りテストを終わります。

2　アメリカに留学しているアカネ(Akane)が学校でベッキー(Becky)と話をしています。次の対話文を読んで，下の(1)，(2)の問いに答えなさい。

Akane :　Do you have a ①(d　　　), Becky ?

Becky :　Yes, Akane.

Akane :　Oh, ②(l　　　) me know about it !

Becky :　Sure.　I want to be a writer and write many stories.

Akane :　Wow !　That sounds nice.　What kind of stories do you want to write ?

Becky :　I want to write stories ③(w　　　) make people happy.

Akane :　That's great.　I want to read your books in the future.

Becky :　Sure !　What do you want to be in the future ?

Akane :　I want to be an elementary school teacher because I like ④(talk) with children.

Becky :　I see.　I think you will be a nice teacher because you are the ⑤(kind) in our class.

Akane :　Thank you.　⑥(Become) an elementary school teacher is not easy, so I will try hard !

(1)　対話文が完成するように，文中の①～③の(　)内に，最も適切な英語を，それぞれ 1 語ずつ書きなさい。なお，答えはすべて(　)内に示されている文字で書き始めるものとします。

(2)　対話文が完成するように，文中の④～⑥の(　)の中の語を，それぞれ 1 語で適切な形に直して書きなさい。

3　次の(1)，(2)の問いに答えなさい。

(1)　次の英文は，さくら動物園(Sakura Zoo)の利用案内の一部です。この案内が伝えている内容として最も適切なものを，下のア～エの中から 1 つ選んで，その記号を書きなさい。

Sakura Zoo opens at 10:00 a.m. on weekdays and at 9:00 a.m. on weekends.　It closes at 5:00 p.m. every day.　People who are 16 years old and older need to buy an adults' ticket.　It's 600 yen.　The price of the ticket for children between 5 and 15 years old is 300 yen.　The ticket for children under five is free.

ア　People can enter Sakura Zoo earlier on weekdays than on weekends.

イ　People can stay at Sakura Zoo for more than seven hours on weekdays.

ウ　All people need money to enter Sakura Zoo.

エ　If you are twelve years old, you need 300 yen to buy a ticket.

(2) 次の英文中の[ ]には，下のア～ウの３つの文が入ります。意味の通る英文になるように，ア～ウの文を並べかえて，記号で書きなさい。

Our school has an English speech contest every November. Many students of our school like it. I'm one of them. I joined it last year and talked about my family. [ ] I was happy about that. This year, I'm going to join it again. So, I'm practicing English.

ア However, I did well.

イ When I was speaking in front of many students, I was nervous.

ウ After my speech, my classmates said my speech was great.

4 高校生のエマ(Emma)と友人のナギサ(Nagisa)は，次のページのウェブサイトを見ながら話しています。次の対話文を読んで，(1)，(2)の問いに答えなさい。

Emma : Our city will hold the ABC Music Festival in Green Park (①). If you are free that day, let's go together.

Nagisa : Sure! I'm busy Saturdays and Sundays this month, but I don't have any plans next month.

Emma : Good.

Nagisa : What time will the ABC Music Festival start?

Emma : At (②) in the morning. We can enjoy some events at the festival. Look at this website. We can find out about it.

Nagisa : Wow! There will be several brass bands at the festival.

Emma : Right. Actually, my sister will play the music from one forty-five.

Nagisa : Really? She is a member of (③), right?

Emma : Yes.

Nagisa : What musical instrument does she play?

Emma : She plays the trumpet. I play the piano, and we sometimes perform music at home together. Do you play any musical instruments?

Nagisa : No, I don't. [( )( ) I could play one.] If I could do it, I would enjoy playing music with you.

Emma : Oh, you should start to learn (④) to play a musical instrument!

Nagisa : I'll think about it. By the way, can I take my brother to the festival? He's also interested in music and festivals.

Emma : Sure. (⑤)?

Nagisa : Yes. He goes to Aoba Elementary School.

Emma : Really? My cousin is a teacher at that school.

Nagisa : Wow! That's interesting.

https://abcmusicfestival.OO.OO

ABC Music Festival

Date: Sunday, April 7th

Time: 10:00 a.m. – 9:00 p.m.

Place: Green Park

Musical performances

10:15 a.m. – 10:45 a.m.	A musical performance by the Yellow Brass Band
11:00 a.m. – 11:30 a.m.	A musical performance by the Red Brass Band
1:00 p.m. – 1:30 p.m.	A musical performance by the White Brass Band
1:45 p.m. – 2:15 p.m.	A musical performance by the Blue Brass Band

(1) 対話中の(①)～(⑤)に入る最も適切なものを，ア～エの中からそれぞれ１つ選んで，その記号を書きなさい。

① ア on the first Sunday of this month　イ on the second Sunday of this month
　ウ on the first Sunday of next month　エ on the second Sunday of next month

② ア nine　イ nine thirty　ウ ten　エ ten thirty

③ ア Yellow Brass Band　イ Red Brass Band
　ウ White Brass Band　エ Blue Brass Band

④ ア what　イ how　ウ where　エ when

⑤ ア Is he a student　イ Is he a junior high school student
　ウ Is he your cousin　エ Is he an English teacher

(2) 対話の流れに合うように，文中の[　　]の(　)に適切な英語を１語ずつ入れ，英文を完成させなさい。

5 次の英文を読んで，(1)～(5)の問いに答えなさい。

Many people often take a nap or drink coffee when they get tired after studying or working for a long time. They believe that these actions can help their brains. [　ア　] However, some people believe that this information is wrong. Drinking coffee does not actually affect the brain, so there is no problem with coffee before going to bed. They may think like that. Also, other people don't think we should take naps because taking naps can make us *even sleepier. Which information is true ?

First, let's talk about the positive side of *caffeine. A lot of products *contain caffeine, such as coffee, some kinds of tea, and chocolate. They can be effective for your body and brain. [　イ　] For example, some researchers say that caffeine can help you when you are tired. They also say it *removes waste products from your body, too.

However, there are some negative sides to caffeine. Too much caffeine is bad for your body. You will probably feel too excited and won't be able to sleep well at night. [ウ]

Taking a nap has a great influence on your brain because it is helpful as a short break. However, there is one thing that you need to know. If you take a nap for more than 20 minutes, your brain goes into a deep *mode of sleep. When you are in this mode, it is hard to get out of. [エ] As a result, when you wake up, you will experience the bad effects of taking a long nap. You will probably still feel tired, and your brain won't work well.

How long does caffeine keep working? According to some research, caffeine does not start working on your body for around 20 to 30 minutes after you take it. It then keeps working for about 4 hours. And your body needs about 5 to 7 hours to remove half of the caffeine and 10 to 14 hours to remove all of it. This means that taking caffeine in the afternoon may affect your body and brain later in the evening.

So, by following these two *suggestions you can have the most *restful break. You should take caffeine and take a nap for 20 to 30 minutes. Your brain can rest well during the nap, and you can study and work better later. However, taking too much caffeine in the afternoon will affect you when you sleep at night.

＊ even sleepier　もっと眠い　　caffeine　カフェイン　　contain ～　～を含む
remove ～　～を取り除く　　mode　状態　　suggestion　提案
restful　安らかな

(1) 本文の内容に合う文を，次のア～クの中から３つ選んで，その記号を書きなさい。

ア　Only a few people often take a nap or drink coffee when they get tired after studying or working for a long time.

イ　Many people think a lot of products have caffeine, such as coffee, some kinds of tea, and chocolate, but some people say it's wrong.

ウ　Some researchers say that caffeine can remove waste products from our bodies and help us when we are tired.

エ　According to some researchers, if we take too much caffeine, we will feel tired, and our brain cannot work well.

オ　In this article, the negative side effects are written before the positive ones.

カ　According to this article, people should not take a lot of caffeine after they take a nap because it is bad for their brains.

キ　This article tells us that caffeine does not work on our body for around 20 to 30 minutes after we take it.

ク　Taking caffeine influences our brain, but taking too much is not good.

(2) 次の文は，文中の[ア]～[エ]のどこに入るのが最も適切か，記号で答えなさい。

Also, you may become sick if you keep taking too much caffeine.

(3) 次の①，②の文を，本文の内容と合うように完成させるには，[　　]の中に，それぞれ下のア～エのどれを入れるのが最も適切か，記号で答えなさい。

① Taking a nap has a great influence on the brain [　　　　].

ア　if we drink coffee after getting up

イ　if our brain goes into a deep mode of sleep

ウ　if we don't sleep for a long time

エ　if we do that without taking any caffeine

② Our body needs ＿＿＿＿ to remove all of the caffeine.

ア　about 5 to 7 hours　　イ　about 5 to 10 hours

ウ　about 7 to 14 hours　　エ　about 10 to 14 hours

(4) 下線部の内容を次のように表したとき，(　)に入る適切な英語を，本文から4語で抜き出して書きなさい。

Some people may think that there is no problem with coffee (　　　　) because drinking coffee does not affect the brain.

(5) 次の①，②の質問に，それぞれ指定された語数の英文で答えなさい。ただし，符号(, . ? ! など)は，語数には含まないものとします。

① How long do our bodies keep working actively after we take caffeine ?　（6語以上）

② How many actions about taking the best break are written in this article ?　（3語以上）

6　3年A組のミホ(Miho)と3年B組のジャック(Jack)が，休み時間にミホの教室で学級新聞の一部を見ながら話しています。対話の流れに合うように，①～④の(　)内の英語を並べかえて，記号で答えなさい。ただし，それぞれ**不要な語が1つずつ**あります。

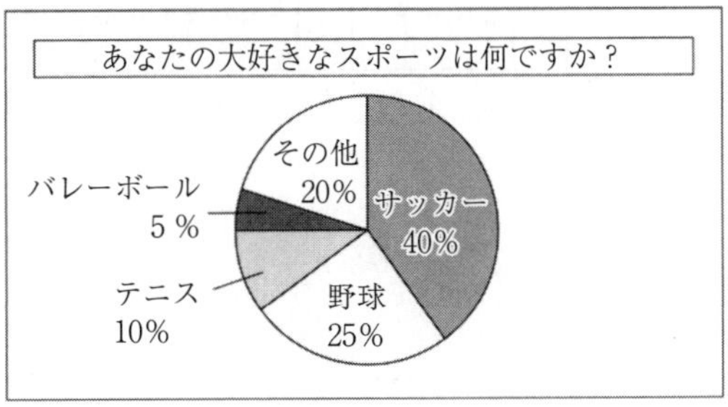

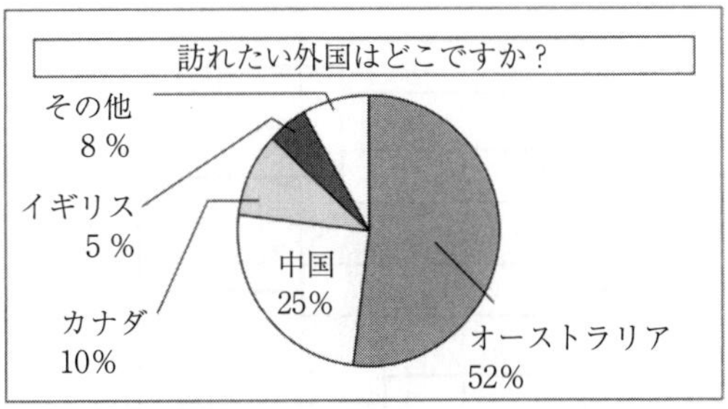

Miho : Look at this. It's a class newspaper. Our class *representative asks us questions about something every month and shows the results in the newspaper. This month, she asked us about our favorite sports and the country ①(ア we　イ visit　ウ to　エ want　オ which　カ do).

Jack : That sounds interesting. Please tell me the results.

Miho : Sure. In our class, ②(ア is　イ popular　ウ baseball　エ soccer　オ most　カ the).

Jack : Good. I love it, too. Actually, ③(ア am　イ play　ウ good　エ it　オ I　カ at).

Miho : Nice. You will be happy to learn the results of the other *survey.

Jack : Really ?

Miho : Yes. Your country, Australia, ④(ア by　イ fifty　ウ is　エ forty　オ about　カ liked) percent of the students in our class.

* representative　委員長　　survey　調査

【数　学】（50分）〈満点：100点〉

1　次の(1)，(2)の問いに答えなさい。

(1)　次の①～④の計算をしなさい。

①　$1-(-7)$

②　$\dfrac{x-7y}{4}+\dfrac{3x+5y}{2}$

③　$9a^2b\div6a^3\times4ab^2$

④　$\sqrt{72}-\dfrac{4}{\sqrt{8}}$

(2)　$27x^2-3y^2$ を因数分解しなさい。

2　次の(1)～(4)の問いに答えなさい。

(1)　右の図は，生徒20人がバスケットボールのフリースローを１人10回ずつ行ったとき，シュートが入った回数のデータをまとめたものである。

図に対応する箱ひげ図を次のア～エの中から１つ選んで，その記号を書きなさい。

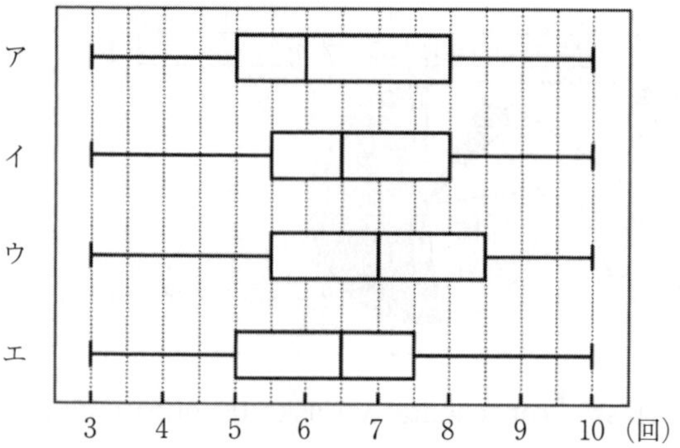

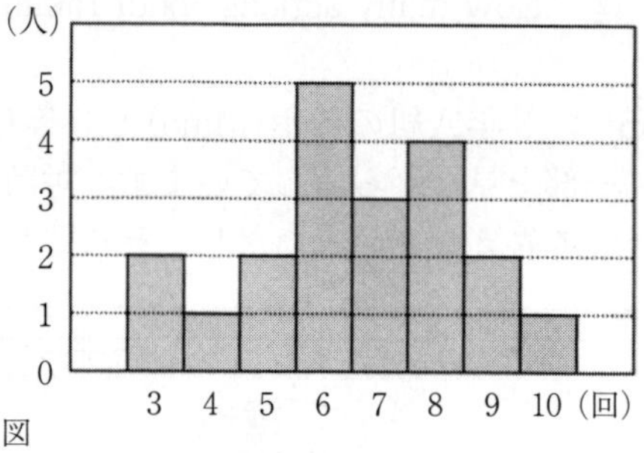

図

(2)　$\sqrt{45n}$ の値が自然数となるような自然数 n のうち，２番目に小さいものを求めなさい。

(3)　ある動物園では，大人１人の入園料は中学生１人の入園料の３倍であり，30人以上の団体は入園料が20％引きとなる。課外活動で，大人２人と中学生26人が動物園に行く予定であったが，当日になって大人１人と中学生２人の参加者が増えたため，入園料の合計が予定より600円安くなった。

このとき，中学生１人の入園料を求めなさい。ただし，消費税は考えないものとする。

(4)　右の図において，直線 l は関数 $y=x+2$ のグラフであり，直線 l 上の点で x 座標が３の点をA，直線 l と x 軸との交点をBとする。また，直線 m は点Aを通り，傾きが３の直線であり，直線 m と y 軸との交点をCとする。

このとき，△ABC の面積を求めなさい。ただし，原点Oから点(1，0)までの距離と原点Oから点(0，1)までの距離は，それぞれ１cm とする。

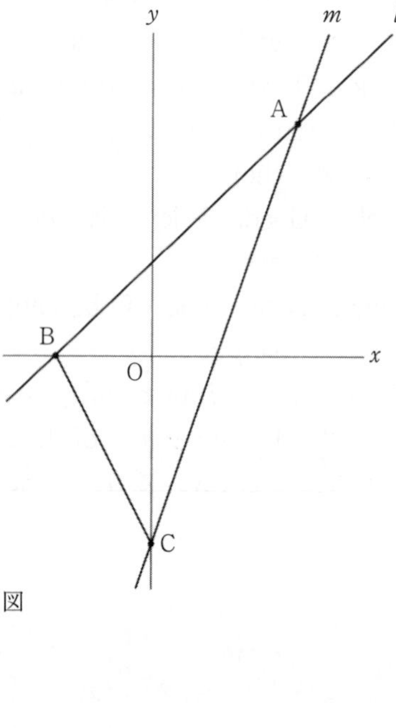

図

3　右の図1のように，A～Gの7枚のカードが横一列に並べてある。1つのさいころを2回投げて，1回目に出た目の数をa，2回目に出た目の数をbとするとき，左からa番目のカードを右端まで動かし，続けて，左からb番目のカードを右端まで動かす。例えば，1回目に2の目が出て，2回目に4の目が出たときは，右の図2のようにカードを動かす。

　このとき，次の(1)～(3)の問いに答えなさい。

　ただし，さいころは各面に1から6までの目が1つずつかかれており，どの目が出ることも同様に確からしいとする。

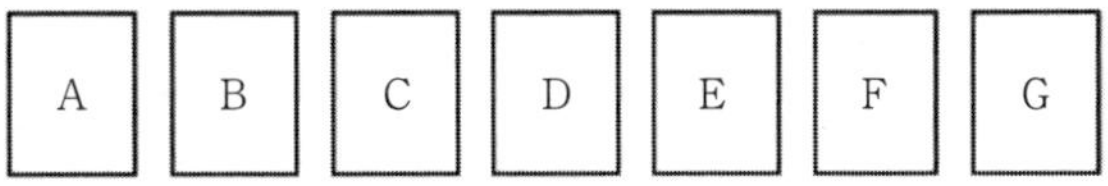

図1

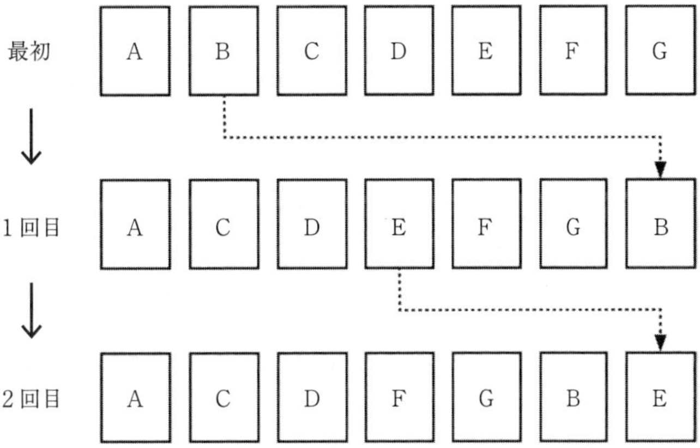

図2

(1)　カードを2回動かしたあとに，$\boxed{A}$と$\boxed{G}$が隣り合っている確率を求めなさい。

(2)　カードを2回動かしたあとに，$\boxed{C}$と$\boxed{E}$が隣り合っている確率を求めなさい。

(3)　カードを2回動かしたあとに，$\boxed{F}$と$\boxed{G}$が隣り合っている確率を求めなさい。

4　右の図1のように，タブレット端末の画面に，長さが10cmの線分ABを直径とする半円Oと，その弧AB上にAC＝8cm，BC＝6cmとなる点Cが表示されている。点Pは2点A，Cを除いた弧AC上を動かすことができ，線分BPと線分ACとの交点をDとする。太郎さんと花子さんは，点Pを動かしながら，図形の性質や関係について調べている。

　このとき，次の(1)，(2)の問いに答えなさい。

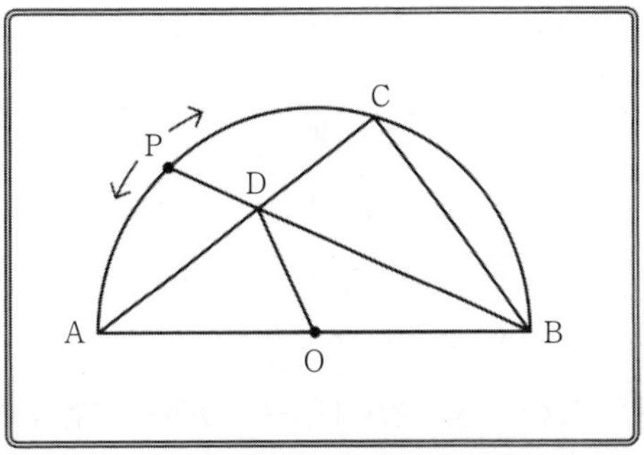

図1

(1)　太郎さんはAD＝DCとなるように点Pを動かした。
このとき，線分ODの長さを求めなさい。

(2)　下の図2のように，弧APの長さと弧CPの長さが等しくなるように点Pを動かし，点Dから線分ABに引いた垂線と線分ABとの交点をEとする。

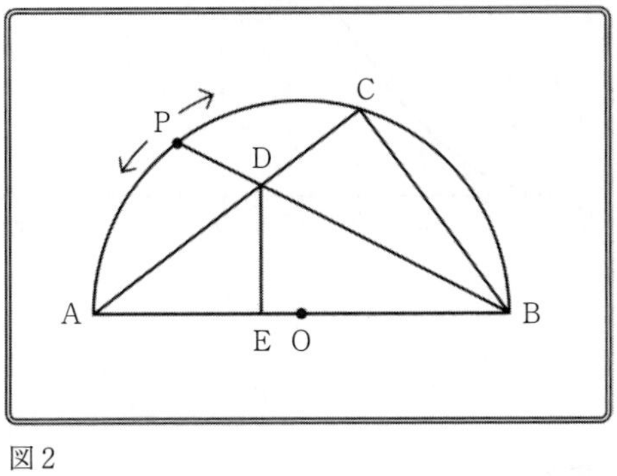

図2

① 花子さんは，△BCD≡△BED であることに気づき，次のように証明した。
［ア］～［オ］をうめて，証明を完成させなさい。

〈証明〉
△BCD と△BED において，
仮定から，　∠BED＝90°　…①
線分 AB は半円Oの直径だから，　［ア］＝90°　…②
①，②より，　［ア］＝∠BED＝90°　…③
［イ］だから，　BD＝BD　…④
等しい弧に対する円周角だから，　［ウ］＝［エ］　…⑤
③，④，⑤より，直角三角形の［オ］がそれぞれ等しいので，
△BCD≡△BED

② 図2において，点Oと点Cを結ぶ。四角形CDEOの面積を求めなさい。

5 右の図1のように，直線 l 上に，3 cm 離れた2点A，Bがあり，点P，Qがそれぞれ点A，Bを同時に出発し，l 上を矢印の向きに移動する。

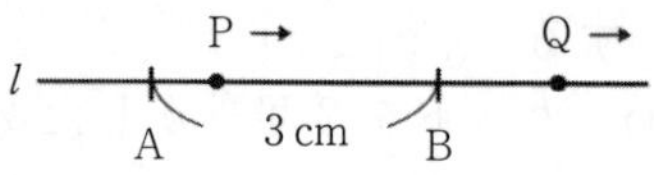

図1

下の表は，点P，Qが同時に出発してから x 秒後の点Aからの距離を y cm として，点P，Qの移動のしかたをまとめたものである。また，下の図2は，点Qが秒速1 cm で移動したときの点P，Qの移動のようすについて，x と y の関係をグラフに表したものである。

表

点P	点Aからの距離は移動した時間の2乗に比例し，x と y の関係は $y=\frac{1}{4}x^2$ と表される。
点Q	点Bから秒速 a cm で移動し，x と y の関係は $y=ax+3$ と表される。

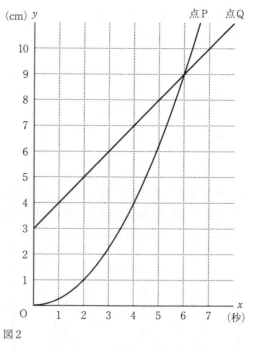

図2

このとき，次の(1)～(3)の問いに答えなさい。

(1) 点Pについて，点Aを出発してから2秒後から6秒後までの平均の速さは，秒速何cm か求めなさい。

(2) 点Qが秒速1 cm で移動するとき，点P，Qの位置関係について次のように説明できる。

> 点Pが点Qに追いつくのは，点Aを出発してから［ア］秒後で，点Aから［イ］cm 進んだ地点である。
> また，点Pが点Aを出発してから点Qに追いつくまでの間に，再びPとQの間の距離が3 cm になるのは，点Pが点Aを出発してから［ウ］秒後である。

このとき，上の［ア］～［ウ］に当てはまる数をそれぞれ書きなさい。

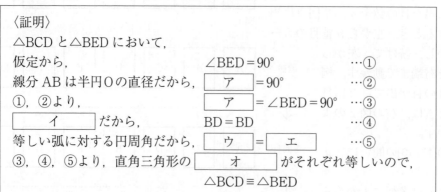

(3)　点Pが点Aを出発してから2秒後にPとQの間の距離が7 cmになり，その後，点Pが点Qに追いつくまでの間に再びPとQの間の距離が7 cmになった。
　このとき，点Qが移動した速さは秒速何cmか求めなさい。また，2回目にPとQの間の距離が7 cmになるのは，点Pが点Aを出発してから何秒後か求めなさい。

6　右の図1のような，底面BCDEが1辺6 cmの正方形で，高さが6 cmの正四角すいABCDEがある。
　このとき，次の(1)，(2)の問いに答えなさい。

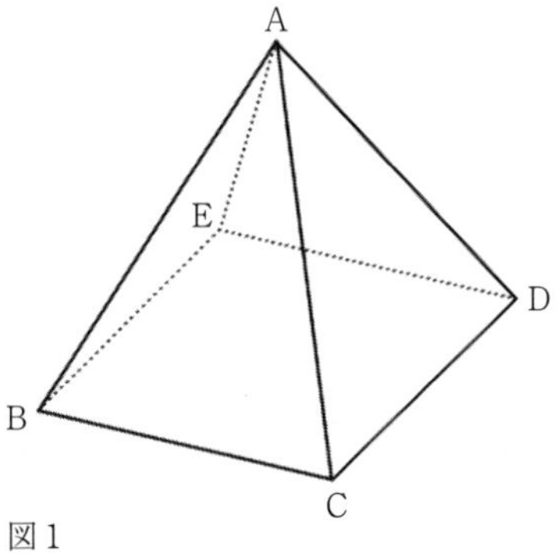

図1

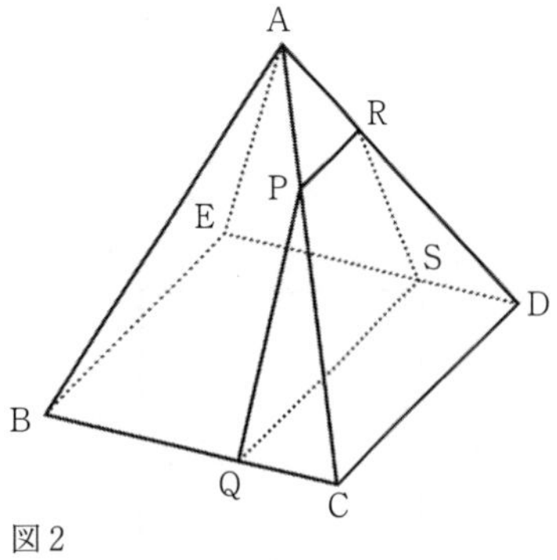

図2

(1)　この正四角すいABCDEの体積を求めなさい。
(2)　右の図2のように，辺AC上にAP：PC＝1：2となる点P，辺BC上にBQ：QC＝2：1となる点Qをとり，点Pを通り辺CDに平行な直線と辺ADとの交点をR，点Qを通り辺CDに平行な直線と辺DEとの交点をSとする。
　①　∠BQRの大きさを求めなさい。
　②　四角形PQSRを，直線PRを軸として1回転させてできる立体の体積は，直線QSを軸として1回転させてできる立体の体積の何倍か求めなさい。

【社　会】（50分）〈満点：100点〉

1　社会科の授業で，「世界や日本のさまざまな地域の特色を見いだそう」という課題で，班ごとにテーマを設定し，学習しました。次の１，２に答えなさい。

１　Ａ班では「世界の姿と諸地域」というテーマを設定しました。⑴～⑷の問いに答えなさい。

資料１　世界地図

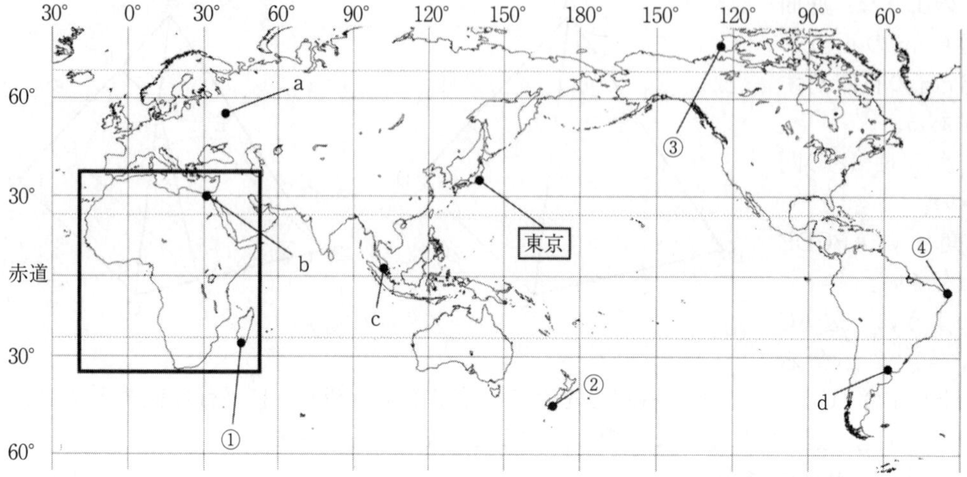

⑴　太郎さんは，資料１をもとに世界の気候について調べました。次のア～エのグラフは，資料１にあるａ～ｄのそれぞれの都市の気温と降水量を表したものです。資料１にあるｃの都市に当てはまるグラフを，次のア～エの中から１つ選んで，その記号を書きなさい。

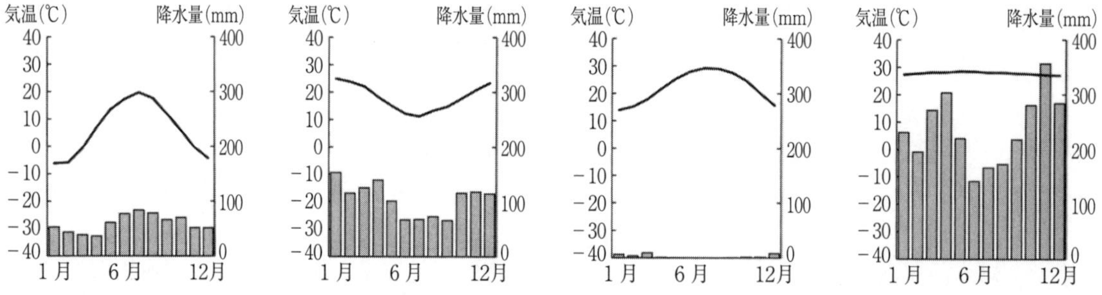

〔「理科年表 2023年版」より作成〕

⑵　太郎さんが見つけた資料２は，「中心（東京）からの距離と方位が正しい地図」です。資料１の①～④の都市のうち，東京からの距離が最も遠い都市を１つ選んで，その番号を書きなさい。また，資料２の東京から見たメキシコシティのおよその方位を，次のア～エの中から１つ選んで，その記号を書きなさい。

ア　北西　　イ　北東

ウ　南西　　エ　南東

資料２　中心からの距離と方位が正しい地図

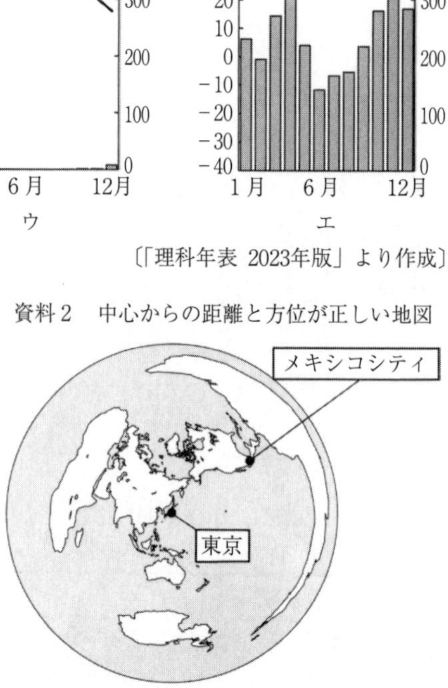

⑶　太郎さんは，資料１の東京で，３月16日午後７時から行われた日本とイタリアの野球の試合を見に行きました。試合が始まったときローマ（イタリア）は何月何日の何時か，書きなさい。その際，解答用紙の午

前・午後のどちらかを ◯ で囲みなさい。ただし，標準時の基準となる子午線は，ローマは東経15度，日本(明石《あかし》)は東経135度とし，サマータイムは考えないものとします。

(4) 花子さんは，アフリカ州の国々に関心をもちました。資料３は，資料１の □ の地域を示しています。

① アフリカ州の国々で行われている，樹木を切って，それを燃やした灰を肥料として作物を栽培し，数年で別の場所に移動する農業を何というか，**漢字４字**で書きなさい。

② 資料４は，資料３のアフリカ州の主な国々の面積と人口を示しています。資料３と資料４から読み取ったものとして最も適切なものを，下のア～エの中から１つ選んで，その記号を書きなさい。

資料３　アフリカ州の主な国々

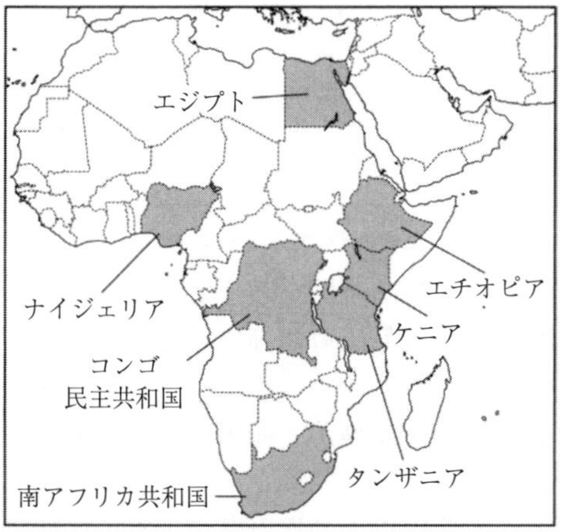

資料４　アフリカ州の主な国々の面積と人口

国名	面積（万km²）	人口（万人）	
		2000年	2020年
ナイジェリア	92	12285	20833
エチオピア	110	6703	11719
エジプト	100	7137	10747
コンゴ民主共和国	235	4862	9285
タンザニア	95	3446	6171
南アフリカ共和国	122	4681	5880
ケニア	59	3085	5199

（注）　面積は2020年の数値である。

〔「世界国勢図会 2022/23年版」より作成〕

ア　資料４の７か国のうち，2020年の人口密度が最も高いのはケニアである。

イ　2000年と2020年を比べると，資料４の７か国は，すべて人口が1000万人以上増えている。

ウ　資料４の７か国の人口の順位は，2000年も2020年も変わっていない。

エ　2000年と2020年を比べると，資料４の７か国のうち，人口が２倍以上になった国は２か国ある。

③ 資料５は，資料３に示したナイジェリアとタンザニアの主な輸出品目の割合を示したものです。これらの国々では，貿易による国の収入が安定しないという問題をかかえていますが，その理由を，「特定」，「価格」の語を用いて書きなさい。

資料５　ナイジェリアとタンザニアの主な輸出品目の割合(2020年)

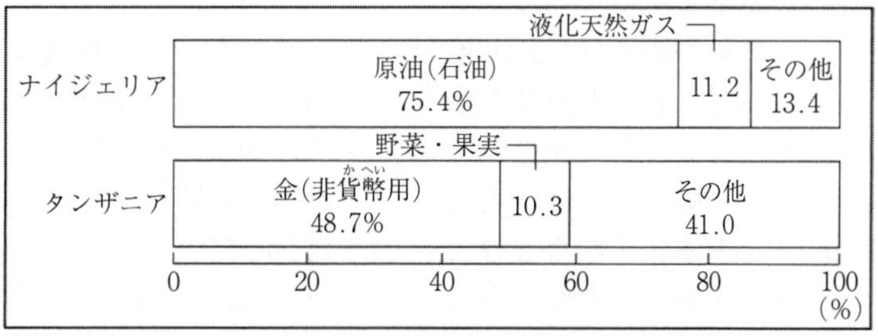

〔「世界国勢図会 2022/23年版」より作成〕

2　Ｂ班では，「日本の産業と環境問題」というテーマを設定して，人々の生活との関係について調べました。(1)～(4)の問いに答えなさい。

(1) 次郎さんは，資料６と資料７から都道府県によって製造品出荷額等に大きな違いがあることや，公害の苦情《くじょう》が多い地域と少ない地域があることに気づきました。資料６と資料７を読み取った次のページのア～オのうち，適切なものを**２つ**選んで，その記号を書きなさい。

資料6　都道府県別の製造品出荷額等（2020年）

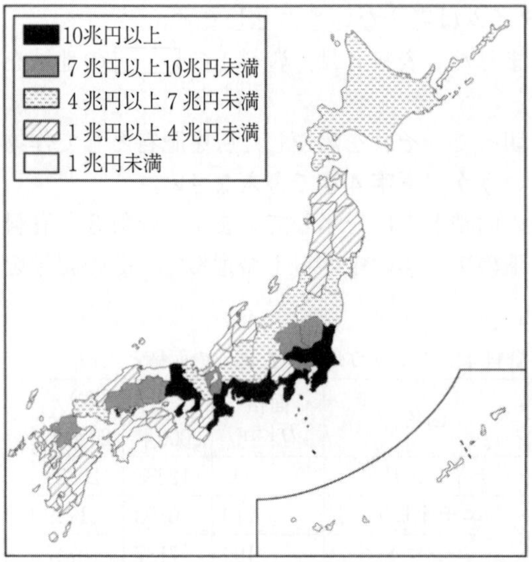

〔「日本国勢図会 2023/24年版」より作成〕

資料7　都道府県別の公害苦情件数（2020年）

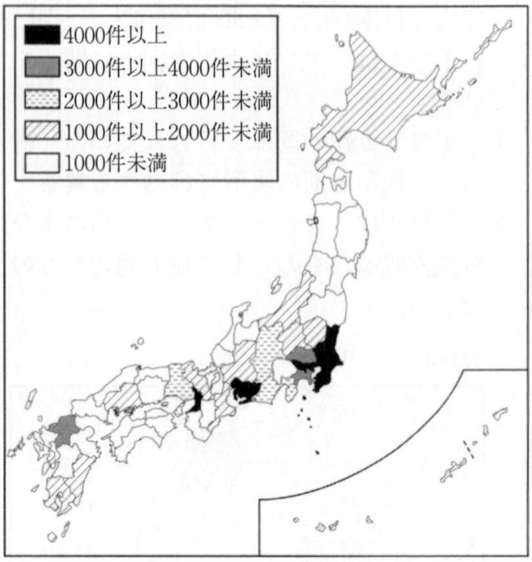

〔「データでみる県勢 2022年版」より作成〕

ア　関東地方に属している都県の製造品出荷額等は，すべて7兆円を超えている。

イ　公害苦情件数が3000件以上4000件未満の都道府県の製造品出荷額等は，どの都道府県も10兆円以上である。

ウ　公害苦情件数が1000件未満の都道府県には，製造品出荷額等が4兆円以上の都道府県が含まれていない。

エ　日本海に面した道府県のうち，製造品出荷額等が4兆円以上の道府県の公害苦情件数は，すべて2000件未満である。

オ　中国・四国地方に属している県のうち，製造品出荷額等が4兆円以上で，公害苦情件数が1000件未満の県は2つある。

(2)　次郎さんは，かつて深刻《しんこく》な公害が発生したが，それを克服《こくふく》した都市について調べ，カード1～カード3を作成しました。

カード1

この都市では，1901年に八幡《やはた》製鉄所が操業を始めた。高度経済成長の時期の1960年代には，大気汚染《おせん》や水質汚濁《おだく》などの公害が深刻化したが，現在では，環境保全の取り組みなどで注目される都市になった。

カード2

［あ］の西側に位置する三重県四日市《よっかいち》市では，第二次世界大戦後に，工場の排煙《はいえん》などによる公害が発生したが，自治体や工場などが環境改善に取り組み，現在では，住民が安全に暮らせる環境を取り戻した。

カード3

熊本県の南部に位置するこの都市では，1950年代から1960年代にかけて，化学工場が海に流したメチル水銀が原因で，［い］が発生した。しかし，人々の努力によって海の環境が改善し，現在では，漁業も再開されている。

①　カード1にまとめた都市名と，カード2の［あ］に当てはまる語の組み合わせとして最も適切なものを，次のア～エの中から1つ選んで，その記号を書きなさい。

ア　［カード1　北九州市　あ　中京《ちゅうきょう》工業地帯］

イ ［カード１　北九州市　あ　阪神《はんしん》工業地帯］
ウ ［カード１　横浜市　　あ　中京工業地帯］
エ ［カード１　横浜市　　あ　阪神工業地帯］

② カード３の［い］に当てはまる，日本の四大公害病のうちの一つの公害病を何というか，書きなさい。

(3) 近年日本では，地球温暖化への対策や，限りある鉱産資源にたよる割合を減らすことを目的として，再生可能エネルギーを利用する取り組みが行われています。再生可能エネルギーとして適切なものを，次のア～エの中から**２つ**選んで，その記号を書きなさい。

ア 石炭　　イ ウラン　　ウ 風力　　エ 地熱

(4) 良子さんは，環境問題に興味をもち，資料８と資料９を見つけました。資料８と資料９を読み取った下のア～エについて，正しいものには○を，誤っているものには×を書きなさい。

資料８　近畿地方の７府県のごみの総排出《はいしゅつ》量と１人１日当たりごみの排出量

府県名	ごみの総排出量（千トン）		１人１日当たりごみの排出量（グラム）	
	1998年度	2021年度	1998年度	2021年度
三重県	839	611	1235	938
滋賀県	466	418	971	809
京都府	1191	728	1268	775
大阪府	4477	2930	1396	911
兵庫県	2681	1794	1336	895
奈良県	542	431	1018	883
和歌山県	459	318	1147	929

資料９　近畿地方の７府県のごみのリサイクル率

府県名	ごみのリサイクル率（%）	
	1998年度	2021年度
三重県	12.5	20.0
滋賀県	12.9	17.1
京都府	5.2	13.9
大阪府	7.3	13.3
兵庫県	9.7	15.4
奈良県	13.2	15.8
和歌山県	12.5	13.2

〔資料８，資料９は「一般廃棄物処理実態調査 令和３年度版」ほかより作成〕

ア 大阪府は，1998年度，2021年度ともに１人１日当たりごみの排出量が，近畿地方の７府県の中で最も多い。

イ 近畿地方の７府県のごみのリサイクル率は，1998年度と2021年度を比べると，すべての府県が1.5倍以上に増加している。

ウ 滋賀県と奈良県の2021年度のごみの総排出量は，滋賀県より奈良県の方が多いが，2021年度のごみのリサイクル率は，奈良県より滋賀県の方が高い。

エ 京都府は，2021年度のごみの総排出量が，近畿地方の７府県の中で３番目に多く，2021年度のごみのリサイクル率は，近畿地方の７府県の中で３番目に高い。

2 社会科の授業で，「日本のそれぞれの時代にはどのような特色があるか」という課題で，班ごとにテーマを設定し，学習しました。次の１，２に答えなさい。

1 Ａ班では「各時代の農民や農村の様子」というテーマを設定し，調べたことをまとめ，カード１～カード４を作成しました。(1)～(4)の問いに答えなさい。

カード１　奈良時代
６歳以上のすべての人々に口分田《くぶんでん》があたえられたが，口分田が不足してきたことから，開墾《かいこん》した土地の私有を認める墾田永年《こんでんえいねん》私財法《しざいのほう》が出された。

カード２　安土桃山時代
豊臣秀吉《とよとみひでよし》が，ものさしの長さやますの大きさを統一し，田畑の面積や土地のよしあし，予想される収穫《しゅうかく》量を調べ，耕作している百姓《ひゃくしょう》の名前とともに検地帳に記録した。

カード３　江戸時代
幕府は年貢《ねんぐ》を安定的に取り立てるため，百姓に対して土地の売買《ばいばい》を禁止し，五人組の制度をつくって，年貢の納入や犯罪《はんざい》の防止に連帯責任を負わせた。

カード４　明治時代
徴兵令《ちょうへいれい》が出され，満20歳になった男子は士族や平民の区別なく兵役《へいえき》の義務を負うことになった。働き手を取られる農民の中には，徴兵反対の一揆《いっき》を起こす人もいた。

(1)　カード１の墾田永年私財法より前に出された法令として最も適切な資料を，次のア～エの中から１つ選んで，その記号を書きなさい。

ア

一　諸国の守護の職務は，頼朝《よりとも》公の時代に定められたように，京都の御所の警備と，謀反《むほん》や殺人などの犯罪人の取りしまりに限る。
一　武士が20年の間，実際に土地を支配しているならば，その権利を認める。

イ

一に曰《いわ》く，和をもって貴《たっと》《とうと》しとなし，さからうことなきを宗《むね》とせよ。
二に曰く，あつく三宝《さんぼう》を敬え。三宝とは仏《ぶつ》《ほとけ》・法《ほう》《のり》・僧《そう》《ほうし》なり。
三に曰く，詔《みことのり》をうけたまわりては必ずつつしめ。

ウ

一　許可を得ないで，他国におくり物や手紙を送ることを禁止する。
一　けんかをした者は，いかなる理由による者でも処罰《しょばつ》する。

エ

領地の質入れや売買は，御家人《ごけにん》の生活が苦しくなるもとなので，今後は禁止する。…御家人以外の武士や庶民《しょみん》が御家人から買った土地は，売買後の年数にかかわりなく，返さなければならない。

（注）　ア～エの資料はそれぞれ部分要約である。

(2)　カード２の豊臣秀吉について述べた文として最も適切なものを，次のア～エの中から１つ選んで，その記号を書きなさい。
ア　将軍足利義昭《あしかがよしあき》を京都から追放し，室町《むろまち》幕府を滅《ほろ》ぼした。
イ　安土城《あづちじょう》を築き，全国統一の拠点《きょてん》にした。
ウ　家臣の明智光秀《あけちみつひで》にそむかれ，本能寺《ほんのうじ》で自害した。
エ　明《みん》の征服《せいふく》をめざして，二度にわたって朝鮮に出兵した。

(3)　太郎さんと花子さんは，カード３の時代について調べました。
①　太郎さんと花子さんは，カード３の時代について調べる中で，資料１を見つけ，話し合いをしました。次の会話中の［あ］と［い］に当てはまる語の組み合わせとして最も適切なものを，次のページのア～エの中から１つ選んで，その記号を書きなさい。

太郎：資料１を見ると，16世紀末から19世紀の前半にかけて全国の米の生産量が増えていることがわかるね。
花子：米の生産量が増えたのは，江戸時代に，幕府や各藩《はん》が新田開発に力を入れたことや，［あ］などの新しい農具が使われ始めたことが関係していると思うよ。
太郎：そうだね。また，江戸時代には，農業以外の産業も発展したよ。
花子：鉱業では，採掘《さいくつ》や精錬《せいれん》の技術が進んだね。現在の［い］にある石見《いわみ》銀山は，江戸時代に開発が進んだ鉱山のうちの一つなんだって。

太郎：うん。そして，産業の発展は，各地の城下町などの成長を促《うなが》したんだ。次は，江戸時代の都市の発展についても調べてみよう。

資料１　全国の米の生産量の推移

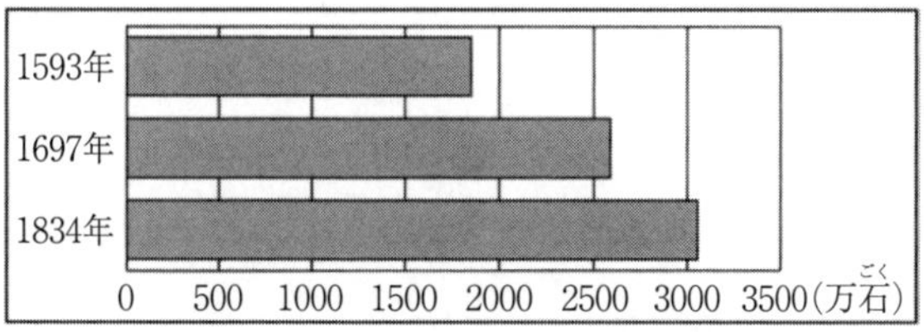

〔「大日本租税志」ほかより作成〕

ア　［あ　石包丁《いしぼうちょう》　い　島根県］　イ　［あ　石包丁　い　新潟県］
ウ　［あ　千歯《せんば》こき　い　島根県］　エ　［あ　千歯こき　い　新潟県］

② 太郎さんと花子さんは，江戸時代の都市の発展について調べ，次のような＜まとめ１＞を作成しました。＜まとめ１＞の［う］と［え］に当てはまる都市の名称を，それぞれ書きなさい。

> ＜まとめ１＞
> 江戸時代に特に大きく発展した，江戸，［う］，［え］の三つの都市を三都《さんと》という。［え］は，学問や文化の中心地であり，この都市では，西陣織《にしじんおり》などの高度な手工業が発達した。

(4) 太郎さんは，カード４の政策が行われた時代について興味をもち，調べていく中で，カード４の政策と同年に地租改正《ちそかいせい》が始まったことを知り，次のような＜ノート＞にまとめました。＜ノート＞の［お］と［か］に当てはまる語の組み合わせとして最も適切なものを，下のア〜エの中から１つ選んで，その記号を書きなさい。

> ＜ノート＞
> 地租改正では，地価を定めて資料２のような地券を発行し，地価の［お］を，土地の所有者が［か］で納めさせることにした。

資料２

ア　［お　３％　か　現金］　イ　［お　３％　か　米］
ウ　［お　５％　か　現金］　エ　［お　５％　か　米］

2　Ｂ班では，「近現代の日本と戦争」というテーマを設定し，20世紀の日本とかかわりのある戦争について調べたことをまとめて，カード５〜カード７を作成しました。(1)〜(3)の問いに答えなさい。

カード５	カード６	カード７
第一次世界大戦はヨーロッパを主な戦場とする戦争であり，日本は日英同盟を理由にドイツに宣戦布告し，連合国側として参戦した。	第二次世界大戦はドイツによるポーランド侵攻《しんこう》がきっかけで始まり，日本がポツダム宣言を受け入れたことにより終わった。	北朝鮮軍が韓国に攻《せ》め込んだことで，1950年に朝鮮戦争が始まり，アメリカが日本本土や沖縄にあるアメリカ軍基地を使用した。

(1) ① カード５について，1914年には，オーストリアの皇太子の夫妻が暗殺される事件が起こりました。第一次世界大戦のきっかけとなったこの事件が起こった都市として最も適切なものを，資料３のア〜エの中から１つ選んで，その記号を書きなさい。

資料3

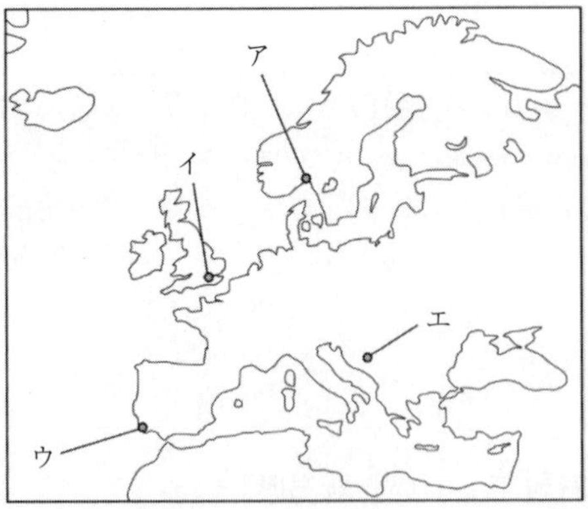

② カード5について話し合っている次の会話文中の[き]に共通して当てはまる語を**漢字4字**で書きなさい。

太郎：第一次世界大戦は，1918年に連合国側の勝利で終わり，翌年，講和会議が開かれたよね。
花子：講和会議で結ばれたベルサイユ条約によって，ドイツに多額の賠償《ばいしょう》金が課されたよ。
太郎：うん。そして，この講和会議でのアメリカ大統領ウィルソンの提案によって，1920年に，世界平和を目的とする[き]という機関が設立されたね。
花子：[き]はジュネーブ(スイス)に本部を置き，イギリス・フランス・イタリア・日本が常任理事国になったんだよね。

(2) カード6の戦争が始まる前に起こったできごととして最も適切なものを，次のア〜エの中から1つ選んで，その記号を書きなさい。

ア 日本がドイツ，イタリアと日独伊三国同盟を結んだ。
イ 犬養毅《いぬかいつよし》首相が海軍の青年将校らに暗殺された。
ウ 日本軍がミッドウェー海戦で敗れた。
エ 日本はソ連と日ソ中立条約を結んだ。

資料4 工業生産指数の変化

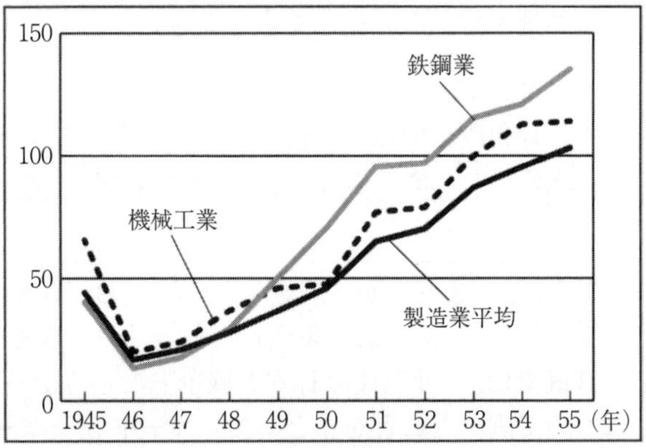

(注) 1940年を100としたときの指数である。
〔「数字でみる日本の100年 改訂第2版」より作成〕

(3) 太郎さんは，カード7について調べていく中で，資料4を見つけ，次のような<まとめ2>を作成しました。<まとめ2>の[く]に当てはまる内容を，「軍需物資」の語を用いて書きなさい。

<まとめ2>
資料4から，朝鮮戦争が起こった1950年代前半には，工業生産指数が1940年の水準に回復していることがわかる。このように，1950年代前半に工業生産が増え，経済が好況《こうきょう》になったのは，[く]ためである。

3　社会科の授業で,「現代の日本の政治と経済」という課題でテーマを設定し，学習しました。次の1～3に答えなさい。

1　雪子さんは,「国の政治と地方の政治」というテーマを設定し，資料1～資料3を作成しました。(1)～(3)の問いに答えなさい。

資料1　内閣と国会の関係

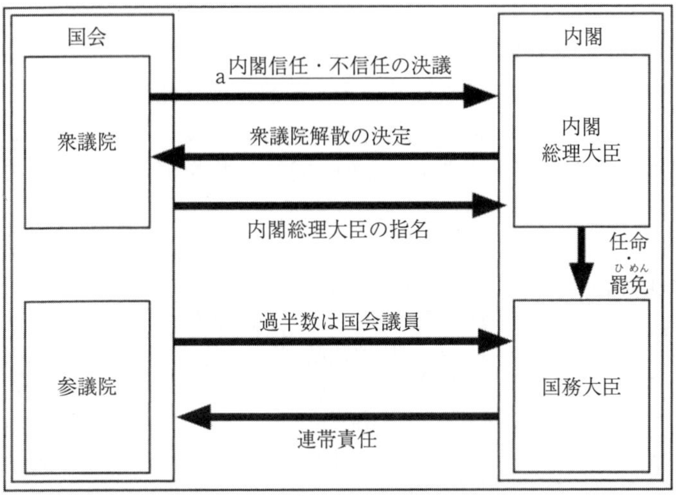

資料2　内閣について

国会が定めた法律などにもとづいて実際に国の仕事を行うことを b 行政といい，内閣は行政の仕事全体の指揮・監督を行っている。

資料3　地方の政治

地方の政治は，都道府県や市区町村などの c 地方公共団体(地方自治体)が行っている。国に国会があるように，地方公共団体には地方議会がある。

(1)　資料1の下線部aについて，太郎さんは，衆議院で内閣不信任の決議が可決された後の流れについて調べ，右のような＜ノート1＞にまとめました。＜ノート1＞の［あ］に当てはまる語を，**漢字3字**で書きなさい。また，［い］に当てはまる語として最も適切なものを，次のア～エの中から1つ選んで，その記号を書きなさい。

＜ノート1＞
衆議院で内閣不信任案が可決された場合，内閣は［あ］するか，［い］以内に衆議院の解散を行わなければならない。

ア　10日　　イ　20日　　ウ　30日　　エ　40日

(2)　太郎さんは，資料2の下線部bについて調べ，＜まとめ1＞を作成しました。＜まとめ1＞の［う］と［え］に当てはまる語の組み合わせとして最も適切なものを，下のア～エの中から1つ選んで，その記号を書きなさい。

＜まとめ1＞
日本では，無駄《むだ》がない効率的な行政を目指す行政改革が進められてきた。その一環《いっかん》として，政府関係の組織や団体の［う］や，経済活動への規制の［え］が行われてきた。

ア　[う　国営化　え　緩和《かんわ》]　　イ　[う　国営化　え　強化]
ウ　[う　民営化　え　緩和]　　エ　[う　民営化　え　強化]

(3)　資料3の下線部cについて，地方公共団体が，地域の自治のために国の法律の範囲《はんい》内でつくり，その地方公共団体にだけ適用される独自の法を何というか，書きなさい。

2　洋子さんは,「選挙のしくみ」というテーマを設定し，次のような＜まとめ2＞を作成しました。(1)～(3)の問いに答えなさい。

＜まとめ2＞
日本では，18歳以上のすべての国民に選挙権があたえられている。このように，一定の年齢に達した国民すべてに選挙権をあたえる選挙の原則を［お］選挙という。

現在の日本の衆議院議員の選挙は，一つの選挙区から一人を選出する小選挙区制と，得票に応じてそれぞれの d 政党に議席を配分する比例代表制を合わせた小選挙区比例代表並立《へいりつ》制とよばれるしくみがとられている。参議院議員の選挙は，e 一つまたは二つの都道府県の単位で行われる選挙区制(選挙区選挙)と，全国を一つの単位とした比例代表制(比例代表選挙)とに分かれている。

(1)　＜まとめ２＞の［お］に当てはまる語を，**漢字２字**で書きなさい。

(2)　＜まとめ２＞の下線部dについて，内閣をつくって政権を担当する政党を与党，それ以外の政党を野党といいますが，一つの政党だけでは国会の議席の過半数に達しない場合には，内閣がいくつかの政党でつくられ，政権を担当することがあります。このような政権を何というか，書きなさい。

(3)　＜まとめ２＞の下線部eについて，洋子さんは，参議院の選挙区制の選挙に，二つの都道府県を一つの単位とする「合区《ごうく》」のしくみが取り入れられていることを知り，その理由について調べ，次のような＜ノート２＞にまとめました。＜ノート２＞の［か］に当てはまる内容を，資料４をもとに，「有権者数」の語を用いて書きなさい。なお，資料４は，第26回参議院議員通常選挙における当選者数と有権者数を表したものです。

資料４　「合区」となる鳥取県・島根県，徳島県・高知県と，青森県，沖縄県の当選者数と有権者数(2022年)

		当選者数(人)	有権者数(人)
合区	鳥取県	1	463109
	島根県		556662
合区	徳島県	1	619194
	高知県		594129
青森県		1	1073060
沖縄県		1	1177144

〔総務省資料より作成〕

＜ノート２＞
参議院の選挙区制の選挙に，「合区」のしくみが取り入れられているのは，合区とそうではない県との［　か　］ことにより，一票の格差を縮小するためである。

3　太郎さんと花子さんは，「企業と経済」というテーマを設定し，話し合いをしました。(1)，(2)の問いに答えなさい。

太郎：日本にはいろいろな f 企業があるよね。企業のうち，国や地方公共団体が運営しているのが公企業，個人や民間団体によってつくられているのが私企業だよ。
花子：私企業は利益(利潤)を得ることを目的としているね。
太郎：企業の売り上げから，賃金や原材料費などの費用を引いた残りが，その企業の利益となると習ったよね。
花子：うん。最近は原材料費が上がっているから企業も大変だろうね。
太郎：企業だけでなく，g 働いている人も大変なんだって。ニュースで，物価は上がるけれど給料は上がらないと報道していたよ。

(1)　下線部fについて，太郎さんは，企業は資本金などの規模に応じて，大企業と中小企業に分けられることを知りました。

①　資料５のア～ウのグラフは，日本の製造業における，企業数，従業者総数，売上高に占める大企業と中小企業の割合を表したものです。企業数と従業者総数に当てはまるグラフを，資料５のア～ウの中から**１つずつ**選んで，その記号を書きなさい。

資料５　日本の製造業における，企業数，従業者総数，売上高に占める
大企業と中小企業の割合（2016年）

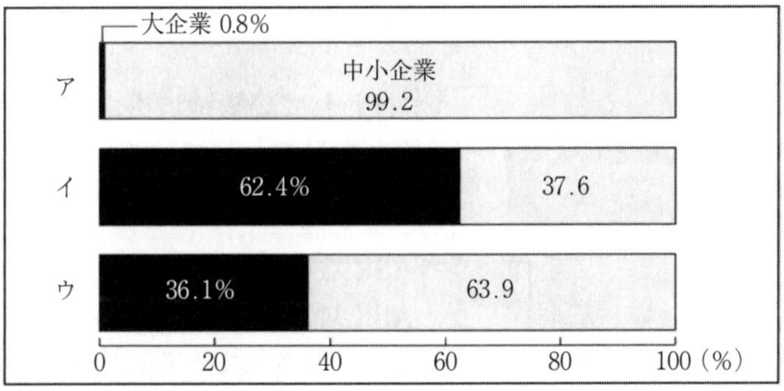

（注）　売上高は2015年の数値である。

〔「中小企業白書 2019年版」より作成〕

②　近年，中小企業の中には，情報通信技術（ICT）の分野などで新たに起業し，独自の先進技術を活用して事業を展開する企業が増えています。このような企業を何というか，**カタカナ**で書きなさい。

(2)　下線部ｇに関連して，日本における労働者の権利や雇用《こよう》について述べた次のア～エのうち，正しいものには○を，誤っているものには×を書きなさい。

ア　労働基本権（労働三権）のうちの一つの団結権は，ストライキを行う権利である。

イ　労働基準法は，賃金や労働時間などの労働条件の最低基準を定めた法律である。

ウ　日本国憲法は，平等権として，勤労の権利を保障している。

エ　終身雇用とは，定年になるまで同じ企業に勤め続けることである。

4　次の１，２に答えなさい。

１　次の会話は，太郎さんと花子さんが，「日本と仏教とのかかわり」について話し合ったものです。これを読んで，(1)～(4)の問いに答えなさい。

太郎：日本に ａ<u>仏教</u>が伝えられたのは，６世紀だといわれているよ。
花子：仏教は，紀元前５世紀ごろのインドに生まれた［　あ　］が開いた教えで，インドから中国や日本，東南アジアなどに伝えられたね。
太郎：東南アジアの ｂ<u>タイ</u>では，人口の８割以上が仏教を信仰《しんこう》していて，仏教徒の男性は，若いうちに一度は出家《しゅっけ》することが慣習となっているんだって。
花子：日本は ｃ<u>信教の自由</u>が保障されており，色々な宗教を信仰している人がいるけれど，お盆《ぼん》やお彼岸《ひがん》など，仏教が由来の年中行事も行われているよね。

(1)　下線部ａについて，太郎さんは，仏教にかかわるできごとについて調べました。次のア～エを年代の古い順に左から並べて，その記号を書きなさい。

ア　阿弥陀如来《あみだにょらい》（阿弥陀仏《あみだぶつ》）にすがり，死後に極楽浄土《ごくらくじょうど》へ生まれ変わることを願う浄土信仰《じょうどしんこう》（浄土の教え）が起こった。

イ　鑑真《がんじん》が，何度も遭難《そうなん》し，失明《しつめい》しながらも来日し，日本に正しい仏教の教えを伝えた。

ウ　加賀《かが》で浄土真宗《じょうどしんしゅう》（一向宗《いっこうしゅう》）の信者たちが守護大名をたおし，100年近く自治を行った。

エ　栄西《ようさい》《えいさい》や道元《どうげん》が，座禅《ざぜん》によって悟《さと》りを開く禅宗《ぜんしゅう》を中国から伝えた。

(2)　会話文中の［あ］に当てはまる人物名を書きなさい。

(3)　下線部ｂについて，太郎さんの話を聞き，花子さんはタイに興味をもち，＜まとめ１＞を作成

しました。＜まとめ１＞の[い]と[う]に当てはまる語の組み合わせとして最も適切なものを，下のア～エの中から１つ選んで，その記号を書きなさい。

＜まとめ１＞
タイには，年に２回同じ土地で米をつくる[い]が行われている地域もある。また，1967年には，東南アジアの経済の発展などのための相互協力を目的として，インドネシアやマレーシアなどと[う]を結成した。

ア　[い　二毛作　う　OPEC]　　イ　[い　二毛作　う　ASEAN]
ウ　[い　二期作　う　OPEC]　　エ　[い　二期作　う　ASEAN]

(4)　下線部ｃについて，太郎さんは，信教の自由が日本国憲法で保障されている自由権の一つであることを知りました。次のア～オのうち，**精神(精神活動)の自由**と**経済活動の自由**に当てはまるものを，それぞれ**１つずつ**選んで，その記号を書きなさい。

ア　自己決定権　　　　　　　イ　奴隷的拘束《どれいてきこうそく》・苦役《くえき》からの自由
ウ　プライバシーの権利　　　エ　財産権の不可侵《ふかしん》(財産権の保障)
オ　集会・結社・表現の自由

2　次の会話は，次郎さんと良子さんが，「日本とキリスト教とのかかわり」について話し合ったものです。これを読んで，(1)～(3)の問いに答えなさい。

次郎：16世紀には，日本にキリスト教が伝えられたね。ｄ鹿児島にｅイエズス会の宣教師フランシスコ・ザビエルが来て布教活動を行ったんだ。
良子：江戸時代には，キリスト教の信仰が幕府の支配の妨《さまた》げになるとして禁止されたね。
次郎：うん。キリスト教の信仰が認められるようになったのは，ｆ明治時代になってからだよね。

(1)　下線部ｄについて，良子さんたちは，鹿児島県が属する九州地方について調べ，資料１と資料２から＜まとめ２＞を作成しました。資料１と＜まとめ２＞の[え]に共通して当てはまる語を，**カタカナ**で書きなさい。また，[お]と[か]に当てはまる語の組み合わせとして最も適切なものを，次のページのア～エの中から１つ選んで，その記号を書きなさい。

資料１

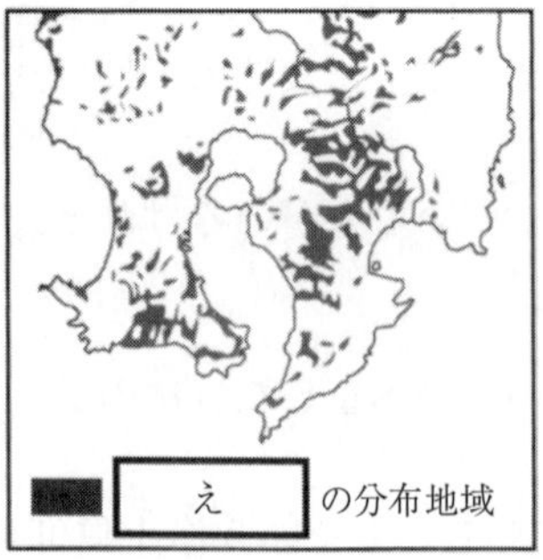

資料２　九州地方に属する４県の農業産出額に占める割合(2020年)

(単位：%)

県名	米	野菜	畜産	その他
福岡県	17.4	35.8	19.4	27.4
佐賀県	18.6	28.1	28.1	25.2
宮崎県	5.2	20.3	64.4	10.1
鹿児島県	4.4	11.8	65.4	18.4

〔「データでみる県勢 2023年版」より作成〕

＜まとめ２＞
九州地方は火山が多く，南部には，[え]とよばれる古い火山の噴出物《ふんしゅつぶつ》が積もってできた台地([え]台地)が広がっている。[え]台地は水を[お]ため，九州地方の南部の県では[か]がさかんであることが，資料２からわかる。

ア　[お　たくわえやすい(通しにくい)　か　畜産]
イ　[お　たくわえやすい(通しにくい)　か　稲作《いなさく》]
ウ　[お　たくわえにくい(通しやすい)　か　畜産]
エ　[お　たくわえにくい(通しやすい)　か　稲作]

(2)　下線部eについて，イエズス会の宣教師は，アジアやアメリカ大陸で活発に布教活動を行いました。その理由を，「宗教改革」，「カトリック」の語を用いて書きなさい。

(3)　下線部fについて，次郎さんは明治時代には大日本帝国《ていこく》憲法が発布《はっぷ》されたことを知りました。

①　大日本帝国憲法が発布された時期として最も適切なものを，資料3のア～エの中から1つ選んで，その記号を書きなさい。

②　資料4は，大日本帝国憲法下の国家のしくみを示したものです。資料4の[き]に当てはまる議院の名称を書きなさい。

資料4　大日本帝国憲法下の国家のしくみ

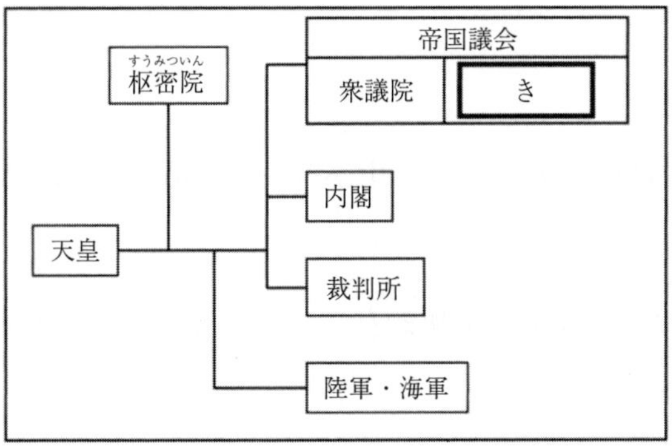

資料3　明治時代のできごと

西暦	できごと
1868年	五箇《か》条の御誓文《ごせいもん》が出される
	ア
1876年	日朝修好条規《にっちょうしゅうこうじょうき》が結ばれる
	イ
1895年	下関《しものせき》条約が結ばれる
	ウ
1905年	ポーツマス条約が結ばれる
	エ
1911年	関税自主権を回復する

【理　科】 (50分) 〈満点：100点〉

1　次の(1)～(8)の問いに答えなさい。

(1) 電熱線に加える電圧を変えたときの電流の大きさを調べた。図は，電熱線Xの両端に加えた電圧と電熱線Xに流れた電流との関係をまとめたグラフである。電熱線Xの抵抗は何Ωか。また，電熱線Xの両端に加えた電圧が3.0Vのとき，電熱線Xの電力は何Wであったか。これらの組み合わせとして，最も適切なものを，次のア～カの中から1つ選んで，その記号を書きなさい。

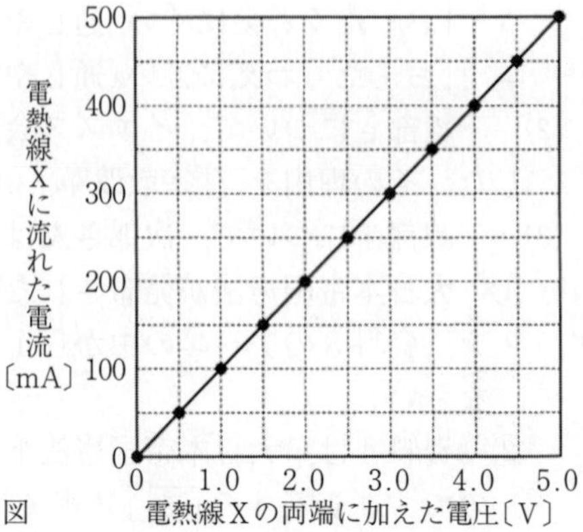

図

	電熱線Xの抵抗	電熱線Xの電力
ア	5Ω	0.9W
イ	5Ω	9W
ウ	10Ω	0.9W
エ	10Ω	9W
オ	20Ω	0.9W
カ	20Ω	9W

(2) 酸素が発生する操作として，最も適切なものを，次のア～エの中から1つ選んで，その記号を書きなさい。

ア　うすい塩酸に石灰石を加える。
イ　うすい過酸化水素水(オキシドール)に二酸化マンガンを加える。
ウ　うすい塩酸に電流を流す。
エ　うすい塩化銅水溶液に電流を流す。

(3) 次の文中の［あ］，［い］に当てはまる語の組み合わせとして，最も適切なものを，下のア～エの中から1つ選んで，その記号を書きなさい。

> 生殖細胞がつくられるときに行われる，特別な細胞分裂を［あ］という。この細胞分裂によってつくられた生殖細胞の染色体の数は，元の細胞の［い］になる。

	あ	い
ア	体細胞分裂	2倍
イ	体細胞分裂	半分
ウ	減数分裂	2倍
エ	減数分裂	半分

(4) 次の文章は，地震についてまとめたものであるが，文中の下線部a～cには，誤って記述されたものが含まれている。誤って記述された内容と，その内容を正しい内容となるように直したものの組み合わせとして，最も適切なものを，次のページのア～カの中から1つ選んで，その記号を書きなさい。

> ・日本において，$_{a}$震度は10段階に分けられている。
> ・岩盤の破壊が始まった点を震源といい，$_{b}$震源の真上の地表の点を震央という。
> ・地震による地面の揺れのうち，始めの小さな揺れは$_{c}$P波による揺れで主要動という。

	誤って記述された内容	正しい内容に直したもの
ア	下線部 a	震度は７段階に分けられている
イ	下線部 a	震度は８段階に分けられている
ウ	下線部 b	震源の真上の地表の点を活断層という
エ	下線部 b	震源の真上の海底の点を海溝という
オ	下線部 c	Ｐ波による揺れで初期微動という
カ	下線部 c	Ｓ波による揺れで主要動という

(5)　一般的な健康診断の聴力検査では，4000Hz の音と1000Hz の音を聞いている。これらの音について述べた文として，最も適切なものを，次のア～エの中から１つ選んで，その記号を書きなさい。ただし，振幅は等しいものとする。

ア　4000Hz の音は，1000Hz の音に比べて，音の高さが高い。

イ　4000Hz の音は，1000Hz の音に比べて，音の高さが低い。

ウ　4000Hz の音は，1000Hz の音に比べて，音の大きさが大きい。

エ　4000Hz の音は，1000Hz の音に比べて，音の大きさが小さい。

(6)　太郎さんは，いくつかの純粋な物質(純物質)を，図のグループＡ～Ｄに分類することにした。例えば，図のグループＡには窒素などが分類され，グループＢには塩化水素などが分類される。また，グループＣには銀やマグネシウムなどが分類され，グループＤには酸化銀や酸化銅などが分類される。図のグループＡ，Ｄに分類される純粋な物質(純物質)の組み合わせとして，最も適切なものを，次のア～エの中から１つ選んで，その記号を書きなさい。

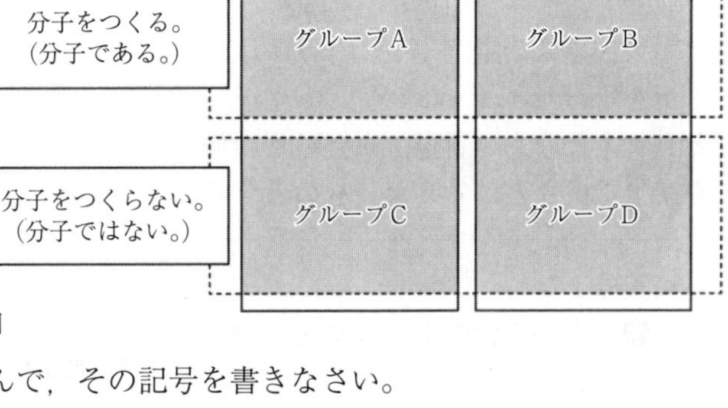

図

	グループＡに分類される純粋な物質(純物質)	グループＤに分類される純粋な物質(純物質)
ア	酸素	水
イ	酸素	塩化ナトリウム
ウ	二酸化炭素	水
エ	二酸化炭素	塩化ナトリウム

(7)　光合成により，葉でつくられたデンプンは，どのようにして植物の他の器官へと運ばれるか。最も適切なものを，次のア～エの中から１つ選んで，その記号を書きなさい。

ア　水に溶けにくい物質に変化し，道管を通って運ばれる。

イ　水に溶けにくい物質に変化し，師管を通って運ばれる。

ウ　水に溶けやすい物質に変化し，道管を通って運ばれる。

エ　水に溶けやすい物質に変化し，師管を通って運ばれる。

(8)　茨城県内のある地点において，午後９時に南の空を肉眼で観察したところ，図のように，明るく光る星Ｘが見られた。この日の午後11時のときの星Ｘの位置を示した図として，最も適切なものを，次のア～エの中から１つ選んで，その記号を書きなさい。ただし，選

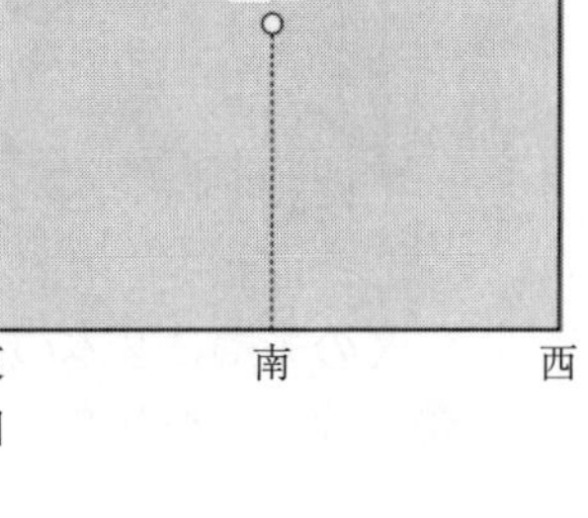

図

択肢中の図には，午後９時のときの星Ｘの位置を示している。

ア

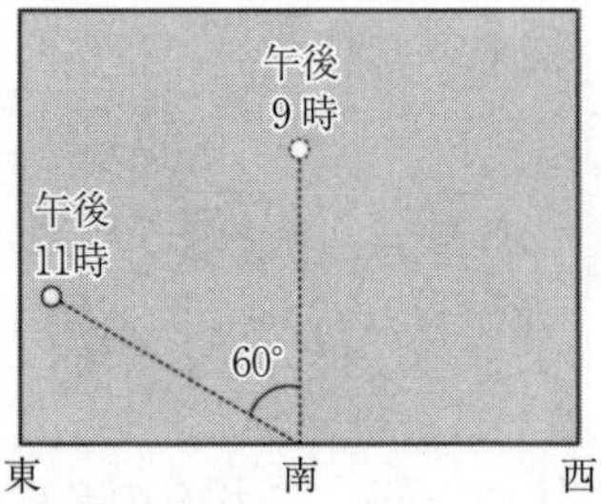

イ

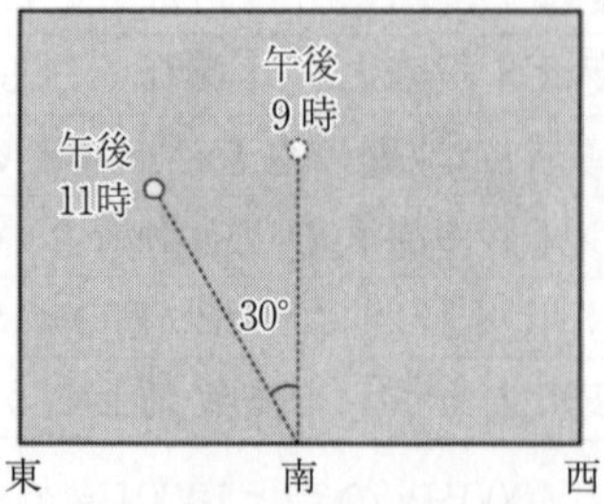

ウ

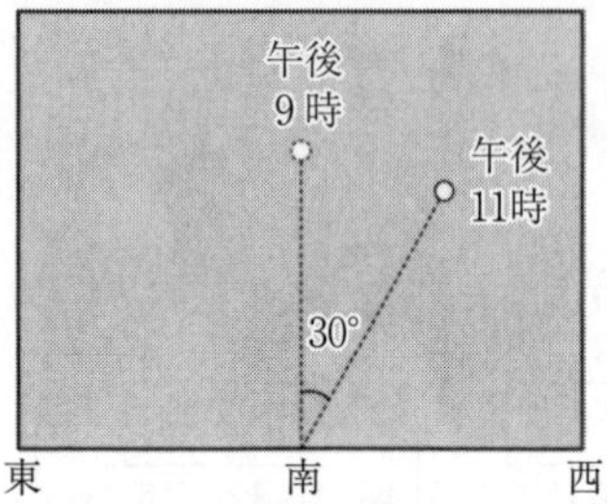

エ

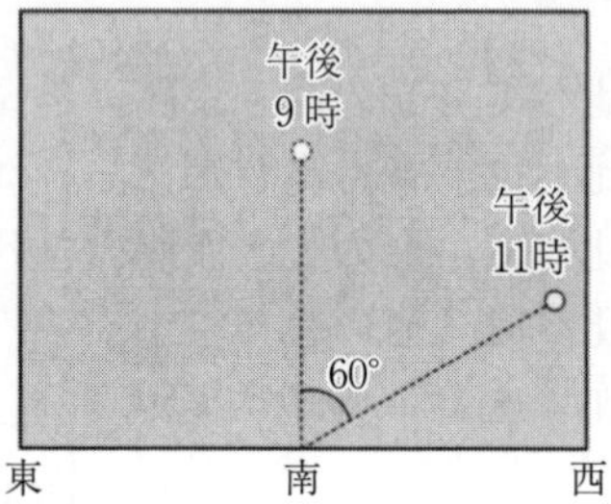

2　太郎さんと花子さんは，力のはたらきなどについて調べるために，次の≪実験１≫，≪実験２≫を行った。(1)～(3)の問いに答えなさい。ただし，100 g の物体にはたらく重力の大きさは１N とし，糸とひもの質量，糸とひもの伸縮やたるみは考えないものとする。また，物体どうしの摩擦や空気抵抗などは考えないものとする。

≪実験１≫

❶　水平な台の上にばねＸを置き，ばねＸの一方の端を，台に打ちつけた釘にかけて固定した。また，ばねＸのもう一方の端には糸を取り付け，図１のように，ばねばかりとつないだ。

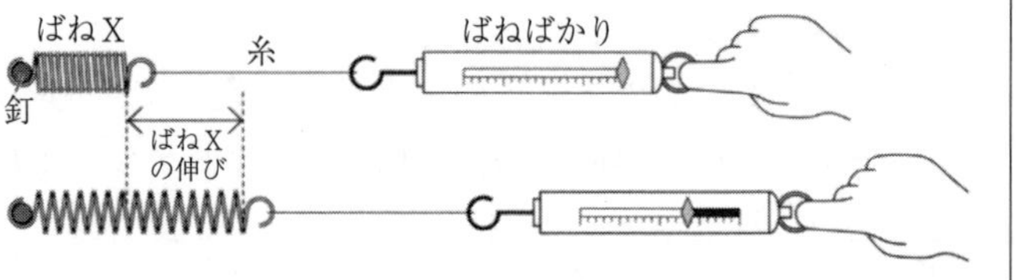

図１

❷　ばねばかりをゆっくりと引いていき，ばねばかりが示した値とばねＸの伸びとの関係を調べた。図２は，このときのばねばかりが示した値とばねＸの伸びとの関係をまとめたグラフである。

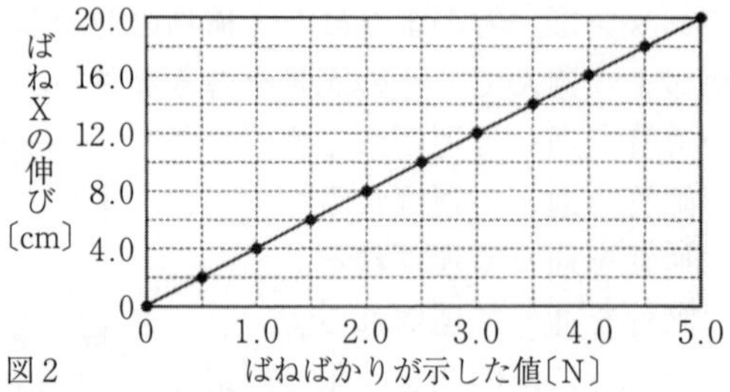

図２

≪実験２≫

❶　≪実験１≫で水平な台の上に設置したばねＸの先端に２本の糸を取り付け，それぞればねばかりとつないだ。

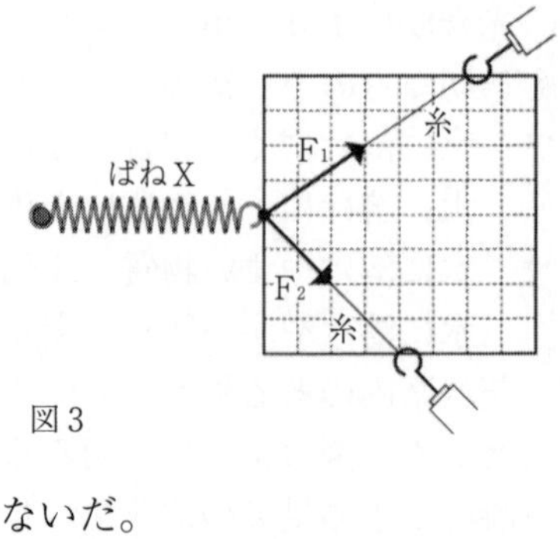

図３

❷　ばねばかりを２方向に引き，ばねＸの先端の位置に合わせて方眼紙を置いた。図３は，

このときのようすの一部を模式的に表したもので，ばねXを引く一方の力をF_1，もう一方の力をF_2として，それぞれの力を矢印で示している。

(1) ≪実験１≫について，次の①，②の問いに答えなさい。

① 図１のように，ばねXが伸びているとき，ばねXが糸を引く力とばねばかりが糸を引く力はつり合っている。１つの物体にはたらく２力のつり合いの条件には，「２力の大きさが等しい」の他にどのような条件があるか。「つり合いの関係にある２力は，」という書き出しに続けて，残り２つの条件を明らかにしながら説明しなさい。

② 図２のグラフにおいて，ばねXの伸びが12.8cmのとき，ばねばかりが示した値は何Nであったか，求めなさい。

(2) 図３において，F_1の力とF_2の力の合力をF_3とする。F_3の力を表す矢印を，解答用紙の図にかきなさい。

(3) ≪実験２≫のあと，太郎さんと花子さんは，２つの力の角度を変えたときの物体を引く力の大きさについて調べるために，次の≪実験３≫を行った。下の①，②の問いに答えなさい。

≪実験３≫

❶ 10kgの荷物に２本のひもを取り付けた。

❷ 取り付けた一方のひもを太郎さんが持ち，もう一方のひもを花子さんが持った。このとき，２人が持つひもの角度は等しかった。

❸ 図４のように，ひもの角度が変わらないように，10kgの荷物を元の基準とする位置から30cmの高さまでゆっくりと持ち上げた。ただし，２人が荷物を持ち上げたときの速さはそれぞれ等しく，一定であったものとする。

❹ 図４の状態から，荷物の位置が変わらないように，ひもの角度をそれぞれ同じ分だけ変えて，荷物が静止するまで待った。

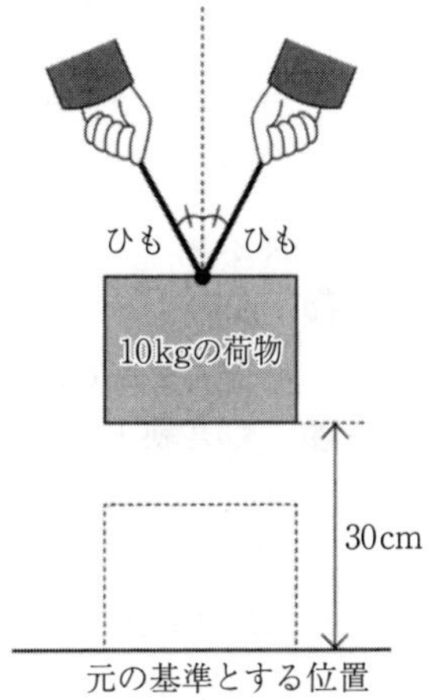

図４

① ❸の操作では，手で直接持った10kgの荷物を元の基準とする位置から30cmの高さまで持ち上げたと見なすことができる。この，手で直接持った荷物を真上に持ち上げたときの仕事率が６Wであった場合，荷物を真上に持ち上げた速さは何cm/sであったか，最も適切なものを，次のア～エの中から１つ選んで，その記号を書きなさい。

ア 3.0cm/s　イ 4.0cm/s　ウ 5.0cm/s　エ 6.0cm/s

② ❹の操作の下線部において，図４のときよりもひもの角度を大きくした場合，太郎さんと花子さんがそれぞれひもを引く力の大きさはどうなったか。また，太郎さんと花子さんがそれぞれひもを引く力の合力の大きさはどうなったか。最も適切なものを，次のア～ウの中からそれぞれ１つずつ選んで，その記号を書きなさい。ただし，同じ記号を何回選んでもよいものとする。

ア 図４のときと変わらなかった。

イ 図４のときよりも大きくなった。

ウ 図４のときよりも小さくなった。

3　太郎さんは，いろいろな水溶液の性質について調べるために，次の≪実験１≫，≪実験２≫を行った。(1)～(5)の問いに答えなさい。ただし，溶質が気体となって発生することはないものとし，空気中の気体の影響はないものとする。

≪実験１≫

❶　うすい硫酸，うすい塩酸，うすい水酸化バリウム水溶液，うすい水酸化ナトリウム水溶液をそれぞれ別々のビーカーに入れて用意した。

❷　水溶液を試験管や蒸発皿にとり，いくつかの指示薬を用いて，それぞれの水溶液の性質を調べた。表１は，調べた結果をまとめたものである。

表１

	うすい硫酸	うすい塩酸	うすい水酸化バリウム水溶液	うすい水酸化ナトリウム水溶液
緑色のBTB液を加えたときの色の変化	黄色に変化した。		あ	
無色の指示薬Xを加えたときの色の変化	変化しなかった。		赤色に変化した。	
青色リトマス紙の色の変化	赤色に変化した。		変化しなかった。	
赤色リトマス紙の色の変化	変化しなかった。		青色に変化した。	

≪実験２≫

❶　図のように，ビーカーA～Eを用意し，うすい硫酸を40cm^{3}ずつ入れた。

❷　≪実験１≫で用いたうすい水酸化バリウム水溶液を，ビーカーAには10cm^3，ビーカーBには20cm^3，ビーカーCには30cm^3，ビーカーDには40cm^3，ビーカーEには50cm^{3}ずつ入れた。その結果，それぞれのビーカー内の水溶液中には白い沈殿が生じた。

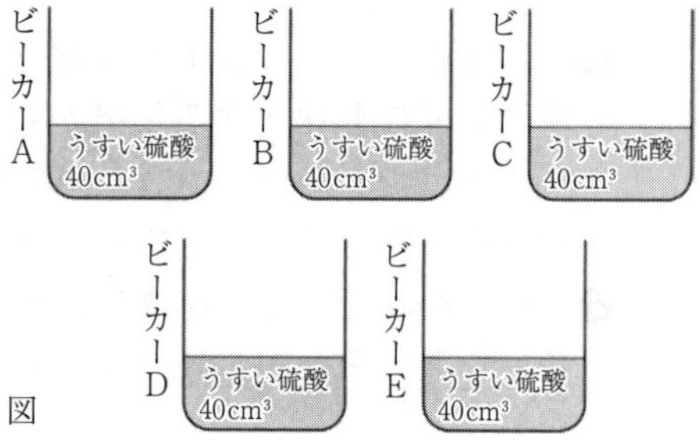

図

❸　沈殿が生じているビーカーA～Eの水溶液をろ過し，沈殿した物質とろ液にそれぞれ分けた。ただし，ろ紙には沈殿の物質のみが残ったものとする。

❹　ろ紙を乾燥させて，沈殿した物質の質量を測定した。また，それぞれのろ液に緑色のBTB液を加えて，水溶液の色の変化を調べた。表２は，調べた結果をまとめたものである。

表２

	ビーカーA	ビーカーB	ビーカーC	ビーカーD	ビーカーE
加えたうすい硫酸の体積〔cm^3〕	40	40	40	40	40
加えたうすい水酸化バリウム水溶液の体積〔cm^3〕	10	20	30	40	50
沈殿した物質の質量〔g〕	0.20	0.40	0.60	0.70	0.70
緑色のBTB液を加えたときのろ液の色の変化	黄色に変化した。			あ	

(1)　≪実験１≫，≪実験２≫で用いた質量パーセント濃度がうすい水溶液は，いずれも質量パーセント濃度が濃い水溶液に水を加えてつくったものである。質量パーセント濃度が20％の塩酸100ｇに

水を加えて質量パーセント濃度が5%のうすい塩酸をつくるには，何gの水を加えればよいか，求めなさい。

(2) 表1，表2の [あ] に当てはまる内容として，最も適切なものを，次のア～エの中から1つ選んで，その記号を書きなさい。

ア　赤色に変化した。　　イ　青色に変化した。

ウ　無色に変化した。　　エ　変化しなかった。

(3) 表1において，無色の指示薬Xを加えたときの色の変化から，うすい水酸化バリウム水溶液とうすい水酸化ナトリウム水溶液は，どちらもアルカリ性の水溶液であることが分かった。このとき用いた指示薬Xを何というか，書きなさい。

(4) ≪実験2≫について，次の①，②の問いに答えなさい。

① 太郎さんは，≪実験2≫で起きたうすい硫酸とうすい水酸化バリウム水溶液との中和を，次のような化学反応式で表した。[い]，[う] に当てはまる化学式と係数を書きなさい。

$H_2SO_4 +$ [い] $\rightarrow BaSO_4 +$ [う]

② ≪実験2≫で用いたうすい硫酸40cm^{3}にうすい水酸化バリウム水溶液を加えて中性の水溶液にしたい。このとき加えるうすい水酸化バリウム水溶液の体積は何cm^{3}か，求めなさい。

(5) 太郎さんは，先生と次のように話し合っている。文中の [え] に当てはまる内容を書きなさい。

太郎：先生，中和が起こると塩《えん》ができると思います。≪実験2≫で生じた白い沈殿は，中和によって生じた塩《えん》でしょうか。

先生：そうですね。塩《えん》は，酸の陰イオンとアルカリの陽イオンが結びついてできる物質です。うすい塩酸とうすい水酸化ナトリウム水溶液との中和でも塩《えん》が生じます。

太郎：知っています。ですが，うすい塩酸とうすい水酸化ナトリウム水溶液との中和では，中和後の水溶液中に白い沈殿は生じません。塩《えん》の性質が異なるためですか。

先生：そのとおりです。うすい硫酸とうすい水酸化バリウム水溶液との中和で生じる塩《えん》は，うすい塩酸とうすい水酸化ナトリウム水溶液との中和で生じる塩《えん》に比べて，[え] という性質があります。そのため，うすい硫酸とうすい水酸化バリウム水溶液との中和で生じる塩《えん》は，白い沈殿となって生じるのです。

4　花子さんは，いろいろな脊椎《せきつい》動物の特徴について調べ，その結果を表1にまとめた。(1)～(6)の問いに答えなさい。

表1

脊椎動物の名称	アマガエル	アオダイショウ	シマウマ
分類	両生類	は虫類	哺乳《ほにゅう》類
生活場所	子のときは水中で生活するが，成長すると陸上でも生活できる。	陸上で生活する。	陸上で生活する。
呼吸方法	[あ]	肺で呼吸する。	肺で呼吸する。
子の生まれ方	卵生	卵生	[い]
体表のようす	うすい皮ふで，常に湿っている。乾燥に弱い。	[う]	毛でおおわれている。
1回に産む卵や子の数	500～1000	4～17	1

(1)　表1の[あ]に当てはまる内容として，最も適切なものを，次のア～エの中から1つ選んで，その記号を書きなさい。

ア　子のときはえら，皮ふ，肺で呼吸し，成長すると肺とえらで呼吸する。

イ　子のときはえら，皮ふ，肺で呼吸し，成長すると肺と皮ふで呼吸する。

ウ　子のときはえらと皮ふで呼吸し，成長すると肺とえらで呼吸する。

エ　子のときはえらと皮ふで呼吸し，成長すると肺と皮ふで呼吸する。

(2)　アマガエルとアオダイショウは，どちらも卵生であるが，卵のつくりにはちがいがある。アオダイショウの卵には，アマガエルの卵と比べて，どのようなちがいがあるか。アオダイショウが卵を産む場所についてふれながら説明しなさい。

(3)　表1の[い]に当てはまる語を漢字2字で書きなさい。

(4)　表1の[う]に当てはまる内容として，最も適切なものを，次のア～カの中から1つ選んで，その記号を書きなさい。

ア　うろこでおおわれており，乾燥に強い。

イ　うろこでおおわれており，乾燥に弱い。

ウ　羽毛でおおわれており，乾燥に強い。

エ　羽毛でおおわれており，乾燥に弱い。

オ　やわらかい毛でおおわれており，乾燥に強い。

カ　やわらかい毛でおおわれており，乾燥に弱い。

(5)　次の花子さんのノートの内容は，他の脊椎動物が1回に産む卵や子の数，脊椎動物の子の育ち方などについてまとめたものである。文中の[え]に当てはまる内容を書きなさい。

花子さんのノートの一部

≪1回に産む卵や子の数≫

表2

脊椎動物の名称	コイ	イワシ	イモリ	トカゲ	スズメ	フクロウ	サル
1回に産む卵や子の数	20万～60万	5万～8万	約50	6～12	2～4	2～3	1

≪子の育ち方≫

・通常，魚類や両生類では，親が世話をしなくても卵は育ち，子はかえる。卵からかえった魚類や両生類の子を親が世話をすることはほとんどなく，子は自分自身で食物をとって育つ。

・は虫類の卵は，親が世話をしなくてもかえるものが多く，親が子の世話をすることはほとんどない。鳥類では，親があたためることによって卵が育ち，子がかえる。卵からかえった鳥類の子は，しばらくの間，親から食物を与えられるものが多い。

・哺乳類では，産まれた子はしばらくの間，雌の親が出す乳で育てられる。

【考察】

・脊椎動物において，親が子の世話をする動物では，親が子の世話をしない動物と比べて，1回に産む卵や子の数が[え]傾向がある。

(6)　花子さんは，脊椎動物について調べている中で，脊椎動物の進化に関する内容を見つけた。花子さんは，この内容をもとに，脊椎動物の5つのなかまの化石について，化石が最初に出現した年代が古い順に左から並べた。このとき並べた5つの脊椎動物のなかまで，3番目と5番目にくるなかまの組み合わせとして，最も適切なものを，次のア～エの中から1つ選んで，その記号を書きなさい。ただし，1番目にくるのは魚類とする。

	3番目	5番目
ア	両生類	哺乳類
イ	両生類	鳥類
ウ	は虫類	哺乳類
エ	は虫類	鳥類

5 太郎さんは，海陸風について調べるために，次の≪実験1≫～≪実験3≫を行った。(1)～(4)の問いに答えなさい。

≪実験1≫

❶ プラスチック製の容器を2つ用意し，一方の容器には砂を入れ，もう一方の容器には水を入れた。なお，容器に入れた砂と水の質量，温度はそれぞれ等しかったものとする。

❷ 図1のように，砂と水それぞれに同じ明るさの白熱電球の光を当てた。

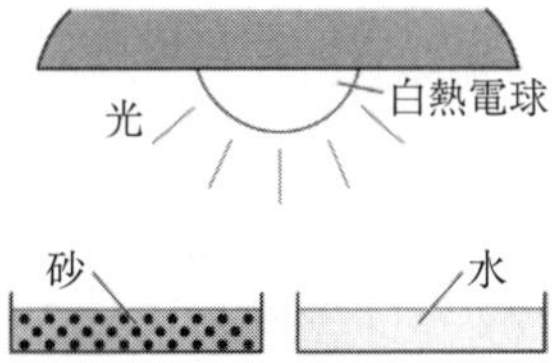

図1

❸ 光を当て始めてから，1分ごとに，砂と水の表面の温度を赤外線放射温度計で測定した。表1は，このときの測定結果をまとめたものである。

表1

経過時間〔分〕		0	1	2	3	4	5
温度〔℃〕	A	22.0	24.1	25.0	25.7	26.3	27.1
	B	22.0	28.2	30.3	33.2	35.1	36.8

≪実験2≫

❶ ≪実験1≫と同様にして，質量や温度が等しい砂と水を入れたプラスチック製の容器を2つ用意した。

❷ 砂と水の表面の温度が，どちらも40℃になるまであたためた。

❸ あたためた砂と水を室温で放置し，放置し始めてから，1分ごとに，砂と水の表面の温度を赤外線放射温度計で測定した。表2は，このときの測定結果をまとめたものである。

表2

経過時間〔分〕		0	1	2	3	4	5
温度〔℃〕	C	40.0	37.9	36.8	35.8	34.7	33.7
	D	40.0	38.6	37.5	36.4	35.5	34.8

≪実験3≫

❶ 水平な机の上に置いた水槽を仕切り板で2つに分け，それぞれX，Yとした。

❷ 図2のように，Xには十分に冷えた保冷剤を入れ，線香の煙を満たしたあとにふたをした。Yには，保冷剤と同じくらいの高さの水平な黒い台を入れてふたをした。

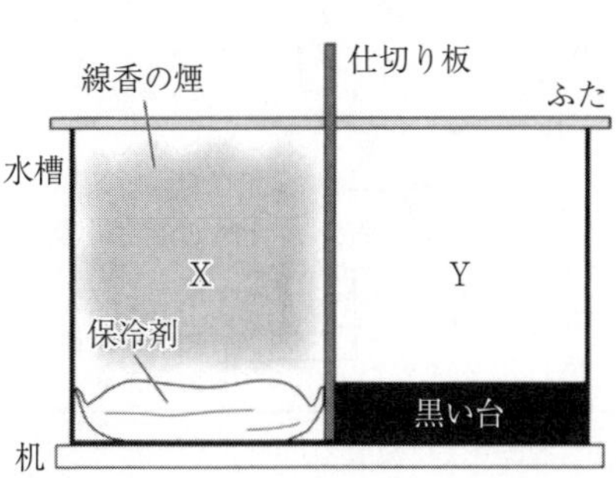

図2

❸ 仕切り板を静かに上に引き抜き，水槽の中のようすを観察した。

(1) 表1，表2において，A～Dにはそれぞれ砂か水のどちらかが当てはまる。A～Dに当てはまるものの組み合わせとして，最も適切なものを，次のア～エの中から1つ選んで，その記号を書きなさい。

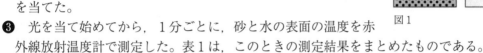

	A	B	C	D
ア	砂	水	砂	水
イ	砂	水	水	砂
ウ	水	砂	砂	水
エ	水	砂	水	砂

(2)　≪実験３≫の結果について述べた文として，最も適切なものを，次のア，イの中から１つ選んで，その記号を書きなさい。また，そのように判断した理由を，「寒気」，「暖気」という２つの語を用いて説明しなさい。

ア　Ｘの空気は水槽の上部でＹ側に移動し，Ｙの空気は水槽の下部でＸ側に移動した。

イ　Ｘの空気は水槽の下部でＹ側に移動し，Ｙの空気は水槽の上部でＸ側に移動した。

(3)　海陸風のうち，海から陸に向かってふく風を海風，陸から海に向かってふく風を陸風という。海陸風は，よく晴れた日にふき，陸上と海上の気温差が原因でふく。

次の文中の あ ， い に当てはまる語の組み合わせとして，最も適切なものを，下のア～エの中から１つ選んで，その記号を書きなさい。

> 図２のＸを陸上の空気，Ｙを海上の空気とした場合，仕切り板を引き抜いたあとの水槽の下部での空気の動きは，よく晴れた日の あ にふく い を表している。

	あ	い
ア	昼間	海風
イ	昼間	陸風
ウ	夜間	海風
エ	夜間	陸風

(4)　海陸風と季節風がふくしくみは似ており，日本列島にふく季節風は，夏と冬とで異なっている。夏の日本付近の季節風の風向と冬の日本付近の季節風の風向を，それぞれ漢字２字で書きなさい。

6　図１は，ヒトや自動車のエネルギーの利用について簡単に表したもので，太郎さんと花子さんは，図１を見ながら話し合っている。(1)～(3)の問いに答えなさい。

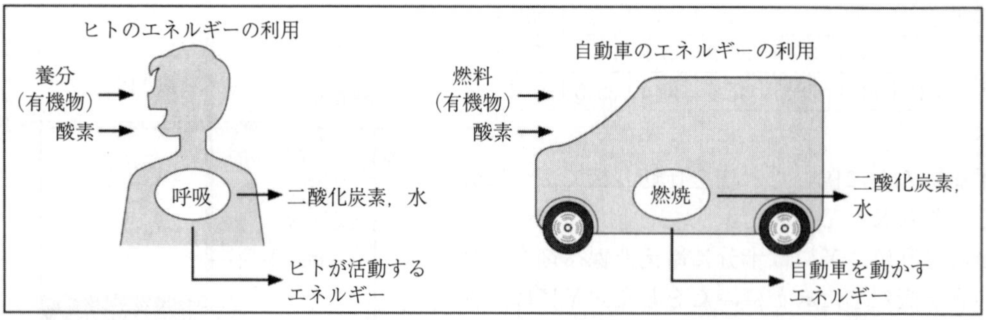

図１

太郎：ヒトは，呼吸によって，酸素と養分から活動するのに必要なエネルギーを得ているみたいだね。自動車の場合はどうかな。

花子：自動車は，空気中の酸素を使って燃料を燃焼させることによって，自動車のエンジンを動かすのに必要なエネルギーを得ているみたいだよ。

太郎：ヒトの「呼吸」と自動車における「燃焼」とで何か共通点はないかな。
花子：ありそうだね。「呼吸」と「燃焼」とでは，[　あ　]点で共通しているよ。
太郎：たしかに，その通りだね。

(1)　文中の[あ]に当てはまる内容として，最も適切なものを，次のア～エの中から１つ選んで，その記号を書きなさい。

ア　有機物と酸素をもとにして，エネルギーと有機物を得ている
イ　有機物と酸素をもとにして，エネルギーと無機物を得ている
ウ　空気中から取り込んだエネルギーを使って，有機物から無機物をつくっている
エ　空気中から取り込んだエネルギーを使って，無機物から有機物をつくっている

(2)　太郎さんと花子さんは，ヒトの肺に空気が出入りするしくみについて調べるために，図２のような肺の模型装置をつくった。図３は，ゴム膜を下に引いたときのペットボトル内の風船のようすを表したもので，膨らんでいることが分かる。これについて，次の①，②の問いに答えなさい。

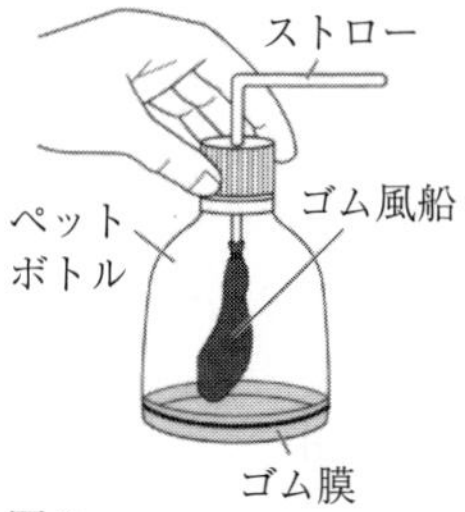

図２

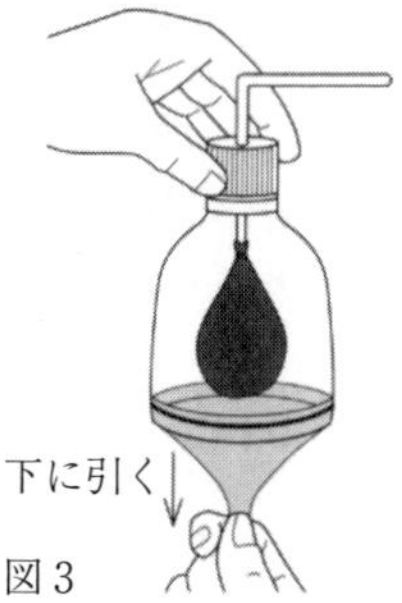

図３

①　図２，図３において，ゴム膜はヒトの体内の何というつくりに対応しているか，最も適切なものを，次のア～オの中から１つ選んで，その記号を書きなさい。

ア　横隔膜　　イ　鼓膜　　ウ　網膜　　エ　肺胞　　オ　気管支

②　図３のように，ゴム膜を引いたときにペットボトル内のゴム風船が膨らんだ理由について述べた次の文中の[い]，[う]に当てはまる語の組み合わせとして，最も適切なものを，下のア～カの中から１つ選んで，その記号を書きなさい。

ゴム膜を引いたとき，ペットボトル内の気圧はゴム膜を引く前に比べて[　い　]，ゴム風船内の気圧はゴム膜を引く前に比べて[　う　]。これらの気圧の差によって，図３のようにゴム風船が膨らんだ。

	い	う
ア	高くなり	低くなった
イ	高くなり	変化しなかった
ウ	低くなり	高くなった
エ	低くなり	変化しなかった
オ	変化せず	高くなった
カ	変化せず	低くなった

(3)　一般的な自動車の燃料がもつ化学エネルギーは，自動車を動かすエネルギーに移り変わる際に熱エネルギーや音エネルギーなどの利用しにくいエネルギーに移り変わっており，その分がエネルギーの損失となっている。

ある自動車Ｘが動いたとき，自動車Ｘを動かすために利用できたエネルギーは8000Ｊで，エネルギー変換効率は20%であった。このとき損失したと考えられるエネルギーは何Ｊか，求めなさい。なお，エネルギー変換効率とは，消費したエネルギーに対する，利用できるエネルギーの割合とする。

孔子がこう言った、「人が行うべきことを行い、鬼や神を敬いはするが適切な距離を置くことを、知というのだ」と。

(1) 【Ⅰ】の□に入る語句として最も適切なものを、次のア～エの中から一つ選んで、その記号を書きなさい。

ア 義を務め民の　　イ 義を民の務め

ウ 民の務め義を　　エ 民の義を務め

(2) 【Ⅰ】の――部の「神」のへんを行書で書いたものとして最も適切なものを、次のア～エの中から一つ選んで、その記号を書きなさい。

ア 　　イ 

ウ 　　エ 

(二) 次の(1)～(4)の――部について、漢字の部分の読みを平仮名で、片仮名の部分を漢字で書きなさい。(漢字は楷書で書くこと。)

(1) 大雨で川が氾濫する。

(2) 壊した物の修理代を償う。

(3) 薬がキいて頭痛が治まる。

(4) 人工エイセイを打ち上げる。

(三) 「緩急」という熟語の構成の説明として最も適切なものを、次のア～オの中から一つ選んで、その記号を書きなさい。

ア 二字が似た意味の漢字を重ねたもの。

イ 二字が対になる漢字を組み合わせたもの。

ウ 上の漢字が下の漢字を修飾しているもの。

エ 下の漢字が上の漢字の目的や対象を示すもの。

オ 主語と述語の関係にあるもの。

【Ⅳ】小島さんのグループの発表のスライド

ア

○ 漢字の「訓読み」と「音読み」

訓読み＝もとからあった［日本語の意味］
音読み＝新規導入された［中国語の発音］

文字を知っていても読めないことがある

イ

○ ことばを「記録」する利点

空間や時間に［ E ］されない広範な
コミュニケーションを可能にする
（知識の［ F ］や過去の把握も可能！）

「文字」は「知識や情報」の「乗り物」

ウ

○ 日本語の特徴

表記体系の複雑さ

構造の異なる中国語から漢字を借りた

エ

○ 文字を学ぼう！

文字に関する約束ごとを知る

↓

知識や情報を共有できる

オ

○ 文字とは何か？

特定の言語を書き表すために
開発された符号システム

音声としてのことばを「記録」できる

(六) 【Ⅳ】のスライドは、【Ⅲ】の話し合いをもとに作成したものである。**発表の順番になるように**、ア～オの記号を並べ替えて書きなさい。

(七) 【Ⅳ】の［E］と［F］に入る言葉を、【Ⅰ】と【Ⅱ】をもとに考え、それぞれ漢字二字で書きなさい。

四 次の(一)～(三)の問いに答えなさい。

(一) 次の【Ⅰ】～【Ⅲ】を読んで、後の(1)と(2)の問いに答えなさい。

【Ⅰ】書き下し文
子曰《いは》く、［　　　］、鬼神を敬して之《これ》を遠ざくるは、知と謂《い》ふべしと。

【Ⅱ】訓読文（訓読するための文）
子曰ク、務メ二民之《の》義ヲ一、敬シテ二鬼神ヲ一而遠ザクルハレ之ヲ、可ベシトレ謂フレ知ト矣。

【Ⅲ】現代語訳

※1　リアルタイムで＝同時進行的に。
※2　符号＝それぞれが特定の情報を持っている記号。
※3　伝播＝広い範囲に伝わること。

【Ⅲ】　グループでの話し合いの一部

小島　【Ⅰ】では、文字の利点と、日本語の表記体系が複雑になった経緯が説明されていたね。

田中　うん。【Ⅱ】では、文字の利点について、より詳しく説明されているよ。【Ⅰ】も【Ⅱ】も、「記録」が文字の利点のキーワードになっているけれど、【Ⅱ】では、それに加えて、記録を［　D　］ことが可能だという点についても書かれているね。

小島　【Ⅰ】と【Ⅱ】の内容をうまく組み合わせて、発表のスライドの構成を考えていこう。

石川　【Ⅰ】では、文字の利点が最初に述べられているよ。それを一番目のスライドにするのはどうかな。

竹内　私は、最初は日本語の特徴を示したスライドにしたほうが、聞いているみんながイメージしやすいのではないかと思うよ。

田中　最初のスライドを決める前に、発表を通じて何を伝えたいのかを決める必要があるね。僕は、日本語の表記体系は複雑だけれど、文字の利点を生かすために、文字をしっかりと学ぼうということを伝えたいな。そのことを最後にみんなに呼びかけるのはどうかな。

石川　なるほど。それなら、最初のスライドでは日本語の特徴を示し、それ以降のスライドで文字の利点を示すのがよさそうだね。

小島　その流れを前提として考えていこうよ。それでは、【Ⅱ】の内容については、どのように触れていこうかな。

竹内　【Ⅱ】は、文字の利点に関する印象的な表現が多いよね。それらの表現を、うまくスライドに取り入れていきたいな。

石川　僕は、文字とは何かを簡潔に説明した部分をスライドに引用したいな。僕たちにとって、文字は当たり前の存在なので、改めて文字とは何かを示すことは、とてもおもしろいと思うよ。

竹内　それはいいね。話題が日本語の話から文字の話に転換する部分でそのスライドを示すと、発表の流れをうまく作れそうだね。

田中　僕も今の意見に賛成だよ。あと、【Ⅰ】の話に戻るけれど、「日本語の表記体系の複雑さ」については、説明を補足したほうがよいと感じるよ。

小島　たしかにそうだね。【Ⅰ】に詳しく書かれてはいないけれど、分かりやすい補足を入れようか。

㈣　【Ⅲ】の［　D　］に入る言葉を、【Ⅱ】から八字で抜き出して書きなさい。

㈤　【Ⅲ】の――部の小島さんの発言は、話し合いの中でどのような役割を果たしているか。最も適切なものを、次のア～エの中から一つ選んで、その記号を書きなさい。

ア　相手の発言の根拠を確認する役割
イ　話し合いの話題を転換する役割
ウ　話し合いの目的を意識させる役割
エ　話し合いの内容を整理する役割

をたとえているか。その内容を、本文中の言葉を使って、三十五字以上、四十字以内で書きなさい。（句読点を含む。）
ただし、「話し言葉」「他国」「利用」という三つの言葉を用いて書くこと。

㈢ 【Ⅰ】の内容に合っているものとして最も適切なものを、次のア～エの中から一つ選んで、その記号を書きなさい。

ア　音声による伝達は、耳によって受け取られることだけを目的にしているため、語った内容がすぐに消えてしまうが、優れた記憶力の持ち主が語り手となることで、集団内における伝承を確実に伝え続けていくことができる。

イ　流れ続ける時間のなかのある瞬間をとらえて表現する絵と、時間的に展開する文字は、根本的に性質が異なるものであり、時間の流れに沿って展開する話し言葉を写し取っていく手段としては、文字よりも絵のほうがよい。

ウ　一定のシステムに従って体系的に創り上げられている韓国のハングルは、アルファベットのように音だけを表す表音文字であると同時に、漢字のように意味を表す表意文字でもあるため、創り出す作業は大変なものだった。

エ　日本人は、文化国家である中国からあらゆるものを取り入れており、自分たちの文化的な財産を子孫に残すための「文字」についても、中国で紀元前一五〇〇年頃から存在している漢字を、当然のこととして取り入れた。

【Ⅱ】

ことばというものは、もともとノドの声帯が空気をふるわせて発生した音声の連続ですから、口から発せられた次の瞬間にはもう消滅してしまい、テープレコーダーのような機械でも使わない限り、それを保存することはできません。また人間はどんなに大きな声を出しても、その声が届く範囲にはかならず限界があります。それはメガフォンやマイクロフォンを使っても、やはり同じことです。口から発せられることばだけでは、声が届かないほど遠いところにいる人になにかを伝えることができません。だから人類は、文字が発明されるまでの長い間、人と人とが直接に顔をあわせる場か、あるいは声が届く範囲内で、さらに発せられた音声を※1リアルタイムで聞ける場合にしか、おたがいのコミュニケーションがとれないという状況にありました。

ここに文字の大きな役割があります。文字とはある特定の言語を書き表すために開発された※2符号システムであり、これを使うことによって、口から発せられ、瞬間的に消えてしまう音声によることばを、「記録」という形で、目に見えるものに定着することができました。こうして記録されたことばは、その文字に関する約束ごとを知っている人ならば、記録された内容を読むことで、そこに書かれている情報や知識を共有することが可能です。

さらにありがたいことには、文字が記録された素材はほとんどの場合、それほどかさばることがありません。ビルの壁面や山の岩肌などに記された文章、あるいは大きな石碑というようなケースでもない限り、記録を遠いところへ運ぶことも困難ではありませんでした。

だからこそ文字は、人類の文明を※3伝播《でんぱ》させる乗り物として機能することとなったのです。世界の古代文明はほとんどの場合、独自の文字をもっており、それを使って大量の記録を残してきました。

文字は、同時代において空間を飛びこえることができる乗り物であるだけでなく、さらにはそれを時間軸にそって運行することも可能でした。記録された文字が伝承されれば知識を後世に伝えることができますし、逆に後世の歴史家たちは、古代の遺跡などから発見された文字を読むことによって、過去の時代の詳しい状況を知ることができます。文字こそは、人類の歴史におけるもっとも偉大な発明であったといってよいでしょう。

（阿辻哲次「漢字のはなし」による。）

るための伝承が途切れてしまうことです。なんとか、次の世代に自分たちが苦労して得た智恵《ちえ》や知識を確実に伝える術《すべ》は無いものか？　記録すること。記録にして残せば、後の時代の子孫たちも、それを見ればさまざまの智恵や知識を得ることが出来ます。記録するのに適切なものは、何でしょうか。

　絵。絵でも確かにある程度は伝えることが出来ます。［B］、描くのに時間がかかるし、誤解のないように伝えることは難しい。そもそも、絵というのは、流れ続ける時間のなかのある瞬間をとらえて表現するものです。それに対して、話し言葉は時間の流れに沿って展開するものです。最初から、性質が異なる媒体《ばいたい》なのです。時間的に展開する話し言葉は、やはり時間的に展開する「文字」に写し取っていくのが最も賢明な方法です。

　日本人も、「文字」に記して自分たちの文化的な財産を子孫に残そうと考えた。でも、「文字」と一口に言っても、どうしたらいいのでしょうか。そもそも「文字」がないのです。なにしろ、「話し言葉」だけで生活してきましたから。「文字」をどうしたら、手に入れられるのか。とるべき方法は二つしかありません。一つは、自分たちで、自分たちの話し言葉を記すのに適した文字を創り出していく方法。もう一つは、すでに創られ使われている他国の文字を借りてきて利用する方法です。

　さて、あなたなら、どちらの方法をとりますか。創り出すほうが、一見大変そうにみえます。それに対して、借りる方が簡単そうにみえます。でも、新しく文字を創り出していく方法は、文字を書いていくシステムさえ思いつけば、思っているよりも創造的で楽しい作業になります。韓国のハングルなどは、その良い例です。ハングルは、李朝《りちょう》第四代国王世宗《セジョン》の時代に学者によって考案され、一四四六年に「訓民正音《くんみんせいおん》」として公布された朝鮮固有の文字です。アルファベットのような表音文字でありながら、漢字の原理を取り入れ、母音字と子音字を組み合わせて音節単位に書く文字です。一定のシステムに従って体系的に創り上げられています。

［C］、もう一方のよその国の文字を借りるという場合は、思っているよりも楽ではないのです。とりわけ、書き記すべき日本語とは違った構造の言語を借りた場合には、その苦労は半端ではありません。いったん出来上がった家を自分の好みに合わせてリフォームしていく作業を思い起こしてください。新築の家を建てるのよりも、技術がいります。新築の家なら、新米の大工さんにでもできる。でも、リフォームは新米の大工さんには出来ない。熟練した大工さんになって、はじめて好みにあったリフォームが出来るのです。出来上がってそれなりに完成している物を作り変えるという作業は、実は新品を造るよりもある意味では大変だということに、日本人は気づきませんでした。

　というより、日本には、お隣に中国という文化国家があり、政治・経済を含めてすべてを取り入れ、吸収せざるを得なかったといった方がいいかもしれません。中国には、紀元前一五〇〇年頃に発生した漢字が存在しています。尊敬している国に漢字という手本がある。それっ、というわけで、よくも考えずに日本が漢字を借りてしまうのはごく普通の道筋です。

　でも、これが、後に日本の表記体系を複雑きわまりないものにしてしまう原因になるのです。日本のように、書かれた人名や地名をどう読むのか見当がつかないなんて国は、そうざらにあるものではありません。文字をよく知っている人でも、正しく声に出して読めないという不思議な国なのです。

（山口仲美「日本語の歴史」による。）

㈠　【Ⅰ】の［A］〜［C］に入る言葉の組み合わせとして最も適切なものを、次のア〜エの中から一つ選んで、その記号を書きなさい。

ア　A　なぜなら　B　たとえば　C　ところが
イ　A　そして　B　あるいは　C　つまり
ウ　A　また　B　けれども　C　さて
エ　A　しかも　B　しかし　C　したがって

㈡　【Ⅰ】に　好みにあったリフォーム　とあるが、どのようなことも適切なものを、次のア～エの中から一つ選んで、その記号を書きなさい。

ア　たくさんの書物を読んでいるのに、行動が伴わない人。
イ　悪人なのに、立場が上の者には善人として振る舞う人。
ウ　善人のように見せかけているが、内面には欲を持つ人。
エ　豊富な知識を持っているが、身体面を鍛えていない人。

(四)　④あひかまへてを現代仮名遣《づか》いに直して、すべて平仮名で書きなさい。

(五)　志村さんは、【Ⅰ】とテーマが似ている話「百首歌の詠《よ》み方」を見つけ、【Ⅱ】のように、あらすじと感想をノートにまとめた。□に入る言葉を、【Ⅰ】から七字で抜き出して書きなさい。

【Ⅱ】　志村さんのノートの一部

〈「百首歌の詠み方」のあらすじ〉
崇徳《すとく》天皇に「百首歌（一人、あるいは数人で百首の歌を詠むこと）の詠み方を習ったことがあるか」と尋ねられた顕季《あきすえ》が「習ったことはございません」と答えると、天皇は重ねて、「百首歌では同じ五文字の句を詠まないと聞いたが、本当だろうか」とお尋ねになった。そして、顕季が「百首も詠むのですから、同じ句もあるのではないでしょうか」と答えると、天皇は「公行《きんゆき》が、そう言ったのだ」とおっしゃった。帰宅した顕季が、百首歌の手本とされている過去の書物を調べてみると、いずれも公実卿《きんざねきやう》の歌で、「秋風に」という初句で始まる二首があった。顕季はその二首を紙に書き、句会に同席した際に公行に見せると、公行は何も言い返せなかった。公行は、公実卿の孫であった。

〈感想〉
・公行の発言をうのみにせず、不審に思って顕季に質問した崇徳天皇や、その質問に正直に答え、きちんと調べた上で公行の誤りを指摘した顕季の姿勢は、すばらしいと思った。
・しかし一方で、公行はもっともらしく聞こえる虚偽の内容を崇徳天皇に伝えている。公行は、【Ⅰ】の言葉でいうと、「□」という思いが強い、「善人づら」をした人物だと感じた。

三　小島さんたちは、国語の授業で【Ⅰ】と【Ⅱ】の文章を読み、グループごとに分かったことをスライドで発表することになりました。そのために【Ⅲ】の話し合いをして、【Ⅳ】のようにまとめました。後の(一)～(七)の問いに答えなさい。

【Ⅰ】

文字のない時代にあっても、話し言葉さえあれば、小さな部族で日常生活を営むには別に支障はありません。でも、部族が大きくなってくると、目の前にいる相手とだけコミュニケーションをとっていればすむ場合ばかりではありません。どんなに叫んでも、聞こえない距離にいる人間ともコミュニケーションをとらなくてはなりません。［A］、大きな集団生活を維持するための決まりやその集団の精神生活を支えるための言い伝えを次の世代に伝える必要が出てきます。さしあたっては、優れた記憶力の持ち主を選んで、その任務を遂行させればいいのです。

ですが、音声による伝達は、耳によって受け取られることだけを目的にしていますから、語った途端に消えてしまいます。とくに困るのは、優れた語り手の不慮《ふりょ》の死によって、集団の精神生活を支えようと決意している。

エ　傷を負ったからこそ生まれる美があるという師匠の言葉に感銘を受ける一方で、ふだんは柔和にほほえんでいる師匠にも、心に大きな傷を負った過去があるのではないかと考え、師匠のことを心配している。

㈤　【Ⅰ】の内容や表現の説明として最も適切なものを、次のア～エの中から一つ選んで、その記号を書きなさい。

ア　会話のやりとりを中心に描くことで、微妙な人間関係の変化を表現している。

イ　登場人物の心の中を丁寧に描くことで、気持ちをわかりやすく表現している。

ウ　国による文化の違いを描くことで、登場人物の価値観の違いを表現している。

エ　複数の登場人物の視点から描くことで、登場人物たちの性格を表現している。

二

志村さんは、国語の授業で【Ⅰ】の古典の文章を読みました。後の㈠～㈤の問いに答えなさい。

【Ⅰ】　古典の文章

昔、伊《い》豆《づ》の宗雲《そううん》といひし人、※1三略を聞かれしに、「それ主将《しゅせう》の法は、つとめて英雄《ゑいゆう》の心をとる」（人の上に立つ者は、優れた家臣の人心を掌握するべきだ）と読《よみ》たるを聞き、則《すなは》ち極理《ごくり》を合点《がてん》せられしとかや（理解したそうだ）。人には理の早きと遅きと有《ある》を、其《そ》の穿鑿《せんさく》（吟味）もなく、ア宗雲の事などをつたへ聞き、なべて当世の人（今の人は誰もが）①器用だてをして、いろはのいの字もいまだ覚《おぼえ》ぬ先にちりぬるにかかりたがる。此《かくの》如《ごと》きの②学者は名聞《みやうもん》（名誉）にふけり、身の修めは露《つゆ》ほどもなく、ただ世上にて、物知《ものしり》とよばれんとの事ばかりなるべし。これ大聖孔子《かうし》の大きに嫌はれし処《ところ》なり。物の本、部《ぶ》数《かず》を読まんよりは（書物をやみくもにたくさん読むよりは）、少しなりとも、聖人、賢人の語を聞き身のためにする事、然《しか》るべし。それをせで名聞にふける学者は、必ず内心には欲をかまへ、上には※2儒道《じゆだう》だてを云《いひ》て、身に善ばかり行《おこ》なふ面《つら》つきをするものなり。イこれ誠に③狐狸《きつねたぬき》の化け損なひに似たるべし。「人己を見ること其の肺肝を見るが如し、然れば則ち何の益かあらん」（立派な人が自分の内面を見るのは肺や肝臓を見るようなもので）（隠しても意味はない）とある如く、内心に悪を持ち、上には善人づらをしたるとても、ウ善人の眼《まなこ》より見れば、内悪微塵《みぢん》も隠れなし。誠に恥づかしき事なり。④あひかまへて（十分に注意して）エ若き衆《しゆう》学問したまふ共《とも》、名聞ばかりの学は必ず無用たるべし。

※1　三略＝中国の兵書。

※2　儒道だて＝儒学に精通している聖人のように振る舞うこと。

㈠　①器用だて　の内容として最も適切なものを、次のア～エの中から一つ選んで、その記号を書きなさい。

ア　過去の書物の教えをそのまま信じるのではなく、自分の頭で考えて新たな思想を打ち立てようとすること。

イ　人の上に立つ人物から重用されることを目指し、しっかりと学問を修めて優れた人物になろうとすること。

ウ　自分が人の上に立てるほどの人物であるかを検討することなく、人を服従させて名誉を得ようとすること。

エ　正しい順序を踏んできちんと学問を修めることなく、表面的な知識だけを他者にひけらかそうとすること。

㈡　②学者　と同じような人物を指す言葉をア宗雲・イこれ・ウ善人・エ若き衆　の中から一つ選んで、その記号を書きなさい。

㈢　③狐狸の化け損なひ　がたとえているのはどのような人か。最ジは、衣川さんに似ていた。

※3　コペルニクス的転回＝物事の見方が逆転すること。十六世紀に地動説を唱え、当時の常識であった天動説を根本から覆《くつがえ》した天文学者になぞらえた表現。

【Ⅱ】感想の交流の一部

平野　陸が天平堂に来たのは、よっぽど金継ぎが気になっていたのかな？

川上　そうだね。でも、金継ぎが気になるというよりは、金継ぎに使う漆が気になっているという感じだね。

森本　陸は、滋賀の山で見た漆の木の姿に心を奪われているようだね。

川上　天平堂を訪れた陸は、師匠の衣川さんの人柄にも魅力を感じているようだよ。

平野　陸は、師匠のことを、純粋で、正直で、自分を対等に扱ってくれる人物だと感じているようだね。

森本　だから、師匠と話すうちに陸は気持ちが高ぶってきたようだね。そのことが陸のこの様子から読み取れるよ。

平野　師匠も、陸や美雨のような若者が漆に興味を持ってくれることをうれしく感じていて、はじめて工房を訪れた陸のことを、とても好意的に受け入れてくれているよ。

川上　DVDに衣川さんが登場する場面で興奮している美雨の様子がおもしろいね。美雨のことも、もっと知りたくなったよ。

森本　そうだね。「②陸の背中がピンと伸びた」という陸の様子も印象的だよね。

(一)　【Ⅰ】に①どこからどう見ても、そうは見えなかった　とあるが、この時の陸の気持ちを、本文中の言葉を使って、三十五字以上、四十字以内で書きなさい。（句読点を含む。）

(二)　【Ⅱ】に　陸のこの様子　とあるが、その様子を【Ⅰ】から十字で抜き出して書きなさい。

(三)　【Ⅰ】と【Ⅱ】に②陸の背中がピンと伸びた　とあるが、その理由として最も適切なものを、次のア～エの中から一つ選んで、その記号を書きなさい。

ア　金継ぎに関する技術的な話が全く理解できず、自分が師匠の域に達するまでの困難な道程を痛感したから。

イ　厳しさと気迫を宿した目つきで仕事をする師匠の姿に威厳を感じ、これまでの自分の態度を反省したから。

ウ　それまでに抱いていた印象からは全く想像できない師匠の姿に驚き、大人の二面性を思い知らされたから。

エ　周囲を圧倒するような目で仕事に没頭している師匠の姿を目《ま》の当たりにして、気持ちが引き締まったから。

(四)　【Ⅰ】に③いきなり冷たい空気を吸いこんだみたいに武者震いが出た　とあるが、この時の陸の様子について説明したものとして最も適切なものを、次のア～エの中から一つ選んで、その記号を書きなさい。

ア　傷があることを、不完全なものとして否定的に捉えていたので、傷から生まれる新たな美があるという考え方や、それを体現する金継ぎという世界があることを知って、大きな衝撃を受けている。

イ　傷を修復するだけでなく、傷を利用して新たな美を生み出そうとする金継ぎの思想や、それを可能にする漆の存在に共感するとともに、自分が傷だらけの漆の木の姿に深く感動した理由に気づかされている。

ウ　滋賀の山で見た傷だらけの漆の木に自分自身を重ね、自分もひっそりと生きようと考えていたが、傷が個性や深みとなって美を生み出すという師匠の言葉に勇気づけられ、前向きに生きき合ってくれている。今まで出会った大人とは肌触りが違う。陸は静かに興奮した。
「このあいだ、父と滋賀の山へ行って、そこで傷だらけの漆の木を見て、なんかわからないけど、うわっ、すごいなこいつって感動して。あ、ぼく、ブラウン陸です」
つい口がほどけていた。
「あー、行ったんだ、滋賀に。そうなんだよ。滋賀で日本漆を復活させようって動きがあってね」
スイッチが入ったのか、師匠は椅子に座りこんで本格的に※1レクチャーをはじめた。陸も塚本の妹と並んでむかい側に腰をおろした。授業では考えられないほど集中して、師匠の話に耳をかたむけた。貧乏ゆすりも出なかった。
「今、日本で使われている漆のほとんどは輸入品で、国産のものは、ほんの数パーセントしかないんだよ。外国では漆製品といえば、ジャパンって呼ばれてるのにね」
「それはどうしてなんですか」
「陸くんが滋賀で見たのは、殺《ころ》し掻《が》きって採取方法なんだけど」
「あ、知ってます！　ネットで見ました。すごいネーミングですよね」
「そうか。ずいぶん勉強してるんだね」
そういわれて陸は照れた。
「いや、ちょっとネットで調べただけっす」
「あたしは知らない。知りたいです」
となりで塚本の妹が身を乗り出した。
「いやあ、君らみたいな若い子が漆に興味を持ってくれるのはうれしいなあ。じゃあ、ちょっとあれを観てもらおうか」
師匠がふりかえると、
「そうですね。そのほうが早いかもしれませんね」
園田さんが奥のテレビの置いてある部屋に案内してくれ、てきぱきとDVDをセットした。

料理だったり工芸だったり、日本文化にあこがれる外国人を日本に招待して、より深く理解してもらおうというバラエティ番組だったけど、ものすごくおもしろかった。イタリアで独学で金継ぎをしているという女性が天平堂を訪れる場面では、「うわあ、衣川さんだ、園田さんだ」と塚本の妹といっしょに歓声を上げた。
衣川さんが金継ぎをしている場面が映し出されると、塚本の妹が突然、
「あっ！」
と声を上げて立ち上がった。
「『※2月光』見てたときの人だ！　やっぱり衣川さんだったんだ！」
って訳のわからないことをいいながらひとりで興奮していた。
細かな技術的な話はちんぷんかんぷんだったけれど、仕事に集中しているときの師匠の目つきに衝撃を受けた。ふだんは柔和にほほえんでいるのに、打って変わって誰も寄せつけない厳しさを宿して、黒々と光っている。なんて気迫に満ちた目だろう。器と師匠のあいだでしか成立しえないなにかが、他者の侵入を拒んでいた。②陸の背中がピンと伸びた。と同時に師匠への尊敬の念が、ふつふつとわき上がってきた。
「傷は個性となり、深みとなって、美をつくり出してくれます。傷を負ったからこそ生まれる美です」
師匠の言葉が陸の胸に響いた。
――すごい。傷から生まれる新たな美があるんや。
それは陸の頭に※3コペルニクス的転回をもたらしてくれた。
③いきなり冷たい空気を吸いこんだみたいに武者震いが出た。
（八束澄子「ぼくたちはまだ出逢っていない」による。）

※1　レクチャー＝専門的なことについて詳しく説明すること。
※2　月光＝美雨が金継ぎに興味を持つきっかけとなった、美雨の家の近所の骨董品《こっとうひん》店の店先に飾られている茶碗《ちゃわん》の名。金継ぎが施された「月光」を見ていたときに、美雨の脳裏に浮かんだ修復師のイメー

二〇二四年度 水城高等学校（一般再受験）

【国　語】（五〇分）〈満点：一〇〇点〉

一　平野さんたちは、国語の授業で【Ⅰ】の文章を読み、【Ⅱ】のように感想の交流を行いました。後の㈠～㈤の問いに答えなさい。

【Ⅰ】　授業で読んだ文章

イギリス人の父親と日本人の母親を持つ中学三年生のブラウン陸《りく》は漆《うるし》の木に興味を持った。陸は、漆に触れてかぶれた手の治療で皮膚科を訪れた際、同じ症状で来院していた一歳下の塚本美雨《つかもとみう》（陸の同級生の妹）と意気投合し、美雨が通う「天平堂《てんぴょうどう》」という金継《きんつ》ぎ（陶器などの割れ目を漆で接着して修復すること）の工房を教えられた。

土曜日。ひとりではいきにくかったので、ジョンの散歩のふりをして天平堂までやってきた。店の前でうろうろしてたら、塚本の妹が見つけてくれた。

「きゃあ、かわいい。フレンチブルドッグだ」

犬好きなのかジョンから離れない塚本の妹と、しばらく表でたわむれさせたあと、ジョンは看板の支柱につないでおいた。バフ、バフ。もっと遊びたかったのか、ジョンはしばらく鼻息荒く文句をいっていた。

「これみんな、いっぺんは壊れたり割れたりしたもんなんですよ」

ドヤ顔の塚本の妹が説明してくれる。

「あれも？」

陸が指さすのは、壁にかかっている能面だ。

「らしいですよ。真ん中からパックリ」

①どこからどう見ても、そうは見えなかった。端整で美しい女の面は、口もとに妖艶《ようえん》な笑みを浮かべて陸を見おろしていた。

「いらっしゃい。美雨ちゃんの友だちかな？」

いきなり声をかけられて驚いた。背後に作務衣《さむえ》姿のすっきりした男性が立っていた。美雨ちゃん？　あ、塚本の妹のことか。

「いえ、あの、ちょっと違います」

なんていえばいいんだろう。皮膚科でとなり合って、漆の話をきいてって、そこから話したほうがいいんだろうか？　でもそれもややこしいしと、ひたすらとまどっていると、

「美雨ちゃんのお兄さんの同級生なんですって。漆に興味があるらしいですよ、先生。あ、こちら師匠の衣川《きぬがわ》です」

園田《そのだ》さんが紹介してくれた。園田さんとは、あいさつ済みだった。

師匠って、ひょっとしてこの人が、ここの器なんかを直した人？

「へえー。それはうれしいねえ。美雨ちゃんといい、君といい、中学生が漆に興味を持ってくれるなんてめずらしい。で、漆のどんなところに惹《ひ》かれたわけ？」

師匠はいかにも興味深そうに、真正面から陸の目を見てきいた。大人からこんなまっすぐな質問を投げかけられるのは、はじめてだ。

「傷をつけられてもすっくと立ってて、なんかいさぎよくてクールです」

緊張しながらこたえた。思わずこぼれた自分の言葉に、自分で驚いた。だけど、いい得ている気もした。

「ほっほぉー。採取されているところを見たのかな。すごいねえ、この子たち。漆の本質をいいあててるよ」

師匠は陸ではなく、園田さんをふりかえってうれしそうに笑った。その混じり気のない子どもみたいな笑顔に吸いこまれそうになった。

「ぼくも君とまったく同感です。漆との付き合いは五十年近くになるけど、汲めども尽きない魅力がある。おまけに謎めいていて、いまだによくわからない」

正直な人だ。それにえらそうじゃない。中坊のおれとまっすぐむ

英語解答

1 (1) No.1 イ No.2 ウ No.3 エ No.4 ア No.5 ウ
(2) No.1 ウ No.2 イ No.3 エ No.4 ア
(3) No.1 イ No.2 ア
(4) ① イ→エ→ア→ウ ② six

2 (1) ① dream ② let ③ which
(2) ④ talking ⑤ kindest ⑥ Becoming

3 (1) エ (2) イ→ア→ウ

4 (1) ①…ウ ②…ウ ③…エ ④…イ ⑤…ア
(2) I wish

5 (1) ウ，キ，ク (2) ウ
(3) ①…ウ ②…エ
(4) before going to bed
(5) ① （例）They keep working actively for about four hours.
② （例）Two actions are.

6 ① オ→ア→エ→ウ→イ
② エ→ア→カ→オ→イ
③ オ→ア→ウ→カ→エ
④ ウ→カ→ア→オ→イ

数学解答

1 (1) ① 8 ② $\frac{7x+3y}{4}$ ③ $6b^3$ ④ $5\sqrt{2}$
(2) $3(3x+y)(3x-y)$

2 (1) イ (2) 20 (3) 250円
(4) 15cm^2

3 (1) $\frac{1}{6}$ (2) $\frac{1}{4}$ (3) $\frac{13}{18}$

4 (1) 3 cm
(2) ① ア…∠BCD イ…共通な辺 ウ…∠CBD エ…∠EBD オ…斜辺と1(つの)鋭角
② 6 cm^2

5 (1) 秒速2 cm
(2) ア…6 イ…9 ウ…4
(3) 秒速$\frac{5}{2}$cm，8秒後

6 (1) 72cm^3 (2) ① 90° ② $\frac{7}{5}$倍

社会解答

1

1 (1) エ

(2) 最も遠い都市…④　方位…イ

(3) 3月16日午前11時

(4) ①…焼畑農業　②…イ

③ (例)特定の資源の輸出に頼っており，資源の価格変動の影響を受けるから。

2 (1) ア，オ

(2) ①…ア　②…水俣病

(3) ウ，エ

(4) ア…×　イ…×　ウ…○　エ…×

2

1 (1) イ　(2) エ

(3) ①…ウ

② う…大阪　え…京都

(4) ア

2 (1) ①…エ　②…国際連盟

(2) イ

(3) (例)アメリカ軍が朝鮮戦争に必要な軍需物資を日本で調達した

3

1 (1) あ…総辞職　い…ア

(2) ウ　(3) 条例

2 (1) 普通

(2) 連立政権〔連立内閣〕

(3) (例)議員1人当たりの有権者数の差を小さくする

3 (1) ① 企業数…ア　従業者総数…ウ

②…ベンチャー

(2) ア…×　イ…○　ウ…×　エ…○

4

1 (1) イ→ア→エ→ウ

(2) 釈迦〔シャカ〕　(3) エ

(4) 精神の自由…オ　経済活動の自由…エ

2 (1) 語…シラス　記号…ウ

(2) (例)宗教改革を行ったプロテスタントに対抗し，カトリックの勢力を回復するため。

(3) ①…イ　②…貴族院

理科解答

1 (1) ウ　(2) イ　(3) エ　(4) オ
(5) ア　(6) イ　(7) エ　(8) ウ

2 (1) ① (例)一直線上にあり，向きが逆向きである。
② 3.2N

(2)

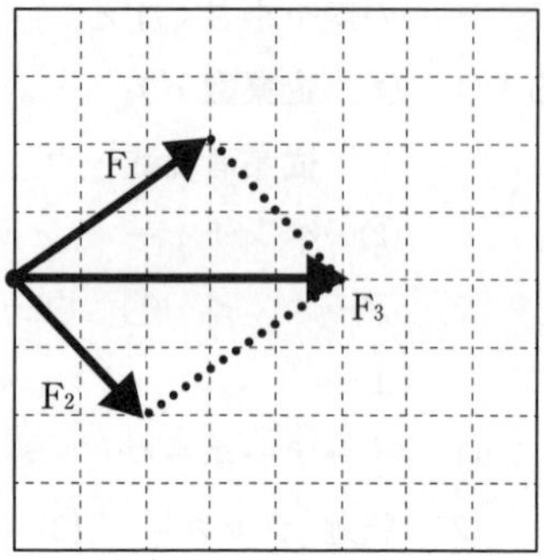

(3) ①…エ
② それぞれひもを引く力の大きさ…イ
それぞれひもを引く力の合力の大きさ…ア

3 (1) 300g　(2) イ
(3) フェノールフタレイン液
(4) ① い…$Ba(OH)_2$　う…$2H_2O$
② $35cm^3$
(5) (例)水に溶けにくい

4 (1) エ
(2) (例)陸地に卵を産むため，乾燥に耐えるための殻がある。
(3) 胎生　(4) ア　(5) 少ない
(6) エ

5 (1) ウ
(2) 記号…イ
理由…(例)寒気は暖気よりも密度が大きいから。
(3) エ　(4) 夏…南東　冬…北西

6 (1) イ　(2) ①…ア　②…エ
(3) 32000J

国語解答

一 (一) 端整で美しい女の面が，一度は壊れたり割れたりしたものだとは思えず，驚く気持ち。(39字)
(二) つい口がほどけていた　(三) エ
(四) ア　(五) イ

二 (一) エ　(二) イ　(三) ウ
(四) あいかまえて
(五) 物知とよばれん

三 (一) ウ
(二) 自分たちの話し言葉を記すのに，すでに創られ使われている他国の文字を利用すること。(40字)
(三) エ　(四) 遠いところへ運ぶ
(五) イ　(六) ウ→ア→オ→イ→エ
(七) E 制限　F 継承

四 (一) (1)…エ　(2)…ア
(二) (1) はんらん　(2) つぐな　(3) 効　(4) 衛星
(三) イ

2023年度 水城高等学校(推薦)

【英　語】 (50分) 〈満点：100点〉

1 次のA～Cの問いに答えなさい。

A　次の(1)～(3)の各組について，下線部の発音が他の３語と異なる語を，１～４の中から一つずつ選びなさい。

(1)　1　walk　　2　bought　　3　job　　4　ball

(2)　1　afraid　　2　said　　3　wait　　4　brain

(3)　1　joined　　2　cooked　　3　washed　　4　reached

B　次の(1)～(3)の各組について，最も強いアクセントの位置が他と異なるものを，１～４の中から一つずつ選びなさい。

(1)　1　begin (be-gin)　　2　forget (for-get)
　　3　image (im-age)　　4　arrive (ar-rive)

(2)　1　always (al-ways)　　2　practice (prac-tice)
　　3　August (Au-gust)　　4　instead (in-stead)

(3)　1　government (gov-ern-ment)　　2　internet (in-ter-net)
　　3　influence (in-flu-ence)　　4　however (how-ev-er)

C　次の(1)，(2)の会話について，下線部の語句の意味を推測し，その意味として最も適切なものを，１～４の中から一つずつ選びなさい。

(1)　*A :*　Hi, Ann.　How are you?
　　B :　Well, I'm feeling under the weather.
　　A :　That's not good.　Please take care.

　　1　angry　　2　sick
　　3　hungry　　4　glad

(2)　*A :*　Listen, I saw John Brown in front of my house yesterday.
　　B :　In your dreams!　He is the most famous singer in the world.
　　A :　But it's true.　I took a picture with him.　Look!

　　1　I want to be like him!　　2　I can't believe it!
　　3　I saw him, too!　　4　That's wonderful!

2 次のＡとＢの問いに答えなさい。

Ａ　次の(1)～(5)の（　　）に入れるのに最も適切な語（句）を，それぞれ１～４の中から一つずつ選びなさい。

(1) Can you see the boy and the dog (　　) are playing with a ball?

1 what　　2 which　　3 that　　4 who

(2) We found a small house (　　) by a lot of flowers.

1 developed　　2 surrounded　　3 imagined　　4 satisfied

(3) If she were here, I (　　) do anything for her.

1 will　　2 can　　3 would　　4 had to

(4) She is (　　) busy that she doesn't have time to read books.

1 very　　2 much　　3 so　　4 a lot

(5) (　　) this map, there is a big park near the station.

1 According to　　2 Such as　　3 It is said　　4 Asking on

Ｂ　次の(1)～(3)において（　　）内の語を並べかえて自然な英文を完成させたとき，（　　）内で２番目と４番目にくる語はそれぞれどれか。１～５の中から一つずつ選びなさい。ただし，文頭にくる語も最初の文字は小文字で示されています。

(1) Your (1 checked　2 must　3 report　4 by　5 be) your teacher.

(2) (1 for　2 me　3 helped　4 look　5 he) my bag.

(3) I'll ask (1 to　2 teach　3 English　4 me　5 her).

3 次の(1)〜(3)の会話文の意味が通じるように，それぞれの（　　）内に入る最も適切なものを１〜４の中から一つずつ選びなさい。

(1) *A*: What are you going to do next weekend?

B: I'm going to go shopping. (　　　　　)

A: That sounds fun. Let's go.

1 Why don't we go together?

2 Why did you buy those things?

3 How can we get there by noon?

4 How did you find the information?

(2) *A*: What were you doing at 4 p.m. yesterday?

B: (　　　　　)

A: I see. So, you weren't at home when I went there around that time.

1 I was watching TV in my room.

2 I don't remember what I was doing.

3 I was cleaning my room.

4 I was reading a book at the library.

(3) *A*: It's time to go to school. See you later, Mom.

B: Wait a minute. (　　　　　)

A: Really? I didn't know that. Then I'll take my umbrella to school.

1 Your lunch box is not ready yet.

2 It's going to be rainy in the afternoon.

3 It will not be cloudy tomorrow morning.

4 You should keep your umbrella at home.

4 次の会話文を読んで，あとの(1)～(3)の問いに答えなさい。

（*のついた語（句）は注があります）

Nana : Daniel, did you have a good winter vacation?

Daniel : Yes. I went back to my country and enjoyed the New Year with my family. I got back to Japan only yesterday. I'm a little tired now, but [A]. How about you, Nana?

Nana : I had a good winter vacation, too. I went to my grandmother's house and stayed there for four days. During that time, I had an interesting (ⓐ).

Daniel : Oh, please tell me about it.

Nana : I made *miso* with my grandmother. [B]?

Daniel : Of course. You make *miso* soup with it, right?

Nana : Right, but we can (ⓑ) make many other Japanese dishes with it. I think *miso* is one of the most important *seasonings for Japanese dishes.

Daniel : But I didn't know that [C] because my Japanese host mother always buys it at the supermarket.

Nana : Well, maybe many people today buy it, but they don't even know how to make it.

Daniel : Do you mean that people made *miso* at home *in the old days?

Nana : Yes, I heard so from my grandmother. She has made it every year since she was young.

Daniel : I see. And [D]?

Nana : First, we boiled soybeans for *several hours. Then we *made them into a *paste. After that, we *mixed the paste with salt and some other things.

Daniel : Oh, I didn't know that *miso* is made from soybeans. Well, I would like to make *miso* soup with your *miso*.

Nana : I want you to do so, but I'm sorry you can't now. We have to wait for two or three months until we can use it.

（注） seasonings：調味料　in the old days：昔は　several hours：数時間
make … into ～：…を～にする　paste：ペースト　mix … with ～：…を～と混ぜる

(1) A～Dの [　　　] に入れるのに最も適切なものを，それぞれ1～4の中から**一つずつ**選びなさい。

A 1 I won't go back to my country next winter

2 I want to come here again someday

3 it was a very good winter vacation

4 my family members are all tired

B 1 You have told me about it before, haven't you

2 You know about her, don't you

3 You have been here once, haven't you

4 You know what *miso* is, don't you

C 1 it is something you can make at home

2 *miso* is so important for Japanese dishes

3 *miso* is sold at most supermarkets

4 it is not difficult to make *miso* soup

D 1 what did you make with her *miso*

2 how did you make *miso* with her

3 how many times has she made *miso*

4 what food do I need to make *miso* soup

(2) ⓐとⓑの（　　）に入れるのに最も適切な語を，それぞれ1～4の中から**一つずつ**選びなさい。

ⓐ 1 experience　2 shop　3 company　4 century

ⓑ 1 suddenly　2 almost　3 finally　4 also

(3)　次の **1** ～ **4** の絵の中で，Daniel がしたいと会話文で**言っていないもの**を**一つ**選びなさい。

1

2

3

4

5 次の英文を読んで，あとの(1)，(2)の問いに答えなさい。

（＊のついた語(句)は注があります）

Laura is a junior high school student in the U.S. She was on the basketball team at her school.

Because there was a tournament the next month, she practiced for many hours every day. *As the day was *coming closer, she was losing *confidence day by day. She thought that she was not improving much because she was making many mistakes.

When Laura came back home, her father, Michael, *noticed that she was *upset. So, he asked her at dinner, "What's wrong? Did something happen today at school?" She said, "I'm feeling upset. It's about basketball. I have a big tournament soon, but I can't do things that I could before. I'm just *causing problems for my team. I don't think I can play basketball *anymore. I'm even afraid of playing." She started crying. Michael said, "I'm sorry to hear that. Let me help you. What can I do for you?" She answered, "That's OK. I'll be fine tomorrow." Michael was worried about her but couldn't say anything to help.

The next day, they had breakfast together in the morning. Michael said, "There is something I wanted to tell you. I'm sorry about last night. I couldn't give you any helpful advice." Laura smiled a little and said, "Don't worry. Thank you for listening." Then, Michael said, "Laura, listen to me. It's easy to *run away from challenges. Practicing every day is hard, and you may sometimes lose your confidence. But *believing in yourself and doing your best is an important skill. A lot of people cannot do it. But you have the skill, Laura. Don't lose it." Then, he started talking about his childhood. "I know that it's your dream to become a basketball player in the future. So, I will tell you my story. When I was younger, I had a dream, too. It was to become a baseball player. But I didn't have enough confidence, and I felt *embarrassed." "Were you embarrassed? Why?" Michael said, "Because some people said the dream was too big for me, and my coach didn't think I was good enough. So, *in the end I stopped trying."

Then, he continued, "I don't want you to have any *regrets. If you stop trying now, you will regret it later." She was surprised at his words. "Thank you. I think I know what to do now." That *conversation gave her *motivation. After that day, Laura *spent more time on practice.

On the day of the tournament, Michael took Laura to the game by car. In the car, she said to him, "I'm nervous. My coach said that this would be the biggest tournament for us.

If we lose today, all the time and *effort until today will mean nothing." He said, "That's not true, Laura. It means something. Winning is important, but trying to do your best is more important. Do you remember my story?" Laura smiled and said, "I feel better now. You always teach me important things in life. Thank you, Dad."

They couldn't win the first game. She and her teammates cried together. Their coach was also crying. Michael, however, *was very proud of his daughter.

（注） as ～：～するにつれて　come close：近づく　confidence：自信　notice ～：～に気づく
upset：取り乱した　cause ～：～を引き起こす　anymore：これ以上
run away：逃げる　believe in ～：～を信頼する　embarrassed：はずかしい
in the end：結局　regret：後悔，～を後悔する　conversation：会話
motivation：刺激，やる気　spent：spend（費やす）の過去形　effort：努力
be proud of ～：～を誇りに思う

⑴ **A～Eの問いに対する答えとして最も適切なものを，それぞれ1～4の中から一つずつ選びなさい。**

A． Why was Laura losing confidence as the day of the tournament came closer?

1 Because she was not great at practice.
2 Because she didn't have time to practice.
3 Because it was her first tournament.
4 Because it was the biggest tournament in her city.

B． What did Michael want to do for Laura when they were having dinner?

1 He wanted to teach her how to catch a ball.
2 He wanted to show her a baseball game on TV.
3 He wanted to check her plans for practice.
4 He wanted to give her good advice for her problem.

C． What was Michael's dream when he was young?

1 To become a basketball player.
2 To become a baseball player.
3 To become a basketball coach.
4 To become a baseball coach.

D. What gave Laura motivation to practice?

1 Talking with her father.

2 Seeing her friends.

3 Enjoying basketball with her teammates.

4 Listening to her coach's story.

E. How was Laura's team's result in the tournament?

1 They couldn't join the tournament.

2 They won the first game.

3 They didn't win the first game.

4 They won two games.

(2) 本文の内容に合う文を，次の１～７の中から**三つ**選びなさい。

1 Laura has been a member of the city basketball team.

2 When Laura was younger, she played basketball with her friends every week.

3 Michael said that Laura had the skill to believe in herself and do her best.

4 Some people told Michael that his dream was too big for him.

5 Laura went to the tournament in her father's car.

6 Laura was not nervous before the tournament because of her coach's words.

7 Laura was proud of all of her teammates after the tournament.

【数　学】 （50分）〈満点：100点〉

1　次の $\boxed{}$ にあてはまる数を答えなさい。

(1)　$9-6^2\div\left(-\dfrac{1}{2}\right)=\boxed{\text{アイ}}$

(2)　$\sqrt{8}\times\sqrt{10}+10\div\sqrt{20}=\boxed{\text{ウ}}\sqrt{\boxed{\text{エ}}}$

(3)　$\dfrac{7a+b}{6}-\dfrac{a-3b}{2}=\dfrac{\boxed{\text{オ}}\,a+\boxed{\text{カ}}\,b}{3}$

(4)　$(a+2b)(a+7b)+(a+3b)(a-3b)=\boxed{\text{キ}}\,a^2+\boxed{\text{ク}}\,ab+\boxed{\text{ケ}}\,b^2$

(5)　比例式 $5:(x+1)=9:2$ を満たす x の値は $x=\dfrac{\boxed{\text{コ}}}{\boxed{\text{サ}}}$ である。

(6)　2次方程式 $x^2-8x+10=0$ の解は $x=\boxed{\text{シ}}\pm\sqrt{\boxed{\text{ス}}}$ である。

2 次の ☐ にあてはまる数を答えなさい。

(1) 次のデータは，生徒7人がある期間中に読んだ本の冊数を調べ，少ない方から順に並べたものである。

1　2　2　3　5　6　8（冊）

このデータにおいて，四分位範囲は ア 冊である。

(2) $a = -2 + 5\sqrt{3}$ のとき，$a^2 + 4a + 4$ の値は イウ である。

(3) ある中学校の3年生62人において，男子生徒の半数と女子生徒の25%が自転車通学をしており，その人数の合計は24人である。このとき，3年生の男子生徒の人数は エオ 人，女子生徒の人数は カキ 人である。

(4) 1から6までの目のある2個のさいころを同時に1回投げるとき，出た目の数の和が9以下である確率は，$\dfrac{\text{ク}}{\text{ケ}}$ である。ただし，それぞれのさいころにおいて，1から6までのどの目が出ることも同様に確からしいとする。

(5) 右の図で，3点A，B，Cは円Oの周上の点である。
∠ACO = 28°，∠BOC = 138°のとき，∠ABO = コサ °である。

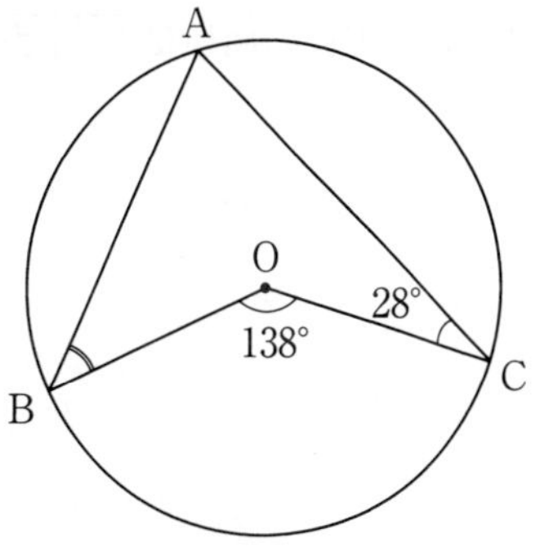

3　下の図において，2点A，Bは放物線 $y=\frac{1}{4}x^2$ 上の点であり，点Aの x 座標は -4，点Bの x 座標は6である。四角形CADBが長方形となるように2点C，Dをとり，直線AC，ADはそれぞれ y 軸，x 軸に平行である。また，2点C，Dを通る直線と x 軸との交点をEとする。

次の［　　］にあてはまる数を答えなさい。ただし，Oは原点とし，座標軸の1目盛りの長さは1 cmとする。

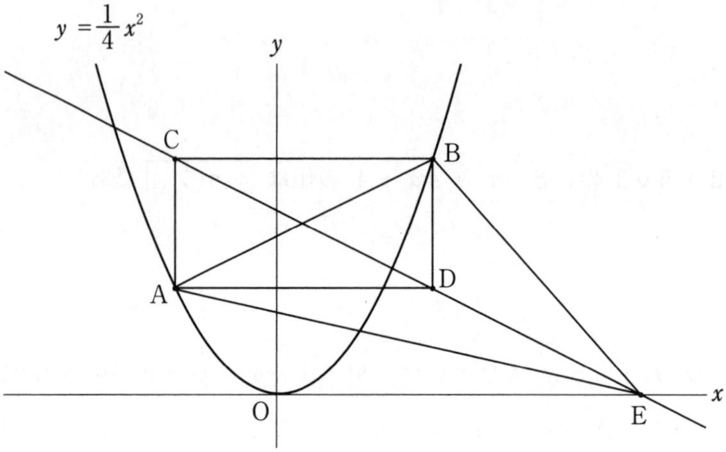

(1)　点Bの y 座標は［ア］である。

(2)　直線CDの式は $y=-\frac{［イ］}{［ウ］}x+［エ］$ である。

(3)　△AEBの面積は［オカ］cm^2 である。

4 右の図において，△ABC は1辺の長さが8 cm の正三角形である。2点D，E は辺BC 上の点で，BD = CE = 3 cm である。点D を通り辺AC に平行な直線と辺AB との交点をF，点E を通り辺AB に平行な直線と辺AC との交点をG とし，直線FD と直線GE との交点をH とする。また，直線AD と直線GE との交点をI とする。

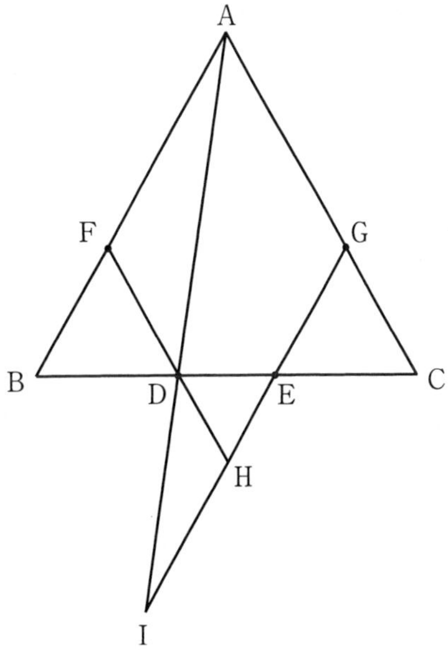

次の$\boxed{}$にあてはまる数を答えなさい。

(1) 線分AF の長さは $\boxed{ア}$ cm である。

(2) 線分HI の長さは $\dfrac{\boxed{イウ}}{\boxed{エ}}$ cm である。

(3) 四角形AFDC の面積は，△AIG の面積の $\dfrac{\boxed{オカ}}{\boxed{キク}}$ 倍である。

5 **図１**の立体 ABC － DEF は，AB ＝ 8 cm，BC ＝ 6 cm，CA ＝ 10 cm，∠ ABC ＝ 90°の直角三角形 ABC を底面とし，高さが 4 cm の三角柱である。

次の □ にあてはまる数を答えなさい。

図１

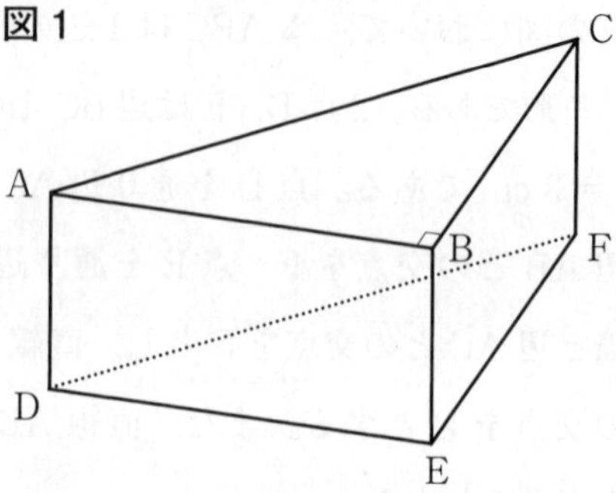

(1) 三角柱 ABC － DEF の表面積は [アイウ] cm^2 である。

(2) **図２**のように，**図１**において，辺 AB，BC 上にそれぞれ点 P，Q をとり，点 D，P，Q，F を順に線分で結ぶ。

次の①，②の問いに答えなさい。

図２

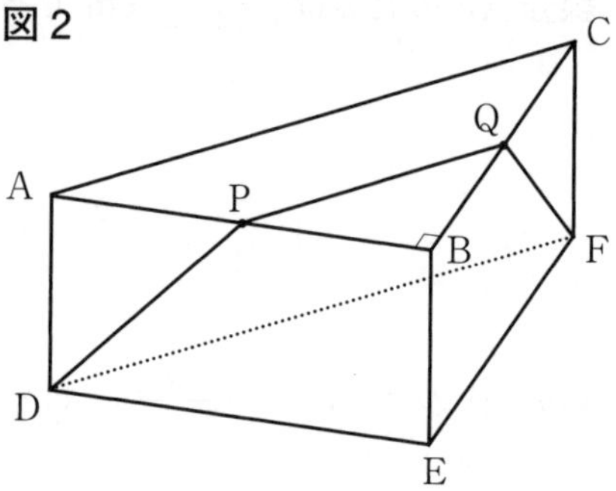

① 2 点 P，Q がそれぞれ辺 AB，BC の中点となるとき，点 E，D，F，Q，P を頂点とする四角すい E － DFQP の体積は [エオ] cm^3 である。

② 3 つの線分 DP，PQ，QF の長さの和が最小となるとき，AP:PB ＝ [カ] : [キ]，BQ : QC ＝ [ク] : [ケ] である。ただし，最も簡単な整数の比で表すとする。

(3) ――③「僧都ほろほろとうち泣きて」とあるが、このときの僧都の気持ちとして最も適当なものを、次の1～5の中から選びなさい。

1 自分より優秀で若い右大将のことを第一に考え、自分はどうなっても構わないという仲平の思いに、深く心を打たれる気持ち。
2 学識にすぐれ年も若い右大将と比べ、自分は学識もなく年も老いていると絶望している仲平の言葉に、真剣に反論する気持ち。
3 すでに年老いた自分の死期を自覚している仲平の言葉に説得力を感じ、自分の力では運命に逆らえないことに落胆する気持ち。
4 左大将として十分に満足のいく人生を送り、今後何が起こっても後悔はしないという仲平の潔い態度に、強く共感する気持ち。
5 祈りを行わなかったことで何かが起こったとしても、たいしたことではないだろうと楽観する仲平を、心から非難する気持ち。

(4) ――④「ことの恐りさらに候はじ」とは、どのような意味だと考えられるか。最も適当なものを、次の1～5の中から選びなさい。

1 現在よりも苦しい事態に陥ってしまうでしょう
2 問題となることなどまったく起きないでしょう
3 左大将の不安はもっと大きくなることでしょう
4 祈りの必要性が現在よりも増していくでしょう
5 他人に遠慮する必要などは決してないでしょう

(5) この文章の内容に合うものとして最も適当なものを、次の1～5の中から選びなさい。

1 人の上に立つ者は、下の者を優しく思いやる心を持つことによって、安定した地位を守ることができる。
2 長く続く悪い習慣を打ち破るためには、若者が自らの決断に基づき、思い切った行動をする必要がある。
3 神への祈りを行う際には十分な配慮と準備が必要であり、安易に神を頼りにしても、効果は得られない。
4 自分のことよりも他者のことを優先する考えを持っていれば、困難に直面することなく平穏に暮らせる。
5 老人と若者が相互に信頼し合い、しっかりと相談をすることで、大きな仕事を成し遂げることができる。

御心の定《ぢやう》にては、④ことの恐りさらに候はじ」といひてまかでぬ。されば実に事なくて、大臣になりて七十余までなんおはしける。

（『宇治拾遺物語』）

（注）＊1　勘文…朝廷や幕府に意見を求められた学者や祭祀《さいし》を司る神祇官《じんぎかん》が、吉凶や天変地異について意見を書いた文書。
＊2　近衛大将…宮中の警備などを担当する近衛府の長官。近衛府は左右に置かれ、それぞれの長官として右大将と左大将がいた。

(1)　――①「枇杷殿に参りぬ」とあるが、僧都が仲平のもとに参上した理由として最も適当なものを、次の**1**～**5**の中から選びなさい。

1　近衛大将は祈りを行うのがよいという天文判断の内容に疑問を感じ、仲平はどのように考えているのか意見を聞きたかったから。
2　祈りには様々な種類があるため、仲平のためにどのような祈りを行えばよいのかがわからず、仲平の意向を聞こうと思ったから。
3　天文判断の文書を受けて右大将が様々な祈りを行っているのに対し、仲平からは祈りの依頼がなかったので、不安になったから。
4　奈良で仲平のために祈りを行い、効果があるだろうと安心していたが、何の効果も現れていないということを人から聞いたから。
5　右大将が行った祈りの様子について人に聞いたところ、誰も知らないようだったので、左大将である仲平に聞こうと思ったから。

(2)　――②「もともしかるべき事なり」とあるが、仲平は何に納得しているのか。最も適当なものを、次の**1**～**5**の中から選びなさい。

1　仕事を謹慎する期間中は、奈良の東大寺で過ごすのがよいということ。
2　祈りを行うときには、春日社と山階寺に参詣すれば十分だということ。
3　天文判断の文書を安易には信用せず、しばらく様子を見るということ。
4　天文判断の文書に従って、左大将として祈りを行うべきだということ。
5　左大将として、自分の身よりも普段の仕事を優先すべきだということ。

四 **次の文章を読んで、あとの(1)～(5)の問いに答えなさい。**

これも今は昔、「月の、大将星《だいしやう》をおかす」といふ*1勘文《かんもん》を奉《たてまつ》れり。よりて、「*2近衛《このゑの》大将重く慎み給《たま》ふべし《謹慎すべきだ》」とて、小野宮《をののみやの》右大将はさまざまの御祈りどもありて、春日社《かすがのやしろ》、山階寺《やましなでら》などにも御祈りあまたせらる。

その時の左大将は、枇杷《びはの》左大将仲平《なかひら》と申す人にてぞおはしける。東大寺の法蔵僧都《ほふざうそうづ》は、この左大将の御祈りの師なり。定めて《きつと》御祈りの事ありなんと待つに、音もし給はねば、おぼつかなきに京に上《のぼ》りて、①枇杷殿に参りぬ。

殿あひ給ひて、「何事にて上られたるぞ」とのたまへば、僧都申しけるやう、「奈良にて承れば、左右大将慎み給ふべしと、天文博士勘《かんが》へ申したりとて、右大将殿は春日社、山階寺などに御祈りさまざまに候《さぶら》へば、殿よりも定めて候ひなんと思ひ給へて、案内つかうまつるに《様子をうかがっておりましたが》、『さる事も承らず』と皆申し候へば、おぼつかなく思ひ給へて参り候ひつるなり。なほ御祈り候はんこそよく候はめ」と申しければ、左大将のたまふやう、「②もともしかるべき事なり。されどおのが思ふやうは、大将の慎むべしと申すなるに、おのれも慎まば、右大将のために悪《あ》しうもこそあれ。かの大将は才《さえ》もかしこくいますかり。年も若し。長くおほやけにつかうまつるべき《朝廷にお仕えすべき》人なり。おのれにおきてはさせる事もなし。年も老いたり。いかにもなれ《どうなろうと》、何条事かあらんと思へば、祈らぬなり」とのたまひければ、③僧都ほろほろとうち泣きて、「百万の御祈りにまさるらん。この

(5) ――④「さっぱりした性格」を、慣用句を用いて表現したものとして最も適当なものを、次の1～5の中から選びなさい。

1 判で押したような性格　　2 竹を割ったような性格　　3 火がついたような性格

4 水を打ったような性格　　5 薄紙を剥《は》ぐような性格

(6) ――⑤「気楽でいいわね、という本音が含まれているような気がした」とあるが、このときの「わたし」の様子として最も適当なものを、次の1～5の中から選びなさい。

1 高校を卒業して働き始め、すっかり大人になった姉と、勝部の叔父さんの本心を知りもしなかった自分を比べて、自分がまだ子供であるということを思い知らされている。

2 会社を継ぐことができなかった勝部の叔父さんの傷ついた心を思いやり、自分ではなく勝部の叔父さんに父の会社を継いでほしいと言った姉の優しさに感動している。

3 若いころに肺の病気をしながらも奇跡的に回復し、勝部の叔父さんとの確執を抱えながら生きている父の壮絶な人生を知って、自分の考えの甘さを反省している。

4 自分たちが生まれる前の一族の話を知っている姉と、父が大きな病気をしたことさえ知らなかった自分を比べ、一人前の大人である姉のことをうらやましく思っている。

5 人は物事を覚えているものだと繰り返して言う姉の様子から、姉が父に対する苛立ちを感じている理由をようやく理解し、複雑な人間関係に苦しむ姉を心配している。

(7) この文章の内容と表現について説明したものとして最も適当なものを、次の1～5の中から選びなさい。

1 小さな町に生まれ、狭い世界と人間関係に苦悩している「わたし」の心情を、第三者の視点から客観的に描いている。

2 「わたし」が姉の言葉によって高校卒業後の進路を固めていく姿を、倒置法や擬態語を用いて生き生きと描いている。

3 実の父を怖れていた「わたし」が、東京の大学に進学しようと決意するまでの過程を、姉の視点を交えて描いている。

4 過去の「わたし」の心情や、当時の姉との印象的なやりとりについて、今の「わたし」が回想する形式で描いている。

5 「わたし」と姉が本音で語り合い、姉妹の絆を深めた日の出来事を、芝浦川の情景に重ねながら印象的に描いている。

(3) ――②「人と同じだ、とわたしは思った」とあるが、どういうことか。最も適当なものを、次の**1**～**5**の中から選びなさい。

1 「わたし」が、谷底できらきらと水面を光らせている淵の水を見るように、町を離れても、父が顔役として束ねている町への誇りを忘れずにいたいと思っているということ。

2 「わたし」が、橋の上にいると橋の真下にある淵の水を見ることができないように、今の町で暮らしていると町のよいところを知ることができないと感じているということ。

3 「わたし」が、流れの速い瀬の水が澄んで輝き続けるように、自分も生まれ育った小さな町を出て東京の大学に進学し、充実した人生を送りたいと考えているということ。

4 「わたし」が、濃い緑に染まっている淵の水が不気味に感じられるように、一族や町に嫌悪感を抱いている自分自身の心に闇を感じ、怖いという感情を持っているということ。

5 「わたし」が、流れずに留まっている淵の水が濁ってしまうように、狭い世界に留まり続けている町や周囲の人間がよくない状態になっていると感じているということ。

(4) ――③「お父さんは戻ってこいって言ってたけど、戻ってこなくていいから」とあるが、姉がこのように言った理由として最も適当なものを、次の**1**～**5**の中から選びなさい。

1 姉は、横暴な父との関係や、どろどろした一族の人間関係の中でうまく折り合いをつけて暮らしていくことは、「わたし」にはできないと感じているから。

2 姉は、強い口調で父に意見を言える自分とは違い、父の命令に逆らえない「わたし」には、父の専横が許されている町で暮らすことはできないと考えているから。

3 姉は、自分は父に気に入られていると感じており、「わたし」が東京の大学を出たあとも町を離れて暮らすことで、父の愛情を独占できると考えているから。

4 姉は、父の会社を継ぐことができるのは一人だけであり、自分の結婚相手が継ぐことになるので、「わたし」は町を離れて暮らす方がよいと思っているから。

5 姉は、父の会社を女が継ぐことを許さない土地柄の町では、男っぽい性格の「わたし」が自分の能力を発揮して仕事をすることはできないと感じているから。

「あんたはなんにも知らないだろうけど」
⑤気楽でいいわね、という本音が含まれているような気がした。

（橋本紡『ひかりをすくう』）

（注）＊1　専横…好き勝手な振る舞い。　＊2　欄干…橋の両端につけられている柵。
＊3　淵…河川の流れがゆるやかで、深みのある場所。

(1)　本文には、次の一文が抜けています。これを入れる位置として最も適当なものを、次の1～5の中から選びなさい。

姉もわたしと同じように目を逸らし、川面を見ていたのではないだろうか。

1　【ア】　2　【イ】　3　【ウ】　4　【エ】　5　【オ】

(2)　――①「姉が言いたいことは別にあるのだ」とあるが、「わたし」がそのことに気付いたのはなぜだと考えられるか。最も適当なものを、次の1～5の中から選びなさい。

1　父が東京の私立大学を出たらすぐに帰ってこいと言ったときの姉の張りつめた様子から、一族のあいだにおいて絶対的な権力を持っている父の命令に背いてはいけないという姉の考えを感じ取っていたから。
2　川向こうにある学校に通っている自分とは異なり、川の手前にある金融機関で働いている姉が橋の上にいることは不自然なことであり、父のいない場所で自分の本音を聞こうという姉の決意が伝わってきたから。
3　生まれ育った土地の、何度も渡ってきた橋について、今さら「高いね」という話題を持ち出すことは不自然なことであり、その後の姉の言葉からも、自分になにかを伝えたいという姉の意図が感じられたから。
4　日本でも数えるほどしかない深い谷にかかり、町の人々の誇りでもある橋について、今さら「高いね」などとわかりきったことを言う必要はなく、姉は自分を待っていたのに違いないとすぐに確信したから。
5　高校を卒業したあと、父が勝手に決めてきた就職先に進んだ姉は、県内の国立大学への進学を望む父の意に反して東京の大学に進もうとしている自分のことを、快く思っていないのだろうと考えていたから。

どうして姉は父の意に反することを言うのだろう。

尋ねてみたかったものの、問いを口にするのはなぜか怖かった。やけに真剣な姉のまなざしも怖かった。

十八のわたしは、言葉を溜《た》め込んだまま、ただ黙ることしかできなかった。

「智子――」

やがて姉がなにか言ったけれど、突然の風に巻かれて途中から声が聞こえなくなった。わたしは慌てて尋ねた。なに、なんて言ったの。

姉はわたしの顔をじっと見つめるばかりで口を開こうとしない。

一昨年まで高校生だった姉は、たった二年ですっかり大人になってしまっていた。紅に光る唇が、なぜか少し哀《かな》しくて、少しうらやましい。

心の重心をどちらに置けばいいのかわからず、すぐ目を逸《そ》らしてしまった。姉の視線を感じたけれど、あるいはただの思い込みだったのかもしれない。【オ】

とにかく、と姉が言った。今度ははっきり聞こえた。

「あんたは戻ってこなくていいから」

「会社は？　お姉ちゃんが継ぐの？」

正確には、姉の旦那さんになる人が継ぐということだ。女が継げるような仕事ではなかったし、それを許す土地柄でもなかった。

「まさか。勝部《かつべ》の叔父さんが持っていくわよ」

「勝部の叔父さんが？」

あの人、狙ってるから。そう言う姉の声は、やけに醒《さ》めていた。

「うちの会社ね、お父さんじゃなくて、勝部の叔父さんが継ぐって話もあったの」

「長男はお父さんなのに？」

「お父さん、若いころに肺の病気をしてるのは知ってるでしょう。それで一回死にかけてるの。ほら、あの背中の大きな傷」

「ああ、うん」

父の背中には大きな手術痕があった。右肩から左の脇腹まで、まるで刀で斬りつけられたような傷だ。

「奇跡的に回復したけど、もう駄目だって言われたことがあって、そのとき勝部の叔父さんが会社を継ぐことになったの。お爺《じい》ちゃんが決めたんだって。お父さんの病気が治ったから、その話は立ち消えになったけどね」

「昔のことでしょう。お父さんが病気をしたのって、わたしたちが生まれる前だよ」

「人ってね、そういうことは覚えてるものよ。いつまでもね」

覚えてるの。姉は繰り返した。

鞄《かばん》を足下に置き、わたしも同じように欄干の向こうを覗き込んだ。日本でも数えるほどしかないといわれる深い谷は学術的にも貴重な場所で、町の人々の誇りだった。その谷底で芝浦川がきらきらと水面《みなも》を光らせていた。橋の真下は淵《ふち》*3になっており、流れの速い瀬では澄んで輝く水も、そこでは濃い緑に染まっている。

②人と同じだ、とわたしは思った。流れていればきれいなままでいられるけれど、留まれば途端に濁ってしまう。【イ】

橋から水面まで、二十、いや三十メートルはあるだろう。わたしたちにとっては見慣れた光景ではあるものの、それでも身を乗り出して空間を覗き込むと、腹の底がきゅうっと縮むような感覚を味わった。

学校帰りのわたしは濃紺のセーラー服姿で、地元の金融機関で働いている姉は薄いピンクの制服を着ていた。姉の胸元には、やはりピンクの縁取りがある白いリボンが結ばれている。そのリボンが谷底から吹き上がってきた風に激しく揺れた。

男っぽい性格の姉に、ピンクの制服はまったく似合っていなかった。

「智子」

谷底を覗き込んでいるせいか、姉の声は張りつめていた。

「③お父さんは戻ってこいって言ってたけど、戻ってこなくていいから」

「どういうこと」

ん、と口にしただけで、姉は答えない。

顔を横に向けて確認すると、姉は欄干に両腕を預け、その上に尖《とが》った顎を載せていた。川面《かわも》を覗き込む視線がやけに遠かった。【ウ】

あのとき姉は、川よりも遠いところを見つめていたのかもしれない。

「あんたはここでは暮らせないよ。戻ってきたら、どうかしちゃうから」

「でもお父さんが戻ってこいって……」

「お父さんのことはいいから」

強い口調にびっくりした。父とそりの合わないわたしと違い、姉は父とうまくやっていた。父も姉のことはかわいがっていたように思う。

姉は父に似ていた。④さっぱりした性格で、田舎の環境をわたしほど厭《いと》わず、町に点在して住む一族の叔父《おじ》や叔母《おば》ともうまくやっている。姉は高校を卒業したあと、父が勝手に決めてきた就職先に進んだ。

もし姉が男だったら、父は喜んで会社を継がせていたと思う。

「お父さんの言うことなんか聞かなくていいから」

父のお気に入りである姉が、そんなふうに父の言葉を否定するのが信じられなかった。しかも、姉の口調には、父に対する苛立《いらだ》ちのようなものさえ感じられた。【エ】

三 次の文章を読んで、あとの(1)〜(7)の問いに答えなさい。

わたしは中国地方にある小さな町の生まれで、その狭い世界と人間関係にうんざりしていた。実家が事業をやっていたこともあって一族の結束力が強く、親族の大半は父の会社で働いていたし、すべてを束ねる父は地域の顔役だった。父の機嫌を損ねると町に住み続けることさえ難しく、父と揉《も》めた業者が町から追い出されるということが何年かに一回あった。たかが人口一万程度の、ほとんど村と呼ぶべき小さな町ではあったけれど、だからこそ閉じられた中で蠢《うごめ》くものはひたすらに濃さを増し、闇を深めていった。それは突っ込んだ手にまとわりつくような粘度の高いねっとりした闇だった。

子供心にもそんなどろどろした関係はわかるもので、わたしは実の父が怖く、追い出された人のことを嘲笑《あざわら》う父周辺の人が怖く、なにより父*1の専横を許す町が怖かった。

だから高校生になったわたしは周りが呆《あき》れるほど勉強に打ち込み、どうにか東京の大学に進んだ。一刻も早く町を出たかったのだ。あの恐ろしい人たちから離れたかった。父は県内の国立大学への進学を望んだものの、それなりにレベルが高い私立大学から合格通知が届くと東京へ出ることを渋々ながら許してくれた。ただし、と父は言った。ただし学校出たらすぐに帰ってこい。そう言う父の顔はお酒のせいで赤黒く、言葉は命令以外のなにものでもなかった。一族のあいだにおいて、父の言葉は常に命令だった。

そのとき、そばにいた姉は黙っていた。

「智子《ともこ》」

姉の声を思い出す。張りつめた声を。あれはいつだっただろうか。三年の三学期、自由登校寸前という時期だったと思う。通学バスから降りて家に向かって歩いていたら、途中にある芝浦川《しばうらがわ》にかかる長い橋の真ん中に姉が立っていた。

姉の影が長く伸びていたのを覚えている。だから夕方だったのだろう。あんな時間に、しかも橋の上に、なぜ姉がいたのか。【ア】

「どうしたの」

「高いね」

わたしの問いには答えず、姉は*2欄干の向こうを覗《のぞ》き込んだ。

「橋？」

「うん」

今さらなにを言っているのだろうかと不思議に思った。姉もわたしもここで生まれ育ったのだ。小学校と中学校が川向こうにあったので、数え切れないくらいこの橋を渡ってきた。①姉が言いたいことは別にあるのだと、鈍感なわたしはしばらくしてから気付いた。

もしかしたら、わたしをずっと待っていたのかもしれない……。

(6) ——⑤「アメリカ人の『社交』スタイルはすっかりかわってしまった」とあるが、どのように変化したのか。最も適当なものを、次の**1**～**5**の中から選びなさい。

1 近隣住民を家に招いてもてなし、おたがいに気心を知るというスタイルから、個人的な情報は伝えず、あまり深い関係を築かないというスタイルへと変化した。

2 近隣住民はじぶんの命を救う存在だと考え、深くつきあうスタイルから、近隣住民はじぶんに害を与える存在だと疑い、まったくつきあわないスタイルへと変化した。

3 近隣住民を曜日や時間を決めて家に招き、軽食をふるまう程度のつきあいをするスタイルから、急な訪問でも一家総出でご馳走をつくるようなスタイルへと変化した。

4 近隣住民であればどんなひととでも無条件に深くつきあうというスタイルから、近隣住民であっても身元不詳の人間は疑ってかかるというスタイルへと変化した。

5 近隣住民と顔をあわせたときは軽く会釈する程度にとどめるというスタイルから、家の間取りや、ふだんはどの部屋にいるかなどの情報を共有するスタイルへと変化した。

(7) この文章の内容や展開の説明として最も適当なものを、次の**1**～**5**の中から選びなさい。

1 フェイス・トゥ・フェイスは人のつきあいの基本であるという主張について、複数の学者の研究を比較し、筆者自身による研究の結果も示しながら、具体的に論じている。

2 人間が生きていくうえでの「交際力」の重要性について、第二次世界大戦の前後におけるアメリカの社会の犯罪率や住宅事情の変化に着目しながら、客観的に論じている。

3 アメリカの社会における「交際力」のあり方について、開拓時代の「客好き」の性質がいまも健在であることを強調しながら、複数の学者の主張に反論する形で論じている。

4 アメリカと日本の「交際力」のとらえ方の違いについて、アメリカの大学院で学んだ時期の筆者が経験した事例を根拠としながら、読者に語りかけるように論じている。

5 「交際力」が失われはじめているという現代の問題点について、学者による研究や指摘などを引用し、筆者自身の体験にも触れながら、アメリカの事情を中心に論じている。

(4) ――③「うるさいほど歓待してくださる」とあるが、この表現について説明したものとして最も適当なものを、次の1～5の中から選びなさい。

1 印象的な言葉を用いて、「南部の客好き」への感謝の思いを伝えている。
2 否定的な表現を交えながらも、「南部の客好き」を好意的に受け止めている。
3 丁寧な言葉を用いてはいるが、「南部の客好き」を遠回しに批判している。
4 嫌悪感を明確に表明しながら、「南部の客好き」という習俗を拒絶している。
5 直接的な表現と間接的な表現を交えて、「南部の客好き」を客観的に伝えている。

(5) ――④「急速に衰退してしまった」とあるが、社交を好むアメリカの習俗が衰退した理由として**あてはまらないもの**を、次の1～5の中から一つ選びなさい。

1 後始末がたいへんだという理由や、飲酒運転の取り締まりがきびしくなったという世相の変化を理由に、家にお客を招いて社交をたのしむ機会がなくなったから。
2 八〇年代以降からの半世紀のあいだに大都市の住宅事情が逼迫してきたことを背景に、七〇年代までは存続していたホーム・パーティーという伝統が失われたから。
3 人口移動がはげしくなり、「隣人」というものがしょっちゅう入れ替わるようになったことで、「隣人」に対して関心をもとうとしなくなったから。
4 家を投機物件として売買するひとがふえ、金利の変動や失業によって家を追い出されることがなくなったことによって、「近隣社会」の安定度が上がったから。
5 世の中がだんだん物騒になってきて、「隣人」が不安を抱かせる存在となり、我が身の安全を守るために、「隣人」と距離を置いてつきあうようになったから。

(1) （ａ）～（ｄ）に入る語の組み合わせとして最も適当なものを、次の1～5の中から選びなさい。

1　a　あるいは　b　たとえ　c　たとえば　d　はたして
2　a　なぜなら　b　まさか　c　ただし　d　あたかも
3　a　さらに　b　かりに　c　だから　d　けっして
4　a　つまり　b　まるで　c　さて　d　おそらく
5　a　そして　b　もしも　c　だが　d　かならずしも

(2) ――①「どれだけのひとと、どれだけ深い交際ができているかによって人間や地域、そして組織の力は決定される」とあるが、筆者がこのように述べるのはなぜか。その理由として最も適当なものを、次の1～5の中から選びなさい。

1　様々なひとと会って会話をたのしむことが人間精神の活力の源泉となり、顔をあわせて談笑することを本能的に好む人間の欲求が満たされることで、犯罪率の低下につながるから。
2　学者たちがフェイス・トゥ・フェイスで意見交換をする場面がふえることで、物理的なインフラの整備や災害予防、さらには教育制度のあり方などに関する研究がすすみやすくなるから。
3　日常的に顔のみえる交際を交わしておくことが、災害時の人命救助や地域社会の治安維持などに有効に作用し、組織においても円滑なコミュニケーションを実現すると考えられるから。
4　ひとと会話をおこなう習慣が身についていることで、災害時にひとを救出するようなばあいに、救急隊員どうしが正確に情報を交換しながら、手ぎわよく救出作業を手伝うことができるから。
5　近隣の住民がおたがい暗黙のうちに注意しあい、ゴミのポイ捨てや落書きなどが発生しないようにすることで、経済的な無駄がなくなり、地域社会の経済によい影響を与えるから。

(3) ――②「ひっきりなし」とあるが、その様子を表すことわざとして最も適当なものを、次の1～5の中から選びなさい。

1　やぶから棒　2　のれんに腕押し　3　雨後の筍《たけのこ》
4　九牛の一毛　5　ひょうたんから駒

の終了と戦後の好景気で住宅建設がすすみ、全米で合計千三百万の新築住宅が供給された。芝生にかこまれた郊外住宅、そして通勤・通学手段としての自動車の普及……そうした一連の事情がかさなって近隣社会を中心にした「交際力」あるいは「社交力」がうまれたのであった。

この文章のはじめに紹介したのは開拓時代の西部の話だったが、アメリカ南部などは「客好き」で有名だった。だれかがくると一家総出でご馳走《ちそう》をつくる。泊まってゆけ、という。見物したいところはないか？　どこにでも連れてゆくから遠慮しないで、という。「南部の客好き」(Southern Hospitality) ということばはいまも健在である。とにかくお客をもてなすことが大好きなのだ。わたしもジョージアやテキサスではずいぶん歓迎された。食事をだして、おいしいか、もっと食べないか、なにか欲しいものはないか、③うるさいほど歓待してくださるのである。

だが、この愛すべきアメリカの習俗は八〇年代以降、とりわけ二十一世紀にはいってから④急速に衰退してしまったようにみえる。だいいちホーム・パーティーというのがなくなった。お客を招くのはいいけれどその後始末がたいへんだ、という理由もあるし飲酒運転の取り締まりがきびしくなった、という世相の変化もある。大都市のばあいだったらこの半世紀のあいだに住宅事情が逼迫《ひっぱく》[*5]してきたのもその背景にあるだろう。

（　c　）、そんなことよりも人口移動がはげしくなり、「隣人」というものがしょっちゅう入れ替わるようになった、という社会変化があった。たしかに「隣人」はいるけれども、住宅は所有者がどんどんかわってゆくから、お隣がどんな家族なのかよくわからない。何年もの「おつきあい」があればおたがい気心も知れるようになるが、こんなに住人がかわってゆくとまさに「隣は何をする人ぞ」である。だいたい、家をじぶんの「住む」場所としてではなく投機[*6]物件として売買するひとがふえてきた。逆にローンを抱えているうちに金利が変動したり失業したりすれば容赦《ようしゃ》なく追い出される。ひとことでいえば「近隣社会」の安定度が低下したのだ。

おまけに世の中、だんだん物騒になってきた。「隣のヒットマン」という映画があったが、ある日、突然に引っ越し業者のトラックがやってきて家財道具を搬入し、身元不詳の人間が入居する。近所にアイサツするわけでもなし、なんとなく不気味である。「隣人」がいてくれるのは（　d　）安心を意味するものではない。かえって不安である。

そうなると「おつきあい」もあんまり深入りしないほうがいい。顔をあわせたときに軽く会釈《えしゃく》するていどにとどめておいて、個人的なことはいっさい口にしないほうが賢明だ。「ひとを見たらドロボーと思え」というコトワザもある。その原則は垣根ひとつへだてたお隣にもあてはまる。まことに悲しいことだが、現代社会で我が身の安全を守るためにはすべてを疑ってかかるほうがよろしい。⑤アメリカ人の「社交」スタイルはすっかりかわってしまったようなのである。

こうした事情は日本にもあてはまる。われわれが生きている現代という時代が洋の東西を問わず「交際力」を失いはじめているのである。

（加藤秀俊『常識人の作法』）

（注）
＊1　インフラ…水道・ガス・電気・道路など、日々の生活を支える基盤となるもの。
＊2　ジョン・デューイ…アメリカの哲学者。
＊3　シェリー…ワインの一種。
＊4　オルデンバーグ…アメリカの社会学者。
＊5　逼迫…追いつめられて余裕がなくなること。
＊6　投機…安いときに買い、高いときに売ること。

二 次の文章を読んで、あとの(1)～(7)の問いに答えなさい。

来客であれ、ふだんからの顔見知りであれ、とにかくひとと会って会話をたのしむ、というのはいいことだ。しごとをしていればあれこれ用務もあるだろうが、そうでなくても日常会話というのは人間精神の活力の源泉のようなもので、ひとと会わなければどこかオカしくなる。顔をあわせて談笑するのは人間にとってほとんど本能にちかいといってもよい。

こんなふうに人間が顔をつきあわせてつきあう場面のことを、このごろの学者はfffなどという。フェイス・トゥ・フェイスの略である。（ a ）人間がこのような場面をどれだけもっているかを尺度にして、それをsocial capitalと名付けたりもしている。横文字を紹介してしまったが、これはお察しのとおりアメリカ生まれの用語。「社会資本」と訳すると物理的なインフラ*1を連想させるから、かりにこれを「交際資本」とでもしておこうか。いやcapitalをそのまま「資本」と訳すると経済用語になりそうだから「交際力」ぐらいにしておいたほうがいいのかな。「交際力」がゆたか、ということはふつうの日本語でいうと「顔がひろい」ということだから「カオ力」といってもいいだろう。いずれにせよ、①どれだけのひとと、どれだけ深い交際ができているかによって人間や地域、そして組織の力は決定される。

たとえば、台風で土砂に埋まった家のなかからひとを救出するとき、近所の隣人がその家の間取りをよく知っていて、その住人がふだん、どの部屋にいるか、を正確に手ぎわよく救急隊員に知らせたので助かった、という報道を新聞で読んで知った。ふだんの「交際力」があったからである。（ b ）その「交際力」がなかったら貴重な人命が失われていたかもしれない。文字通り顔のみえるふだんの交際がだいじなのだ。fffのおかげであった、といってもよい。

学者の研究によると「交際力」の潤沢なところでは、たとえば犯罪率がすくないという。近所がおたがい暗黙のうちに注意しているからである。ゴミのポイ捨てや落書きなども発生しない。それにひきかえ「交際力」の貧弱なところではいろんな社会問題が起きやすい。なるほどそうだろう、とわたしはおもう。ジョン・デューイ*2も『学校と社会』のなかで、いい近隣がいい教育を生む、といっている。

この問題に着目したアメリカの社会学者プットナムは第二次世界大戦がおわった一九五〇年代から六〇年代こそがアメリカ社会で「交際力」がその頂点に達したときだった、と歴史的にふりかえっている。その時代――それはわたしがさいしょにアメリカの大学院で学んだ時期だったが――には近隣そろってのバーベキューだのピクニックだのが大流行し、少年野球、サッカーなどがさかんになり、ホーム・パーティーが②ひっきりなしにおこなわれていた。その伝統は七〇年代までつづいていたようにわたしは記憶する。わたしが在学していたハーバード大学では毎週水曜日の夕方に指導教授の自宅で教授夫人が弾くピアノをききながらシェリー*3とサンドイッチというつつましい軽食のパーティーがひらかれていた。そういう場面をなんべんも体験して、なんとアメリカ人は人なつっこく、社交的でたのしいひとびとなのか、わたしはひたすら感動したのであった。

くわしいことは省略するが、オルデンバーグ*4によると一九五〇年代のアメリカは異常なほど郊外生活が爆発した時期だった。第二次世界大戦

(4)　次のa～dの故事成語の意味を、あとの1～5の中から一つずつ選んだとき、残るものはどれか。

a　矛盾　　b　蛇足　　c　蛍雪の功　　d　五十歩百歩

1　不必要なことをすること。
2　苦労しながら学問をし、成功すること。
3　二つの事柄のつじつまが合わないこと。
4　すべてがどうにもならなくなってしまうこと。
5　多少の違いはあるが、本質的には変わらないこと。

(5)　次の漢文を「出《い》でて南皇堂《なんくわうだう》に屯《とん》し、夜、壮子《さうし》を募《つの》つて水を渡り、敦《とん》の兄の王含《わうがん》が軍を掩《おほ》つて、大いに之《これ》を破る。」と読むとき、返り点が正しくつけられているものを、あとの1～5の中から選びなさい。

出屯南皇堂、夜、募壮子渡水、掩敦兄王含軍、大破之。

1　出屯㆑南皇堂、夜、募㆑壯子渡㆑水、掩㆓敦兄㆑王含軍㆒、大破㆑之。
2　出屯㆓南皇堂㆒、夜、募㆓壯子㆒渡㆑水、掩㆓敦兄王含軍㆒、大破㆑之。
3　出屯㆓南皇堂㆒、夜、募㆓壯子㆒渡水、掩㆓敦兄王㆒含軍、大破㆑之。
4　出屯㆑南皇堂、夜、募㆑壯子渡水、掩㆓敦兄㆑王㆒含軍、大㆓破之㆒。
5　出屯㆓南皇堂㆒、夜、募㆓壯子㆒渡㆑水、掩㆓敦兄王含軍㆒、大㆓破之㆒。

(6)　次の文中に、助詞はいくつあるか。あとの1～5の中から選びなさい。

週末の予定に備え、早く宿題を終わらせよう。

1　二つ　　2　三つ　　3　四つ　　4　五つ　　5　六つ

二〇二三年度 水城高等学校（推薦）

【国語】（五〇分）〈満点：一〇〇点〉

一 次の(1)～(6)の問いに答えなさい。

(1) 次のア・イの傍線を付したカタカナの部分と同じ漢字を用いるものを、あとの1～4の中からそれぞれ一つずつ選びなさい。

ア 争いのチュウサイに入る。

1 意見をサイヨウする。　2 布をサイダンする。

3 サイシンの注意を払う。　4 式典をカイサイする。

イ このままでは敗色がノウコウだ。

1 審判の判定にコウギする。　2 チームの勝利にコウケンする。

3 彼はオンコウな人物だ。　4 キョウコウな態度を取る。

(2) 「企」の訓読みとして正しいものを、次の1～5の中から選びなさい。

1 ほどこ（す）　2 いまし（める）　3 くわだ（てる）　4 さかのぼ（る）　5 おこ（す）

(3) 次の熟語と構成（文字と文字の結びつき・関係）が同じ熟語を、あとの1～5の中から選びなさい。

隔離

1 微笑　2 緩急　3 除湿　4 腹痛　5 錯誤

英語解答

1 A (1)…3 (2)…2 (3)…1
B (1)…3 (2)…4 (3)…4
C (1)…2 (2)…2

2 A (1)…3 (2)…2 (3)…3 (4)…3
(5)…1
B (1) 2番目…2 4番目…1
(2) 2番目…3 4番目…4
(3) 2番目…1 4番目…4

3 (1) 1 (2) 4 (3) 2

4 (1) A…3 B…4 C…1 D…2
(2) ⓐ…1 ⓑ…4 (3) 4

5 (1) A…1 B…4 C…2 D…1
E…3
(2) 3, 4, 5

1〔音声総合・語句解釈〕

A＜単語の発音＞

(1) 1．walk[ɔː] 2．bought[ɔː] 3．job[ɑː] 4．ball[ɔː]
(2) 1．afraid[ei] 2．said[e] 3．wait[ei] 4．brain[ei]
(3) 1．joined[d] 2．cooked[t] 3．washed[t] 4．reached[t]

B＜単語のアクセント＞

(1) 1．be-gín 2．for-gét 3．ím-age 4．ar-ríve
(2) 1．ál-ways 2．prác-tice 3．Áu-gust 4．in-stéad
(3) 1．góv-ern-ment 2．ín-ter-net 3．ín-flu-ence 4．how-év-er

C＜語句解釈＞

(1)A：こんにちは，アン。元気？／B：実はね，体調が悪いの。／A：それはよくないね。お大事に。//直後のAの返答から，Bの体調が悪いことがわかる(Please take care. は「お大事に」という意味)。under the weather は「体の具合がよくない」という意味。

(2)A：ねえ聞いて，昨日家の前でジョン・ブラウンを見たんだ。／B：まさか！　彼は世界で一番有名な歌手だよ。／A：でも，本当なんだ。彼と写真を撮ったんだからね。ほら，見て！//直後のAの発言から，BはAの言った内容を信じていないことがわかる。in your dreams は相手の発言に対して「ありえない」という意味で使う会話表現。

2〔文法総合〕

A＜適語(句)選択＞

(1)適切な関係代名詞を選ぶ。先行詞は the boy and the dog。このように，先行詞が‘人＋人以外のもの’のとき，関係代名詞は通例 that を用いる。　「ボールで遊んでいる男の子と犬が見えますか」

(2)空所以下は a small house「小さな家」を修飾する部分。by a lot of flowers「たくさんの花によって」にうまくつながるのは，surrounded「囲まれた」。　「私たちは，たくさんの花に囲まれた小さな家を見つけた」

(3)if節中の be動詞が were であることに注目。‘If＋主語＋動詞の過去形～，主語＋助動詞の過去形＋動詞の原形…’「もし～なら…なのに」の仮定法過去の文。　「もし彼女がここにいれば，私は彼女のために何でもするだろう」

⑷'so ～ that …'「とても～なので…だ」　「彼女はとても忙しいので，本を読む時間がない」

⑸according to ～「～によると」　「この地図によると，駅の近くに大きな公園がある」

B＜整序結合＞

⑴主語を Your report「あなたのレポート」とする。語群から，述語動詞は助動詞を含む受け身('助動詞＋be＋過去分詞')の形になると考えて must be checked とまとめ，最後に「～によって」という意味の前置詞 by を置く。 Your report must be checked by your teacher.「あなたのレポートは先生のチェックを受けなければならない」

⑵'主語＋動詞' を He helped とし，'help＋人＋動詞の原形…'「〈人〉が～するのを助ける」の形をつくる。 look for ～「～を捜す」 He helped me look for my bag.「彼は私のかばんを捜すのを手伝ってくれた」

⑶'ask＋人＋to ～'「〈人〉に～してくれるように頼む」の形で ask her to teach とまとめ，この後に'teach＋人＋物事'「〈人〉に〈物事〉を教える」を続ける。 I'll ask her to teach me English.「私は彼女に英語を教えてくれるように頼むつもりだ」

3〔対話文完成─適文選択〕

⑴A：次の週末は何をするつもり？／B：買い物に行くつもりだよ。一緒に行かない？／A：それは楽しそう。行こう。∥続くAの発言から，BはAを買い物に誘ったとわかる。Why don't we ～？は「～するのはどうですか」という'提案・勧誘'の表現。

⑵A：昨日の午後4時，何してた？／B：図書館で本を読んでいたよ。／A：そうか。それで，そのくらいの時間に家に行ったらいなかったんだね。∥話を聞いたAが，Bはそのくらいの時間に家にいなかったと言っていることから判断できる。

⑶A：もう学校に行く時間だ。行ってきます，お母さん。／B：ちょっと待って。午後は雨が降るわよ。／A：そうなの？　知らなかった。じゃあ，学校に傘を持っていくよ。∥この発言を受けてAが傘を持っていこうとしているので，雨が降ることを伝えたとわかる。

4〔長文読解総合─対話文〕

≪全訳≫❶ナナ(N)：ダニエル，いい冬休みを過ごせた？❷ダニエル(D)：うん。国に帰って，家族と一緒に新年を楽しんだよ。昨日日本に帰ってきたばかりなんだ。今は少し疲れてるけど，Aとてもいい冬休みだった。ナナはどう？❸N：私もいい冬休みを過ごしたわ。おばあちゃんの家に行って，4日間滞在したの。そのとき，おもしろい体験をしたわ。❹D：へえ，それについて教えて。❺N：おばあちゃんと一緒にみそをつくったんだ。Bみそって何か知ってるでしょ？❻D：もちろん。それでみそ汁をつくるんだよね？❼N：そうよ，でも，みそを使って他にもたくさんの日本料理をつくることができるわ。みそは日本料理にとって最も重要な調味料の1つだと思うの。❽D：でも，僕の日本のホストマザーはいつもスーパーで買ってくるから，Cみそが家でつくれるものだとは知らなかったよ。❾N：そうね，最近の人は多くがみそを買うかもしれないけど，つくり方までは知らないわよね。❿D：昔の人は家でみそをつくっていたということ？⓫N：うん，おばあちゃんからそう聞いたわ。おばあちゃんは若いときから毎年つくっていたのよ。⓬D：そうなんだ。で，Dおばあちゃんとどうやってみそをつくったの？⓭N：まず，大豆を何時間か煮るの。そして，それをペースト状にするんだ。その後，そのペーストに塩と他のものを混ぜてつくったのよ。⓮D：へえ，みそが大豆からつくられるなんて知らなかったよ。そうだな，君のみそでみそ汁をつくりたいな。⓯N：そうしてほしいんだけど，ごめん，今は無理なんだ。使えるようになるまで２，３か月待たないといけないのよ。

⑴＜**適文選択**＞A．ナナに冬休みについてきかれたダニエルの返答。「今は少し疲れている」と言った後に‘逆接’の but があるので，冬休みに対する肯定的な内容が入るとわかる。　B．この後，ダニエルがみそに関する知識を述べていることから，ナナはダニエルにみそを知っているか尋ねたとわかる。　C．直後の because 以下が，空所に入る内容の理由になっている。ホストマザーはみそをいつもスーパーで買っているから，ダニエルはみそが家でつくれるものだとは知らなかったのである。　D．この後でナナはみそをつくったときの手順を述べていることから判断できる。

⑵＜**適語選択**＞ⓐ祖母と一緒にしたみそづくりは，ナナにとって「おもしろい体験」だったといえる。ⓑナナはここで，みそがみそ汁以外にも多くの日本料理に使われていることを述べている。also は「〜もまた，さらに」と‘追加’の意味を表す。

⑶＜**要旨把握**＞第14段落参照。４のみそを買うことは述べられていない。

5 〔**長文読解総合―物語**〕

≪**全訳**≫❶ローラはアメリカの中学生だ。学校のバスケットボール部に入っていた。❷翌月に大会があるため，彼女は毎日何時間も練習していた。大会が近づくにつれ，彼女は日に日に自信をなくしていった。ローラは，自分がミスばかりしているから，あまり上達していないと思っていた。❸ローラが帰宅すると，父親のマイケルがローラの動揺に気づいた。そこで，夕食時に「どうしたんだい？　今日，学校で何かあったのか？」と尋ねた。彼女は，「気が動転しているの。バスケットボールのことでね。もうすぐ大きな大会があるんだけど，前はできていたことができなくて。チームに迷惑をかけるばかりだわ。もうバスケはできないと思う。プレーするのが怖いくらい」と言った。彼女は泣き出した。マイケルは「それはかわいそうに。君の力になってあげよう。何かできることはないかい？」と言った。彼女は「大丈夫。明日には元気になるから」と答えた。マイケルは彼女を心配していたが，何も助言することはできなかった。❹翌日の朝，２人は一緒に朝食をとった。マイケルは「君に伝えたいことがあるんだ。夕べはすまなかったな。役に立つアドバイスが何もできなくて」と言った。ローラは少しほほ笑みながら，「気にしないで。聞いてくれてありがとう」と言った。そして，マイケルは「ローラ，私の話を聞きなさい。チャレンジから逃げるのは簡単だ。毎日練習するのは大変だし，自信をなくすこともあるだろう。でも，自分を信じてベストを尽くすことは大切なスキルなんだ。多くの人はそれができない。でも，君にはそのスキルがある，ローラ。それを失ってはいけないよ」と言った。それから彼は自分の幼少期のことを話し始めた。「将来，バスケットボール選手になることが君の夢なのは知ってるよ。そこで私の話をしよう。私も若い頃，夢があったんだ。それは，野球選手になることだった。でも，自信がなくて，恥ずかしかった」「恥ずかしかった？　どうして？」　マイケルは「その夢は私には大きすぎると言う人もいたし，コーチも私が十分な実力を持っているとは思っていなかったからだ。だから結局，挑戦するのをやめてしまった」と言った。❺そして，続けて言った。「君には後悔をしてほしくない。今挑戦をやめたら，後悔することになる」　彼女は彼の言葉に驚いた。「ありがとう。今何をするべきか，わかったような気がする」　その会話は彼女にモチベーションを与えた。その日以降，ローラは練習により多くの時間をかけるようになった。❻大会当日，マイケルは試合会場までローラを車に乗せていった。車中，ローラは父に「緊張する。コーチは，この大会が私たちにとって一番大きな大会になると言ってたの。今日負けたら，今までの時間と努力が全て水の泡になるわ」と言った。彼は「そんなことはない，ローラ。それにも意味があるんだ。勝つことも大事だけど，ベストを尽くそうと努力することはもっと大事なんだよ。私の話を覚えているだろう？」 ローラは笑顔で，「気分が落ち着いたわ。パパはいつも私に人生で大切なことを教えてくれる。ありがとう，パパ」と言った。**7**彼女たちは初戦に勝つことができなかった。ローラとチームメイトは一緒に泣いた。コーチも泣いていた。しかし，マイケルは娘をとても誇りに思っていた。

(1)**<英問英答>**A.「大会の日が近づくにつれ，ローラが自信をなくしていったのはなぜか」―1.「練習でうまくいかなかったから」 第2段落参照。 B.「夕食をとっているとき，マイケルはローラに何をしてあげたかったか」―4.「ローラの問題に対して，いいアドバイスをしてあげたかった」 第3段落後半参照。力になりたいと思ったが，何も言えなかった。 C.「マイケルの若いときの夢は何だったか」―2.「野球選手になること」 第4段落後半参照。 D.「何がローラに練習へのモチベーションを与えたか」―1.「父親と話すこと」 第5段落最後から2文目参照。 E.「ローラのチームの大会の結果はどうだったか」―3.「初戦に勝てなかった」第7段落第1文参照。

(2)**<内容真偽>**1.「ローラは市のバスケットボールチームのメンバーである」…× 第1段落第2文参照。ローラは自分の中学校のチームに所属している。 2.「ローラは小さい頃，毎週友人たちとバスケットボールをしていた」…× このような記述はない。 3.「マイケルは，ローラには自分を信じてベストを尽くすスキルがあると言った」…○ 第4段落中盤に一致する。
4.「マイケルに対し，彼の夢は大きすぎると言う人もいた」…○ 第4段落最後から2文目に一致する。 5.「ローラは父親の車で大会に向かった」…○ 第6段落第1文に一致する。
6.「ローラが大会前に緊張しなかったのは，コーチの言葉があったからだ」…× 第6段落第2，3文参照。ローラは，コーチからこの大会が一番大きな大会になると言われ，緊張していた。
7.「大会後，ローラはチームメイト全員を誇りに思った」…× 本文最終文参照。マイケルが自分の娘を誇りに思った。

2023年度／水城高等学校（推薦）

数学解答

1 (1) ア…8　イ…1
(2) ウ…5　エ…5
(3) オ…2　カ…5
(4) キ…2　ク…9　ケ…5
(5) コ…1　サ…9
(6) シ…4　ス…6

2 (1) 4　(2) イ…7　ウ…5
(3) エ…3　オ…4　カ…2　キ…8
(4) ク…5　ケ…6
(5) コ…4　サ…1

3 (1) 9　(2) イ…1　ウ…2　エ…7
(3) オ…6　カ…5

4 (1) 5　(2) イ…1　ウ…0　エ…3
(3) オ…3　カ…3　キ…2　ク…5

5 (1) ア…1　イ…4　ウ…4
(2) ① エ…4　オ…8
② カ…3　キ…2　ク…4
ケ…5

1〔独立小問集合題〕

(1)＜数の計算＞与式 $=9-36\div\left(-\frac{1}{2}\right)=9-36\times(-2)=9-(-72)=9+72=81$

(2)＜数の計算＞与式 $=\sqrt{8\times10}+10\div\sqrt{2^2\times5}=\sqrt{4^2\times5}+10\div2\sqrt{5}=4\sqrt{5}+\frac{10}{2\sqrt{5}}=4\sqrt{5}+\frac{5}{\sqrt{5}}=4\sqrt{5}+\frac{5\times\sqrt{5}}{\sqrt{5}\times\sqrt{5}}=4\sqrt{5}+\frac{5\sqrt{5}}{5}=4\sqrt{5}+\sqrt{5}=5\sqrt{5}$

(3)＜式の計算＞与式 $=\frac{7a+b-3(a-3b)}{6}=\frac{7a+b-3a+9b}{6}=\frac{4a+10b}{6}=\frac{2a+5b}{3}$

(4)＜式の計算＞与式 $=a^2+9ab+14b^2+a^2-9b^2=2a^2+9ab+5b^2$

(5)＜一次方程式―比例式＞$a:b=c:d$ のとき，$a\times d=b\times c$ だから，$5\times2=(x+1)\times9$ より，$10=9x+9$，$-9x=9-10$，$-9x=-1$　$\therefore x=\frac{1}{9}$

(6)＜二次方程式＞解の公式より，$x=\frac{-(-8)\pm\sqrt{(-8)^2-4\times1\times10}}{2\times1}=\frac{8\pm\sqrt{24}}{2}=\frac{8\pm2\sqrt{6}}{2}=4\pm\sqrt{6}$ である。

2〔独立小問集合題〕

(1)＜データの活用―四分位範囲＞〔四分位範囲〕＝〔第３四分位数〕－〔第１四分位数〕である。７人が読んだ冊数なので，$7=3+1+3$ より，第１四分位数は小さい方の３個のデータの中央値，第３四分位数は大きい方の３個のデータの中央値である。小さい方の３個のデータは，小さい順に，１，２，２だから，２番目が２冊より，第１四分位数は２冊である。大きい方の３個のデータは，小さい順に，５，６，８だから，２番目が６冊より，第３四分位数は６冊である。よって，四分位範囲は，$6-2=4$(冊)となる。

(2)＜数の計算＞与式 $=(a+2)^2=(-2+5\sqrt{3}+2)^2=(5\sqrt{3})^2=25\times3=75$

(3)＜連立方程式の応用＞３年生の男子生徒の人数を x 人，女子生徒の人数を y 人とすると，３年生は62人だから，$x+y=62$……①が成り立つ。また，自転車通学をしている生徒は，男子生徒は半数だから $x\times\frac{1}{2}=\frac{1}{2}x$(人)，女子生徒は25％だから $y\times\frac{25}{100}=\frac{1}{4}y$(人)である。合わせて24人だから，$\frac{1}{2}x+\frac{1}{4}y=24$……②が成り立つ。②×４より，$2x+y=96$……②′　②′－①より，$2x-x=96-62$　$\therefore x=34$　これを①に代入して，$34+y=62$　$\therefore y=28$　よって，男子生徒の人数は34人，女子生徒の人数は28人である。

(4)＜確率―さいころ＞2つのさいころをA，Bとする。2つのさいころA，Bを同時に1回投げるとき，それぞれ6通りの目の出方があるから，目の出方は，全部で$6\times6=36$(通り)ある。このうち，出た目の数の和が9より大きくなる場合を考えると，(A，B)＝(4，6)，(5，5)，(5，6)，(6，4)，(6，5)，(6，6)の6通りある。よって，出た目の数の和が9以下となる場合は$36-6=30$(通り)だから，求める確率は$\frac{30}{36}=\frac{5}{6}$である。

(5)＜平面図形―角度＞右図で，2点O，Aを結ぶ。△OACはOA＝OCの二等辺三角形だから，∠CAO＝∠ACO＝28°である。また，$\overset{\frown}{BC}$に対する円周角と中心角の関係より，∠BAC＝$\frac{1}{2}$∠BOC＝$\frac{1}{2}\times138°=69°$である。よって，∠BAO＝∠BAC－∠CAO＝69°－28°＝41°となり，△OABはOA＝OBの二等辺三角形だから，∠ABO＝∠BAO＝41°である。

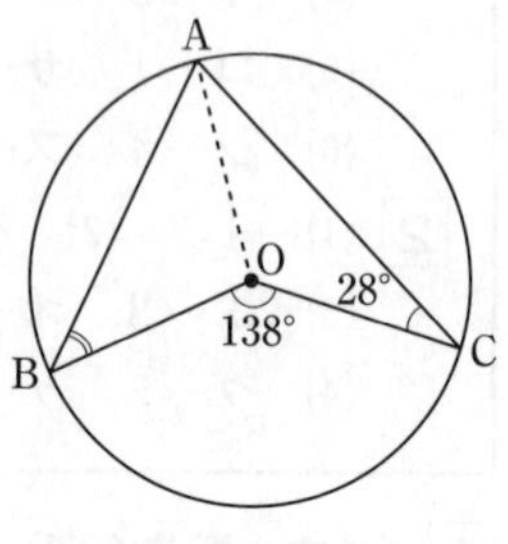

3 〔関数―関数$y=ax^2$と一次関数のグラフ〕

≪基本方針の決定≫(2)　2点C，Dの座標を求める。

(1)＜y座標＞右図で，点Bは放物線$y=\frac{1}{4}x^2$上の点でx座標が6だから，y座標は$y=\frac{1}{4}\times6^2=9$である。

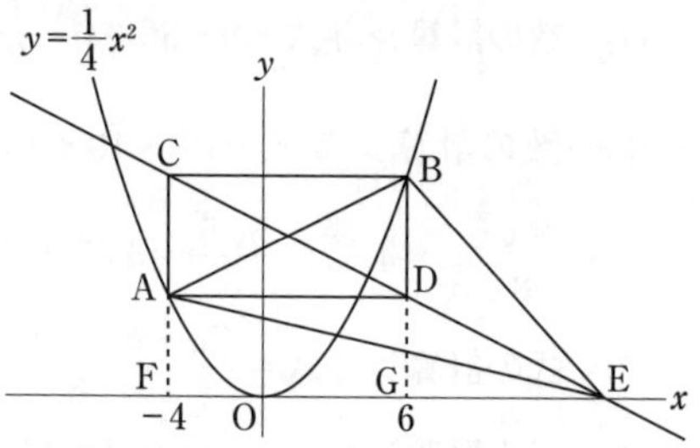

(2)＜直線の式＞右図で，点Aは放物線$y=\frac{1}{4}x^2$上の点でx座標が-4だから，$y=\frac{1}{4}\times(-4)^2=4$より，A$(-4,\ 4)$である。ACは$y$軸に平行，ADは$x$軸に平行だから，点Cの$x$座標は$-4$，点Dの$y$座標は4となる。また，(1)より，B(6，9)であり，BCはx軸に平行，BDはy軸に平行だから，点Cのy座標は9，点Dのx座標は6となる。よって，C$(-4,\ 9)$，D(6，4)だから，直線CDの傾きは$\frac{4-9}{6-(-4)}=-\frac{1}{2}$であり，その式は$y=-\frac{1}{2}x+b$とおける。点Dを通ることより，$4=-\frac{1}{2}\times6+b$，$b=7$となり，直線CDの式は$y=-\frac{1}{2}x+7$である。

(3)＜面積＞右上図で，CA，BDをそれぞれ延長し，x軸との交点をF，Gとすると，△AEB＝〔台形AFGB〕＋△BGE－△AFEである。(2)より，直線CDの式は$y=-\frac{1}{2}x+7$であり，点Eは直線CDとx軸の交点だから，$0=-\frac{1}{2}x+7$より，$\frac{1}{2}x=7$，$x=14$となり，E(14，0)である。また，A$(-4,\ 4)$，B(6，9)だから，AF＝4，BG＝9，FG＝$6-(-4)=10$，GE＝$14-6=8$，FE＝$14-(-4)=18$となる。よって，〔台形AFGB〕＝$\frac{1}{2}\times$(AF＋BG)×FG＝$\frac{1}{2}\times(4+9)\times10=65$，△BGE＝$\frac{1}{2}\times$GE×BG＝$\frac{1}{2}\times8\times9=36$，△AFE＝$\frac{1}{2}\times$FE×AF＝$\frac{1}{2}\times18\times4=36$となり，△AEB＝$65+36-36=65$(cm²)である。

4 〔平面図形―正三角形〕

≪基本方針の決定≫(1)　△FBDの形を考える。　　(2)　△DAFと△DIHに着目する。

(1)＜長さ＞次ページの図で，△ABCは正三角形であり，AC∥FDだから，△FBDも正三角形である。よって，FB＝BD＝3であり，AF＝AB－FB＝8－3＝5(cm)である。

(2)＜長さ＞次ページの図で，∠ADF＝∠IDHであり，AF∥HIより∠DAF＝∠DIHだから，△DAF

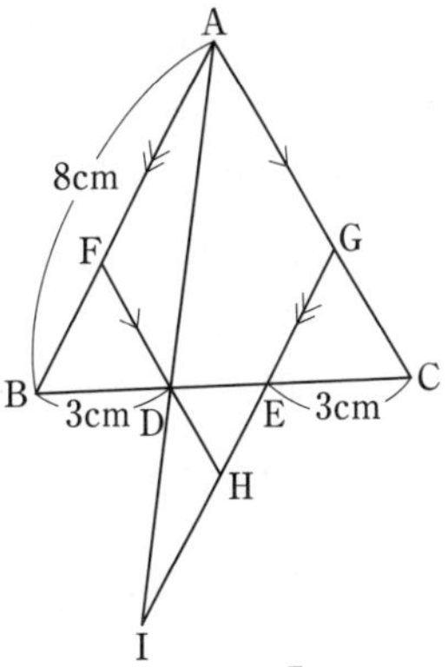

∽△DIH である。これより，AF：HI＝FD：HD である。△FBD が正三角形より，FD＝BD＝3 となり，FB∥EH だから，△HED も正三角形であり，HD＝DE＝BC－BD－CE＝8－3－3＝2 となる。よって，FD：HD＝3：2 だから，AF：HI＝3：2 となり，HI＝$\frac{2}{3}$AF＝$\frac{2}{3}$×5＝$\frac{10}{3}$(cm) である。

(3)**＜面積比＞**右図で，△FBD∽△ABC であり，相似比は BD：BC＝3：8 だから，面積比は△FBD：△ABC＝3^2：8^2＝9：64 である。よって，△FBD＝$\frac{9}{64}$△ABC であり，〔四角形 AFDC〕＝△ABC－△FBD＝△ABC－$\frac{9}{64}$△ABC＝$\frac{55}{64}$△ABC である。次に，△DAF：△FBD＝AF：FB＝5：3 だから，△DAF＝$\frac{5}{3}$△FBD＝$\frac{5}{3}$×$\frac{9}{64}$△ABC＝$\frac{15}{64}$△ABC となる。また，AF∥GI，FD∥AG より，∠DAF＝∠AIG，∠ADF＝∠IAG だから，△DAF∽△AIG である。△GEC も正三角形になることから，GC＝CE＝3 となり，GA＝AC－GC＝8－3＝5 である。したがって，△DAF と△AIG の相似比が FD：GA＝3：5 より，△DAF：△AIG＝3^2：5^2＝9：25 となり，△AIG＝$\frac{25}{9}$△DAF＝$\frac{25}{9}$×$\frac{15}{64}$△ABC＝$\frac{125}{192}$△ABC となる。以上より，〔四角形 AFDC〕：△AIG＝$\frac{55}{64}$△ABC：$\frac{125}{192}$△ABC＝33：25 となるから，四角形 AFDC の面積は△AIG の面積の$\frac{33}{25}$倍である。

5 〔空間図形―三角柱〕

≪基本方針の決定≫(2)① 辺 EB，線分 DP，線分 FQ を延長してできる三角錐を考える。 ② 線分 DP，PQ，QF を含む 3 つの面を展開した図で考える。

(1)**＜面積＞**右図 1 で，三角柱 ABC-DEF の底面積は，∠ABC＝90° より，△ABC＝$\frac{1}{2}$×AB×BC＝$\frac{1}{2}$×8×6＝24 である。また，側面は全て長方形であり，〔長方形 ADEB〕＝AD×AB＝4×8＝32，〔長方形 BEFC〕＝BE×BC＝4×6＝24，〔長方形 CFDA〕＝CF×CA＝4×10＝40 となる。よって，表面積は，2△ABC＋〔長方形 ADEB〕＋〔長方形 BEFC〕＋〔長方形 CFDA〕＝2×24＋32＋24＋40＝144(cm^2) である。

図 1

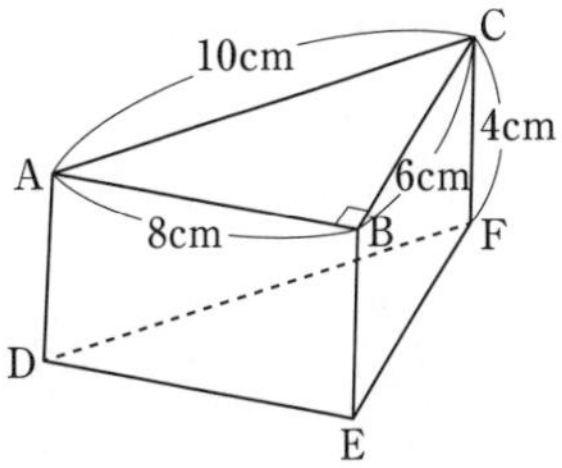

(2)**＜体積，長さの比＞**①右図 2 で，立体 E-DFQP は四角錐なので，4 点 D，F，Q，P は同一平面上にある。このことから，辺 EB，線分 DP，線分 FQ をそれぞれ延長すると，1 点で交わる。その交点を O とする。点 P が辺 AB の中点より，PA＝PB であり，∠PAD＝∠PBO＝90°，∠APD＝∠BPO だから，△PAD≡△PBO となる。よって，BO＝AD＝4，EO＝BO＋BE＝4＋4＝8 となる。△DEF＝△ABC＝24 だから，〔三角錐 O-DEF〕＝$\frac{1}{3}$×△DEF×EO＝$\frac{1}{3}$×24×8＝64 である。また，BP＝$\frac{1}{2}$AB＝$\frac{1}{2}$×8＝4，BQ＝$\frac{1}{2}$BC＝$\frac{1}{2}$×6＝3 より，〔三角錐 O-PBQ〕＝$\frac{1}{3}$×△PBQ×BO＝$\frac{1}{3}$×$\frac{1}{2}$×4×3×4＝8，〔三角錐 E-PBQ〕＝$\frac{1}{3}$×△PBQ×BE＝$\frac{1}{3}$×$\frac{1}{2}$×4×3×4＝8 となるので，求める

図 2

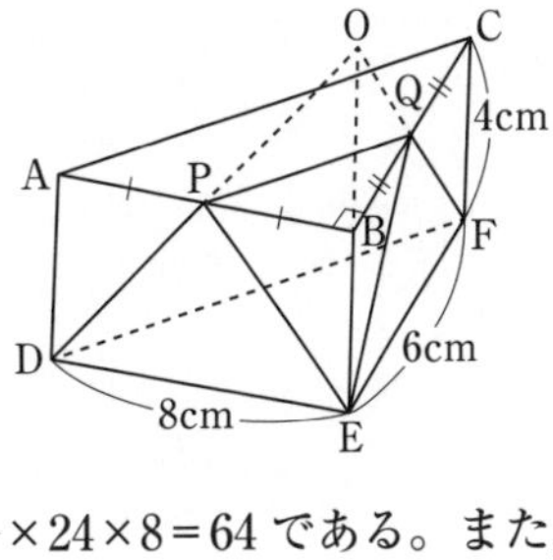

立体の体積は，〔四角錐 E-DFQP〕=〔三角錐 O-DEF〕−〔三角錐 O-PBQ〕−〔三角錐 E-PBQ〕$=64-8-8=48(\text{cm}^3)$となる。　②3つの線分DP，PQ，QFを含む3つの面，面ADEB，面ABC，面BEFCを右図3のように展開する。$DP+PQ+QF$が最小になるのは，4点D，P，Q，Fが一直線上にあるときである。$\angle APD=\angle E_2PF$，$\angle PAD=\angle PE_2F=90^\circ$より，$\triangle PAD \backsim \triangle PE_2F$だから，$AP:E_2P=AD:E_2F=4:6=2:3$である。$AE_2=AB+BE_2=8+4=12$なので，$AP=\frac{2}{2+3}AE_2=\frac{2}{5}\times 12=\frac{24}{5}$となり，$PB=AB-AP=8-\frac{24}{5}=\frac{16}{5}$となる。よって，$AP:PB=\frac{24}{5}:\frac{16}{5}=3:2$である。同様にして，$\triangle CQF \backsim \triangle E_1QD$だから，$QC:QE_1=FC:DE_1=4:8=1:2$である。$CE_1=BC+BE_1=6+4=10$だから，$QC=\frac{1}{1+2}CE_1=\frac{1}{3}\times 10=\frac{10}{3}$となり，$BQ=BC-QC=6-\frac{10}{3}=\frac{8}{3}$となる。したがって，$BQ:QC=\frac{8}{3}:\frac{10}{3}=4:5$となる。

図3

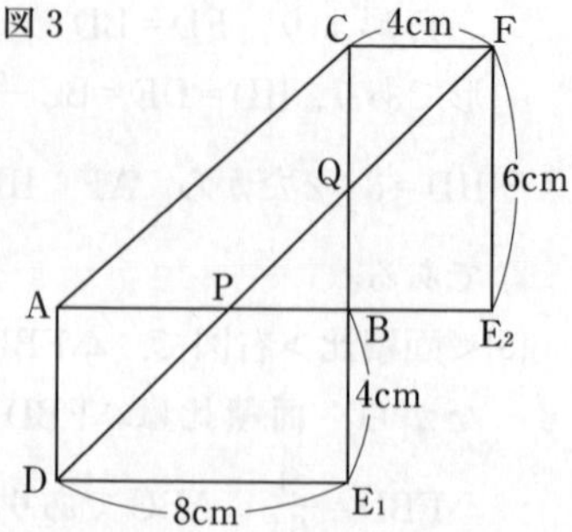

＝読者へのメッセージ＝

関数$y=ax^2$のグラフは放物線です。放物線は英語でパラボラ(parabola)といいます。パラボラアンテナは，放物線の形を利用してつくられています。

国語解答

一 (1) ア…2　イ…3　(2) 3
(3) 5　(4) 4　(5) 2　(6) 2

二 (1) 5　(2) 3　(3) 3　(4) 2
(5) 4　(6) 1　(7) 5

三 (1) 5　(2) 3　(3) 5　(4) 1
(5) 2　(6) 1　(7) 4

四 (1) 3　(2) 4　(3) 1　(4) 2
(5) 4

一〔国語の知識〕

(1)＜**漢字**＞ア.「仲裁」と書く。1は「採用」，2は「裁断」，3は「細心」，4は「開催」。　イ.「濃厚」と書く。1は「抗議」，2は「貢献」，3は「温厚」，4は「強硬」。

(2)＜**漢字**＞「企」は，物事を計画する，という意味。音読みは「企画」などの「キ」。

(3)＜**熟語の構成**＞「隔離」と「錯誤」は，似た意味の漢字を組み合わせた熟語。「微笑」は，上の字が下の字を修飾している熟語。「緩急」は，反対の意味の漢字を組み合わせた熟語。「除湿」は，下の字が上の字の目的語になっている熟語。「腹痛」は，上の字が主語で，下の字が述語になっている熟語。

(4)＜**故事成語**＞a.「矛盾」は，つじつまが合わないこと（…3）。　b.「蛇足」は，つけ加える必要のないもののこと（…1）。　c.「蛍雪の功」は，苦労しながら学問を成し遂げること。また，その成果（…2）。　d.「五十歩百歩」は，大した違いがないこと（…5）。

(5)＜**漢文の訓読**＞「出」→「南皇堂」→「屯」→「夜」→「壯子」→「募」→「水」→「渡」→「敦兄王含軍」→「掩」→「大」→「之」→「破」の順に読む。「堂」から「屯」，「子」から「募」，「軍」から「掩」へは，それぞれ二字以上返るので，一・二点を用いる。「水」から「渡」，「之」から「破」へは，それぞれ一字返るので，レ点を用いる。

(6)＜**品詞**＞助詞は，「週末の」の連体修飾語をつくる格助詞「の」，「予定に」の目的を表す連用修飾語をつくる格助詞「に」，「宿題を」の対象を表す連用修飾語をつくる格助詞「を」の三つである。

二〔**論説文の読解―社会学的分野―コミュニケーション**〕出典；加藤秀俊『常識人の作法』「『つきあい』のゆくえ」。

≪本文の概要≫日常生活の中で隣人とのつき合いが深く，「交際力」のある地域では，災害時に人命救助に必要な情報を得られたり，地域自体の治安の維持につながったりと，よいことが多い。逆に，「交際力」の貧弱な所では，いろいろな社会問題が起きやすい。ある社会学者によれば，歴史的に見て，アメリカ社会では，第二次世界大戦が終わった一九五〇年代から六〇年代こそが，「交際力」が頂点に達していた時期だという。社会のさまざまな事情が重なって，近隣社会を中心にした「交際力」あるいは「社交力」が生まれたのである。しかし，八〇年代になると，住宅事情に余裕がなくなり，盛んに行われていたホーム・パーティーもなくなった。また，人口移動の激しさにより隣人が頻繁に入れかわり，加えて世の中が物騒になると，人々は，自分の身を守るために個人的なことを話さず，以前のように隣人と深いつき合いなどしなくなった。こうした事情は，日本にも当てはまる。現代社会は，「交際力」を失い始めている。

(1)＜**接続語**＞a．この頃の学者は「人間が顔をつきあわせてつきあう場面のこと」をftfといい，また，「人間がこのような場面をどれだけもっているかを尺度にして，それをsocial capitalと名付けたりもしている」のである。　b．土砂に埋まった家の中にいた人が助かったのは，「ふだんの

『交際力』があったから」であり，仮に「その『交際力』がなかったら貴重な人命が失われていたかもしれない」のである。　c．ホーム・パーティーがなくなった背景には，「飲酒運転の取り締まりがきびしくなった」ことや逼迫した「住宅事情」もあるだろうが，それよりも人の移動が激しくなり，隣人が「しょっちゅう入れ替わるようになった」という社会変化もある。　d．「隣人」の存在が，絶対に安心を意味するというわけではなく，「かえって不安」なこともある。

(2)**＜文章内容＞**「わたし」は，ふだんから人と人とが顔を合わせてつき合っていることは，災害時に救助のために必要な情報を得られたり，地域内での犯罪の抑止につながったりするので，大切であると考えている。

(3)**＜ことわざ＞**「ひっきりなし」は，絶え間なく続くさま。「雨後の筍」は，物事が次々と起こること。「やぶから棒」は，突然に行うさま。「のれんに腕押し」は，手応えや張り合いがないさま。「九牛の一毛」は，取るに足りないさま。「ひょうたんから駒」は，ふざけて言ったことが実現すること。

(4)**＜表現＞**「うるさいほど」という否定的な語を用いて，「食事をだして，おいしいか，もっと食べないか，なにか欲しいものはないか」という，南部の人の客に対する熱烈な歓待ぶりを強調し，その歓待に対し「してくださる」と好意を表している。

(5)**＜文章内容＞**家を「『住む』場所としてではなく投機物件として売買するひと」が増え，また，「ローンを抱えているうちに金利が変動したり失業したり」すると容赦なく追い出されるために，隣人はしょっちゅう入れかわるので，「『近隣社会』の安定度が低下した」のである（４…×）。

(6)**＜文章内容＞**アメリカ人の「社交」は，ホーム・パーティーやバーベキューなどで隣人を家に招いてもてなし，何年もの「おつきあい」を続けていくスタイルから，すぐ入れかわる隣人がどんな人かわからない以上，自分の身を守るために個人的なことを話さず，隣人と距離を取るようなスタイルへと変化した。

(7)**＜表現＞**「わたし」は，プットナムやオルデンバーグによる戦後アメリカ社会の研究や，自身の体験をもとに，アメリカにおける「交際力」の発展と衰退について述べ，さらに，「交際力」の衰退は日本においても同様であり，現代は「洋の東西を問わず『交際力』を失いはじめている」と論じている。

三〔小説の読解〕出典；橋本紡『ひかりをすくう』。

(1)**＜文脈＞**当時の「わたし」は，たった二年ですっかり大人になってしまった姉との違いに戸惑い「目を逸らしてしまった」が，姉もまた妹との間に気づまりを感じ，「わたしと同じように」目を逸らしていたのではないだろうかと，今の「わたし」は考えている。

(2)**＜文章内容＞**「わたし」が帰ってくるタイミングで橋の上に立ち，これまで「数え切れないくらい」渡ってきた橋を今さら「高いね」と言う姉の言動に，「わたし」は，不自然さを感じ，姉が何か大事なことを言おうとしているのではないかと気づいた。

(3)**＜表現＞**「わたし」は，この狭い町と，そこにとどまる大人たちの間に見られる，父を中心としたどろどろとした人間関係を，橋の下で水がたまっている淵のように，濁ってよどんだ，よくない状態だと感じていた。

(4)**＜文章内容＞**姉は，「わたし」が横暴な父や狭い人間関係にうんざりして東京へ出るのに，東京から戻ってきたら，もっとこの町での生活に耐えられなくなって「どうかしちゃう」だろうと思ったのである。

(5)**＜慣用句＞**「竹を割ったよう」は，気性に陰湿さがないさま。「判で押したよう」は，いつも同じようにするさま。「火がついたよう」は，慌ただしいさま。「水を打ったよう」は，いっせいに静まりかえるさま。「薄紙を剝ぐよう」は，病気が少しずつよくなるさま。

(6)＜**心情**＞「わたし」は，姉に指摘されるまで，叔父が父の会社を「狙ってる」という，親戚との関係の危うさに全く気づきもしなかった。「わたし」は，姉からすれば何も知らない子どもであるという現実を突きつけられて，困惑したのである。

(7)＜**表現**＞今の「わたし」が，町を出る前の高校生の「わたし」と姉とのやりとりを振り返りながら，当時の自分がまだ何も知らない子どもだったと感じていることが，回想の形式で表現されている。

四 〔**古文の読解―説話**〕出典；『宇治拾遺物語』巻第十四ノ九。

≪**現代語訳**≫これも今となっては昔のことだが，(天文博士が)「月が，大将星を侵す」という意見書を献上した。そこで，「近衛大将は十分に謹慎すべきだ」ということで，小野宮右大将はさまざまなお祈りなどをなさって，春日大社，山階寺などにおいても何度もお祈りなさった。

そのときの左大将は，枇杷左大将仲平と申し上げる人であった。東大寺の法蔵僧都は，この左大将のお祈りの師匠である。きっとお祈りの(頼み)ことがあるだろうと待っていたが，(仲平から)何の音沙汰もなさらないので，(僧都は)気がかりで京に上って，枇杷殿に参上した。

殿は(僧都に)お会いになって，「どんなご用事で上京されたのですか」とおっしゃるので，僧都が，「奈良で承りますと，左右大将は謹慎すべきと，天文博士が判断を下したといって，右大将は春日大社，山階寺などにてお祈りをさまざまになさっていらっしゃるので，殿からもきっと(お祈りのお頼みが)あるだろうと思いまして，様子をうかがっておりましたが，『そんなことは何もお聞きしていない』と皆が申しますので，気がかりに思いまして参上したわけでございます。やはりお祈りするのがようございましょう」と申し上げると，左大将がおっしゃるには，「いかにもそのとおりである。しかし私が思うには，大将が謹慎すべきと申すそうだが，私も謹慎すれば，右大将にとって具合の悪いこともあるだろう。あの大将は学識も優れていらっしゃる。年も若い。長く朝廷にお仕えすべき人である。私についてはそのようなこともない。年も取った。どうなろうと，大したことはないだろうと考えるので，祈らないのである」とおっしゃったので，僧都は涙を流し泣いて，「(このお言葉は)百万の祈りにも勝るでしょう。このような御心のままにお過ごしになれば，何かの恐れも全くございますまい」と言って退出した。そういうわけでまことに何事もなく，(仲平は)大臣になって七十余歳までおいでになったという。

(1)＜**古文の内容理解**＞僧都は，月が大将星を侵すという天文判断の文書を受けても，仲平からいっこうにお祈りの頼みがないのを気がかりに思い，仲平のもとに参上した。

(2)＜**古文の内容理解**＞仲平は，僧都が言うように，右大将と同様に自分も天文判断の文書に従って，左大将としてお祈りをするべきだということを理解していた。

(3)＜**古文の内容理解**＞仲平は，右大将が若く，学問にも通じており，長く朝廷に仕えるべき存在であり，それに対し年老いた自分まで祈って，彼に災難が降りかかってはいけないと考えていた。僧都は，仲平の自己犠牲の精神に感動して涙を流した。

(4)＜**現代語訳**＞「さらに」は，打ち消し語を伴うと，全く〜ない，と訳す。「じ」は，打ち消し推量の助動詞。全体で，何かの恐れも全くございますまい，という意味。

(5)＜**古文の内容理解**＞右大将のことを思いやった仲平は，最終的に七十余歳まで大臣を務めたのであり，自分よりも他人を思いやるような人は，どんな問題があっても平穏に暮らせることが描かれている。

2023年度 水城高等学校

【英　語】（50分）〈満点：100点〉

1 次のA～Cの問いに答えなさい。

A　次の(1)～(3)の各組について，下線部の発音が他の３語と異なる語を，１～４の中から一つずつ選びなさい。

(1)　1 lose　2 news　3 choose　4 case

(2)　1 heard　2 girl　3 park　4 work

(3)　1 aunt　2 sauce　3 daughter　4 taught

B　次の(1)～(3)の各組について，最も強いアクセントの位置が他と異なるものを，１～４の中から一つずつ選びなさい。

(1)　1 enjoy (en-joy)　2 abroad (a-broad)
　　3 before (be-fore)　4 notebook (note-book)

(2)　1 introduce (in-tro-duce)　2 chocolate (choc-o-late)
　　3 character (char-ac-ter)　4 president (pres-i-dent)

(3)　1 communicate (com-mu-ni-cate)　2 population (pop-u-la-tion)
　　3 information (in-for-ma-tion)　4 electronic (e-lec-tron-ic)

C　次の(1)，(2)の会話について，下線部の文や語句の意味を推測し，その意味として最も適切なものを，１～４の中から一つずつ選びなさい。

(1)　*A*： I'm so busy. I have many things to do.
　　B： Can I give you a hand?
　　A： Yes, thank you very much.
　　1 a pen　2 any help
　　3 any more　4 a bag

(2)　*A*： Are you good at math?
　　B： Yes. It's a piece of cake.
　　A： Really? Can you help me? I'm not good at it.
　　1 It's easy for me.　2 It's difficult for me.
　　3 It's popular in Japan.　4 It's famous in Japan.

2 次のAとBの問いに答えなさい。

A 次の(1)～(5)の（　）に入れるのに最も適切な語（句）を，それぞれ１～４の中から一つずつ選びなさい。

(1) Japan is (　) around the world for its delicious food.

1 knows　2 known　3 knew　4 knowing

(2) My bag is (　) of books, so it is heavy.

1 instead　2 warm　3 because　4 full

(3) Kaori sings the best (　) her club.

1 of　2 from　3 in　4 off

(4) I wish I (　) a sister like her.

1 have　2 had　3 will have　4 would have

(5) Let me (　) this computer.

1 used　2 use　3 using　4 to use

B 次の(1)～(3)において（　）内の語を並べかえて自然な英文を完成させたとき,（　）内で２番目と４番目にくる語はそれぞれどれか。１～５の中から一つずつ選びなさい。

(1) Tell your teacher (1 your　2 do　3 didn't　4 why　5 you) homework.

(2) I (1 know　2 bring　3 don't　4 to　5 what) to the party.

(3) How (1 you　2 watching　3 have　4 long　5 been) TV?

3 次の(1)～(3)の会話文の意味が通じるように，それぞれの（　　）内に入る最も適切なものを１～４の中から一つずつ選びなさい。

(1) *A :* It's almost lunchtime.

B : (　　　　　) I had breakfast only two hours ago.

A : All right, let's eat lunch later then.

1 Here is your lunch.

2 I'm not so hungry.

3 Don't eat anything.

4 I went to the restaurant.

(2) *A :* Excuse me. Did you see a dog around here? It is big and black.

B : A big black dog? (　　　　　)

A : Oh, which way did it go?

1 Sorry, but I didn't see a dog like that.

2 You have seen it many times.

3 That dog was mine before.

4 I saw it just a few minutes ago.

(3) *A :* You went to see a baseball game last Sunday, didn't you? How was it?

B : Actually, (　　　　　).

A : Really? But it was a beautiful sunny day in my town.

1 my favorite team won and I was very happy

2 I was not fine, so I couldn't play in the game

3 there was no game because of the bad weather

4 I not only went to a baseball game but also a concert

4 次の会話文は，ある中学校の英語部員たちの会話です。これを読んで，あとの(1)～(3)の問いに答えなさい。

（＊のついた語(句)は注があります）

Mami : Hello, everyone. This is our last club activity of this school year. Next month, in April, the students who are now in the first and the second year will *move up and there will be new first-year students at our school. So today, we have to talk about one important thing.

Yuto : I know. We have to talk about things to do to get a lot of new members for our English club, right?

Mami : That's right. Last April, [A], so we only had two new members. With more members, our club activities will be more fun, so we want as many new members as we can get, don't we?

Rena : Yes. But [B]?

Keita : Well, one of my friends is a member of the volleyball club, and he said that his club *put up many colorful posters to introduce it on many walls of our school last April. Then, it got eighteen new members.

Rena : Great. Let's do that. But I don't think that's (ⓐ). How about making *leaflets to introduce our club and asking the first-year classroom teachers to *distribute them?

Yuto : I'm (ⓑ) we shouldn't ask teachers because they are all busy, especially soon after the school year begins.

Mami : But I think [C]. Why don't we visit each of the first-year classrooms and distribute them by ourselves?

Yuto : The teachers say that we mustn't do that because if [D], the first-year classrooms will be very crowded and *messy.

Rena : Then, let's come to school early in the morning and stand at the school gate. There we will give the leaflets to each of the new first-year students.

Yuto : That's nice. Let's do that. It may be a little hard to get up and come to school early, but let's try hard to get a lot of new members.

（注） move up：進級する　put up ～：～を掲示する　leaflets：小冊子，パンフレット
distribute ～：～を配る　messy：ごちゃごちゃした

(1) A～Dの [　　] に入れるのに最も適切なものを，それぞれ１～４の中から一つずつ選びなさい。

A　1　we said goodbye to the old members
　　2　we talked a lot in English
　　3　we tried many things
　　4　we did almost nothing

B　1　where will we enjoy it
　　2　what can we do
　　3　how should we spend it
　　4　why are we staying here

C　1　distributing leaflets is a good idea
　　2　we can ask teachers to help us
　　3　we don't need so many new members
　　4　making colorful posters is better

D　1　our club room is closed
　　2　new first-year students visit us
　　3　all the clubs do the same thing
　　4　our club teacher visits them

(2) ⓐとⓑの（　　）に入れるのに最も適切な語を，それぞれ１～４の中から一つずつ選びなさい。

ⓐ	1 different	2 easy	3 bad	4 enough
ⓑ	1 surprised	2 afraid	3 excited	4 ready

(3)　次の**1**～**4**の絵の中で，英語部員たちがこの会話文で新学期にすると決めたことを，**一つ**選びなさい。

1

2

3

4

5 次の英文を読んで，あとの(1)，(2)の問いに答えなさい。

（＊のついた語(句)は注があります）

It is about as long as a pen. It's something that we use a few times every day — after eating, before going to bed, and so on. We use this to clean our teeth. What is this thing? You know it, right? Yes, it is a toothbrush.

We like to have clean teeth. People a long time ago also did. So, people have tried many kinds of things to keep their teeth clean *throughout history. About 2,500 years ago, some people in India used a *wooden stick to clean their teeth. They *loosened one *end of the stick, and they *brushed their teeth with it. A man in *Ancient Rome wrote that he used the hair of an animal to clean his teeth.

The thing used by the *emperor of China at the end of the fifteenth century looked very similar to the toothbrushes we use today. The stick part was made from animal *bone, and the brush part was made of pig hair. Later, this kind of toothbrush was used in many countries for a few centuries.

However, it is wrong to think that toothbrushes were popular with everyone in those countries. Animal bones and pig hair were expensive, and it was not easy to get them. So, only rich people could use such toothbrushes and other people couldn't get them. Also, there was a problem with this type of toothbrush: it was not strong, and people couldn't use it for long.

In the early twentieth century, people got a new type of toothbrush. They were made of plastic — they had a plastic stick part and plastic hairs. They had many good points. First, they were cheaper than the ones made from animal bone and pig hair, so many people could buy them. Second, they were stronger, so people could use one for a longer time. Third, they worked better on teeth, so people could clean their teeth better with them.

Since then, plastic toothbrushes have become popular all over the world, and now we use plastic ones every day.

However, we now have one big problem with such toothbrushes: it is difficult to recycle them. Why? Because they usually have various kinds of plastics in them, and because their parts are too small. So, after we finish using one, it's just trash, and we can almost do nothing about it. Now, think about the number of toothbrushes that become trash over time.

There are about 7,900,000,000 people in the world, and if each of them uses ten toothbrushes every year throughout their life, — what a number!

There are some groups of people who clean around the sea. They say, "We find a lot of used plastic toothbrushes. At any beach, every time, we feel that we find more toothbrushes each year."

Many toothbrush companies are trying hard to *correct this problem. They have started to sell toothbrushes that don't create so much plastic trash. Some companies sell the stick parts and the brush parts *separately. If the brush part *wears out, people can just change it. Other companies sell toothbrushes made from natural *materials, such as trees and animal hair — like the ones people used a long time ago.

（注） throughout ～：～を通してずっと　wooden：木製の　loosen ～：～をほぐす　end：端
brush ～：～をみがく　Ancient Rome：古代ローマ　emperor：皇帝　bone：骨
correct ～：～を正す　separately：別々に　wear out：すり減る　material：素材

(1) **A～Eの問いに対する答えとして最も適切なものを，それぞれ1～4の中から一つずつ選びなさい。**

A. What did some people in India use to clean their teeth about 2,500 years ago?

1 They used their own hair.
2 They used many kinds of things.
3 They used a wooden stick.
4 They used the hair of an animal.

B. What was one of the problems with toothbrushes made from animal bone and pig hair?

1 Their brush parts made from pig hair were not expensive.
2 People couldn't use one for a long time.
3 They didn't work well on people's teeth.
4 Rich people didn't want to use them.

C. When did people get toothbrushes with a plastic stick part and plastic hair?

1 In the early 19th century.

2 In the late 19th century.

3 In the early 20th century.

4 In the late 20th century.

D. Why is it difficult to recycle plastic toothbrushes?

1 Because the plastics used in them are the ones we can't recycle.

2 Because many people think old toothbrushes are just trash.

3 Because there are too many toothbrushes for us to recycle in the world.

4 Because they are made of various kinds of plastics and their parts are tiny.

E. What is done by some toothbrush companies?

1 Helping groups of people who clean around the sea.

2 Buying used toothbrushes and recycling them.

3 Collecting old toothbrushes and making T-shirts from them.

4 Selling toothbrushes which are made from natural materials.

(2) 本文の内容に合う文を，次の１～７の中から三つ選びなさい。

1 People in Ancient Rome used the hair of animals to clean their bodies.

2 The emperor of China used a toothbrush which looked like the ones we use today.

3 Japanese people about one thousand years ago didn't brush their teeth.

4 Plastic toothbrushes were not as expensive as the ones made from animal bone and pig hair.

5 Today, more than half of the plastic trash in the sea is old toothbrushes.

6 About 7,900,000,000 toothbrushes become trash every year.

7 A lot of used plastic toothbrushes are found on many beaches every year.

【数　学】（50分）〈満点：100点〉

1　次の□にあてはまる数を答えなさい。

(1)　$-5+8\div\left(-\dfrac{1}{3}\right)^2=\boxed{\text{アイ}}$

(2)　$\sqrt{5}\times2\sqrt{30}\div\sqrt{2}-\sqrt{108}=\boxed{\text{ウ}}\sqrt{\boxed{\text{エ}}}$

(3)　$\dfrac{9a-b}{12}-\dfrac{a-5b}{4}=\dfrac{\boxed{\text{オ}}\,a+\boxed{\text{カ}}\,b}{6}$

(4)　$(2a+5b)(2a-5b)-(a+3b)(a-9b)=\boxed{\text{キ}}\,a^2+\boxed{\text{ク}}\,ab+\boxed{\text{ケ}}\,b^2$

(5)　方程式 $\dfrac{5}{6}(x+1)=2x$ の解は $x=\dfrac{\boxed{\text{コ}}}{\boxed{\text{サ}}}$ である。

(6)　2次方程式 $x^2-4x-3=0$ の解は $x=\boxed{\text{シ}}\pm\sqrt{\boxed{\text{ス}}}$ である。

2 次の［　　］にあてはまる数を答えなさい。

(1) 下の表は，生徒10人が受けた10点満点のテストの結果である。この得点のデータにおいて，第1四分位数は［ア］点，第2四分位数は［イ］点，第3四分位数は［ウ］点である。

生徒	A	B	C	D	E	F	G	H	I	J
得点（点）	6	8	4	10	8	3	9	6	5	8

(2) $a + b = 2\sqrt{6}$，$a - b = 2\sqrt{2}$ のとき，$a^2 + b^2$ の値は［エオ］である。

(3) ある文房具店で，2種類のノートA，Bを1冊ずつ買う。それぞれ定価で買うと，代金の合計は165円になる。そこで，セール期間中に，ノートAを定価の1割引き，ノートBを定価の2割引きで買ったところ，代金の合計は141円になった。このとき，ノートAの定価は［カキ］円，ノートBの定価は［クケ］円である。ただし，消費税は考えないものとする。

(4) 2，3，4，6，8，9の数字が1つずつ書かれた6枚のカードがある。その中から1枚のカードをひき，もとに戻してから，再び1枚のカードをひく。このとき，ひいた2枚のカードに書かれた数の積が24の倍数になる確率は $\dfrac{\boxed{\text{コ}}}{\boxed{\text{サ}}}$ である。ただし，どのカードがひかれることも同様に確からしいとする。

(5) 右の図で，六角形ABCDEFは正六角形である。直線 ℓ は点Bを通り，辺AFと点Gで交わる。直線 m は点Cを通り，辺EFと点Hで交わる。

$\ell \parallel m$，$\angle ABG = 23°$ のとき，$\angle DCH =$ ［シス］°である。

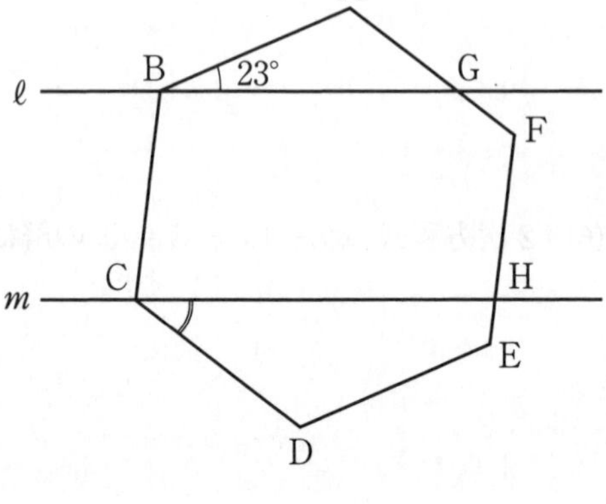

3 下の図において，2点A，Bは放物線$y=\frac{1}{2}x^2$上の点であり，点Aのx座標は-6，点Bのx座標は2である。また，点Pは放物線$y=\frac{1}{2}x^2$上の点であり，そのx座標は2より大きく6より小さい。2点A，Pを通る直線とx軸との交点をQとする。

次の□にあてはまる数を答えなさい。ただし，Oは原点とする。

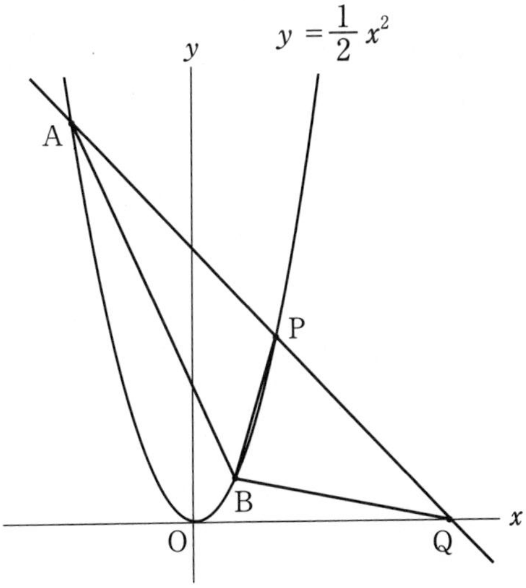

(1) 点Aのy座標は［アイ］である。

(2) 点Pのx座標が4のとき，直線BPの式は$y=$［ウ］$x-$［エ］である。

(3) △ABPの面積と△PBQの面積が等しくなるとき，点Pの座標は
(［オ］$\sqrt{［カ］}$，［キ］) である。

4 右のような図において，△ABC は AB = AC = 9 cm，BC = 12 cm の二等辺三角形とする。2 点 D，E はそれぞれ辺 AB，AC 上の点で，AD = AE = 3 cm である。点 O は点 B，C，E，D を通る円の中心である。また，点 E を通り辺 AB に平行な直線をひき，辺 BC との交点を F，円 O との交点のうち点 E と異なる点を G とし，点 B と点 G を線分で結ぶ。

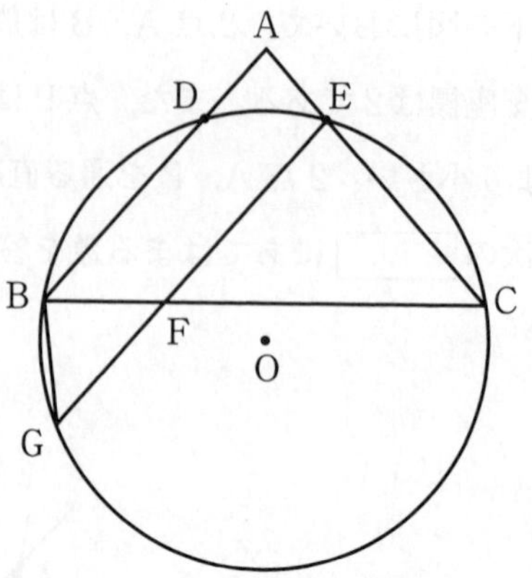

次の □ にあてはまる数を答えなさい。

(1) 線分 BF の長さは ア cm である。

(2) 線分 FG の長さは $\frac{\text{イウ}}{\text{エ}}$ cm である。

(3) 四角形 ABFE の面積は，△BGF の面積の $\frac{\text{オカ}}{\text{キク}}$ 倍である。

5　**図１**の立体 ABCD－EFGH は，AB ＝ AD ＝ 6 cm，AE ＝ 12 cm の直方体である。辺 AE の中点を M とする。

次の □ にあてはまる数を答えなさい。

図１

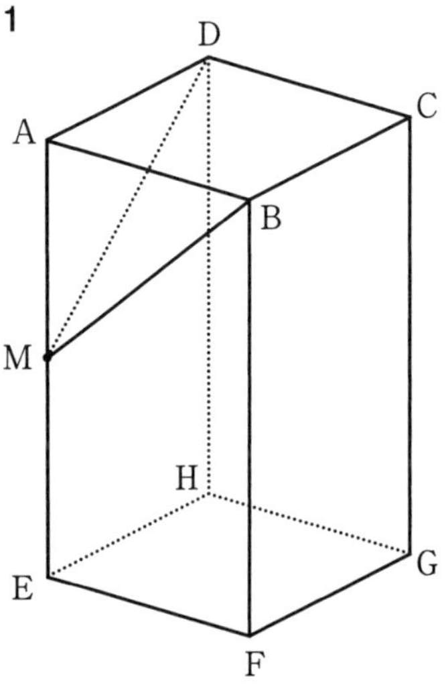

(1)　∠BMD の大きさは **アイ** °である。

(2)　**図２**のように，**図１**において，辺 CG 上に，CI：IG ＝ 1：3 となる点 I をとる。3 点 D，M，I を通る平面と辺 BF との交点を J とする。

次の①，②の問いに答えなさい。

図２

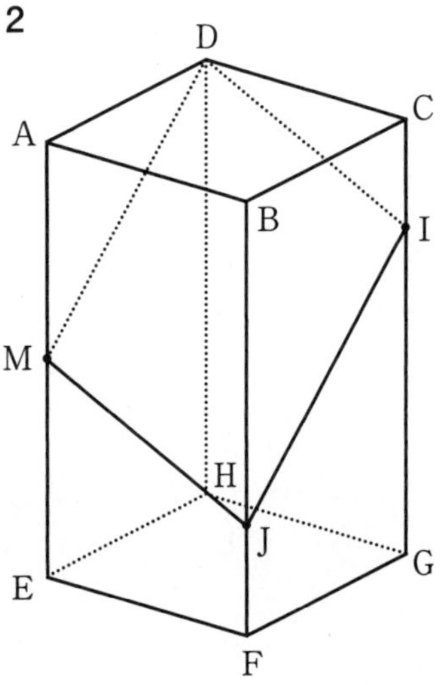

①　線分 BJ の長さは **ウ** cm である。

②　点 B，D，M，I を頂点とする三角すい B－DMI の体積は **エオ** cm^3 である。

(4) ――④「予其心を得ず」とあるが、源治貞卿がこのように述べているのはどのようなことに対してか。最も適当なものを、次の1～5の中から選びなさい。

1 過去の賢人や聖人の書物には、今の時代に合っていない部分があるので、あまり参考にならないと考えること。
2 今の時代の人々が、過去の賢人や聖人の書物を読むだけで、そこからより良い思想を生み出そうとしないこと。
3 過去の賢人や聖人の書物から学んだことを活《い》かそうとせず、自分自身の経験をもとに議論を行おうとすること。
4 過去の賢人や聖人の書物を読んで学べば、悪心や悪行を改められるのに、世の中の人々が書物を読まないこと。
5 今の時代の人々が、過去の賢人や聖人の書物を読んで理屈をこねるだけで、自分の心や行動を改善しないこと。

(5) この文章の内容に合うものとして最も適当なものを、次の1～5の中から選びなさい。

1 源治貞卿は質素な暮らしをしていた人物であり、その背景には、学問さえできれば十分に満足だという意識があった。
2 源治貞卿は自分の考えを曲げようとしない人物であり、その背景には、自分が学んだことを絶対視する意識があった。
3 源治貞卿は国民に学問を奨励した人物であり、その背景には、学問によって人の心が豊かになるという意識があった。
4 源治貞卿は国民を大切に思う人物であり、その背景には、学問を通じて学んだことを実践しようとする意識があった。
5 源治貞卿は家来や国民の声に耳を傾けた人物であり、その背景には、過去の賢人や聖人の姿勢から学ぶ意識があった。

(1) ――①「多くの人さこそ力を尽しけん」とあるが、このときの源治貞卿の気持ちとして最も適当なものを、次の1～5の中から選びなさい。

1 新しい橋が大勢の人々の暮らしに役に立つことを喜ぶ気持ち。
2 新しい橋の建造に関わった大勢の人々の労をねぎらう気持ち。
3 洪水のたびに新しい橋を架ける職人のことを尊敬する気持ち。
4 洪水によって大勢の人々の命が失われたことを悲しむ気持ち。
5 新しい橋を渡りきるのに時間がかかることを非難する気持ち。

(2) ――②「御馬に召さるべくや」の意味として、最も適当なものを、次の1～5の中から選びなさい。

1 御馬に導かれて来たのでしょうか。
2 御馬にお乗りになって来られたのですか。
3 御馬をどうしてお連れではないのですか。
4 御馬にお乗りになってはいかがですか。
5 御馬を差し上げるのがよいでしょうか。

(3) ――③「其者の命を助られし」とあるが、源治貞卿が罪人の命を助けた理由として最も適当なものを、次の1～5の中から選びなさい。

1 罪人であっても、その命は一度失われると二度と取り返せない、貴重なものだと考えているから。
2 罪人の首をはねても、他の人々が再び盗みを行うことを防ぐことは不可能だと考えているから。
3 罪人が盗みを行ったのは、自分の政治が国民の生活を豊かにできていないためだと考えているから。
4 罪人に自分たちの罪を深く反省させるためには、生きてつぐなわせる方がよいと考えているから。
5 罪人だとしても命の重さは我々と同じなので、身勝手に命を奪うべきではないと考えているから。

四 **次の文章を読んで、あとの(1)～(5)の問いに答えなさい。**

紀伊中納言源治貞卿《みなもとのはるさだきやう》、はじめ西条《さいでう》にましまし《いらっしゃった》時、福田《ふくだ》の橋洪水に逢《あふ》て流れければ、新《あたらし》く造りて架《か》けけり。彼《かの》卿物へ行《ゆ》く《用事で出かける》とて、其所《そのところ》を通り給《たま》ひしが、近くなりて馬より下り、橋の下に入《いり》て見巡《みめぐ》りつつ、「①多くの人さこそ力を尽《つく》しけん」とて、其まま歩行《あゆみゆき》て橋の上にのぼり給ふほどに、御供の人々「②御馬に召《め》さるべくや」と申《まうし》ければ、「いやとよ。多くの人の手にて造り出せる橋を、予はじめて渡るに、馬の蹄《ひづめ》にかくる事有《ある》べからず」とて乗《のり》給はざりけり。又或時《またあるとき》、百姓ども、御館の林の木を夜の間に盗《ぬす》み伐りければ、やがて捕へて斬罪*1せんとせしを聞《きき》給ひて、木の伐《きり》たるは又芽を出すべし。首を切《きり》たるは再び生《おふ》べからずとて、③其者の命を助《たすけ》られし程に、国民こぞりて御恵みの深き事を悦《よろこ》びけり。此《この》卿はもとより学問を好《このみ》て、常の言《いひ》ぐさに、「今世の人、*2賢聖《けんじやう》の書を読みて義理を論ずといへども、我身の上の事に引《ひき》あてて、悪《あ》しき心悪しき行を改めんとする事を知らず。是《これ》はいかなる事にか、④予其心を得ず」と宣《のたま》ひけるとぞ。

（『落栗物語』）

（注）＊1　斬罪…罪人の首をはねること。
＊2　賢聖…賢人や聖人。知識や人徳を兼ね備えた人。

(6) ——⑤「よほどうれしかったらしい」とあるが、真の祖父はどのようなことをうれしく思っているのか。最も適当なものを、次の**1**～**5**の中から選びなさい。

1 会社の規模こそちがっていたものの、かつてお互いにライバルとして認めあったセーディア社の早川宗二朗と自分のイスへの情熱が、それぞれの孫に確かに受け継がれていること。

2 安い輸入家具や大手チェーン店のイスが台頭し、いくつもの会社がつぶれている中、高級木材の和テイストのイスを作る早川宗二朗のセーディア社が今でも生き残っていること。

3 自分は社会情勢の変化や病気のために引退してしまったが、古い友人であるセーディア社の早川宗二朗は、七十五歳となった今でも現役の職人としてイスを作り続けていること。

4 セーディア社の早川宗二朗とは、組合で会ったときなどにもあまり口をきいたことがなく、自分は恨まれているのだろうと思っていたが、それは自分の一方的な誤解であったこと。

5 かつての自分がひそかに目標としていたセーディア社の早川宗二朗が、小さな工房にすぎない大木製作所の職人であった自分のことを、特別な存在として認めてくれていたこと。

(7) この文章の内容と表現について説明したものとして最も適当なものを、次の**1**～**5**の中から選びなさい。

1 真の祖父の話を聞き、コンペにトライしたいという気持ちを強めていく真と梨々の様子を、比喩表現を多用して描いている。

2 真と梨々がデザイナーとモデラーという関係性の中で特殊な友情を築いていく過程を、イスを作る工程に重ねて描いている。

3 セーディア社の創業者の孫である梨々との会話を通して、真の祖父の心情が変化していく様子を、真の視点から描いている。

4 真と梨々の対照的な性格を、大木製作所とセーディア社の対照的な経営方針や、それぞれの祖父の性格に重ねて描いている。

5 人の話を聞くことが上手な梨々のペースに乗せられて、真の祖父が本心を打ち明ける様子を、客観的な視点から描いている。

(4) ――③「じいちゃんが、いつもはしょぼしょぼしている目を思いっきり見開いた」とあるが、このときの真の祖父の様子として最も適当なものを、次の1～5の中から選びなさい。

1 梨々が「大木製作所」のライバルであったセーディア社の早川宗二朗の孫であることがわかり、気持ちを引き締めている。
2 セーディア社の早川宗二朗が「大木製作所」の職人であった自分のことをライバル視していたという梨々の話に驚いている。
3 「大木製作所」を「小さい」と表現した梨々に反感を抱きながらも、セーディア社がライバルであった事実を認めている。
4 かつての自分を大げさな表現で評価する梨々の話を聞き、体の自由がきかない今の自分の姿を見られたくないと感じている。
5 「大木製作所」が手がけていたイスについて詳細に語る梨々の言葉を聞き、仕事に追われた当時の記憶がよみがえっている。

(5) ――④「じいちゃんを見る梨々の視線が、尊敬のまなざしになっている」とあるが、その理由として最も適当なものを、次の1～5の中から選びなさい。

1 モデラーを志す梨々は、真の家を訪れた当初、真の祖父がモデラーであったことを知らなかったが、真の祖父のことを、自分の祖父から何度も話を聞かされていた「とんでもなく腕のいいモデラー」として認識するようになったから。
2 モデラーを志す梨々は、真の家を訪れた当初、真の祖父がモデラーであったことを知らなかったが、真の祖父が作った原寸模型を実際に目にしたことで、真の祖父が「とんでもなく腕のいいモデラー」であることを感じ取ったから。
3 モデラーを志す梨々は、真の家を訪れた当初、真の祖父がモデラーであったことを知らなかったが、真の祖父が「とんでもなく腕のいいモデラー」であり、自分の祖父よりもはるかに高い技術を持っていることに気づかされたから。
4 モデラーを志す梨々は、真の家を訪れた当初から、真の祖父がモデラーであったことを知っていたが、真の祖父が、自分の祖父から何度も話を聞かされていた「とんでもなく腕のいいモデラー」と同一人物であることが判明したから。
5 モデラーを志す梨々は、真の家を訪れた当初から、真の祖父がモデラーであったことを知っていたが、イスについて語る真の祖父の言葉や表情から、「とんでもなく腕のいいモデラー」であったのだろうと考えるようになったから。

(1) 本文には、次の一文が抜けています。これを入れる位置として最も適当なものを、次の1～5の中から選びなさい。

また脳溢血でも起こしやしないかと、心配になってきた。

1 【ア】　2 【イ】　3 【ウ】　4 【エ】　5 【オ】

(2) ――①「何事もトライだ」とあるが、このような姿勢を表すことわざとして最も適当なものを、次の1～5の中から選びなさい。

1 果報は寝て待て　2 石橋をたたいて渡る　3 まかぬ種は生えぬ
4 一を聞いて十を知る　5 弘法は筆を選ばず

(3) ――②「梨々は『あ！』と叫んだ」とあるが、梨々がこのような反応をしたのはなぜか。その理由として最も適当なものを、次の1～5の中から選びなさい。

1 真の祖父がかつて「大木製作所」という名前の工房を持っていたと聞き、真の祖父が自分と真が挑戦しようとしているコンペの内容にくわしいことに納得したから。
2 真の祖父が持っていた工房が、自分の祖父から聞いていた「大木製作所」であると気づき、祖父がイスのモデラーだったことを真が隠していた理由がわかったから。
3 真の「大木戸」という姓から、真の祖父の工房の名前が「大木製作所」であると予想はしていたが、真の祖父が自分の祖父の知人だったことは知らなかったから。
4 真の祖父の話を聞き、自分の祖父から何度も話を聞かされていた「大木製作所」が、まさに真の祖父がかつて持っていた工房と一致することに気づいたから。
5 「大木戸」という姓でありながら、真の祖父が自分の工房に「大木製作所」という名前をつけていたのは、客への配慮があったということを知らなかったから。

「ほんとかい？」
「はい。たしか、有名建築家による和風ホテルや旅館、高級割烹《かっぽう》などの設計に合わせた少量生産のイスを手がけたって聞いています。原寸模型から少量生産のイスまで作るところは、セーディア社と同じだったって」
じいちゃんは口をだらしなく開けている。よほどびっくりしているのだろう。【エ】
「大木製作所は、セレクトした木材を使った高級な和風のイスを作っていて、すごくいいライバルだったって、何度も聞かされましたから、わたし」
④じいちゃんを見る梨々の視線が、尊敬のまなざしになっている。
「いや、そいつは言い過ぎってやつよ。だいたい、セーディアとは規模がちがったからね。まあほら、それに、セーディアは洋風でモダンなイスが多かったよな。しかしあれから、どんどん大きくなっちまって、すごいねえ」
さっきのほうけた表情から急にきりっとした顔つきになって話すじいちゃんを見て、ぼくはほっとした。
「うちはね、昔はそりゃあもう、たくさん仕事をしたけど、その後、高級木材の和テイストのイスを置く店はどんどん減っちまってねぇ。[*2]カジュアルなホテルやレストランが増えてさ、安い輸入家具や大手チェーン店のイスが飛ぶように売れて、日本の小さいイス屋はいくつもつぶれたんだよ。セーディアはよく生き残ったねえ。まだ現役《げんえき》でやってるのかい、早川さんは？」
「はい。もう七十五歳なんですけど、まだあと二、三年はやるって言ってます」
「へえ。すごいもんだ。しかし、なんだねぇ、まさかあの人が、そんなふうに評価してくれてたなんてねえ。昔オレは早川さんに追いつけ追い越せって、嫉妬心《しっとしん》丸出しでさ、たまに組合で会ったりしても、あんまり口をきいたこともなくてねえ」
今までずっと、じいちゃんが早川宗二朗を憎《にく》んでいたと思っていたから、古い友人をなつかしむような表情をしているのが意外だった。
「まあ、オレはへそ曲がりの頑固者だったからね、組合なんてのもめったに顔を出さなかったし。あの早川さんがオレの仕事を評価してくれてたとはねえ。そうかい、そうかい」
じいちゃんは小さく何度もうなずいた。⑤よほどうれしかったらしい。目元にうっすらと涙《なみだ》がにじんでいるようだ。【オ】

（佐藤まどか『一〇五度』）

（注）＊1　脳溢血…脳の動脈が破れ、脳内で出血すること。
＊2　カジュアル…格式張らず、気軽であること。

「はい」
　梨々はあいづちを打つタイミングを心得ている。
「大昔、羽田《はねだ》に飛行場ができる前、米軍の基地があってね、その人たちが使う家具とかを作る業者がいたのさ。オレのオヤジもさ、そういう家具を作ってたんだ。細々とね」
「はい。このあたりの家具産業のことは、聞いたことがあります」
　梨々のじいちゃんも似たような経緯だったのかもしれない。【イ】
「そいでオレは工房を継《つ》いだけど、家具をあれこれやるのをよして、イスだけにしぼったんだ。それが幸いしてね、けっこう繁盛《はんじょう》したんだよ」
「そうですか……」
「ま、そのうち不況になって、仕事はどんどん減ったけどね。職人も一人、二人とやめていって、最後にはオレ一人でやってたんだよ。でも脳《のう》*1溢血《いっけつ》やっちまってね、左側がやられちまって、しかたがねえから工房をたたんだんだよ。リハビリのおかげで、今はだれかにつかまったりすりゃ、亀《かめ》みたいにノロノロ歩けるようになったけどさ」
　じいちゃんはリモコンのない右手で、また頭をごしごしっとやる。
「あ、あの、その工房って……なんて名前だったんですか？」
「ん、いやあ、あんたが知ってるわきゃぁないさ。大木戸の『戸』をとっぱらってね、だってほら、ドアの製作所とまちがわれっと困るからね、『大木《おおき》製作所』ってんだけどね」
　②梨々は「あ！」と叫んだ。「なんだ。そうだったのか！　大木戸くんと大木製作所は、結びつかなかった！」
　驚いたのはじいちゃんだけではない。
「なんで知ってるの？」
　ぼくはびっくりして梨々の目をのぞきこんだ。【ウ】
「え、だって、おじいちゃんからさんざん聞かされたもん。おじいちゃんの海外修業武勇伝、セーディア社の歴史、苦労話、そしてすっごいライバル『大木製作所』の話」
「ライバルぅ？」
　体を前のめりにしたじいちゃんが、アームチェアから転げ落ちそうになった。ぼくはあわてて手を伸ばして、じいちゃんの体を支えた。
「はい。品川区《しながわく》には昔いくつかイス専門の製作所があったけど、最後まで残ったのはセーディア社と大木製作所だけだったって。大木製作所って、小さいけど、とんでもなく腕のいいモデラーがいたって言ってました」
　③じいちゃんが、いつもはしょぼしょぼしている目を思いっきり見開いた。

三　次の文章を読んで、あとの⑴～⑺の問いに答えなさい。

イスのデザイナーになることを志す中学三年生の大木《おおき》戸《ど》真《しん》（ぼく）は、編入して間もない学校で、イスメーカー「セーディア社」の創業者、早川《はやかわ》宗《そう》二朗《じろう》の孫娘で、イスのモデラー（デザインに沿ってイスを作る職人）を志す梨々《りり》と意気投合し、二人で「全国学生チェアデザインコンペ」に挑戦することを決めた。真は、打ち合わせのために家に連れてきた梨々を、かつてイス職人であった祖父に紹介し、コンペに挑戦することを告げた。

ぼくは小さいころ、何度も足を運んだこの家で、よくじいちゃんのイス作りの話を聞いた。オヤジはあまり来たがらなかったから、たいていかあさんと弟と三人で来ていた。かあさんも弟もまったく興味を示さなかったけど、ぼくはじいちゃんの話がおもしろくてしかたがなかった。イスのスケッチを見せて相談したら、デザイナーの素質があると言われたこともあった。じいちゃんは、イスの本や五分の一模型《モデル》なんかをぼくにゆずってくれた。

「ま、①何事もトライだ。やってみな。けど、あれはいくらデザインが良くても、原寸模型《モックアップ》の仕上がりがよくないと入賞せんぞ。模型ってぇいうよりは、製品化直前の試作品《プロトタイプ》みたいな精巧《せいこう》なレベルを出す学生もいるからな。審査のときには、実際に審査員が一人ひとりすわるしな」

その言葉を聞いて、梨々は「えっ」と言った。「コンペのこと、ずいぶんおくわしいですね！」

じいちゃんは少し照れくさそうな、少し誇《ほこ》らしげな表情をした。【ア】

「ああ、いや、じつはね、オレもさ、イスをやってたんだよ」

「ええっ？　そうなんですか？」

梨々はぼくをじろっと見る。そんなこと聞いてないよ、と抗議《こうぎ》するような目だ。

「昔はオレもイスのモデラーだったんでね」

右手にリモコンを持っていることを忘れたのか、じいちゃんはリモコンごと頭をかいた。照れたり、言いにくいことがあると、頭をごしごしかくクセがあるのだ。

「おっと。年は取りたくないねえ」

じいちゃんはリモコンをぽいっと放り出して、目を細めた。

「あんたのじいさんとはちがって、ちっさなちっさな工房を持ってたんだよ」

「えー、そうなんですか！」

「うん。まあ、ここから自転車でちょいと行ったところにねえ。昔はさ、その辺りに、けっこう家具の工場やら工房があったんだよ」

(6) ――⑤「時代遅れになった人間」とあるが、この表現はどのようなことを表しているか。最も適当なものを、次の1～5の中から選びなさい。

1 遺伝子工学によって異次元に入った科学技術を、人間が再び国家の戦争のために利用しようとしているということ。

2 異次元に入った科学技術が経済成長を推進するようになったことで、人間が闇雲な競争から解放されたということ。

3 「制御」の学であるサイバネティクスが考案されたことで、人間が科学技術を進歩させられなくなったということ。

4 サイバネティクスが情報科学へと展開していく一方で、人間は依然として科学技術を制御できていないということ。

5 サイバー空間が急き立てられるように広がっていくなかで、人間がたくさんの情報を有効に活用できないでいること。

(7) この文章の内容や展開の説明として最も適当なものを、次の1～5の中から選びなさい。

1 現代において「成功」や「夢」の象徴となっている富豪たちがつくり出す未来に含まれているさまざまな問題について、複数の事例を挙げながら考察を述べている。

2 今の世界を象徴する圧倒的な富豪たちを、未来をつくるビジネス人間のモデルとして評価した上で、核技術以前の科学技術が個人の能力で進歩してきたことを強調している。

3 ビル・ゲイツのチャリティ活動やイーロン・マスクが提案する「夢」を具体的な根拠としながら、プライベートな「自由」が科学技術を正しく進歩させると主張している。

4 スペースX社が宇宙ステーションに関連した新技術を開発した経緯と、アメリカが核技術を開発した経緯を比較しながら、筆者が思い描く未来のイメージを示している。

5 「フクシマ」の原発事故における日本の科学者の対応や、核燃料の管理方法について具体的に述べた上で、遺伝子工学に反対したハイデガーの主張を批判的に検討している。

(4) ――③「科学者たちは自分のやっていることの結果に責任が取れなくなった、取らなくなった」とあるが、その理由として最も適当なものを、次の**1**～**5**の中から選びなさい。

1 科学によって発達してきた近代文明が私的な企業によって単純化、個人化されるようになったときから、科学者が「人類に夢を与える」ことを目標にしなくなったから。

2 原発事故によって、原子力、核エネルギーが人間には制御できないものであることが明らかになったときから、科学者が対応できることしか「想定」しなくなったから。

3 大勢が集まって行われた開発の結果が一人の優れた科学者・技術者の功績になるようになったときから、科学者が自分の役割以外のことを考えようとしなくなったから。

4 アメリカが戦時体制の中で二〇〇〇人に及ぶ優秀な科学者・技術者を集め、総力を上げて核技術を開発したときから、科学が科学者の個人的な営みではなくなったから。

5 全体像をつかむことができない複雑なプロセスを持っている核技術のような技術が使われるようになったときから、科学が「自然」に任せるしかないものになったから。

(5) ――④「技術と人間との関係の根本的な変化」とあるが、どういうことか。最も適当なものを、次の**1**～**5**の中から選びなさい。

1 人類史の時間を超える射程をもって、何万年もずっと管理していかなければならなかった科学技術が、同時代の間にコントロールできるようになるということ。

2 一部の科学者だけが扱うことのできた科学技術が、「民営化」によって幅広い分野に委ねられて進むようになることで、誰にでも扱えるようになるということ。

3 人間の個人的な生活を豊かにする道具であった科学技術が、人間のコントロールを超える成果を生むようになり、社会全体の幸福に資するようになったということ。

4 核技術の時代には一部の人の目的しか果たせなかった科学技術が、遺伝子工学の時代には社会で暮らす多くの人々の目的に対応できるようになったということ。

5 人間に有益な道具をつくり出すことを期待されていた科学技術が、人間を予測しえない事態にさらし、人間の制御しえない結果を引き起こすものになるということ。

(2) ——①「この大地や海や空が、商品化を思いついた者の独占所有物になるかのように」とあるが、この表現の説明として最も適当なものを、次の**1**〜**5**の中から選びなさい。

1 グローバルな世界で誰もが享受できるべき仕組みを独占している一部の会社が、地球温暖化や核廃棄物処理などの生活を超えた問題に、早くから取り組んでいることをたとえている。

2 今の世界をある意味象徴する、歴史上類を見ないほどの圧倒的な富豪たちが、途方もない私財を生み出してきた一方で、自然環境の恩恵を独占的に享受してきたことをたとえている。

3 私的に巨額の富を築いた富豪たちが、その富を独占せず、誰もが享受できるようにする方法を思いつき、富の一部をアフリカの子供たちの支援などに使っていることをたとえている。

4 現代世界の変容を導いてきた富豪たちが、世界中に広がる悲惨な貧困や荒廃をなくすために、自社が独占してきた包括的な仕組みを誰もが享受できるものにしたことをたとえている。

5 本来、誰もが享受できるべきものである社会のコミュニケーション・ベースが、文明の未来を先取りするとみなされるような人物の会社によって独占されていることをたとえている。

(3) ——②「その不安」とはどのような不安か。その内容として最も適当なものを、次の**1**〜**5**の中から選びなさい。

1 世界を変容させるであろう富豪たちが、貧困や荒廃といった問題を見ないようにしているのではないかという不安。

2 富豪たちが導く便利で明るい未来ばかりを思い描き、負の部分や解決すべき課題に目を向けていないという不安。

3 テクノロジーが発達していく一方で、その恩恵を受けることができるのは一部の富豪たちだけではないかという不安。

4 「夢」が実現するまでに人類世界が荒廃する可能性があるのに、富豪たちはそのことを気にしていないという不安。

5 富豪たちがさまざまな課題を解決すると考え、それらの課題を自分たちと切り離して考えている人が多いという不安。

に「⑤時代遅れになった人間」（[*12]ギュンター・アンダース）を呑《の》み込もうとしています。

（西谷修『私たちはどんな世界を生きているか』）

（注）＊1　バーチャル・フューチャー…仮想の未来。　＊2　バニシング・ポイント（消失点）…限界点。
＊3　ビル・ゲイツ…マイクロソフトの創業者の一人。　＊4　ジェフ・ベゾス…Ａｍａｚｏｎの創業者。
＊5　ザッカーバーグ…フェイスブックの創業者。　＊6　プラットホーム…基盤となる環境。
＊7　立志伝中の人物…人一倍努力して成功した人物。　＊8　パイロット・イメージ…先行的なイメージ。
＊9　安逸…気楽な様子。　＊10　サイバネティクス（操舵学）…生物と機械の相互関係を扱う学問。
＊11　サイバー空間…コンピュータ上やネットワーク上に作られた仮想の空間。
＊12　ギュンター・アンダース…ドイツの哲学者。

(1)　（ａ）～（ｄ）に入る語の組み合わせとして最も適当なものを、次の1～5の中から選びなさい。

1	a　そのため	b　または	c　すなわち	d　加えて
2	a　したがって	b　ところで	c　また	d　それでも
3	a　しかし	b　たとえば	c　要するに	d　だから
4	a　つまり	b　なぜなら	c　さて	d　そして
5	a　ところが	b　あるいは	c　ただし	d　さらに

はそういう時代なのではないかと思います。

②その不安は実は多くの人びとに共有されているのではないでしょうか?

とくに日本は3・11を経験しました。原発事故によっていわゆる原子力、核エネルギーというものが、人間社会にとっては制御できないものであり、「想定外」は起こるということ、そしてそれに対しては対応策がないことが明らかになったはずです（対応できることしか「想定」していないわけですから）。

核技術はそれまでの科学技術のように、ある優れた科学者・技術者が開発して、個人の功績になったり、特許が取られたりするようなものではありません。二〇〇〇人に及ぶ優秀な科学者・技術者を集め、戦争体制の中でアメリカが総力を上げて開発したものです。全体像をつかんでいるのは軍人と一部の科学者だけで、一人ひとりは分担部分しか分からない。それぞれ自分の役割が何を意味するのかも知らされないまま作り出されたのが核兵器であり、このときから③科学者たちは自分のやっていることの結果に責任が取れなくなった、取らなくなったのです。

核技術は、原子核を壊して科学的な燃焼とはまったく違った、物質基盤結合の膨大なエネルギーを放出させます。すると核崩壊が連鎖して、安定した物質になるまで放射線を出し続ける。それを止める技術はない。人工的にできるのは原子核を壊すこと、崩壊を引き起こすことだけで、その引き金を引いたら、あとは放射線を放出しながら物質が崩壊してゆくプロセスに委ねる。つまり「自然」に任せるしかないという「技術」です。（ d ）、最初のエネルギーを都合よく利用したつもりでも、処理できない核燃料の残りが出ます。それが放射線を出し続け、最終的に安定状態になるのに何万年もかかる。それに手を付けた人類は、人類史の時間を超える射程をもって、危険な残り滓《かす》をずっと管理していかなければいけない。「フクシマ」の名前で呼ばれるようになったこの問題は、科学技術と、社会と、人間の時間について大問題を提起したのです。

これは核技術だけでなく、それ以後の科学技術のいわば構造的な特徴でもあります。しかし、その他の分野では国家事業は「民営化」ということで、各分野が市場に委ねられて進むから、核技術の提起した問題は誰にも扱えなくなります。

こういうことに最初に注目したのは哲学者のハイデガーでした。世界の生物学会が遺伝子工学を提起したころ、彼はそれと核技術との同時代性を指摘していました（『放下』）。④技術と人間との関係の根本的な変化を画するものだと言うのです。科学技術は人間の生活を豊かにする優れた道具だとみなされ、人びとの幸福に資すると期待されていたのですが、それが核技術や遺伝子工学に至ったとき、科学技術の成果は人間のコントロールを超えるものになって、人間は宙吊《ちゅうづ》りになる。もはや目的に対応するプロジェクトは成り立たないというのですね。

テクノロジーは、そういう段階に深く入っています。それは有益な道具をつくり出すと見えて、予測しえない事態に人間をさらし、人間の制御しえない結果を引き起こすものになっています。それを世界は科学技術の進歩と言っているのですが、かつて国家の戦争のためにこのような異次元に入ったテクノロジーは、いまでは経済成長に欠かせないモーターとして、競争の中で闇雲に急《せ》き立てられて（ハイデガーの用語です）いるかのようです。

実はその「制御」の学として考案されたのが[*10]サイバネティクス（操《そう》舵《だ》学《がく》）だったのですが、それは情報科学へと展開し、いまや[*11]サイバー空間

二　次の文章を読んで、あとの(1)〜(7)の問いに答えなさい。

明るく描かれる未来はいわばバーチャル・フューチャー[*1]であり、ほとんど絵空事のようです。そこにどんなバニシング・ポイント[*2]（消失点）が埋め込まれているかわからないから、その展望に安心はできません。地球温暖化とか核廃棄物処理といった、生活のレベルを超えた問題もあります。解決すべき課題はあまりに大きく、そんな将来のイメージが全般的な対応には全くなっていないということです。

とくに気になるのは、今の世界をある意味で象徴するのが、ビル・ゲイツ[*3]やジェフ・ベゾス[*4]、ザッカーバーグ[*5]といった歴史上類を見ないほどの圧倒的な富豪たちだということです。これは何を意味しているのか。現代世界の変容を導き、文明の未来を先取りするとみなされるような人たちが、私的に巨額の富を築く一方では、世界中に悲惨な貧困や荒廃が広がっているということです。

もちろんビル・ゲイツは、チャリティ精神を発揮して、富の一部をアフリカの子供たちの支援とかに使っていて、その行動が成功する人間の手本にもなっています。

（ a ）、そこで見えなくなっている事実は、今やグローバル世界で誰もがそれに頼らざるを得ない仕組み、社会のコミュニケーション・ベースそのものが――それは本来、誰もが享受できるべきものです――、途方もない私財を生み出すものになっているということです。①この大地や海や空が、商品化を思いついた者の独占所有物になるかのように。

（ b ）Ａｍａｚｏｎは、単に包括的なネット販売網であるにとどまらず、それを元にして広範な製造業をもコントロール下におき、経済活動から利潤が生まれ配分されてゆく仕組みを、バーチャルに一元化してしまいました。

誰もがそれぞれの環境のなかで「便利さ」を求めるから、それに応えるということで膨大で「フラット」なプラットホーム[*6]ができ、あらゆる段階の利潤が吸い上げられるという仕組みです。そしてそんな展開の立志伝中の人物[*7]が、最も成功しかつ世界に貢献した人として仰ぎ見られ、未来をつくるビジネス人間のモデルともみなされているのです。

コロナ禍のさなか、イーロン・マスクのスペースX社が、ＮＡＳＡから新技術で宇宙ステーションに人を送り込みました。もはやアメリカという国家さえ、資金の問題でできなくなった事業を、私的な企業が「人類に夢を与える」として引き受けているのです。マスクは、電気自動車をロケットに積んで宇宙に飛ばし、火星移住計画のような「夢」を提案していますが、その「脱出」の夢の背後には荒廃する人類世界が残されるのかもしれません。それが未来のパイロット・イメージ[*8]として社会に投げかけられているのです。

（ c ）、一九世紀、二〇世紀を通して近代文明が発達し、それが世界に展開して、多くの人びとがより豊かになってきたことを、次元を超えて単純化し、個人化されたモデル、プライベートな「自由」で引っぱるといった方向づけが働いているわけです。

超富豪とバラ色のテクノロジー、それによって世界は便利かつ安逸[*9]な方向にプログラミングされてゆく。未来がそんな形でしか思い描けないとすれば、その未来のいびつさや嘘《うそ》っぽさ、それに何より非人間性がまったく視野の外に置かれ、見えないことで逆に不安を掻《か》き立てる。現代

(4)　次のa～dの慣用句の意味を、あとの1～5の中から一つずつ選んだとき、残るものはどれか。

a　太鼓判を押す　　b　拍車をかける　　c　食指が動く　　d　肝に銘ずる

1　心に強く刻みつけて忘れないようにすること。
2　ある物事に対して興味や関心がわくこと。
3　絶対によいものであると保証すること。
4　物事の進行をいっそう速くすること。
5　人の行動をおさえたり注意したりすること。

(5)　次の漢文を「若《も》し精兵《せいへい》を簡《えら》び、道を倍して之《これ》に趨《おもむ》き、其《そ》の不意に出《い》でば、威を取り霸《は》を定めんこと、此《こ》の一擧《いっきょ》に在《あ》らん。」と読むとき、返り点が正しくつけられているものを、あとの1～5の中から選びなさい。

若簡精兵、倍道趨之、出其不意、取威定霸、在此一擧。

1　若㆑簡精㆑兵、倍㆑道趨㆑之、出㆓其不意㆒、取㆓威定霸㆒、在㆑此一擧。
2　若㆑簡精㆑兵、倍㆓道趨㆒之、出㆑其不㆑意、取㆓威定霸㆒、在㆓此一擧㆒。
3　若簡㆓精兵㆒、倍㆑道趨㆑之、出㆓其不意㆒、取㆑威定㆑霸、在㆓此一擧㆒。
4　若簡㆓精兵㆒、倍㆑道趨㆑之、出㆓其不意㆒、取㆓威定霸㆒、在㆑此一擧。
5　若簡㆓精兵㆒、倍㆓道趨㆒之、出㆑其不㆑意、取㆑威定㆑霸、在㆑此一擧㆒。

(6)　次の文中に、副詞はいくつあるか。あとの1～5の中から選びなさい。

早朝の海はとても静かで、犬たちと浜辺をゆっくり歩いて過ごす。

1　一つ　　2　二つ　　3　三つ　　4　四つ　　5　五つ

二〇二三年度 水城高等学校

【国語】（五〇分）〈満点：一〇〇点〉

一 次の(1)〜(6)の問いに答えなさい。

(1) 次のア・イの傍線を付したカタカナの部分と同じ漢字を用いるものを、あとの1〜4の中からそれぞれ一つずつ選びなさい。

ア アッカンの演技を見せる。

1 窓を開けてカンキする。　2 会合のカンジを務める。

3 雑誌のカントウを飾る。　4 物語がカンケツする。

イ 家のシュウイを散策する。

1 警察が犯人をホウイする。　2 アンイな考えを捨てる。

3 イショウを身につける。　4 健康をイジする。

(2) 「弔」の訓読みとして正しいものを、次の1〜5の中から選びなさい。

1 とうと（ぶ）　2 とむら（う）　3 さげす（む）　4 さまた（げる）　5 わずら（う）

(3) 次の熟語と構成（文字と文字の結びつき・関係）が同じ熟語を、あとの1〜5の中から選びなさい。

頻発

1 抑揚　2 閉店　3 日照　4 新調　5 柔軟

2023年度／水城高等学校

英語解答

1 A (1)…4 (2)…3 (3)…1
B (1)…4 (2)…1 (3)…1
C (1)…2 (2)…1

2 A (1)…2 (2)…4 (3)…3 (4)…2
(5)…2
B (1) 2番目…5 4番目…2
(2) 2番目…1 4番目…4
(3) 2番目…3 4番目…5

3 (1) 2 (2) 4 (3) 3

4 (1) A…4 B…2 C…1 D…3
(2) ⓐ…4 ⓑ…2 (3) 3

5 (1) A…3 B…2 C…3 D…4
E…4
(2) 2，4，7

1〔音声総合・語句・英文解釈〕

A＜単語の発音＞

(1) 1．lose[z] 2．news[z] 3．choose[z] 4．case[s]
(2) 1．heard[əː*r*] 2．girl[əː*r*] 3．park[ɑː*r*] 4．work[əː*r*]
(3) 1．aunt[æ] 2．sauce[ɔː] 3．daughter[ɔː] 4．taught[ɔː]

B＜単語のアクセント＞

(1) 1．en-jóy 2．a-bróad 3．be-fóre 4．nóte-book
(2) 1．in-tro-dúce 2．chóc-o-late 3．chár-ac-ter 4．prés-i-dent
(3) 1．com-mú-ni-cate 2．pop-u-lá-tion 3．in-for-má-tion 4．e-lec-trón-ic

C＜語句・英文解釈＞

(1)A：とても忙しいんだ。やらなきゃいけないことがたくさんあって。／B：手を貸そうか？／A：うん，どうもありがとう。〃Aは困った状態にあるのだから，Bは助けを申し出たのだとわかる。‘give＋人＋a hand’ で「〈人〉に手を貸す，〈人〉を手伝う」という意味。

(2)A：あなたは数学が得意？／B：うん。朝飯前だよ。／A：本当？　手伝ってくれる？　私は苦手なの。〃直後のAの応答からBは数学が簡単だと言っていることがわかる。a piece of cake は，「簡単にできること，朝飯前のこと」という意味。

2〔文法総合〕

A＜適語(句)選択・語形変化＞

(1)be known for ～ で「～で知られている」という意味。ここは，known と for の間に around the world「世界中で」という語句が挟まれた形。　「日本はおいしい食べ物で世界中に知られている」　know－knew－known

(2)be full of ～「～でいっぱいである」　「私のかばんは本でいっぱいなので，とても重い」

(3)‘the＋最上級＋in ～’「～の中で最も一」の形にする。一般に，最上級の文で「～の中で」を表すとき，‘～’ が ‘場所・範囲’ を表す単数名詞なら in を用いる。　「カオリは部活の中で一番うまく歌う」　なお，‘～’ が比較対象と ‘同類’ の複数名詞または数詞の場合は of を用いる。
(例) Kaori sings the best of all the students.「カオリは生徒たちの中で一番うまく歌う」

(4)‘I wish＋主語＋動詞の過去形…’ の形で「～であればいいのに」という ‘現在の事実に反する願

望’の意味を表す仮定法過去の文。　「彼女のような妹がいたらなあと思う」

(5)‘let＋目的語＋動詞の原形’で「～に…させる〔…することを許す〕」となる。　「このコンピュータを私に使わせてください」

B＜整序結合＞

(1)‘tell＋人＋物事’の‘物事’の部分を‘疑問詞＋主語＋動詞…’の語順の間接疑問で表す。　Tell your teacher why you didn’t do your homework.「あなたがなぜ宿題をしなかったのかを先生に言いなさい」

(2)まず I don’t know とまとめ，know の目的語を‘疑問詞＋to不定詞’の形で what to bring とする。この形は疑問詞に応じて「何を〔いつ，どこで，どのように〕～すべきか」という意味を表す。　I don’t know what to bring to the party.「パーティーに何を持っていけばよいかわからない」

(3)‘期間’を尋ねる How long で始め，その後に現在完了進行形(have been ～ing)の疑問文の形(‘have＋主語＋been ～ing’)を続ける。現在完了進行形は「ずっと～している」という意味になる。　How long have you been watching TV？「あなたはどのくらいの間テレビを見ているのですか」

3〔対話文完成―適文選択〕

(1)A：もうすぐお昼の時間だよ。／B：そんなにおなかはすいてないんだけど。2時間前に朝ご飯を食べたばかりだから。／A：わかった，じゃあ，後で食べよう。//空所の後に続く内容から，Bは空腹でないことがわかる。

(2)A：すみません。この辺で犬を見ませんでしたか？　大きくて黒い犬なんですが。／B：大きくて黒い犬？　それならついさっき見ましたよ。／A：えっ，どっちの方向に行きましたか？//この後，Aが犬の向かった方向をきいていることから，BはAが尋ねた犬を見ていたことがわかる。

(3)A：先週の日曜日，野球を見に行ったんだよね？　どうだった？／B：実は，天気が悪くて試合がなかったんだ。／A：本当？　でも，私の町はとてもいい天気だったよ。//この後のAの言葉から，野球が行われていた場所の天気が悪かったと考えられる。

4〔長文読解総合―会話文〕

≪全訳≫❶マミ(M)：みんな，こんにちは。今年度の部活はこれで最後ね。来月の4月には，今の1年生と2年生が進級して，この学校に新しい1年生が入ってくるわ。そこで今日は，1つ大切なことを話し合わなければならないわ。❷ユウト(Y)：そうだね。英語部の新入部員をたくさん集めるために，やるべきことを話さないといけないってことだよね？❸M：そうよ。去年の4月は$_A$ほとんど何もしなかったから，新入部員は2人しか入らなかった。部員が増えれば部活ももっと楽しくなるから，新入部員を1人でも多く集めたいでしょ？❹レナ(R)：そうね。でも，$_B$私たちに何ができるかしら？❺ケイタ(K)：えっと，僕の友達の1人がバレーボール部なんだけど，去年の4月に学校の壁にバレーボール部を紹介するカラフルなポスターをたくさん貼ったらしいんだ。そしたら，18人の新入部員が入ったんだって。❻R：いいわね。それ，やってみましょうよ。でも，それだけじゃ十分じゃないと思うな。部活を紹介するパンフレットをつくって，1年生の担任の先生に配ってもらうのはどうかしら？❼Y：先生方は忙しいから，特に新学期が始まってすぐはお願いしない方がいいと思うな。❽M：でも，$_C$パンフレットを配るのはいいアイデアだと思う。自分たちで１年生の教室を回って，配るのはどうかな？❾Y：先生たちは，D全ての部活が同じことをしたら，１年生の教室が混雑して大変なことになるから，そんなことはしてはいけないって言うよ。❿R：じゃあ，朝早く学校に来て，校門の前に立とうよ。そこで新１年生一人ひとりにパンフレットを渡すのよ。⓫Y：それはいいね。そうしよう。早起きして学校に来るのはちょっと大変かもしれないけど，新入部員をたくさん集めるためにがんばろう。

(1)＜**適文選択**＞A．直後の so「だから」に着目。この so の前後は‘理由’→‘結果’の関係になる。新入部員が２人しか入らなかった理由として最も適切なものを選ぶ。　B．空所に入る質問に対して，直後でケイタがポスターづくりを挙げていることから，レナは新入部員勧誘活動としてどんなことができるかをきいたのだとわかる。　C．直後でマミは自分たちでパンフレットを配ることを提案していることから，マミがパンフレットを配ることに賛成していることがわかる。Why don't we ～？は「～するのはどうですか」と提案する表現。　D．直前の if「もし～なら」に着目すれば，その後に続く「１年生の教室が混雑する」条件となる内容が入るとわかる。

(2)＜**適語選択**＞ⓐレナは直前でケイタが言ったポスターをつくって壁に貼る案に賛成しただけでなく，この後，パンフレットをつくって，１年生の担任の先生に配ってもらうことを提案している。つまり，ポスターだけでは「十分」でないと思っていたことがわかる。　ⓑ言いにくい内容の発言を和らげるときに用いられる‘I'm afraid (that)＋主語＋動詞…’「(申し訳ないが)～と思う」の形。

(3)＜**要旨把握**＞第10，11段落参照。レナが，朝早く校門前でパンフレットを配ることを提案し，これにユウトが同意し，がんばろうと呼びかけて終わっている。

5〔**長文読解総合―説明文**〕

≪**全訳**≫❶それはペンと同じくらいの長さだ。それは私たちが毎日数回――食後や寝る前などに――使う物である。私たちは歯をきれいにするためにそれを使う。これは何だろうか。おわかりだろう。そう，歯ブラシである。❷私たちは，きれいな歯でいたいと思う。大昔の人たちもそうだった。だから，人々は歴史を通して歯をきれいに保つためにいろいろなことを試してきた。約2500年前，インドでは歯をきれいにするために木の棒を使っていた人がいた。彼らは木の棒の片方の端をほぐし，それで歯を磨いたのだ。古代ローマ人は動物の毛を使って歯を磨いたと書いた。❸15世紀末に中国の皇帝が使っていたものは，今私たちが使っている歯ブラシとよく似ていた。柄の部分は動物の骨でできていて，ブラシの部分は豚の毛でできていた。その後，このような歯ブラシは，数世紀にわたって多くの国で使われた。❹しかし，当時の歯ブラシがその国々の万人に普及したと考えるのは間違いだ。動物の骨や豚の毛は高価で，簡単に手に入るものではなかった。だから，そんな歯ブラシを使えるのは金持ちだけで，他の人は手に入れることができなかった。また，このタイプの歯ブラシには問題があった。強度が弱く，長く使うことができなかったのである。❺20世紀初頭に，人々は新しいタイプの歯ブラシを手に入れた。それらはプラスチックでできていた――プラスチック製の柄とプラスチックの毛でできていた。これには多くの良い点があった。まず，動物の骨や豚の毛でできたものよりも安かったので，多くの人が買うことができた。２つ目は，丈夫だったため，長く使うことができた。３つ目は，歯によくなじむので，歯を以前よりもきれいにすることができた。❻それ以来，プラスチック製の歯ブラシは世界中に普及し，今，私たちは毎日プラスチック製の歯ブラシを使っている。❼しかし，今，このプラスチック製歯ブラシには，１つの大きな問題がある。リサイクルするのが難しいのだ。なぜか。それは，歯ブラシの中にいろいろな種類のプラスチックが入っていることと，その一つ一つが小さすぎることだ。つまり，使い終わればただのごみにすぎず，私たちはそれについてほとんど何もできないのである。では，やがてごみになる歯ブラシの数を考えてみよう。世界には約79億人おり，その一人ひとりが生涯にわたって毎年10本の歯ブラシを使うとしたら――なんという数になるだろう。8海を掃除している人たちの団体がある。彼らは言う。「使用済みのプラスチック製歯ブラシをたくさん見つけます。どの浜でも，いつ行っても，毎年見つかる歯ブラシの数は増えているように感じています」と。9多くの歯ブラシメーカーがこの問題を正すため懸命に努力している。そうした会社はプラスチック製のごみをあまり出さない歯ブラシを売り始めた。柄の部分とブラシ部分を別々に売る企業もある。ブラシの部分が摩耗したら，交換すればいいのだ。また，木や動物の毛といった自然の素材からつくられた歯ブラシ――昔の人が使っていたようなもの――も売られている。

⑴＜**英問英答**＞A.「今から約2500年前，インドでは歯の掃除に何を使っていたか」―3.「木の棒を使った」　第2段落第4文参照。　B.「動物の骨や豚の毛でつくられた歯ブラシの問題の1つは何か」―2.「長い間，使うことができなかった」　第4段落最終文参照。　C.「柄の部分がプラスチックで，毛がプラスチックの歯ブラシを人々が手に入れたのはいつか」―3.「20世紀初頭」　第5段落第1，2文参照。　D.「なぜプラスチック製歯ブラシをリサイクルするのは難しいのか」―4.「さまざまな種類のプラスチックでできていて，その一つ一つがとても小さいから」　第7段落第3文参照。　tiny「ごく小さい」　E.「一部の歯ブラシメーカーによって行われていることは何か」―4.「天然素材でできた歯ブラシを売ること」　第9段落最終文参照。

⑵＜**内容真偽**＞1.「古代ローマ人は動物の毛を使って体をきれいにしていた」…×　第2段落最終文参照。体ではなく歯を磨いた。　2.「中国の皇帝は，今の歯ブラシと同じようなものを使っていた」…○　第3段落第1文に一致する。　3.「1000年ほど前の日本人は歯を磨かなかったそうだ」…×　日本人の歯磨きに関する記述はない。　4.「プラスチック製の歯ブラシは，動物の骨と豚の毛からつくられたものほど高価ではなかった」…○　第5段落第4文に一致する。'not as ～ as …'「…ほど～ではない」　5.「現在，海に落ちているプラスチックごみの半分以上は古い歯ブラシだ」…×　そのような記述はない。　6.「毎年，約79億本の歯ブラシがごみになっている」…×　第7段落最終文参照。79億という数字は世界の人口の数である。　7.「毎年，多くの海岸で使用済みのプラスチック製歯ブラシが見つかっている」…○　第8段落に一致する。

数学解答

1 (1) ア…6　イ…7
(2) ウ…4　エ…3
(3) オ…3　カ…7
(4) キ…3　ク…6　ケ…2
(5) コ…5　サ…7
(6) シ…2　ス…7

2 (1) ア…5　イ…7　ウ…8
(2) エ…1　オ…6
(3) カ…9　キ…0　ク…7　ケ…5
(4) コ…2　サ…9
(5) シ…3　ス…7

3 (1) ア…1　イ…8
(2) ウ…3　エ…4
(3) オ…3　カ…2　キ…9

4 (1) 4　(2) イ…1　ウ…6　エ…3
(3) オ…4　カ…5　キ…1　ク…6

5 (1) ア…6　イ…0
(2) ① 9　② エ…5　オ…4

1〔独立小問集合題〕

(1)＜数の計算＞$\left(-\frac{1}{3}\right)^2=\left(-\frac{1}{3}\right)\times\left(-\frac{1}{3}\right)=\frac{1}{9}$ だから，与式 $=-5+8\div\frac{1}{9}=-5+8\times9=-5+72=67$ となる。

(2)＜数の計算＞与式 $=\frac{\sqrt{5}\times2\sqrt{30}}{\sqrt{2}}-\sqrt{6^2\times3}=2\sqrt{\frac{5\times30}{2}}-6\sqrt{3}=2\sqrt{5\times15}-6\sqrt{3}=2\sqrt{5^2\times3}-6\sqrt{3}=2\times5\sqrt{3}-6\sqrt{3}=10\sqrt{3}-6\sqrt{3}=4\sqrt{3}$

(3)＜式の計算＞与式 $=\frac{9a-b-3(a-5b)}{12}=\frac{9a-b-3a+15b}{12}=\frac{6a+14b}{12}=\frac{3a+7b}{6}$

(4)＜式の計算＞与式 $=(2a)^2-(5b)^2-\{a^2+(3b-9b)\times a+3b\times(-9b)\}=4a^2-25b^2-(a^2-6ab-27b^2)=4a^2-25b^2-a^2+6ab+27b^2=3a^2+6ab+2b^2$

(5)＜一次方程式＞両辺に6をかけて，$5(x+1)=12x$，$5x+5=12x$，$5x-12x=-5$，$-7x=-5$　$\therefore x=\frac{5}{7}$

(6)＜二次方程式＞$x^2-4x=3$ として，両辺に4を加えると，$x^2-4x+4=3+4$，$(x-2)^2=7$，$x-2=\pm\sqrt{7}$　$\therefore x=2\pm\sqrt{7}$

≪別解≫解の公式を利用して解くと，$x=\frac{-(-4)\pm\sqrt{(-4)^2-4\times1\times(-3)}}{2\times1}=\frac{4\pm\sqrt{28}}{2}=\frac{4\pm2\sqrt{7}}{2}=2\pm\sqrt{7}$ となる。

2〔独立小問集合題〕

(1)＜データの活用―四分位数＞生徒10人の得点は，小さい順に，3，4，5，6，6，8，8，8，9，10となる。10＝5＋5より，第2四分位数(中央値)は，小さい方から5番目の値と6番目の値の平均値である。5番目が6点，6番目が8点だから，第2四分位数は，$(6+8)\div2=7$(点)となる。また，第1四分位数は，小さい方5人の得点の中央値だから，小さい方から3番目の5点である。第3四分位数は，大きい方5人の得点の中央値だから，大きい方から3番目の8点である。

(2)＜数の計算＞$a+b=2\sqrt{6}$……①，$a-b=2\sqrt{2}$……②とする。①＋②より，$a+a=2\sqrt{6}+2\sqrt{2}$，$2a=2\sqrt{6}+2\sqrt{2}$，$a=\sqrt{6}+\sqrt{2}$ となり，①－②より，$b-(-b)=2\sqrt{6}-2\sqrt{2}$，$2b=2\sqrt{6}-2\sqrt{2}$，$b=\sqrt{6}-\sqrt{2}$ となるから，$a^2+b^2=(\sqrt{6}+\sqrt{2})^2+(\sqrt{6}-\sqrt{2})^2=6+2\sqrt{12}+2+6-2\sqrt{12}+2=16$ である。

≪別解≫①より，$(a+b)^2=(2\sqrt{6})^2$，$a^2+2ab+b^2=24$……③となり，②より，$(a-b)^2=(2\sqrt{2})^2$，$a^2-2ab+b^2=8$……④となる。③＋④より，$a^2+b^2+a^2+b^2=24+8$，$2a^2+2b^2=32$，$a^2+b^2=16$ となる。

(3)＜連立方程式の応用＞ノートAの定価をx円，ノートBの定価をy円とする。それぞれ定価で買うと，代金の合計は165円だから，$x+y=165$……①が成り立つ。また，ノートAを定価の1割引き，ノートBを定価の2割引きで買うと，代金の合計は141円だから，$x\times\left(1-\frac{1}{10}\right)+y\times\left(1-\frac{2}{10}\right)=141$が成り立ち，$\frac{9}{10}x+\frac{4}{5}y=141$，$9x+8y=1410$……②となる。②−①×8より，$9x-8x=1410-1320$，$x=90$となり，これを①に代入して，$90+y=165$，$y=75$となるから，ノートAの定価は90円，ノートBの定価は75円である。

(4)＜確率―カード＞カードは6枚あり，引いたカードをもとに戻すので，1回目，2回目のカードの引き方はそれぞれ6通りあり，カードの引き方は全部で$6\times6=36$(通り)ある。このうち，引いた2枚のカードの数の積が24の倍数になるのは，(1回目，2回目)＝(3，8)，(4，6)，(6，4)，(6，8)，(8，3)，(8，6)，(8，9)，(9，8)の8通りだから，求める確率は$\frac{8}{36}=\frac{2}{9}$である。

(5)＜平面図形―角度＞右図で，直線m上の点Cより左に点Iをとる。六角形ABCDEFは正六角形であり，六角形の内角の和は$180^\circ\times(6-2)=720^\circ$だから，$\angle ABC=\angle BCD=720^\circ\div6=120^\circ$である。$\angle GBC=\angle ABC-\angle ABG=120^\circ-23^\circ=97^\circ$となり，$l /\!/ m$より，平行線の錯角は等しいから，$\angle BCI=\angle GBC=97^\circ$である。よって，$\angle BCH=180^\circ-\angle BCI=180^\circ-97^\circ=83^\circ$だから，$\angle DCH=\angle BCD-\angle BCH=120^\circ-83^\circ=37^\circ$となる。

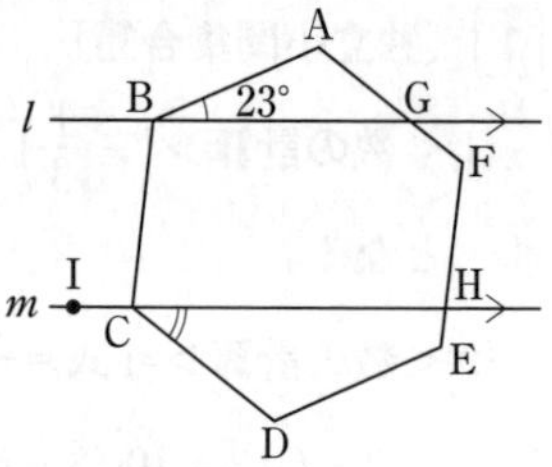

3 〔関数―関数$y=ax^2$と一次関数のグラフ〕

≪基本方針の決定≫(3)　点Pが線分AQの中点になることに気づきたい。

(1)＜y座標＞右図で，点Aは放物線$y=\frac{1}{2}x^2$上にあってx座標は-6だから，y座標は，$x=-6$を$y=\frac{1}{2}x^2$に代入して，$y=\frac{1}{2}\times(-6)^2=18$となる。

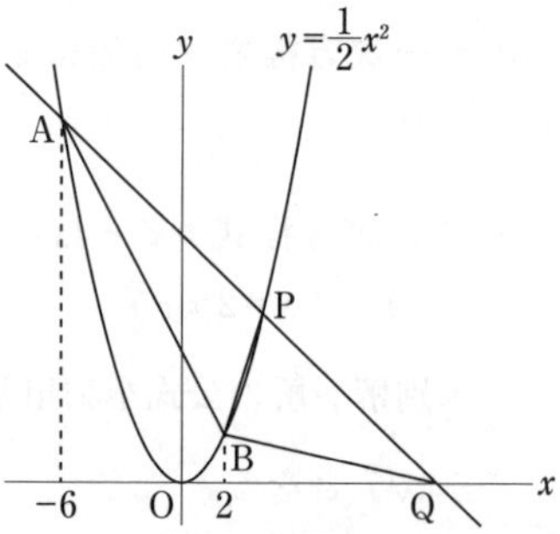

(2)＜直線の式＞右図で，点Bは放物線$y=\frac{1}{2}x^2$上にあってx座標は2だから，$y=\frac{1}{2}\times2^2=2$より，B(2，2)である。点Pも放物線$y=\frac{1}{2}x^2$上にあるので，x座標が4のとき，$y=\frac{1}{2}\times4^2=8$より，P(4，8)となる。よって，直線BPの傾きは$\frac{8-2}{4-2}=3$となるので，その式は$y=3x+b$とおける。点Bを通ることより，$2=3\times2+b$，$b=-4$となるから，直線BPの式は$y=3x-4$である。

(3)＜座標＞右上図で，△ABP，△PBQの底辺をそれぞれAP，PQと見ると，高さは等しいから，△ABP＝△PBQのとき，AP＝PQである。よって，点Pは線分AQの中点である。(1)より点Aのy座標は18であり，点Qはx軸上の点だから，y座標は0である。これより，点Pのy座標は$\frac{18+0}{2}=9$となる。点Pは放物線$y=\frac{1}{2}x^2$上の点だから，$9=\frac{1}{2}x^2$，$x^2=18$，$x=\pm3\sqrt{2}$となり，$2<x<6$より，$x=3\sqrt{2}$である。したがって，P$(3\sqrt{2}，9)$である。

4 〔平面図形―二等辺三角形と円〕

≪基本方針の決定≫(2)　三角形の相似を利用する。

(1)＜**長さ**＞右図で，AB∥EF だから，BF：BC＝AE：AC＝3：9＝1：3である。よって，BF＝$\frac{1}{3}$BC＝$\frac{1}{3}\times12=4$(cm)である。

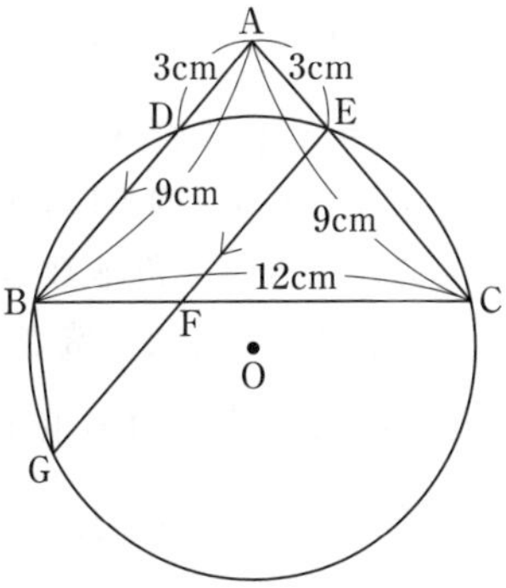

(2)＜**長さ―相似**＞右図の△BGF と△ECF で，対頂角より，∠BFG＝∠EFC であり，$\overset{\frown}{GC}$ に対する円周角より，∠GBF＝∠CEF だから，△BGF∽△ECF である。よって，FG：FC＝BF：EF である。FC＝BC－BF＝12－4＝8である。また，∠ACB＝∠ECF であり，AB∥EF より，∠ABC＝∠EFC だから，△ACB∽△ECF である。これより，AB：EF＝BC：FC＝12：8＝3：2であり，EF＝$\frac{2}{3}$AB＝$\frac{2}{3}\times9=6$である。したがって，FG：8＝4：6が成り立ち，FG×6＝8×4，FG＝$\frac{16}{3}$(cm)となる。

(3)＜**面積比**＞右上図で，(2)より，△ACB∽△ECF であり，相似比は AB：EF＝3：2だから，面積比は，△ACB：△ECF＝3^2：2^2＝9：4である。これより，△ACB＝$\frac{9}{4}$△ECF となるから，〔四角形 ABFE〕＝△ACB－△ECF＝$\frac{9}{4}$△ECF－△ECF＝$\frac{5}{4}$△ECF である。また，△BGF∽△ECF であり，相似比は BF：EF＝4：6＝2：3だから，△BGF：△ECF＝2^2：3^2＝4：9であり，△BGF＝$\frac{4}{9}$△ECF となる。以上より，〔四角形 ABFE〕：△BGF＝$\frac{5}{4}$△ECF：$\frac{4}{9}$△ECF＝45：16となるから，四角形 ABFE の面積は△BGF の面積の$\frac{45}{16}$倍である。

覚えておこう！

相似な図形では，
相似比が a：b のとき，
面積比は，a^2：b^2

≪別解≫右上図で，AB∥EF より，四角形 ABFE は台形である。AB∥EG より，台形 ABFE の高さと，△BGF の底辺を FG と見たときの高さは等しいから，その高さを h cmとすると，〔四角形 ABFE〕：△BGF＝$\frac{1}{2}\times$(AB＋EF)$\times h$：$\frac{1}{2}\times$FG$\times h$＝(AB＋EF)：FG＝(9＋6)：$\frac{16}{3}$＝15：$\frac{16}{3}$＝45：16となる。よって，四角形 ABFE の面積は△BGF の面積の$\frac{45}{16}$倍である。

5 〔**空間図形―直方体**〕

≪基本方針の決定≫(1)　△BMD に着目する。　(2)　四角形 DMJI に着目する。

(1)＜**角度**＞右図1で，2点B，Dを結ぶ。立体ABCD-EFGH が直方体より，∠BAD＝∠BAM＝∠DAM＝90°である。また，点Mが辺 AE の中点より，AM＝$\frac{1}{2}$AE＝$\frac{1}{2}\times12=6$だから，AB＝AD＝AM＝6である。よって，△ABD，△ABM，△ADM は合同な直角二等辺三角形だから，BD＝BM＝DM となり，△BMD は正三角形である。したがって，∠BMD＝60°である。

図1

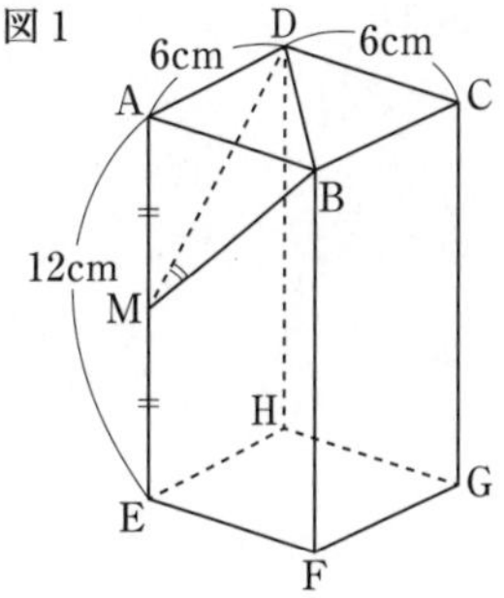

(2)＜**長さ，体積**＞①次ページの図2のように，点Mから辺 BF に垂線 MK を引く。面 ABFE と面 DCGH，面 ADHE と面 BCGF はそれぞれ平行だから，3点D，M，I を通る平面で切ったときの切り口は，MJ∥DI，DM∥IJ となる。よって，四角形 DMJI は平行四辺形である。このとき，∠MKJ＝∠DCI＝90°，MJ＝DI であり，MK＝AB＝6，DC＝6より，MK＝DC だから，△MKJ≡△DCI である。したがって，KJ＝CI である。CI：

IG＝1：3より，CI＝$\frac{1}{1+3}$CG＝$\frac{1}{4}\times 12=3$だから，KJ＝3である。また，BK＝AM＝6だから，BJ＝BK＋KJ＝6＋3＝9(cm)となる。　②図2で，①より，四角形DMJIは平行四辺形だから，△DMI≡△JIMである。これより，三角錐B-DMI，三角錐B-JIMの底面をそれぞれ，△DMI，△JIMと見ると，高さが等しいことから，〔三角錐B-DMI〕＝〔三角錐B-JIM〕＝$\frac{1}{2}$〔四角錐B-DMJI〕となる。2点D，Jを結び，四角錐B-DMJIを，三角錐D-BMJ，三角錐D-BIJに分けて考えると，〔四角錐B-DMJI〕＝〔三角錐D-BMJ〕＋〔三角錐D-BIJ〕＝$\frac{1}{3}$×△BMJ×AD＋$\frac{1}{3}$×△BIJ×CD＝$\frac{1}{3}\times\left(\frac{1}{2}\times 9\times 6\right)\times 6+\frac{1}{3}\times\left(\frac{1}{2}\times 9\times 6\right)\times 6=108$となるから，〔三角錐B-DMI〕＝$\frac{1}{2}\times 108=54(\mathrm{cm}^3)$となる。

図2

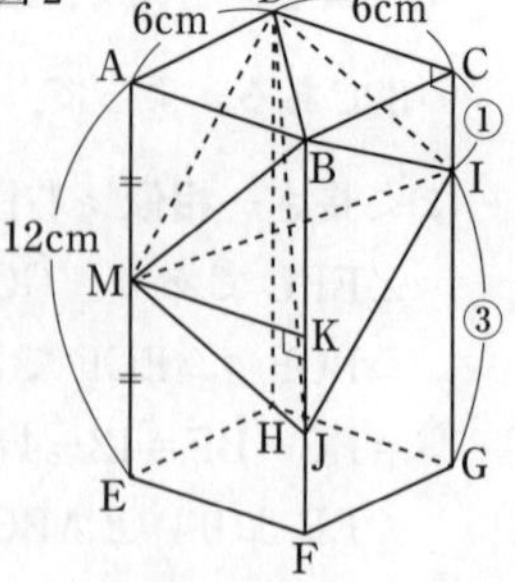

＝読者へのメッセージ＝

5では三角錐の体積を求めました。角錐や円錐の体積の公式は，今から2500年ほど前に，古代ギリシアのデモクリトスによって発見されたといわれています。

国語解答

一 (1) ア…3　イ…1　(2) 2　(3) 4　(4) 5　(5) 3　(6) 2

二 (1) 3　(2) 5　(3) 2　(4) 4　(5) 5　(6) 4　(7) 1

三 (1) 4　(2) 3　(3) 4　(4) 2　(5) 1　(6) 5　(7) 3

四 (1) 2　(2) 4　(3) 1　(4) 5　(5) 4

一〔**国語の知識**〕

(1)＜**漢字**＞ア.「圧巻」と書く。1は「換気」，2は「幹事」，3は「巻頭」，4は「完結」。　イ.「周囲」と書く。1は「包囲」，2は「安易」，3は「衣装」，4は「維持」。

(2)＜**漢字**＞「弔」は，人の死を悲しみいたむ，という意味。音読みは「弔意」などの「チョウ」。

(3)＜**熟語の構成**＞「頻発」と「新調」は，上の字が下の字を修飾している熟語。「抑揚」は，反対の意味の漢字を組み合わせた熟語。「閉店」は，下の字が上の字の目的語になっている熟語。「日照」は，上の字が主語で，下の字が述語になっている熟語。「柔軟」は，似た意味の漢字を組み合わせた熟語。

(4)＜**慣用句・故事成語**＞a.「太鼓判を押す」は，人物や品物の質などが確実によいものであることを保証する，という意味(…3)。　b.「拍車をかける」は，物事の進行を一段と速める，という意味(…4)。　c.「食指が動く」は，ある物事に対して興味や欲望が生じる，という意味(…2)。　d.「肝に銘ずる」は，心に深く刻みつけて忘れない，という意味(…1)。

(5)＜**漢文の訓読**＞「若」→「精兵」→「簡」→「道」→「倍」→「之」→「趨」→「其不意」→「出」→「威」→「取」→「覇」→「定」→「此一擧」→「在」の順に読む。「兵」から「簡」，「意」から「出」，「擧」から「在」には，二字以上返って読むので，一・二点を用いる。「道」から「倍」，「之」から「趨」，「威」から「取」，「覇」から「定」には，それぞれ一字返るので，レ点を用いる。

(6)＜**品詞**＞副詞は，主に用言を修飾する活用がない自立語。「とても」と「ゆっくり」の二つが副詞。

二〔**論説文の読解―自然科学的分野―科学**〕出典；西谷修『私たちはどんな世界を生きているか』「はじめに」。

≪**本文の概要**≫明るく描かれる未来は，いわばバーチャル・フューチャーであり，その展望には安心できない。文明の未来を先取りすると見なされるような人たちが，巨額の富を築く一方で，世界では貧困や荒廃が広がっている。超富豪と科学技術の発達によって，世界が便利かつ安逸な方向に行くという未来像の裏で，実際には多くの人々が不安を抱えている。例えば，核技術は，戦時下のアメリカで，多くの科学者や技術者が総力を挙げて開発したものだが，一人ひとりは分担部分しかわからないため，科学者たちは，自分たちがやっていることの結果に責任を取れず，むしろ取らなくなった。これは核技術だけでなく，それ以後の科学技術のいわば構造的な特徴にもなっている。科学技術は，人間の生活を豊かにする道具だと見なされてきたが，今ではその成果が人間の制御を超えるものとなっており，予測しえない事態を起こす可能性すらある。

(1)＜**接続語**＞a．ビル・ゲイツなど「文明の未来を先取りするとみなされるような人たち」が富の一部を貧困層の支援に充てる行為は，「成功する人間の手本」にもなっているが，それにより「見えなくなっている事実」もある。　b．Amazonは，「グローバル世界で誰もがそれに頼らざるを得ない仕組み，社会のコミュニケーション・ベースそのもの」が「途方もない私財を生み出すものになっている」ことを示す例である。　c．国家でさえできなくなった事業を「圧倒的な富豪」や「私的な企業」が引き受けることが，「未来のパイロット・イメージとして社会に投げかけられている」ということは，つまり，発達した近代文明によって多くの人が豊かになってきたことが「単純化」され，「個人化されたモデル」が世界を引っぱるという「方向づけ」がされているということである。　d．核技術において「人工的にできるのは原子核を壊すこと，崩壊を引き起こすことだけ」で，その後は「『自然』に任せるしかない」ので，核技術によって都合よくエネルギーを利用したつもりでも，「処理できない核燃料の残り」が出てしまうのである。

(2)**＜表現＞**「誰もが享受できるべきもの」である「社会のコミュニケーション・ベース」が，一部の「文明の未来を先取りするとみなされるような人」の会社だけに富をもたらすものになっているという仕組みは，まるで特定の所有者を持たない「大地や海や空」の商品化を思いついた者が，利益を独占するようなものである。

(3)**＜文章内容＞**「超富豪とバラ色のテクノロジー」によって「便利かつ安逸な」明るい未来が約束されているように見えるが，その一方で，多くの人は，その未来に「いびつさや嘘っぽさ」を感じ，解決すべき課題についてふれられていないことに不安を覚えている。

(4)**＜文章内容＞**アメリカが戦争体制の中で，多くの優秀な科学者・技術者の総力を挙げて核技術を開発したとき，「一人ひとりは分担部分しか」わからずに開発に携わっていた。そのため，このときから，個々の科学者たちは，生み出された技術に対して責任が取れなくなり，また，個人の功績として認められない代わりに，その責任も問われなくなったのである。

(5)**＜文章内容＞**科学技術は，当初，「人間の生活を豊かにする優れた道具」として期待されていたが，核技術や遺伝子工学の分野では，人間が「制御」できないどころか，「予測しえない」結果を引き起こすものになっているのである。

(6)**＜表現＞**生物と機械を統合する「『制御』の学として考案」されたサイバネティクスさえも「情報科学へと展開」していく中で，人間は，時代についていけない人のように，ますます科学技術を制御できないでいる。

(7)**＜要旨＞**富豪たちが「未来をつくるビジネス人間のモデル」と見なされて，明るい未来が描かれる一方で，生活のレベルを超えた問題が山積しており，遺伝子工学のような人間の制御できない科学技術によって予測できない事態が引き起こされかねないという現状に対して，筆者は，個人が「自由」によって世界を引っぱっていくという将来像に対する不安が尽きないと述べている（1…○，2…×）。ビル・ゲイツのチャリティー活動やイーロン・マスクが提案する「夢」の背後で，貧困や荒廃が広がっている以上，プライベートな「自由」が科学技術を正しく進歩させたとはいえない（3…×）。筆者は，アメリカが二〇〇〇人の分業によって核技術を開発した経緯を通して，現代の科学者が科学技術に対して責任を取れなくなり，科学技術を制御できなくなった過程を示した（4…×）。筆者は，核燃料を「『自然』に任せるしかない」という核技術の問題点を指摘したうえで，「科学技術の成果は人間のコントロールを超えるものになって，人間は宙吊りになる」と主張したハイデガーの意見に同調している（5…×）。

三　**〔小説の読解〕**出典；佐藤まどか『一〇五度』。

(1)**＜文脈＞**じいちゃんが「口をだらしなく」開け，あまりに驚いているのを見て，ぼくは，じいちゃんが「また脳溢血でも起こしやしないかと，心配に」なった。

(2)**＜ことわざ＞**「まかぬ種は生えぬ」は，原因がなければ結果は生じない，何もしなければよい結果は得られない，という意味。「果報は寝て待て」は，あせらず時機を待つのがよい，という意味。「石橋をたたいて渡る」は，物事を慎重に扱う，という意味。「一を聞いて十を知る」は，理解が早く，聡明であるさまを表す。「弘法は筆を選ばず」は，一芸に秀でた人は，どんな道具でも立派な仕事をする，という意味。

⑶**＜文章内容＞**梨々は，真の祖父の話を聞いているうちに，真の名字からは結びつかなかったが，自分の祖父から聞かされていた「大木製作所」が真の祖父の工房であったと気づき，とても驚いたのである。

⑷**＜心情＞**真の祖父は，梨々から，梨々の祖父である大手のセーディア社の早川が，小さな工房の自分を高く評価し，「ライバル」と見ていたと聞いて，信じられない気持ちになったのである。

⑸**＜文章内容＞**梨々は，真の祖父がイスのモデラーだったことを真から聞かされていなかったが，真の祖父が，自分の祖父がライバルと認めている「腕のいいモデラー」だと気づき，モデラーを目指す自分にとってあこがれの存在に思ったのである。

⑹**＜心情＞**真の祖父は，かつて自分が「追いつけ追い越せ」と目指してきた早川宗二朗が自分の仕事ぶりを「評価して」くれて，認めていたと知り，とても喜んだのである。

⑺**＜表現＞**真の祖父が，梨々との会話の中で，一方的にライバルと思っていたセーディア社の創業者が自分を高く評価してくれていたことを知って驚き，喜んでいく様子が，「ぼく」である真の視点から描かれている。

四　**〔古文の読解─随筆〕**出典；『落栗物語』六七。

≪現代語訳≫紀伊中納言源治貞卿が，初めて西条にいらっしゃったとき，福田の橋が洪水によって流されたので，(人々は)新しく建造し(橋を)架けた。その公卿(＝治貞卿)が用事で出かけるといって，その場所をお通りになったが，(橋の)近くになって馬から下り，橋の下に入ってあれこれ見回しながら，「多くの人が確かにこのように力を尽くしたことだろう」と言って，そのまま徒歩で橋を上りなさると，お供の人々が「お馬にお乗りになってはいかがですか」と申し上げたので，(公卿は)「いやなことだ。多くの人の手でつくり出した橋を，私が初めて渡るのに，馬のひづめで傷つけるようなことがあってはいけない」と言って，(馬に)お乗りにならなかった。またあるとき，百姓たちが，お館の林の木を夜間のうちにひそかに切ったので，すぐに(百姓たちを)捕まえて首をはねようとしていると(公卿が)お聞きになって，木は一度切ってもまた芽を出すだろう。(しかし，人間の)首を切ってしまうと再び生えてくることはないということで，その者たちの命をお助けになられたところ，(そのことを聞いた)国民は皆(公卿の)恵みが深いことを喜んだ。この公卿は元来学問を好んで，常々の口ぐせに，「今の世の人は，賢人や聖人の書物を読んで世の道理をあれこれ議論するといっても，自分の身に当てはめて，よくない心やよくない行動を改めようとすることをしない。これはどのようなことか，私はその心ばえを理解できない」とおっしゃったとかいうことだ。

⑴**＜古文の内容理解＞**新しい橋を架けるために多くの人が力を尽くしたことを思い，治貞卿は，馬から下りたまま歩いて橋を渡った。

⑵**＜現代語訳＞**「召す」は，ここでは，お乗りになる，という意味。「る」は，尊敬の助動詞。「や」は，問いかけを表す係助詞。お供の人々は，治貞卿に，馬に乗って橋を渡ってはどうかと問いかけた。

⑶**＜古文の内容理解＞**勝手に木を切るという罪を犯したとしても，木は切っても再生するが，人の命は二度と戻らない貴重なものであると考え，治貞卿は罪人の命を助けた。

⑷**＜古文の内容理解＞**賢人や聖人の書物を読んでも，あれこれと議論するばかりで，実際に自分の悪い心や行動を改めようとしない今の世の人のことを，治貞卿は理解できないと，批判した。

⑸**＜古文の内容理解＞**治貞卿が，橋を架けた人や木を切った罪人など国民を思いやることができたのは，学問を好んで賢人や聖人の書物から学んだことを自分の身に当てはめ，自分のよくない心やよくない行動を改めようとしていたからである。

2023年度 水城高等学校(一般再受験)

【英　語】 (50分) 〈満点：100点〉

1 次の(1)〜(4)は、放送による問題です。それぞれ放送の指示にしたがって答えなさい。

(1) これから、**No. 1**から**No. 5**まで、五つの英文を放送します。放送される英文を聞いて、その内容に合うものを選ぶ問題です。それぞれの英文の内容に最もよく合うものを、ア、イ、ウ、エの中から一つ選んで、その記号を書きなさい。

No. 1

No. 2

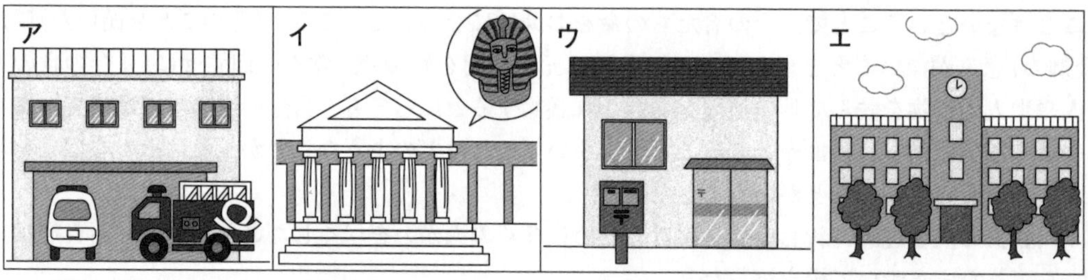

No. 3

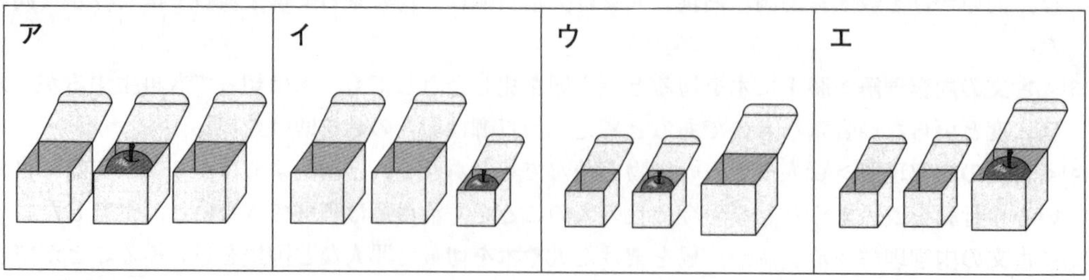

No. 4

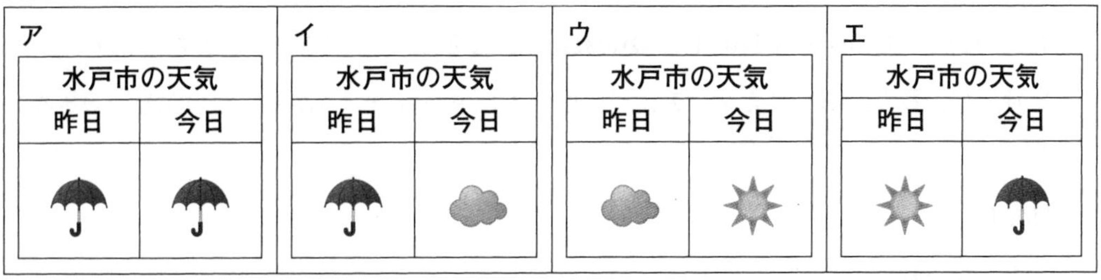

No. 5

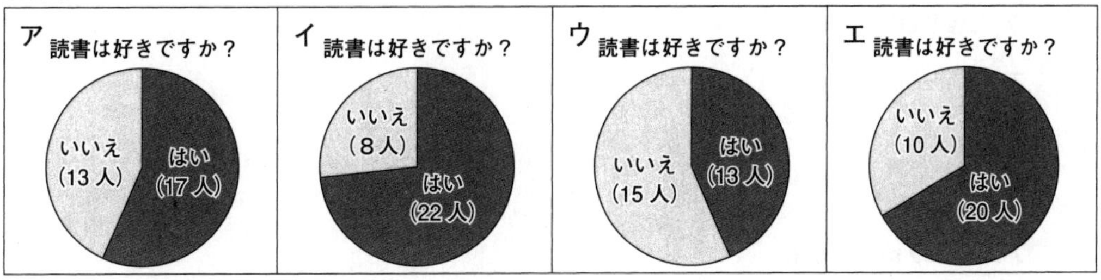

⑵　これから、**No. 1** から **No. 4** まで、四つの対話を放送します。それぞれの対話のあとで、その対話について一つずつ質問します。それぞれの質問に対して、最も適切な答えを、ア、イ、ウ、エの中から一つ選んで、その記号を書きなさい。

No. 1

ア　Yes, she does.
イ　No, she does not.
ウ　Yes, she is.
エ　No, she is not.

No. 2

ア　For three months.
イ　For six months.
ウ　For three years.
エ　For six years.

No. 3

ア　Hers.
イ　Her father's.
ウ　Her mother's.
エ　Her brother's.

No. 4

ア　She tells Fred about three of their school events.
イ　She has a school trip in September.
ウ　Her favorite event is the school festival.
エ　She is good at playing sports.

(3) これから、ミキ(Miki)と友人のピーター(Peter)の対話を放送します。そのあとで、その内容について、**Question No. 1** と **Question No. 2** の二つの質問をします。それぞれの質問に対して、最も適切な答えを、ア、イ、ウ、エの中から一つ選んで、その記号を書きなさい。

No. 1

ア At 6:00.

イ At 6:30.

ウ At 8:00.

エ At 8:30.

No. 2

ア A dog and a cat.

イ A cat and a bird.

ウ A bird and a rabbit.

エ A dog and a bird.

(4) 英語の授業で、生徒たちがクラスメイトのトシコ(Toshiko)のスピーチを聞いてメモを取っています。これからそのスピーチを放送します。その内容について、下の空欄①には**数字**を、空欄②、③にはスピーチで用いた英語の中から適切な語を１語ずつ書き、メモを完成させなさい。

スピーチを聞いたある生徒のメモ

Toshiko's sister Kazuko
・(①) years old
・works at a (②)
・often teaches Toshiko (③)
Toshiko wants to be a kind person like her.

これで、放送による聞き取りテストを終わります。続いて、問題**2**に進みなさい。

※ 放送による問題の放送文は，英語の問題の終わりに付けてあります。

2　次のＡとＢの英文は、日本人中学生のマチコ(Machiko)と、カナダに住んでいる友人のベス(Beth)がやりとりしたメールです。それぞれの英文を読んで、下の(1)、(2)の問いに答えなさい。

Ａ

> Hi, Beth.
>
> How are you? I'm not happy now because I ①(l　　) my favorite pen. I got it from my brother when I was an ②(e　　) school student. I haven't used it *recently, but I always keep it in my pencil case. I hope I will ③(f　　) it soon.

＊　recently　最近

Ｂ

> Hi, Machiko.
>
> Thank you for your e-mail. I'm sorry to read the sad news. I've ④(have) some similar experiences, so I understand how you feel. If I ⑤(live) in your town, I could help you. Why don't you talk about it with your brother, and ask ⑥(he) to look for it together?

(1)　Ａの英文が完成するように、文中の①～③の(　　　)内に、最も適切な英語を、それぞれ1語ずつ書きなさい。なお、答えはすべて(　　　)内に示されている文字で書き始めるものとします。

(2)　Ｂの英文が完成するように、文中の④～⑥の(　　　)の中の語を、それぞれ1語で適切な形に直して書きなさい。

3 次の(1)、(2)の問いに答えなさい。

(1) 次の英文は、ひまわり中学校(Himawari Junior High School)のボランティア部の紹介文の一部です。この記事が伝えている内容として最も適切なものを、次の**ア**～**エ**の中から一つ選んで、その記号を書きなさい。

Himawari Junior High School has a volunteer club. There are seven boys and eleven girls in the club. They meet every Wednesday after school and every Saturday afternoon. They have a club meeting on Wednesdays. They clean the park near their school on the first and fourth Saturday. They read books to children at a library on other Saturdays. When there is a fifth Saturday in the month, they don't have club activities. They always have a good time at their club.

ア The number of girls in the volunteer group is larger than that of boys.

イ The members of the volunteer club clean the park near their school on Wednesdays.

ウ The members of the volunteer group read books to children on the first Saturday of the month.

エ The members of the volunteer club have club activities on the fifth Saturday of the month.

(2) 次の英文中の［　　　］には、下の**ア**～**ウ**の三つの文が入ります。意味の通る英文になるように、**ア**～**ウ**の文を並べかえて、記号で書きなさい。

Did you enjoy your summer vacation? I enjoyed mine. Today, I will tell you about it.

I went to Hokkaido with my family. My grandmother lives there. ［　　　］ The next day, we visited a zoo together. On the third day, we left Hokkaido in the morning.

ア On our first day, we held a birthday party for her.

イ We visited her and stayed at her house for three days.

ウ She looked happy during the party.

4 高校生のアサミ(Asami)と、アサミの家にホームステイしている留学生のキャシー(Cathy)は、アサミが作った次ページのポスターを見ながら話しています。下の対話文を読んで、(1)、(2)の問いに答えなさい。

Asami : Our city has good places to visit, and I wrote about some of them in English for you.

Cathy : Thank you. Oh, Natsume Park looks nice!

Asami : Yes. It's near our house, and I often go there with my friends. We can see [　　　　　] there, so I love the park.

Cathy : That's nice. Do you usually walk your dog, Maruru, there?

Asami : No. I want to, (①). People can't take their dogs there, so I walk her to another park near our house.

Cathy : I see. I want to go to Natsume Park.

Asami : OK. If it's sunny this Sunday, why don't we walk in the park?

Cathy : (②) Well, I'm also interested in trying Sakura Restaurant's *udon*! Can I try it?

Asami : Sure. It's near Natsume Park, so we can get there from the park in a few minutes. It opens at (③) on weekends. Let's eat lunch there after going to the park. We can eat *udon* there for a *reasonable price! For example, my favorite one, *ume udon*, is only three hundred yen!

Cathy : That's great! Well, I'm also interested in Kita Anime Museum because I love anime!

Asami : OK, I'll take you there, too. The ticket price is reasonable! It's only (④) yen!

Cathy : That's nice. How do we get there?

Asami : By train. It takes (⑤) minutes from Takada Station to walk to the museum.

Cathy : I see. Oh, I'm so excited about my stay here!

Asami : That's great. Let's have a good time during your stay!

* reasonable 手頃な

Good Places to visit in Wakaba City

Natsume Park

★ Access ★ Thirteen minutes-walk from Iwasaki Station

★ Good points ★
・It's very large.
・There are many beautiful flowers.

Sakura Restaurant

★ Access ★ Fifteen minutes-walk from Iwasaki Station

★ Opening hours ★
On weekdays : 12:00 p.m. – 11:00 p.m.
On weekends : 11:30 a.m. – 9:00 p.m.

Kita Anime Museum

★ Access ★ Seven minutes-walk from Takada Station

★ Opening hours ★
On weekdays : 10:00 a.m. – 5:00 p.m.
On weekends : 9:00 a.m. – 6:00 p.m.

★ Ticket price ★
・Adult: 1000 yen
・High school student: 800 yen
・Junior high school student: 500 yen

Hikari Zoo

★ Access ★ Ten minutes-walk from Egashira Station

★ Opening hours ★
On weekdays : 10:00 a.m. – 5:00 p.m.
On weekends : 9:00 a.m. – 6:00 p.m.

★ Ticket price ★
・Adults: 900 yen
・High school student: 500 yen
・Junior high school student: 300 yen

⑴ 対話の流れに合うように、文中の［　　　　］に入る適切な英語を、対話文またはポスターの中から３語で抜き出し、英文を完成させなさい。

⑵ 対話中の（ ① ）～（ ⑤ ）に入る最も適切なものを、ア～エの中からそれぞれ一つ選んで、その記号を書きなさい。

① ア so let's do it　イ so I walk her there
　ウ but I don't have a dog　エ but I can't

② ア Sounds nice!　イ You're welcome!
　ウ Excuse me.　エ It looks beautiful.

③ ア ten　イ eleven　ウ eleven thirty　エ noon

④ ア 200　イ 500　ウ 800　エ 900

⑤ ア seven　イ ten　ウ thirteen　エ fifteen

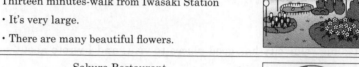

5 下の英文を読んで、(1)～(5)の問いに答えなさい。

When you hear the name Italy, what do you think of? The country has delicious food, *historic buildings, and beautiful nature. A lot of people visit the country every year and the country is famous for *tourism. *Venice is one of the most popular tourist cities in Italy. It has many famous spots, so a lot of people visit there *throughout the year. Also, people call the city by different names, like “city of water” or “city of bridges” because it is full of *canals running through the city. [ア]

However, in 2018, Venice decided that they were going to charge the tourists *entrance fees when tourists enter historic areas of the city. *As of November 2022, it will start in January 2023. Do you know why they decided that?

As one of the most popular tourist cities, Venice has some problems. [イ] For example, many *cruise ships visit the city every year and bring tourists from all over the world. However, these cruise ships are *causing *air pollution and have damaged the environment.

Also, *flooding has been one of the biggest problems in the city, and it happens very often every year. The flooding *destroys buildings and causes trouble for the local people and tourists. Actually, some people believe that the city is sinking into the water little by little. [ウ] So, the local people always have to think about air pollution and flooding.

To protect the city from air pollution, they have decided to charge tourists entrance fees. By charging people, they hope that fewer tourists will come, and it will *prevent the air pollution from *getting worse. However, people who work in the tourism *industry are not happy. It is easy to understand that they are worried about sales because they think that their work will *decrease. They want tourists to come to the city because they spend a lot of money. If they cannot get enough sales, their businesses cannot survive, and they may lose their jobs. [エ]

Now, you know that this city has positive and negative sides. Of course, protecting the environment is necessary. However, protecting workers is also important. What is going to happen to this city in the future?

* historic 歴史的に有名な　tourism 観光　Venice ベネチア
throughout ～中、～を通して　canal 運河　entrance fee 入域料
as of ～ ～現在　cruise ship 遊覧船　cause ～を引き起こす
air pollution 大気汚染　flooding 洪水　destroy 破壊する
prevent ～ from …ing ～が…するのを防ぐ　get worse 悪化する
industry 産業　decrease 減少する

(1) 本文の内容に合う文を、次のア～クの中から三つ選んで、その記号を書きなさい。

ア Italy is visited by a lot of tourists every year.

イ People in Venice think tourists are causing some problems to its environment.

ウ Venice is one of the most popular tourist cities and is famous for its delicious food.

エ To visit Venice, people from all over the world must take a cruise ship.

オ Flooding that happens very often every year is destroying the buildings in Venice.

カ There is no way to prevent air pollution in Venice.

キ Charging entrance fees made the lives of the workers of Venice better.

ク Cruise ships have both good and bad sides for the environment.

(2) 次の文は、文中の［ア］～［エ］のどこに入るのが最も適切か、記号で答えなさい。

A lot of people visit the city every year, so some problems with its environment have *occurred.

* occur 起こる

(3) 次の①、②の質問に、それぞれ指定された語数の英文で答えなさい。ただし、符号(, . ? ! など)は、語数には含まないものとします。

① When did Venice decide to charge tourists entrance fees to enter historic areas of the city? （2語以上）

② Why do people who work in the tourism industry in Venice hope tourists will come? （7語以上）

(4) 次の英文は本文を読んだ生徒が書いたものです。（　①　）～（　③　）に入る最も適切な英語を、下のア～エの中から一つ選んで、その記号を書きなさい。

It was interesting to learn new things about Venice. I knew the name Venice, but I never knew (　①　). I was surprised to know that Venice will charge tourists an entrance fee. However, I understand the reason because the city has to (　②　). If tourists are charged entrance fees, the tourists number will decrease, and some people (　③　). I think this is a very difficult problem.

① ア it has other names　イ it has no canals there
ウ people call it a canal city　エ people there love their city

② ア build more canals　イ protect the environment
ウ get more tourists　エ be the most popular city

③ ア like that positive idea　イ think it's a good idea
ウ try to protect the environment　エ are not happy about that

(5) この英文のタイトルとして最も適切なものを、次のア～エの中から一つ選んで、その記号を書きなさい。

ア The history of Venice

イ The people living in Venice

ウ Good workers in Venice

エ Some problems that Venice has

6 ミキ(Miki)とジム(Jim)が、２人が通っている学校に来る留学生について話しています。下の２枚のメモ(note)を見ながら、対話の流れに合うように、①～④の（　　）内の英語を並べかえて、記号で答えなさい。ただし、それぞれ**不要な語(句)が一つずつ**あり、文頭に来る語(句)も小文字で示されています。

名前：スティーブ・ブラウン (Steve Brown) 出生地：オーストラリア 日本に来た経験：なし 好きなスポーツ：サッカー (チームに所属している)	名前：ナンシー・ホワイト (Nancy White) 出生地：アメリカ合衆国 日本に来た経験：なし 好きなスポーツ：バスケットボール (チームに所属している)

Miki : Next month, some students from our sister school in Canada will come to our school. Steve Brown and Nancy White are two of them, and ①(ア they　イ to　ウ become　エ going　オ join　カ are) our class. These notes give some information about them.

Jim : Sounds nice. I can't read Japanese, so ②(ア know　イ let's　ウ me　エ what　オ they　カ let) say.

Miki : Sure. Nancy's birthplace is the same as yours.

Jim : Really? ③(ア born　イ she　ウ the U.S.　エ was　オ in　カ Australia)?

Miki : Yes. So, I think you can enjoy talking with her about it.

Jim : That's good. Do they play any sports?

Miki : Yes. Steve's favorite sport and yours are also the same. He ④(ア the soccer　イ a　ウ is　エ of　オ member　カ the basketball) team.

＜放送による問題放送文＞

ただいまから１番の、放送による聞き取りテストを行います。問題は(1)から(4)までの四つです。放送中メモを取ってもかまいません。

それでは(1)の問題から始めます。

(1)　これから、No. 1からNo. 5まで、五つの英文を放送します。放送される英文を聞いて、その内容に合うものを選ぶ問題です。それぞれの英文の内容に最もよく合うものを、**ア**、**イ**、**ウ**、**エ**の中から一つ選んで、その記号を書きなさい。

それぞれの英文は、２回放送します。

では、はじめます。

No. 1

▷The girl is sitting by the bed.◁

繰り返します。（▷～◁）

No. 2

▷We usually go there when we want to send something to other people.◁

繰り返します。（▷～◁）

No. 3

▷There are three boxes.　An apple is in the largest one.◁

繰り返します。（▷～◁）

No. 4

▷It has been rainy since yesterday in Mito City.　It will be cloudy tomorrow.　I wish it would be sunny tomorrow.◁

繰り返します。（▷～◁）

No. 5

▷There are thirty students in my class.　More than seventy percent of them like reading books.◁

繰り返します。（▷～◁）

これで(1)の問題を終わります。

次に、(2)の問題に移ります。

(2) これから、No. 1からNo. 4まで、四つの対話を放送します。それぞれの対話のあとで、その対話について一つずつ質問します。それぞれの質問に対して、最も適切な答えを、ア、イ、ウ、エの中から一つ選んで、その記号を書きなさい。

対話と質問は、２回放送します。

では、はじめます。

No. 1

A：▷You arrive at school early every day, right, Asuka?

B：Yes, Tom.

A：Is your house near our school?

B：No, but I always leave home early every morning.

Question：Does Asuka live near her school?◁

繰り返します。(▷〜◁)

No. 2

A：▷You play baseball, right, Dick?　How long have you been playing it?

B：I have been playing it for six years.　Do you play any sports, too, Saki?

A：Yes.　I play tennis.　I just started playing it three months ago.　It's a lot of fun!

B：That's great.

Question：How long has Saki been playing tennis?◁

繰り返します。(▷〜◁)

No. 3

A：▷Do you have your own computer, Toru?

B：No, Emma, but I will get one for my birthday from my mother and father.　I have wanted one for many years, so I asked them to buy one for me.

A：Really?　Sounds nice.　I want one, too!　I usually use my brother's.

B：I see.

Question：Whose computer does Emma usually use?◁

繰り返します。(▷〜◁)

No. 4

A：▷Our school has many interesting events, Fred.　For example, we have sports day in May, and we have the school festival in September and the school trip in December.

B：That's nice, Ayumi.　Which is your favorite event?

A：Sports day.　I'm not good at sports, but I think sports day is exciting!

B：That's great.

Question：What can we say about Ayumi?◁

繰り返します。(▷〜◁)

これで(2)の問題を終わります。

次に、(3)の問題に移ります。

(3) これから、ミキ（Miki）と友人のピーター（Peter）の対話を放送します。そのあとで、その内容について、Question No. 1とQuestion No. 2の二つの質問をします。それぞれの質問に対して、最も適切な答えを、**ア**、**イ**、**ウ**、**エ**の中から一つ選んで、その記号を書きなさい。

対話と質問は、２回放送します。

では、はじめます。

Miki: ▷I get up at eight every Sunday. How about you, Peter?
Peter: I get up at six thirty, Miki.
Miki: Really? We don't have school on Sundays, so why do you get up so early?
Peter: Because I run with my dog around our town before eating breakfast.
Miki: Oh, you have a dog! That's nice. I love dogs, but I can't have a dog because my mother and father don't like them.
Peter: I see. Do you have any pets?
Miki: Yes. I have a cat and a bird.
Peter: That's nice. I love cats and birds! Actually, I had them when I was small.
Miki: That's good. Are there any other animals that you want to have in the future?
Peter: Yes. I want to have a rabbit.

Questions：
No. 1 What time does Peter get up every Sunday?
No. 2 What pets does Miki have?◁

繰り返します。（▷～◁）

これで(3)の問題を終わります。

次に、(4)の問題に移ります。

(4) 英語の授業で、生徒たちがクラスメイトのトシコ（Toshiko）のスピーチを聞いてメモを取っています。これからそのスピーチを放送します。その内容について、下の空欄①には数字を、空欄②、③にはスピーチで用いた英語の中から適切な語を１語ずつ書き、メモを完成させなさい。

英文は、２回放送します。

では、はじめます。

▷Hello, everyone. I'm Toshiko. I'd like to talk about my sister. Her name is Kazuko. She is twenty-four. She works at a hospital. She helps doctors as a nurse. She is very kind to everyone. She is good at math, so I often study it with her. She is a good teacher. I want to be a kind person like her.◁

繰り返します。（▷～◁）

これで、放送による聞き取りテストを終わります。続いて、問題**２**に進みなさい。

【数　学】（50分）〈満点：100点〉

1　次の問いに答えなさい。

（1）次の①～④の計算をしなさい。

① $-8+2$

② $\sqrt{63}-\sqrt{2}\times\sqrt{14}$

③ $(-6a)^2\div 3a$

④ $4(a+2b)-\frac{1}{3}(9a-3b)$

（2）2次方程式　$(x+1)(x+8)=15x$　を解きなさい。

2 次の問いに答えなさい。

（1） $a=39,\ b=19$ のとき、a^2-4b^2 の値を求めなさい。

（2） 1、2、3、4の数が一つずつ書かれた4枚のカードがある。その中から1枚のカードをひき、もとに戻してから再び1枚のカードをひく。1回目にひいたカードに書かれた数を a、2回目にひいたカードに書かれた数を b とする。

また、下の図のように、はじめは点Pが数直線上の＋1に対応する位置にある。2枚のカードをひいたとき、点Pは正の方向に a だけ移動し、続けて、負の方向に b だけ移動する。

このとき、点Pが－1に対応する位置に止まる確率を求めなさい。

ただし、どのカードがひかれることも同様に確からしいとする。

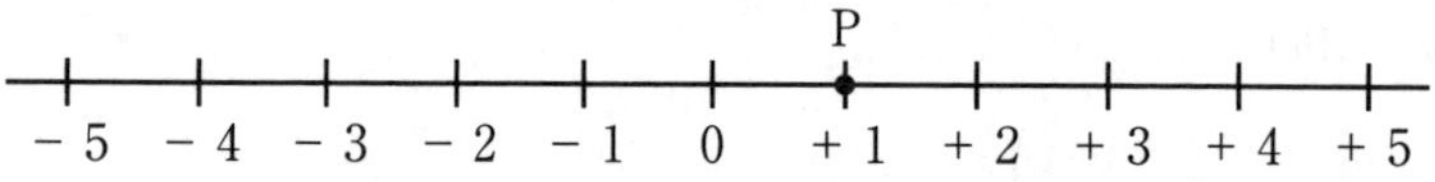

図

（3） あるクラスの調理実習で作ったクッキーを、用意した袋に同じ数ずつ入れていく。1つの袋に8枚ずつ入れていくと、クッキーは17枚余った。そこで、1つの袋に9枚ずつ入れていったところ、クッキーが5枚入った袋が1つでき、残りの袋には9枚ずつ入った。

このとき、クッキーは全部で何枚あるか求めなさい。

（4） 下の**図**で、3点A、B、Cは関数$y = x^2$のグラフ上の点であり、点Aのx座標は－2、点Bのx座標は1、点Cのx座標は2である。直線ABとy軸との交点をDとする。

このとき、△ABCの面積は△AODの面積の何倍か求めなさい。

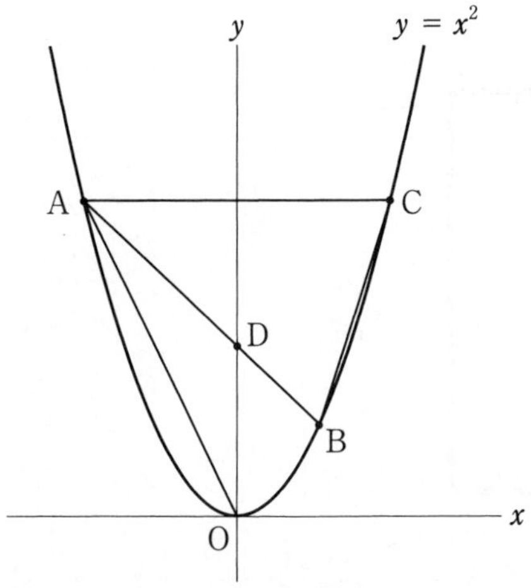

図

3 右の**図1**のように、コンピュータの画面に、線分ABを直径とする半円が表示されている。2点P、Qは点A、P、Q、Bの順に並ぶように弧AB上を動かすことができる。点Aと点P、点Pと点Q、点Qと点Bを線分で結ぶ。

このとき、次の（**1**）、（**2**）の問いに答えなさい。

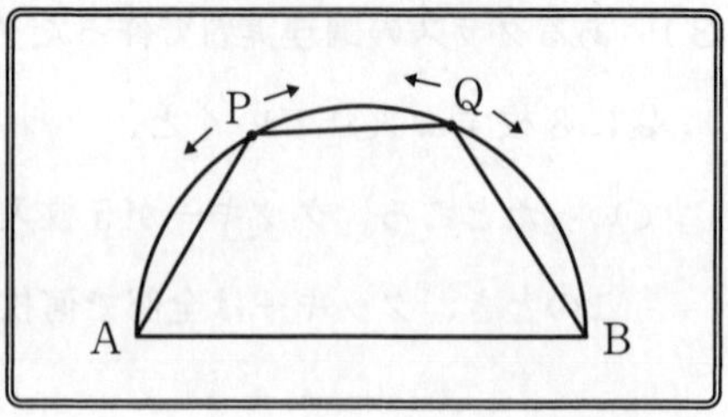

図1

（**1**） 太郎さんは、弧PQの長さが一定となるように点P、Qを動かすとき、∠APQの大きさと∠BQPの大きさの和が一定であることに気がついた。

下の**図2**のように、弧PQの長さが弧ABの長さの$\frac{1}{2}$であるとき、∠APQの大きさと∠BQPの大きさの和を求めなさい。

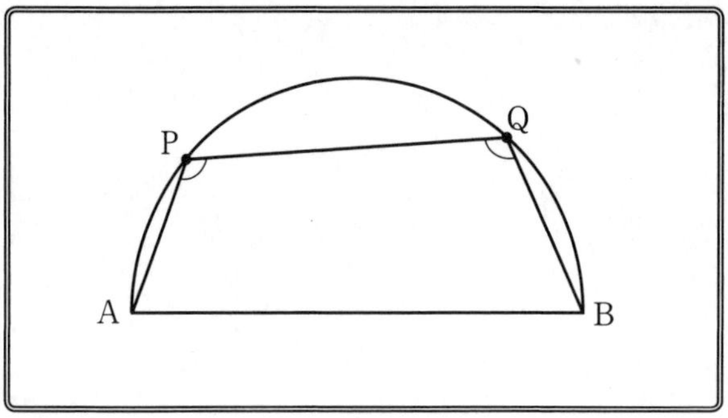

図2

（2） 線分 AQ と線分 BP との交点を R とする。

① 右の**図3**のように、弧 AP の長さと弧 BQ の長さが等しくなるとき、△PAR ≡ △QBR であることに花子さんは気づき、下のように説明した。

$\boxed{a}$ ～ $\boxed{c}$ に当てはまるものを、$\boxed{\quad}$ の選択肢の中からそれぞれ一つ選んで、その記号を書きなさい。

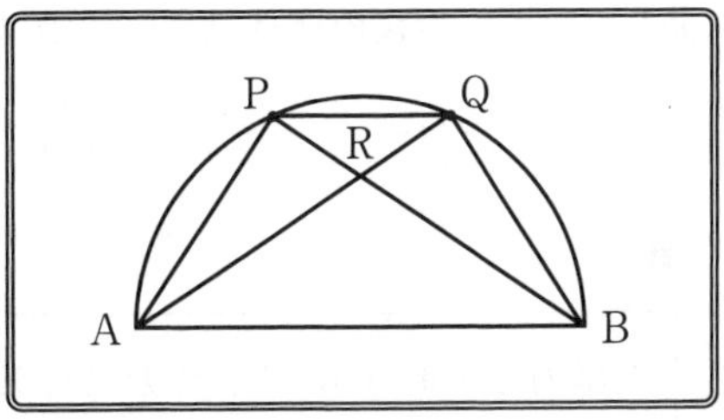

図3

（証明） △PAR と△QBR において、

等しい弧に対する円周角は等しいから、

∠ABP = ∠BAQ　　…①

①より、2つの角が等しいので、

△RAB は二等辺三角形である。

よって、RA = $\boxed{a}$　　…②

また、対頂角は等しいから、

∠PRA = ∠QRB　　…③

弧 PQ に対する円周角だから、

∠PAR = ∠$\boxed{b}$　　…④

②、③、④より、$\boxed{\quad c \quad}$ がそれぞれ等しいので、

△PAR ≡ △QBR

a, *b* の選択肢

ア	AB	**イ**	PA
ウ	RB	**エ**	PQR
オ	QBR	**カ**	RQB

c の選択肢

ア　3組の辺

イ　2組の角

ウ　2組の辺とその間の角

エ　1組の辺とその両端の角

② 下の**図4**は、弧 AP の長さと弧 PQ の長さが等しくなるように、点 P、Q を動かしたものである。AB = 5 cm、BP = 4 cm、PQ = 3 cm のとき、線分 PR の長さを求めなさい。

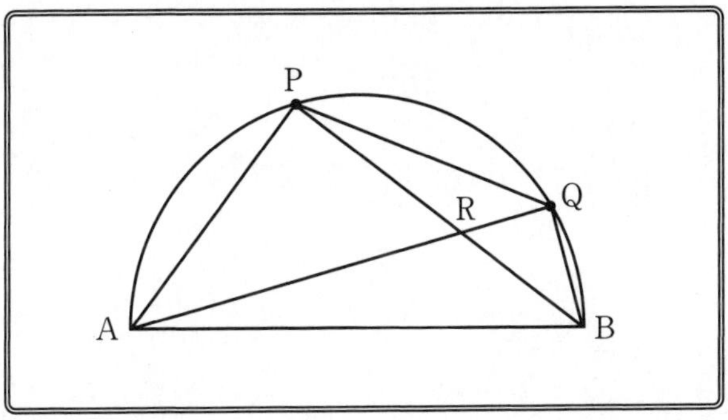

図4

4 H工場では、無人搬《はん》送車P、Qが荷物を運んでいる。下の**表**は、搬送車P、Qが仕事をするときの設定についてまとめたものである。下の**図**は、搬送車P、Qが地点Aを同時に出発したとき、出発してからx秒後の地点Aからの距離をy mとして、240秒後までのxとyの関係をグラフに表したものである。

表

<table>
<tr><td colspan="2">工場内で3地点A、B、Cがこの順に一直線上にあり、搬送車P、Qはこれらの地点をまっすぐに結ぶコースを一定の速さで走行する。</td></tr>
<tr><td>搬送車P</td><td>・2地点A、B間を秒速2 mで往復する。
・地点Aで荷物を積み、地点Bで荷物を下ろす。
・荷物の積み下ろしをしている間は20秒間停車する。</td></tr>
<tr><td>搬送車Q</td><td>・2地点A、C間を秒速3 mで往復する。
・地点Aで荷物を積み、地点Cで荷物を下ろす。
・荷物の積み下ろしをしている間は10秒間停車する。</td></tr>
</table>

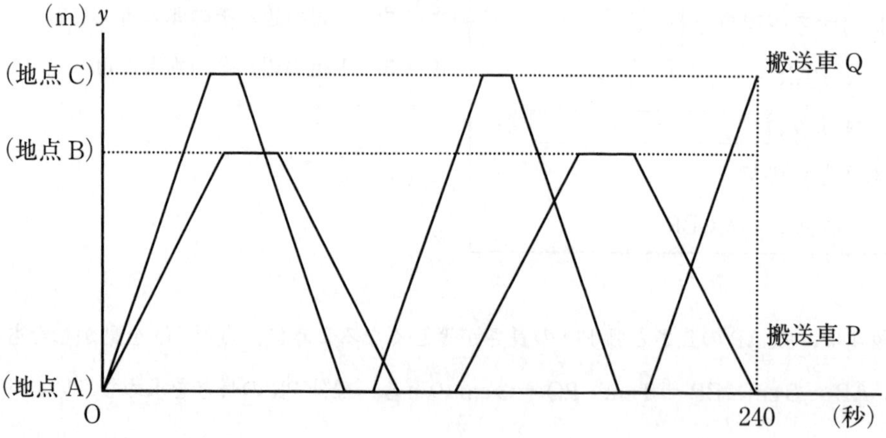

図

このとき、次の（１）～（３）の問いに答えなさい。

（１） 搬送車Pが地点Aから地点Bまで走行するのにかかる時間は何秒か求めなさい。

（２） 地点Bから地点Cまでの距離は何mか求めなさい。

（３） 搬送車P、Qが地点Aを同時に出発してから240秒後までの間に、2台とも走行しながらすれ違うことが3回あった。2回目にすれ違ったのは、搬送車P、Qが地点Aを同時に出発してから何秒後か求めなさい。

5 ある衣料品店で、3月、4月、5月に販売したくつ下の数を調査した。

このとき、次の（**1**）、（**2**）の問いに答えなさい。

（**1**） 下の**表**は、3月の営業日数25日と4月の営業日数26日について、1日に販売したくつ下の数とその日数をまとめたものである。ただし、x, yには整数が入る。

表

くつ下の数（足）	日数（日）	
	3月	4月
0	3	0
1	1	2
2	2	1
3	4	0
4	4	3
5	3	x
6	5	4
7	2	y
8	1	4
9	0	1
合計	25	26

① 3月について、1日に販売したくつ下の数が2足の階級の累積相対度数を求めなさい。

② 4月に販売したくつ下の数の中央値（メジアン）が6足のとき、**表**中のxに当てはまる値をすべて求めなさい。

（２） 下の**図**は、5月の営業日数27日について、1日に販売したくつ下の数のデータを箱ひげ図に表したものである。この箱ひげ図から読み取れることとして正しいものを、あとの**ア〜オ**の中から**すべて**選んで、その記号を書きなさい。

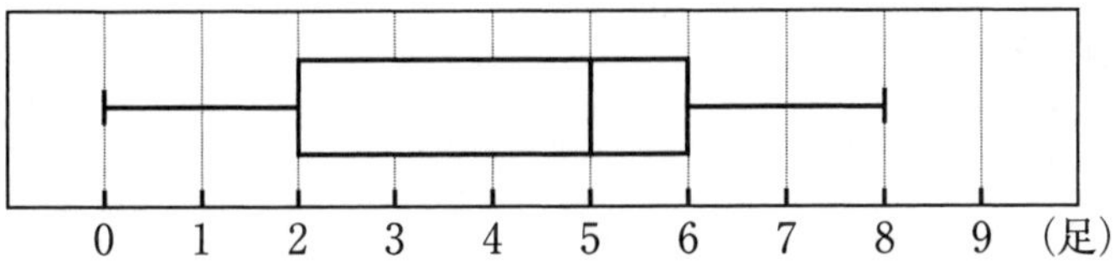

図

ア　5足売れた日数が一番多い。

イ　2足以上6足以下売れた日数は15日以上である。

ウ　2足売れた日数と6足売れた日数は等しい。

エ　データの平均値は4足である。

オ　データの四分位範囲は4足である。

6 右の**図１**のような、底面の半径が２cm、高さが２cmの円柱がある。

このとき、次の（**１**）、（**２**）の問いに答えなさい。

ただし、円周率はπとする。

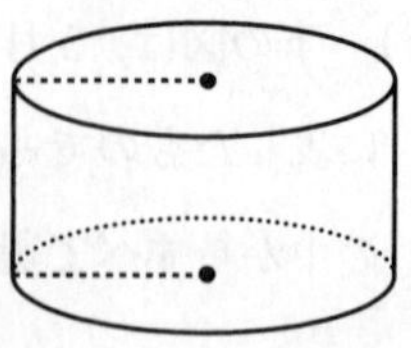

図１

（**１**） この円柱の表面積を求めなさい。

（**２**） 下の**図２**のように、**図１**と同じ円柱の形をした容器**P**と、頂点がOで高さが8cmの円すいの形をした容器**Q**がある。容器**P**に水をいっぱいになるまで入れ、それをすべて容器**Q**に移すと、点Oからの水の深さは4cmになった。

　ただし、容器**Q**は底面が水平になるように置かれており、容器**P**、**Q**の厚さは考えないものとする。

① **図２**の状態から続けて、容器**P**にいっぱいに入れた水を何回か移して容器**Q**を水でいっぱいにする。このとき、少なくともあと何回移せばよいか求めなさい。

② 容器**Q**について、底面の半径を求めなさい。

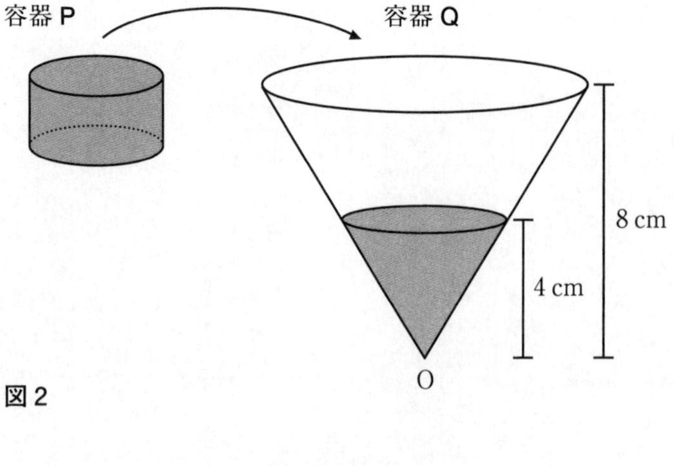

図２

【社　会】 (50分) 〈満点：100点〉

1　次の**1**、**2**に答えなさい。

1　世界の諸地域について、次の(1)～(4)の問いに答えなさい。

資料1　世界地図

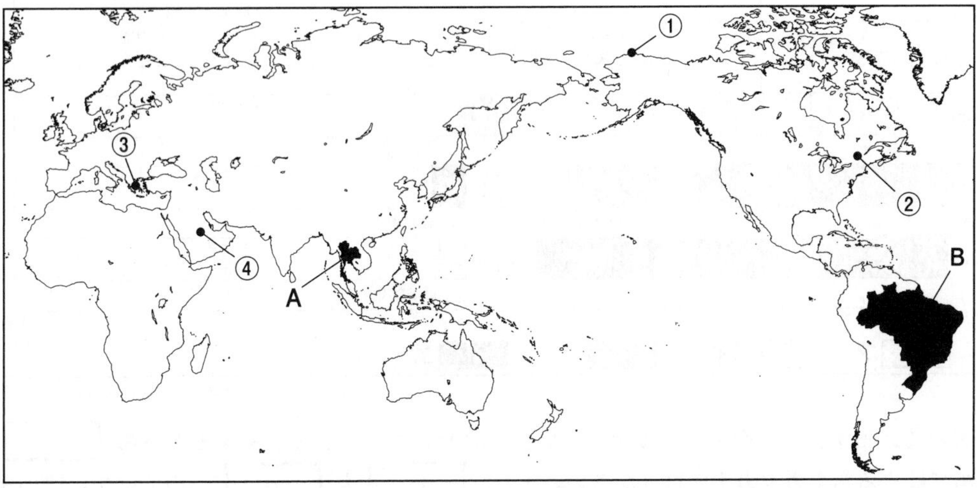

(1)　次のグラフは、**資料1**にある①～④のいずれかの都市の気温と降水量を表したものである。**資料1**にある②の都市に当てはまるグラフを、次の**ア**～**エ**の中から一つ選んで、その記号を書きなさい。

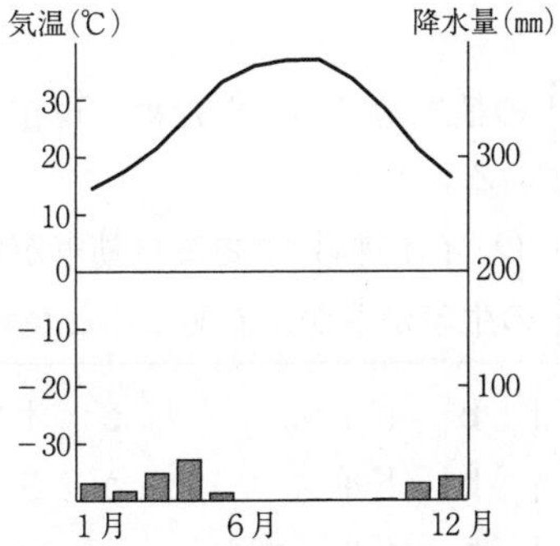

ア

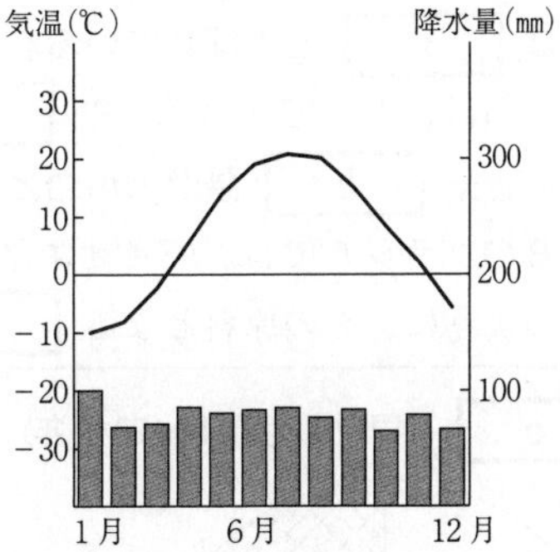

イ

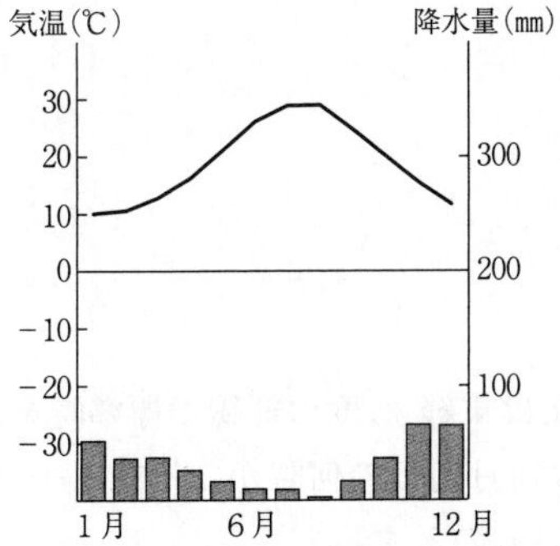

ウ

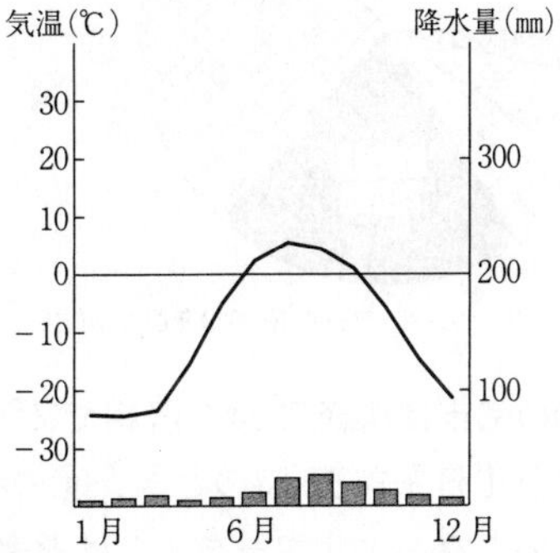

エ

〔「理科年表」2022年版より作成〕

(2)　**資料２**は、**資料１**の**A**のタイの輸出額の総計に占める主要輸出品目(上位５品目)の割合の推移を示したものである。**資料２**の**ア**～**エ**は、機械類、自動車、米、天然ゴムのいずれかである。機械類と米に当てはまるものを、**ア**～**エ**の中からそれぞれ一つ選んで、その記号を書きなさい。

資料２　タイの輸出額の総計に占める主要輸出品目の上位５品目の割合の推移

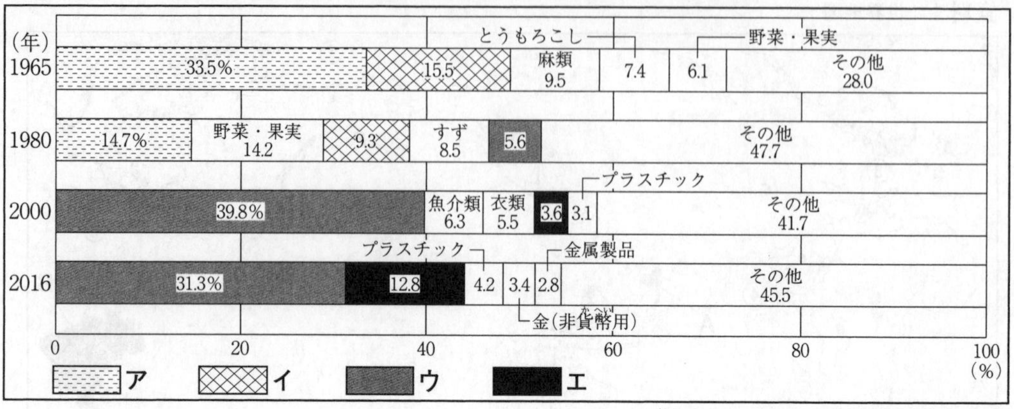

〔「数字でみる日本の100年」改訂第７版より作成〕

(3)　次の**＜メモ１＞**は、南アメリカ州についてまとめたものである。**＜メモ１＞**の [a] に当てはまる語を**カタカナ**で書きなさい。また、 [b] と [c] に当てはまる語の組み合わせとして適切なものを、下の**ア**～**エ**の中から一つ選んで、その記号を書きなさい。

> **＜メモ１＞**
> 南アメリカ州には、ヨーロッパ系(白人)と先住民の混血の人々が多く暮らしており、これらの人々は [a] とよばれている。
> 南アメリカ州は、かつてスペインや [b] の植民地であったため、現在でも多くの国でスペイン語や [b] 語が公用語とされている。
> **資料１**の**B**のブラジルでは、バイオエタノール(バイオ燃料)で走る自動車が普及しており、**資料３**のように、その原料となる [c] の生産がさかんであることがわかる。

資料３ [c] **の国別生産量割合(2019年)**

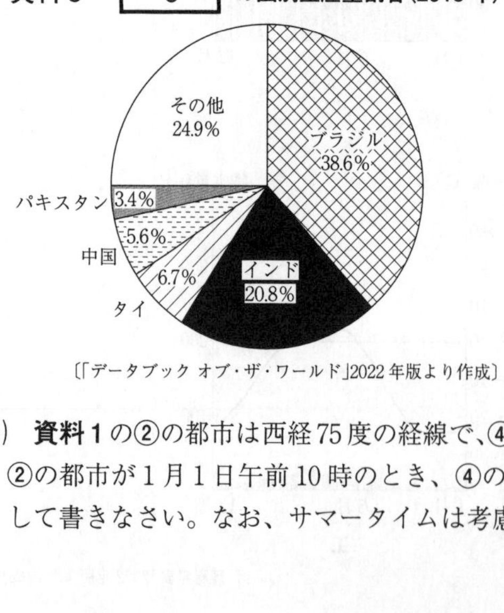

〔「データブック オブ・ザ・ワールド」2022年版より作成〕

ア　[　b　ドイツ　　　　c　オリーブ　]
イ　[　b　ドイツ　　　　c　さとうきび　]
ウ　[　b　ポルトガル　　c　オリーブ　]
エ　[　b　ポルトガル　　c　さとうきび　]

(4)　**資料１**の②の都市は西経75度の経線で、④の都市は東経45度の経線で標準時を決めている。②の都市が１月１日午前10時のとき、④の都市は何月何日の何時か、午前・午後を明らかにして書きなさい。なお、サマータイムは考慮しないものとする。

2　日本や身近な地域について、次の(1)～(5)の問いに答えなさい。

(1)　**資料４**は、三つの工業(工業製品)について、製造品出荷額等が多い上位５位までの都府県を示した地図である。**資料４**の［ａ］～［ｃ］には、印刷・同関連業、化学工業、輸送用機械器具のいずれかが当てはまる。［ａ］～［ｃ］の組み合わせとして適切なものを、下の**ア**～**カ**の中から一つ選んで、その記号を書きなさい。

資料４　三つの工業(工業製品)について、製造品出荷額等が多い上位５位までの都府県(2019 年)

ａ　　　ｂ　　　ｃ

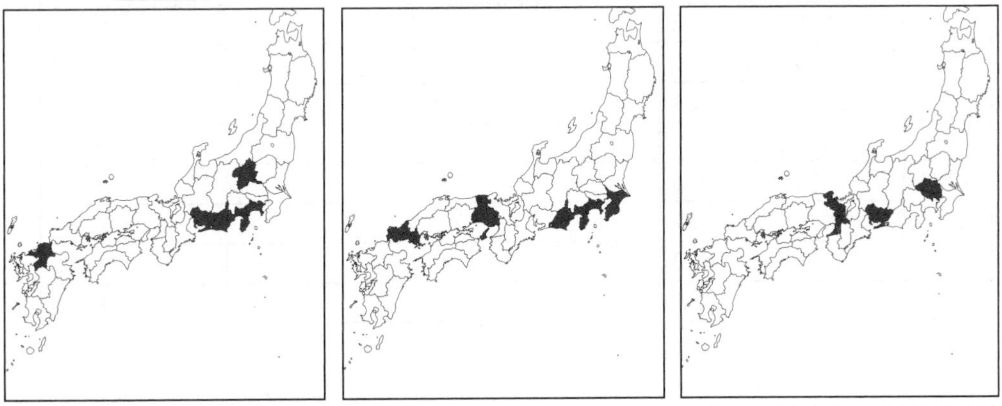

〔「データでみる県勢」2022 年版より作成〕

ア［ａ　印刷・同関連業　ｂ　化学工業　ｃ　輸送用機械器具］
イ［ａ　印刷・同関連業　ｂ　輸送用機械器具　ｃ　化学工業］
ウ［ａ　化学工業　ｂ　印刷・同関連業　ｃ　輸送用機械器具］
エ［ａ　化学工業　ｂ　輸送用機械器具　ｃ　印刷・同関連業］
オ［ａ　輸送用機械器具　ｂ　印刷・同関連業　ｃ　化学工業］
カ［ａ　輸送用機械器具　ｂ　化学工業　ｃ　印刷・同関連業］

(2)　**資料５**は、東京都、千葉県、神奈川県の昼間人口と夜間人口を示したものである。**資料５**を見たある班は、次の**＜メモ２＞**を作成しました。**＜メモ２＞**の［ａ］に当てはまる内容を、「通勤」、「通学」の語を用いて書きなさい。また、神奈川県の県庁所在地名を書きなさい。

資料５　東京都、千葉県、神奈川県の昼間人口と夜間人口(2015 年)

都県名	昼間人口(万人)	夜間人口(万人)
東京都	1592	1352
千葉県	558	622
神奈川県	832	913

〔「データでみる県勢」2022 年版より作成〕

＜メモ２＞
資料５から、東京都は、他の２県とは異なり、昼間人口が夜間人口を上回っていることがわかる。これは、［ａ］からであると考えられる。

⑶　**資料6**は、九州地方の８県についてまとめたものである。熊本県に当てはまるものを、**資料6**の**ア**～**エ**の中から一つ選んで、その記号を書きなさい。また、宮崎県の宮崎平野などで行われている、野菜の成長を早めて出荷時期をずらす工夫をした栽培方法を何というか、書きなさい。

資料6　**九州地方の８県のデータ（地熱発電の発電量は2019年度、他は2019年）**

	人口密度（人／㎢）	年齢別人口割合（%）			地熱発電の発電量（百万kWh）	豚の飼育頭数（頭）
		0～14歳	15～64歳	65歳以上		
ア	235.9	13.3	55.6	31.1	－	277100
イ	174.4	13.3	54.8	32.0	287	1269000
ウ	1023.5	13.1	58.9	27.9	－	82300
エ	179.1	12.2	54.9	32.9	820	132300
佐賀県	333.8	13.5	56.2	30.3	－	81600
長崎県	321.1	12.7	54.7	32.7	－	201100
宮崎県	138.8	13.3	54.5	32.3	－	835700
沖縄県	637.1	16.9	60.9	22.2	－	209800

〔「データでみる県勢」2021、2022年版より作成〕

⑷　**資料7**は、ある地域の地形図である。**資料7**から読み取れるものとして**適切でないもの**を、下の**ア**～**エ**の中から一つ選んで、その記号を書きなさい。

資料7

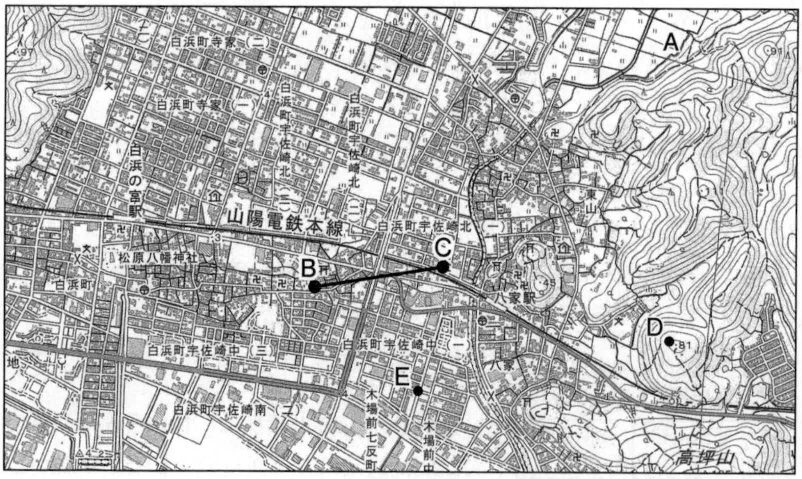

〔国土地理院発行２万５千分の１地形図「姫路南部」より作成〕
〈編集部注：編集上の都合により原図の88%に縮小してあります。〉

ア　白浜《しらはま》の宮《みや》駅の北東には、郵便局がある。
イ　**A**付近には田が見られる。
ウ　地形図上の**B**地点から**C**地点までの長さを約２cmとすると、実際の距離《きょり》は約１kmである。
エ　地形図上の**D**地点と**E**地点の標高差は50 m以上ある。

(5) **資料8～資料11** は、日本の林業に関するものである。これらの資料から読み取れるものとして適切なものを、下の**ア～エ**の中から一つ選んで、その記号を書きなさい。

資料8　林業就業者数の推移

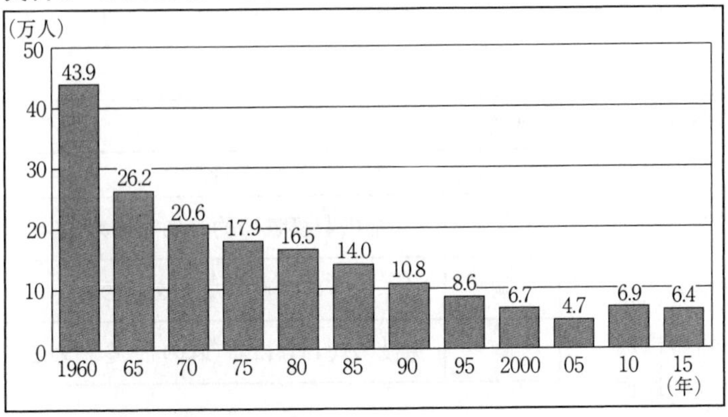

注)1960年の数値には沖縄県を含まない。

〔「数字でみる日本の100年」改訂第7版より作成〕

資料9　林野率の順位(2020年)

	県名	林野率(%)
1位	高知県	83.7
2位	岐阜県	79.2
3位	島根県	78.7
4位	山梨県	78.2
5位	奈良県	76.9

注)林野率とは、総土地面積に占める林野面積の割合である。

〔「データでみる県勢」2022年版より作成〕

資料10　林業産出額の推移

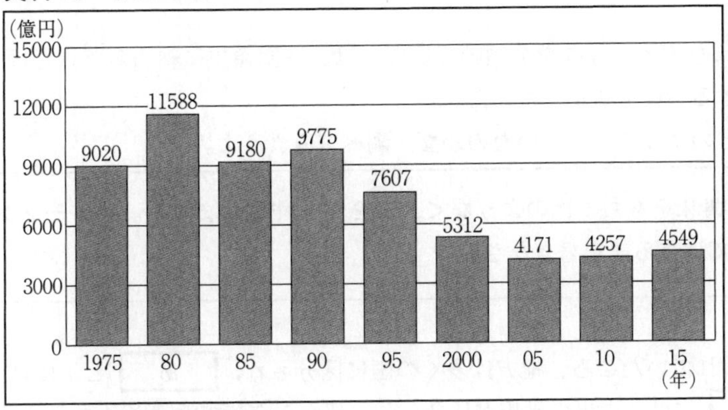

注)1975年の数値には沖縄県を含まない。

〔「数字でみる日本の100年」改訂第7版より作成〕

資料11　林業産出額の順位(2020年)

	道県名	産出額(億円)
1位	長野県	598
2位	新潟県	481
3位	北海道	388
4位	宮崎県	255
5位	岩手県	178

〔農林水産省「林業産出額」より作成〕

ア　1975年と2015年を比べると、林業就業者数と林業産出額はともに、2分の1以下に減少している。

イ　2020年において、林野率が高い上位5県のいずれかは、林業産出額が多い上位5県に入っている。

ウ　**資料10**の1975年から2015年において、林業産出額が最も多い年は、林業就業者数が20万人以上である。

エ　2020年の林業産出額について、長野県は、岩手県の3倍以上である。

2

社会科の授業で、「日本の政治の歴史を調べてみよう」という課題で、班ごとにテーマを設定し、学習しました。次の**1**、**2**に答えなさい。

1　１班は、「人々に課せられてきた税」というテーマを設定して調べました。下の(1)～(4)の問いに答えなさい。

太郎：**a** 律令《りつりょう》に基づく政治が行われていたころの税について、右の<メモ１>を作ってみたんだ。

<メモ１>

税の名称	内容
租《そ》	稲《いね》の収穫《しゅうかく》量の約３％を納める
調《ちょう》	地方の特産物などを納める
庸《よう》	労役《ろうえき》の代わりに布(麻《あさ》の布)を納める

良子：これらは農民にとって重い負担であったため、戸籍《こせき》の性別や年齢《ねんれい》をいつわったり、逃亡《とうぼう》したりして負担から逃《のが》れようとした者もいたそうだね。

次郎：**b** 平安時代には、貴族や寺社の私有地である荘園《しょうえん》ができ、農民から税を集めるようになっていたよ。

雪子：うん。**c** 鎌倉時代になると、荘園や公領の農民たちは、荘園領主に納める年貢《ねんぐ》だけでなく、地頭《じとう》に対する労役も負担したんだ。

太郎：**d** 江戸時代の税はどのようになっていたのかな。調べてみようよ。

(1)　太郎さんは、下線部**a**に興味をもち、次のような**<メモ２>**を作成しました。**<メモ２>**の［ **あ** ］に共通して当てはまる語を書きなさい。

<メモ２>

律令に基づく政治が行われていたころ、地方は多くの国に区分され、［ **あ** ］とよばれる役人が治めた。［ **あ** ］には、中央の貴族が任命され、都から交替《こうたい》で派遣された。

(2)　次のⅠ～Ⅲは、下線部**b**における歴史上のできごとについて述べたものである。それらを年代の古い順に並べたものを、下の**ア**～**カ**の中から一つ選んで、その記号を書きなさい。

Ⅰ　唐《とう》の衰退《すいたい》などを理由として、菅原道真《すがわらのみちざね》が遣唐使《けんとうし》の派遣の停止を提案した。
Ⅱ　白河《しらかわ》天皇が上皇となり、摂政《せっしょう》や関白《かんぱく》の力をおさえて院政《いんせい》を始めた。
Ⅲ　坂上田村麻呂《さかのうえのたむらまろ》が征夷大将軍《せいいたいしょうぐん》に任命され、蝦夷《えみし》の平定にあたった。

ア［Ⅰ－Ⅱ－Ⅲ］　**イ**［Ⅰ－Ⅲ－Ⅱ］　**ウ**［Ⅱ－Ⅰ－Ⅲ］
エ［Ⅱ－Ⅲ－Ⅰ］　**オ**［Ⅲ－Ⅰ－Ⅱ］　**カ**［Ⅲ－Ⅱ－Ⅰ］

(3)　下線部**c**に起こった承久の乱の後に六波羅探題が置かれた場所を、**資料1**の**ア**～**エ**の中から一つ選んで、その記号を書きなさい。また、下線部**c**の日本の様子を述べた文として適切なものを、次の**オ**～**ク**の中から一つ選んで、その記号を書きなさい。

資料1

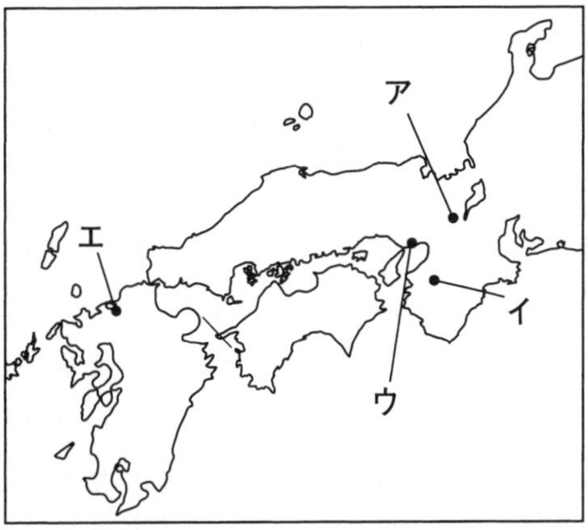

オ　農民らが、借金の帳消しを求めて土倉《どそう》や酒屋などをおそう土《ど》一揆《つちいっき》が起こった。

カ　公平な裁判の基準を示すため、御成敗式目《ごせいばいしきもく》(貞永式目《じょうえいしきもく》)が定められた。

キ　中国から帰国した空海《くうかい》が真言宗《しんごんしゅう》を伝え、高野山《こうやさん》に金剛峯寺《こんごうぶじ》を建てた。

ク　能力や功績のある人物を役人に取り立てる冠位十二階《かんいじゅうにかい》の制度が定められた。

(4)　雪子さんは、下線部**d**の江戸時代に興味をもち、**資料2**を見つけ、**<まとめ1>**を作成しました。**<まとめ1>**の［　い　］に当てはまる内容を、「年貢米」の語を用いて書きなさい。また、［　う　］、［　え　］に当てはまる語の組み合わせとして適切なものを、下の**ア**～**エ**の中から一つ選んで、その記号を書きなさい。

資料2

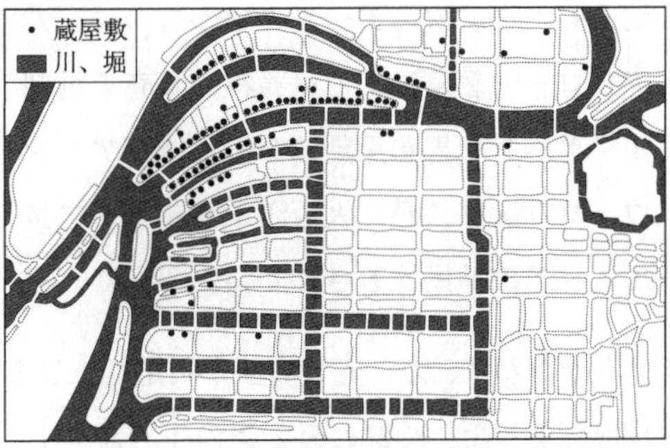

〔「新修大阪市史」ほかより作成〕

<まとめ1>

資料2は、「天下の台所」とよばれた大阪の町の一部を表している。蔵屋敷《くらやしき》が**資料2**で示されたような場所に設けられたのは、［　い　］ためであると考えられる。

この時代には、財政難などに対処《たいしょ》するため、様々な政治改革が行われた。幕府の8代将軍となった徳川吉宗《とくがわよしむね》が行った［　う　］では、一定の年貢を取り立てるため、大名に対して［　え　］を一時的にゆるめる代わりに米を献上《けんじょう》させる政策がとられた。

ア　［　**う**　寛政《かんせい》の改革　　**え**　参勤交代《さんきんこうたい》　］

イ　［　**う**　寛政の改革　　**え**　生類憐《しょうるいあわれ》みの令　］

ウ　［　**う**　享保《きょうほう》の改革　　**え**　参勤交代　］

エ　［　**う**　享保の改革　　**え**　生類憐みの令　］

2　２班は、「日本で制定された法」というテーマを設定し、**カード１**～**カード３**を作成しました。下の⑴～⑶の問いに答えなさい。

カード１　[お]

応仁《おうにん》の乱の後、各地に戦国大名が現れるようになった。戦国大名は、領国内の武士や民衆の行動を取りしまるため、[お] とよばれる独自の法律を定めた。

カード２　江戸幕府の法

イギリスやアメリカなどの船が日本の沿岸に近づくようになると、これを警戒《けいかい》した幕府は **e** 異国《いこく》船《せん》(外国船《がいこくせん》)打払令《うちはらいれい》を出し、接近する外国船を追い払う方針を示した。

カード３　国家総動員法《こっかそうどういんほう》

軍部の強い要求により、国家総動員法が制定され、政府は議会の承認を得ずに、戦争のために必要な労働力や物資を動員できるようになった。

⑴　**カード１**の [お] に共通して当てはまる語を**漢字３字**で書きなさい。

⑵　**カード２**の下線部 **e** が定められた時期と、同じ世紀のできごとについて述べた文として適切なものを、次の**ア**～**エ**の中から一つ選んで、その記号を書きなさい。

ア　ローマ教皇による免罪符《めんざいふ》の販売を批判《ひはん》して、ルターらが宗教改革を始めた。

イ　アヘンの害が深刻《しんこく》になった清《しん》がアヘンを取りしまると、イギリスと清が戦争を始めた。

ウ　コロンブスが、大西洋を横断してアメリカ大陸付近の島に到達《とうたつ》した。

エ　日本の植民地とされていた朝鮮で、三・一独立運動が起こった。

⑶　花子さんは、**カード３**の法が制定されるまでの流れについて調べていく中で、**＜まとめ２＞**を作成しました。**＜まとめ２＞**の [か] 、[き] に当てはまる語の組み合わせとして適切なものを、下の**ア**～**エ**の中から一つ選んで、その記号を書きなさい。

＜まとめ２＞

中国では、国民政府(国民党)と共産《きょうさん》党(中国共産党)との間で内戦が続いていたが、[か] が指導する共産党は国民政府に対し、協力して日本に抵抗《ていこう》することを呼びかけ、1936年に内戦を停止した。そして、1937年７月、[き] が起こったことをきっかけに日中戦争が始まった。日中戦争が長期化するにつれて、日本国内では、国の予算の大半が軍事費にあてられるようになり、1938年に国家総動員法が制定された。

ア［ **か** 毛沢東《もうたくとう》《マオツォトン》　**き** 盧溝橋《ろこうきょう》《ルーコウチアオ》事件 ］　　**イ**［ **か** 毛沢東　**き** 柳条湖《りゅうじょうこ》《リウティアオフー》事件 ］

ウ［ **か** 孫文《そんぶん》《スンウェン》　**き** 盧溝橋事件 ］　　**エ**［ **か** 孫文　**き** 柳条湖事件 ］

3 次の(1)～(8)の問いに答えなさい。

(1) **資料１**は、日本国憲法の条文の一部を示したものである。日本国憲法では、自由権、社会権、参政権などの基本的人権を保障している。社会権のうち、**資料１**の下線部で示した権利を何というか、**漢字３字**で書きなさい。

資料１　日本国憲法の条文(一部)

第25条　①すべて国民は、<u>健康で文化的な最低限度の生活を営む権利</u>を有する。

(2) 次の[　　　]の文は、法律案の議決について述べたものである。文中の[a]～[c]に当てはまる語の組み合わせとして適切なものを、下の**ア**～**エ**の中から一つ選んで、その記号を書きなさい。

> [a]で可決された法律案が[b]で否決された場合、[a]で出席議員の[c]の賛成で再可決したときは、法律となる。

ア [a　参議院　b　衆議院　c　３分の２以上]
イ [a　参議院　b　衆議院　c　過半数]
ウ [a　衆議院　b　参議院　c　３分の２以上]
エ [a　衆議院　b　参議院　c　過半数]

(3) **資料２**は、ある年の国会の動きの一部を示したものである。**資料２**の[a]～[c]に当てはまる語の組み合わせとして適切なものを、下の**ア**～**カ**の中から一つ選んで、その記号を書きなさい。

資料２　ある年の国会の主な動き

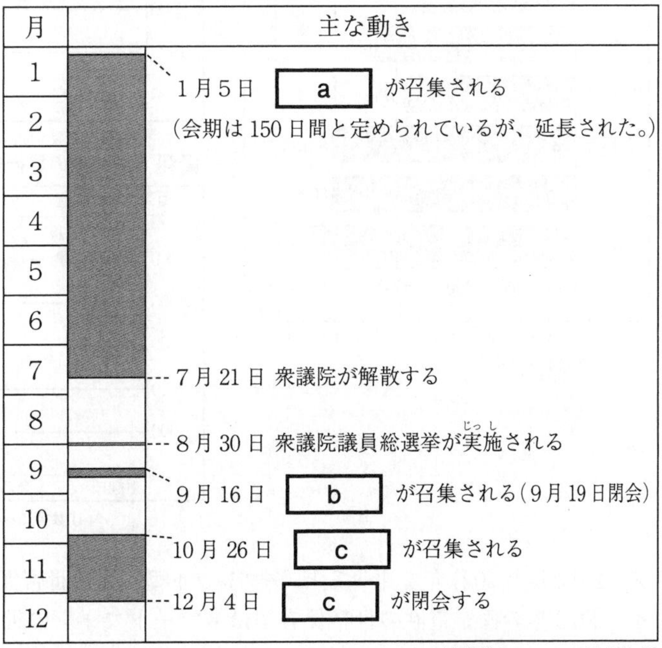

月
主な動き
1
2
3
4
5
6
7
8
9
10
11
12
1月5日 [a] が召集される
(会期は150日間と定められているが、延長された。)
7月21日 衆議院が解散する
8月30日 衆議院議員総選挙が実施《じっし》される
9月16日 [b] が召集される(9月19日閉会)
10月26日 [c] が召集される
12月4日 [c] が閉会する

〔衆議院ホームページより作成〕

ア [a　特別会(特別国会)　b　臨時《りんじ》会(臨時国会)　c　常会《じょうかい》(通常国会)]
イ [a　特別会(特別国会)　b　常会(通常国会)　c　臨時会(臨時国会)]
ウ [a　臨時会(臨時国会)　b　特別会(特別国会)　c　常会(通常国会)]
エ [a　臨時会(臨時国会)　b　常会(通常国会)　c　特別会(特別国会)]
オ [a　常会(通常国会)　b　臨時会(臨時国会)　c　特別会(特別国会)]
カ [a　常会(通常国会)　b　特別会(特別国会)　c　臨時会(臨時国会)]

⑷　**資料3**～**資料6**は、日本の情報化に関連する資料である。これらの資料から読み取れることとして適切なものを、下の**ア**～**オ**の中から**すべて**選んで、その記号を書きなさい。

資料3　主な情報通信機器の世帯保有率の推移

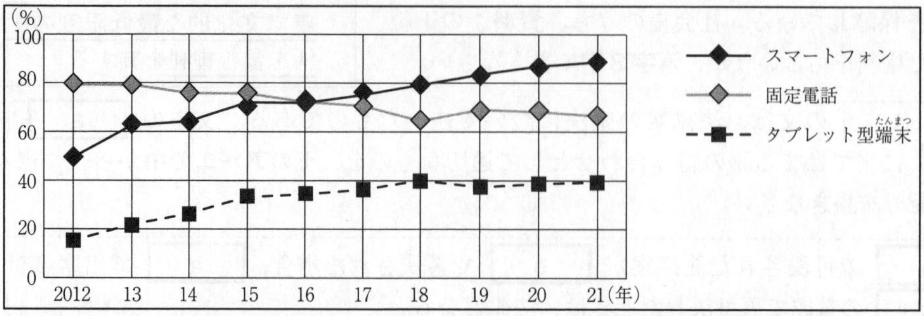

〔総務省「令和３年通信利用動向調査」より作成〕

資料4　サイバー犯罪《はんざい》の検挙《けんきょ》件数の推移

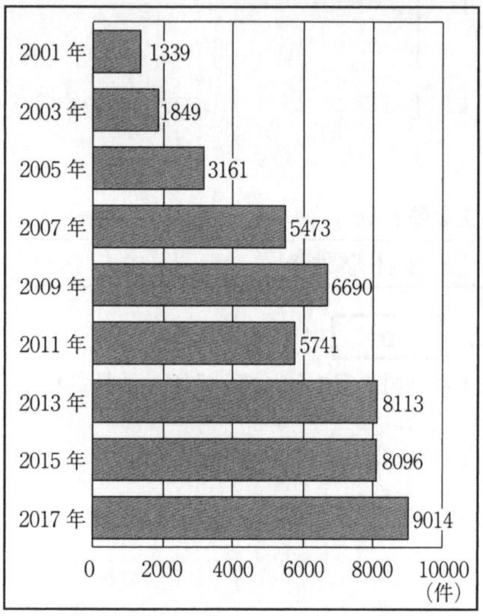

注）サイバー犯罪とは、インターネットを使った多様な犯罪の総称である。

〔警察庁資料より作成〕

資料5　新聞の発行部数の推移

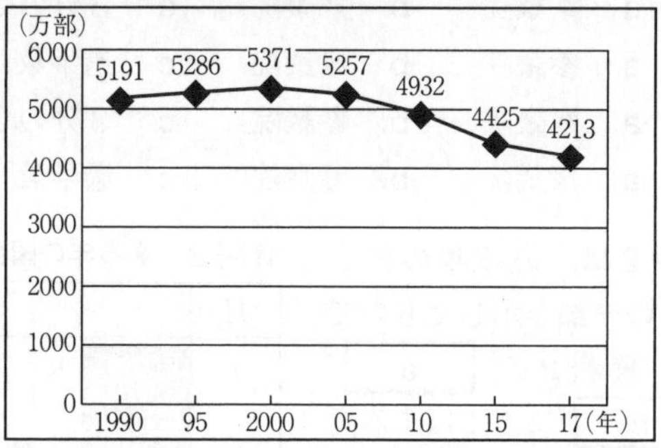

〔「数字でみる日本の100年」改訂第７版より作成〕

資料6　雑誌の発行部数の推移

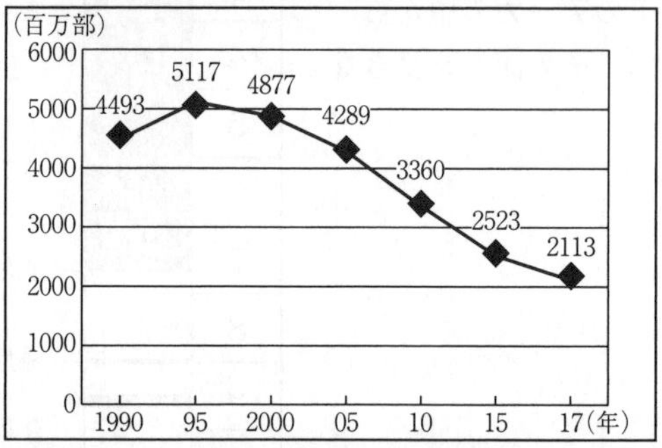

〔「数字でみる日本の100年」改訂第７版より作成〕

ア　2012年と2021年を比べると、タブレット型端末の世帯保有率は４倍以上に増加している。

イ　2012年の固定電話の世帯保有率はスマートフォンの世帯保有率の約1.5倍であったが、2021年にはスマートフォンの世帯保有率が固定電話の世帯保有率の２倍以上になった。

ウ　2001年と2009年を比べると、サイバー犯罪の検挙件数は４倍以上に増加している。

エ　2013年と2017年を比べると、スマートフォンの世帯保有率とタブレット型端末の世帯保有率、およびサイバー犯罪の検挙件数はすべて増加している。

オ　1990年と2017年を比べると、新聞の発行部数と雑誌の発行部数はともに２分の１以下に減少している。

(5) **資料7**は、工場や産地で生産された商品が、消費者に届くまでの主な流れを示したものである。このような流れを何というか、**漢字2字**で書きなさい。

資料7　商品が消費者に届くまでの主な流れ

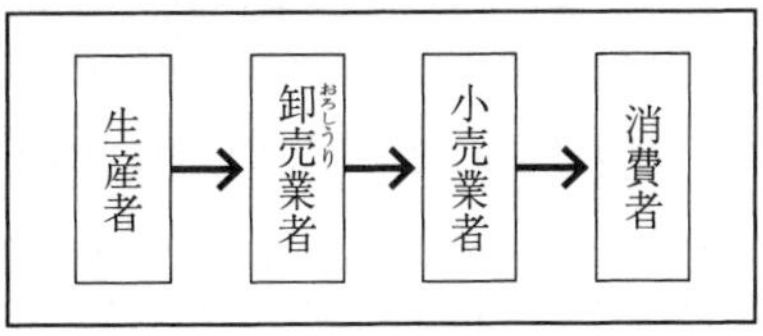

(6) 株式会社について述べた文として適切なものを、次の**ア**～**エ**の中から一つ選んで、その記号を書きなさい。

ア　株主は、会社が得た利潤《りじゅん》(利益《りえき》)の一部を配当《はいとう》として受け取る権利をもつ。

イ　株主が出席する取締役会《とりしまりやくかい》では、経営に関する基本方針が決定される。

ウ　株式会社が倒産《とうさん》した場合、株主は投資した金額(出資した金額)以上を負担しなければならない。

エ　株式会社は、個人商店や農家と異なり、公企業に分類される。

(7) 次の［　　　］の文は、日本の労働について述べたものである。文中の［ a ］に共通して当てはまる語を**漢字**で書きなさい。また、［ b ］、［ c ］に当てはまる数字の組み合わせとして適切なものを、下の**ア**～**カ**の中から一つ選んで、その記号を書きなさい。

> 日本では、労働者の権利は、［ a ］法、労働組合法、労働関係調整法によって守られています。［ a ］法は、労働者の労働時間や休日などの労働条件を定めた法律です。この法律において、労働時間は週［ b ］時間以内、1日［ c ］時間以内と定められています。

ア [b 35　c 6]　　**イ** [b 35　c 7]
ウ [b 35　c 8]　　**エ** [b 40　c 6]
オ [b 40　c 7]　　**カ** [b 40　c 8]

(8) 太郎さんは、雇用《こよう》形態別の労働者の割合や年齢別賃金について示した**資料8**、**資料9**を見つけました。非正規労働者についてわかることを、**資料8**、**資料9**をもとに、「割合」、「年齢」の語を用いて書きなさい。

資料8　雇用形態別労働者の割合の推移

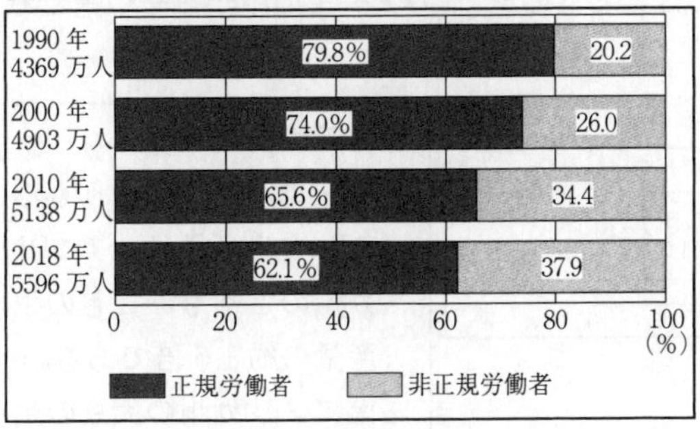

注)役員を除く労働者総数に占める割合である。

〔「数字でみる日本の100年」改訂第7版より作成〕

資料9　雇用形態別労働者の年齢別賃金 (2018年)

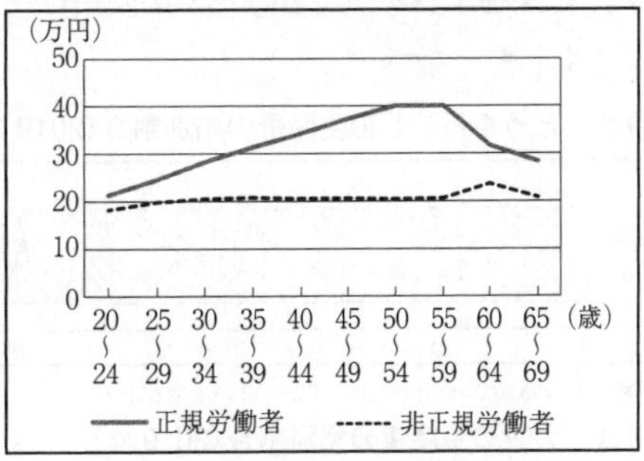

〔厚生労働省「賃金構造基本統計調査」より作成〕

4

一郎さんの学校では、日本と世界の関わりについて、クラスごとに関心のあるテーマを設定し、調べました。次の**1**～**3**に答えなさい。

1　3年1組では、「アメリカ合衆国の特徴」というテーマを設定し、次のような**資料1**～**資料3**を見つけました。下の(1)、(2)の問いに答えなさい。

資料1　日本におけるアメリカ合衆国との貿易の推移

	輸出		輸入	
	日本のアメリカ合衆国への輸出額（億円）	輸出総額に対する比率（%）	日本のアメリカ合衆国からの輸入額（億円）	輸入総額に対する比率（%）
1990年	130566	31.5	75859	22.4
2000年	153559	29.7	77789	19.0
2010年	103740	15.4	59114	9.7
2020年	126108	18.4	74536	11.0

〔「日本国勢図会」2022/23年版より作成〕

(1)　一郎さんは、**資料1**を見て、次のような**＜まとめ1＞**を作成しました。**＜まとめ1＞**の［あ］、［い］に当てはまる語の組み合わせとして適切なものを、下の**ア**～**エ**の中から一つ選んで、その記号を書きなさい。

＜まとめ1＞

日本におけるアメリカ合衆国との貿易では、**資料1**中に示した4つの年のいずれも、［あ］を上回っている。また、1990年と比べた2020年の輸入総額に対するアメリカ合衆国からの輸入額の比率は［い］に減少したことがわかる。

ア［**あ**　アメリカ合衆国への輸出額がアメリカ合衆国からの輸入額　**い**　約2分の1］
イ［**あ**　アメリカ合衆国への輸出額がアメリカ合衆国からの輸入額　**い**　約3分の1］
ウ［**あ**　アメリカ合衆国からの輸入額がアメリカ合衆国への輸出額　**い**　約2分の1］
エ［**あ**　アメリカ合衆国からの輸入額がアメリカ合衆国への輸出額　**い**　約3分の1］

(2)　洋子さんは、アメリカ合衆国が属する北アメリカ州の農業について興味をもち、北アメリカ州と他の州を比べるため、**資料2**、**資料3**から**＜メモ1＞**を作成しました。A州からD州は、北アメリカ州、アジア州、南アメリカ州、ヨーロッパ州のいずれかを示しています。**資料2**、**資料3**、**＜メモ1＞**を見て、北アメリカ州に当てはまるものを、下の**ア**～**エ**の中から一つ選んで、その記号を書きなさい。

資料2　とうもろこしの生産量の州別割合（2019年）

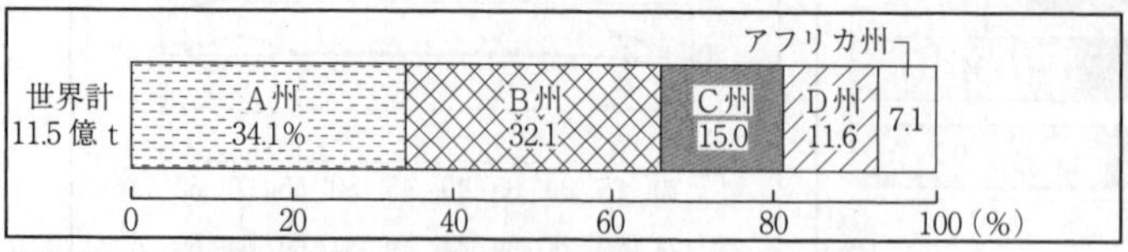

注）四捨五入の関係で、合計が100%にならない場合がある。

資料3　大豆の生産量の州別割合（2019年）

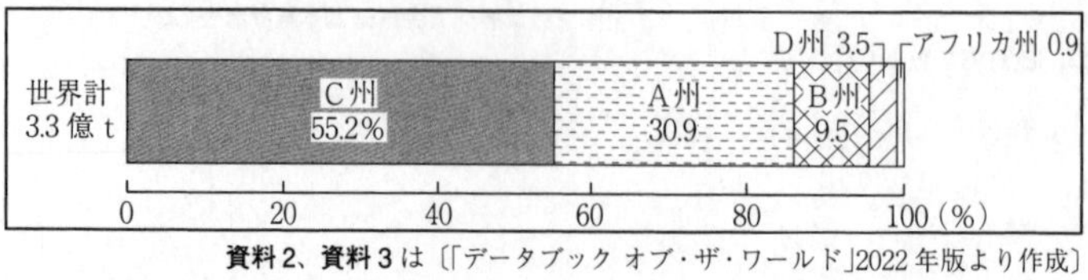

資料2、**資料3**は〔「データブック オブ・ザ・ワールド」2022年版より作成〕

＜メモ1＞

・ヨーロッパ州のとうもろこしの生産量は、アフリカ州のとうもろこしの生産量の約1.6倍である。
・南アメリカ州の大豆の生産量は約1.8億tであり、アジア州の大豆の生産量の約5.8倍である。

ア　A州　　**イ**　B州　　**ウ**　C州　　**エ**　D州

2　3年2組では、「日本と同経度に位置する国」というテーマを設定し、オーストラリアについて調べる中で、**資料4**～**資料6**を見つけ、それらの資料をもとに話し合いました。あとの(1)～(5)の問いに答えなさい。

資料4　日本の資源輸入先(2020年)

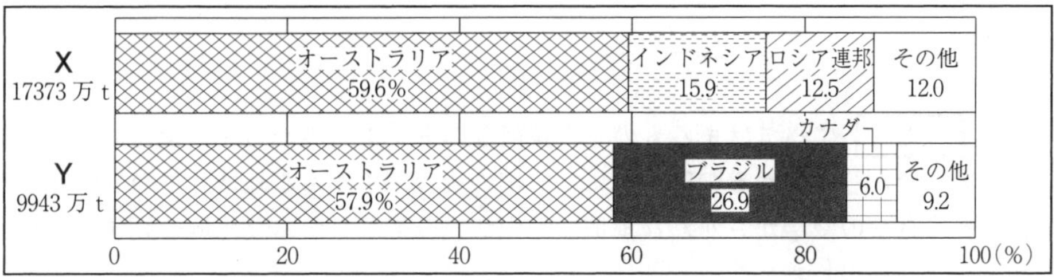

〔「日本国勢図会」2021/22年版より作成〕

資料5　オーストラリアの農業地域の分布

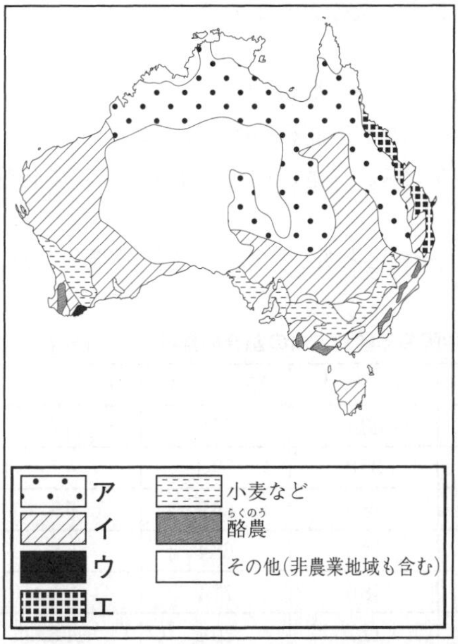

〔「グーズアトラス 2017年版」より作成〕

資料6　オーストラリアの移民の出生地の変化

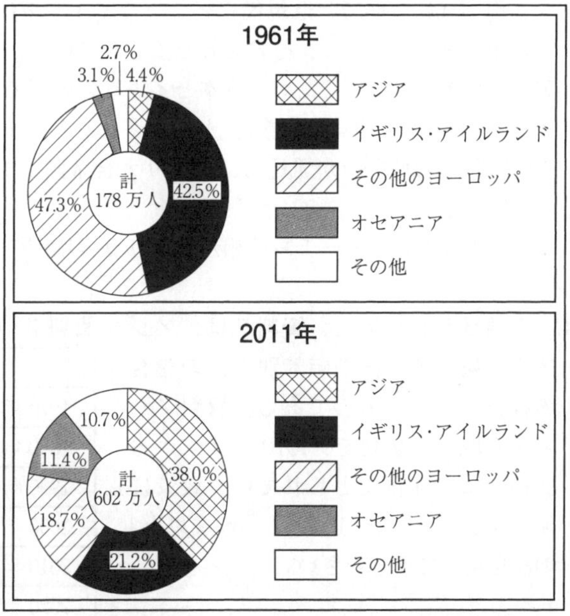

〔オーストラリア統計局資料より作成〕

花子：**資料4**を見ると、日本は、オーストラリアから多くの資源を輸入していることがわかるね。
太郎：うん。**資料4**の**X**は［　う　］、**Y**は［　え　］を示しているよ。
良子：オーストラリアから輸入している資源は、現在の日本にとって重要なものが多いんだね。オーストラリアの農業にはどのような特色があるのかな。
次郎：**資料5**を見ると、オーストラリアでは自然環境に応じた農業が行われており、**資料5**の［　お　］は羊の飼育がさかんな地域を示しているよ。
太郎：そうだね。また、**資料6**を見ると、オーストラリアは、かつて**a**<u>イギリス</u>などヨーロッパの国からの移民が中心だったけれど、1970年代に白豪主義《はくごうしゅぎ》が廃止《はいし》されてから、**b**<u>アジア州</u>の国からの移民が増えているよ。
花子：日本からオーストラリアに**c**<u>移住</u>している人はどのくらいいるのかな。

(1) 会話文中の う 、 え に当てはまる語の組み合わせとして適切なものを、次の**ア**～**エ**の中から一つ選んで、その記号を書きなさい。

ア ［ **う** 原油(石油) **え** 鉄鉱石 ］
イ ［ **う** 原油(石油) **え** 液化天然ガス ］
ウ ［ **う** 石炭 **え** 鉄鉱石 ］
エ ［ **う** 石炭 **え** 液化天然ガス ］

(2) 会話文中の お に当てはまるものを、**資料５**の**ア**～**エ**の中から一つ選んで、その記号を書きなさい。ただし、**資料５**の**ア**～**エ**には、羊の飼育がさかんな地域、牛の飼育がさかんな地域、さとうきびの栽培がさかんな地域、地《ち》中海《ちゅうかい》式農業がさかんな地域のいずれかが当てはまる。

(3) 下線部**a**について、近現代に起こったイギリスに関する次の**ア**～**エ**のできごとを、年代の古い順に左から並べて、その記号を書きなさい。

ア ロシアに対抗するため、日本とイギリスの間で日英同盟が結ばれた。
イ NATO(北大西洋条約機構)が結成されると、イギリスは原加盟国の一つとなった。
ウ 国際連合(国連)が発足《ほっそく》し、アメリカ合衆国、フランス、ソ連、中国、イギリスが常任理事国となった。
エ イギリスのチャーチル首相がアメリカ合衆国の大統領とともに「大西洋憲章」を発表した。

(4) 下線部**b**について、**資料７**は、アジア州に属する中国の年齢別人口の割合の推移を示したものである。**資料７**から読み取れる変化を、1970年代末から2015年まで中国でとられていた政策にふれながら、「０～14歳」、「65歳以上」の語を用いて書きなさい。

資料７ 中国の年齢別人口の割合の推移 (単位：％)

	０～14歳	15～64歳	65歳以上
1970年	40.4	55.8	3.7
1980年	35.8	59.3	4.7
1990年	28.6	65.9	5.5
2000年	24.9	68.4	6.8
2010年	18.6	73.4	8.1
2020年	17.7	70.4	11.8

注）四捨五入の関係で，合計が100％にならない場合がある。
〔国連資料より作成〕

(5) 下線部**c**について、２組では**＜メモ２＞**を作成しました。**＜メモ２＞**の か に当てはまる語を**カタカナ**で書きなさい。

＜メモ２＞
・近年は、日本を訪れる外国人や、海外を訪れる日本人が増加しており、その目的は、旅行だけでなく、生活や仕事、留学など様々である。
・このように、人やもの、お金・情報などが、国境をこえて地球規模で行き来することを か 化(世界の一体化)という。

3　3年3組では、「平和記念都市の広島市と姉妹・友好都市提携《ていけい》を結んでいる都市」というテーマを設定し、次のような**＜メモ3＞**を作成しました。下の(1)～(3)の問いに答えなさい。

＜メモ3＞　広島市と姉妹・友好都市提携を結んでいる都市

姉妹・友好都市	国	提携年
ホノルル市	アメリカ合衆国	1959年
ボルゴグラード市	ロシア連邦	d 1972年
e 長崎市	日本	1975年
ハノーバー市	ドイツ	1983年
重慶《じゅうけい》《チョンチン》市	中国	1986年
大邱《テグ》《たいきゅう》広域《こういき》市	韓国	1997年
モントリオール市	カナダ	1998年

〔広島市ホームページより作成〕

(1)　広島市について、次の文中の［ き ］に共通して当てはまる語を**漢字**で書きなさい。

広島市の一部は、［ き ］とよばれる地形の上に形成されている。［ き ］は、河川が平地から海へ流れこむところに、細かい土砂が堆積してできた地形である。

(2)　下線部**d**について、1972年より後に起こった日本のできごとを、次の**ア**～**エ**の中から一つ選んで、その記号を書きなさい。

ア　日本の経済を支配してきた三井《みつい》・三菱《みつびし》・住友《すみとも》・安田《やすだ》などの財閥《ざいばつ》が解体された。

イ　地価や株価が異常に高くなるバブル経済が崩壊《ほうかい》した。

ウ　日ソ共同宣言が調印され、ソ連との国交が回復した。

エ　民主主義教育の基本を示す教育基本法が定められた。

(3)　下線部**e**について、三郎さんは、長崎市にある地方裁判所で、過去に裁判員制度による裁判が行われたことを知り、次のような**＜まとめ2＞**を作成しました。**＜まとめ2＞**の［ く ］、［ け ］に当てはまる語の組み合わせとして適切なものを、下の**ア**～**エ**の中から一つ選んで、その記号を書きなさい。

＜まとめ2＞
裁判員制度は、くじで選ばれた国民が、裁判員として［ く ］に参加し、［ け ］とともに、被告人《ひこくにん》が有罪か無罪かを判断し、有罪の場合はどのような刑罰《けいばつ》を科すのかを決める制度である。

ア　[　**く**　民事事件の裁判　　**け**　検察官　]
イ　[　**く**　民事事件の裁判　　**け**　裁判官　]
ウ　[　**く**　刑事事件の裁判　　**け**　検察官　]
エ　[　**く**　刑事事件の裁判　　**け**　裁判官　]

【理　科】（50分）〈満点：100点〉

1　次の(1)～(8)の問いに答えなさい。

(1)　**図1**のように、真っすぐな導線に電流を流すとき、最も磁界が強い点はどれか。導線に垂直な平面上にある点**ア**～**カ**の中から一つ選んで、その記号を書きなさい。ただし、**図2**は導線の真上から平面を見たときのものである。

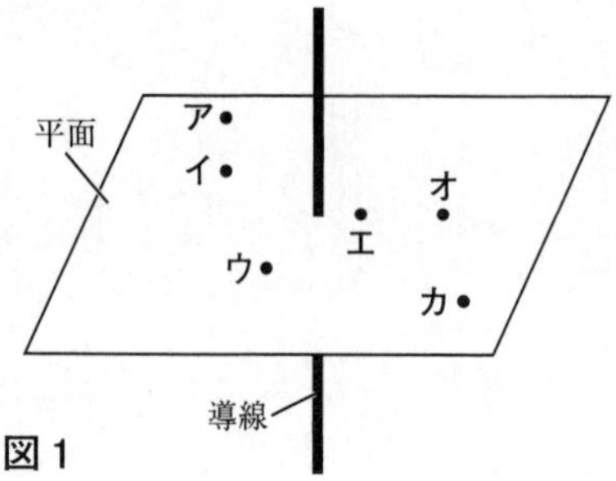

図1

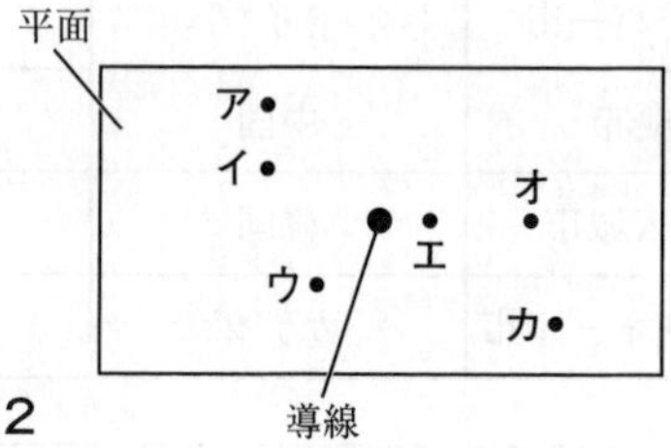

図2

(2)　次の文章は、電池（化学電池）について説明したものであるが、文中の下線部a～cには、誤って記述されたものが含まれている。誤って記述された内容と、その内容を正しい内容となるように直したものの組み合わせとして、最も適当なものを、下の**ア**～**カ**の中から一つ選んで、その記号を書きなさい。

> a 電気エネルギーを化学エネルギーに変換する装置を電池（化学電池）という。電極に金属を使った電池では、b イオンになりやすい方の金属が－極になる。
>
> 私たちの身のまわりでは、様々な電池が利用されており、一次電池や二次電池などがある。リチウムイオン電池は、c 充電して繰り返し使えるので二次電池である。

	誤って記述された内容	正しい内容に直したもの
ア	下線部a	電気エネルギーを力学的エネルギーに変換する
イ	下線部a	化学エネルギーを電気エネルギーに変換する
ウ	下線部b	イオンになりやすい方の金属が＋極になる
エ	下線部b	イオンになりにくい方の金属が－極になる
オ	下線部c	充電して繰り返し使えるので一次電池である
カ	下線部c	充電ができないので二次電池である

(3) **図**は、ヒトの体内における血液の循環を簡単に示したもので、矢印は血液の流れを示している。

図における血液の循環と各血管に流れる血液について説明した次の文中の [あ] ～ [う] に当てはまる内容の組み合わせとして、最も適当なものを、下の**ア**～**ク**の中から一つ選んで、その記号を書きなさい。

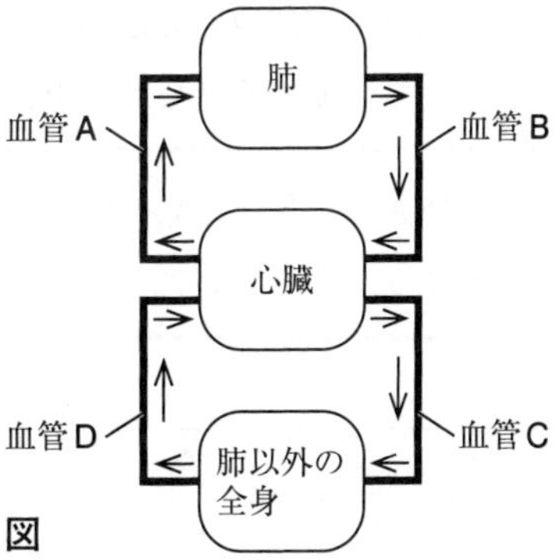

図

> 体循環の経路を正しく示すと、[あ] というようになる。また、**図**の血管 [い] には、[う] という酸素を多く含む血液が流れている。

	あ	い	う
ア	心臓→血管A→肺→血管B→心臓	AとB	動脈血
イ		AとD	静脈血
ウ		BとC	動脈血
エ		CとD	静脈血
オ	心臓→血管C→肺以外の全身→血管D→心臓	AとB	動脈血
カ		AとD	静脈血
キ		BとC	動脈血
ク		CとD	静脈血

(4) **図**は日本のある地点で、ある日の太陽の位置を一定時間ごとに観察し、透明半球上に印をつけ、滑らかな線で結んだ記録である。**図**の点**X**は、太陽が南中したときの位置を示している。

図の透明半球上に、太陽が南中したときの位置を記録したとき、印をつけるために用いたペン先の影はどの点と一致させたか。最も適当なものを、**図**の**ア**～**オ**の中から一つ選んで、その記号を書きなさい。

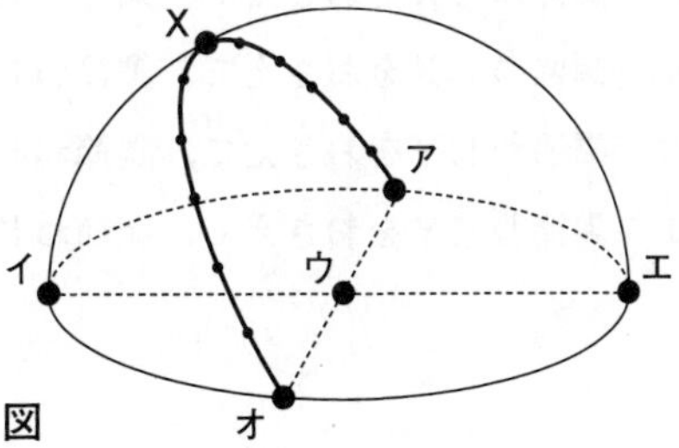

図

(5) 熱の伝わり方について述べた次の文中の［ あ ］～［ う ］に当てはまる語の組み合わせとして、最も適当なものを、下の**ア**～**カ**の中から一つ選んで、その記号を書きなさい。

> 加熱されてあたたまった水や空気は［ あ ］移動して、冷たい水や空気は［ い ］移動する。このような、液体や気体の移動によって熱が伝わる現象を［ う ］という。

	あ	い	う
ア	上へ	下へ	伝導
イ	上へ	下へ	対流
ウ	上へ	下へ	放射
エ	下へ	上へ	伝導
オ	下へ	上へ	対流
カ	下へ	上へ	放射

(6) 太郎さんは、ガスバーナーで物質を加熱するときに、ガスバーナーの炎の色がオレンジ色であることに気づいた。ガスバーナーの炎の色を青色にするためには、**図**のガスバーナーの調節ねじをどのように操作するか。この操作の説明として、最も適当なものを、次の**ア**～**エ**の中から一つ選んで、その記号を書きなさい。

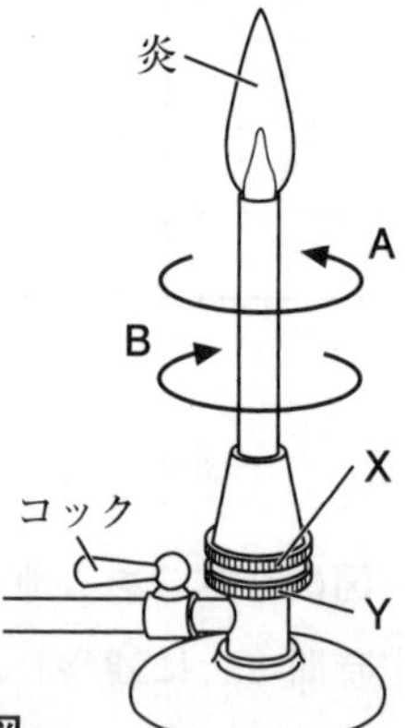

図

ア　調節ねじXをおさえて、調節ねじYをAの方向に回す。
イ　調節ねじXをおさえて、調節ねじYをBの方向に回す。
ウ　調節ねじYをおさえて、調節ねじXをAの方向に回す。
エ　調節ねじYをおさえて、調節ねじXをBの方向に回す。

(7)　**図**のように、花子さんはホワイトボードにパネルを４枚並べて貼り、ホウセンカの種子ができるまでに起こることを正しく説明した。次の**ア**～**エ**は、このとき貼った４枚のパネルとその内容を示したものである。**図**の左から順に並べて貼ったパネルを１番目、２番目、３番目、４番目としたとき、３番目のパネルとして、最も適当なものを、次の**ア**～**エ**の中から一つ選んで、その記号を書きなさい。

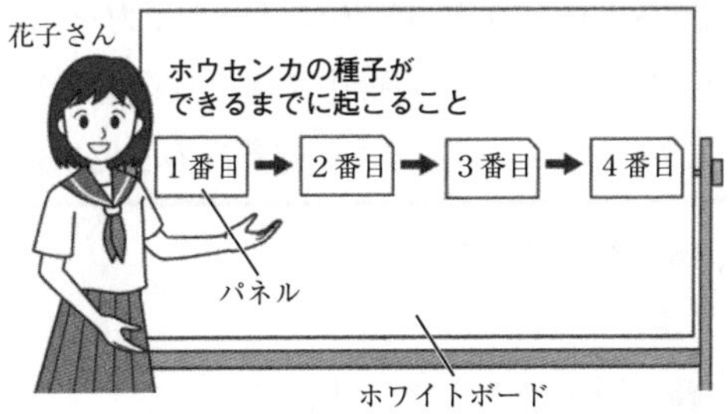

図

ア

おしべの花粉が、めしべの柱頭につく。

イ

受精卵が細胞分裂を繰り返し、胚になる。

ウ

花粉管がのび、その中を精細胞が移動する。

エ

精細胞の核と卵細胞の核が合体する。

(8)　前線と天気の変化の説明として、最も適当なものを、次の**ア**～**エ**の中から一つ選んで、その記号を書きなさい。

ア　寒冷前線の通過後は、風向は北寄りに急変し、気温は上がる。
イ　寒冷前線の通過後は、風向は南寄りに急変し、気温は下がる。
ウ　温暖前線の通過後は暖気に入り、気温は上がる。
エ　温暖前線の通過後は寒気に入り、気温は下がる。

2 太郎さんは、水中の物体にはたらく力を調べる実験を行った。あとの(1)～(3)の問いに答えなさい。ただし、100gの物体にはたらく重力の大きさは1Nとし、糸の質量と体積、糸の伸縮は考えないものとする。また、容器内の水位の変化や物体どうしの摩擦などは考えないものとする。

太郎さんのノートの一部

【方法】

❶ 図1のような、材質の異なる3つの直方体の物体A～Cを用意した。

物体A～Cの縦、横、高さはそれぞれ等しく、体積も等しい。

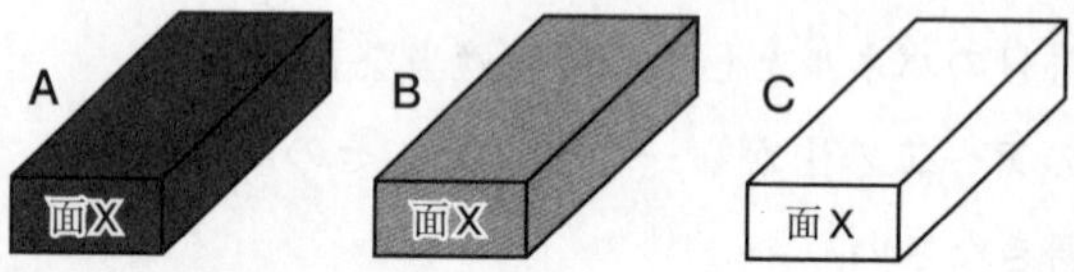

図1

❷ 図2のように、物体Aを面Xが下になるように糸でばねばかりにつるし、空気中でのばねばかりが示す値を調べた。

❸ 図3のように、物体Aを面Xが水面に対して平行になるように、水にゆっくりと沈めていき、物体Aを水中に半分沈めたとき、全部沈めたとき(浅い)、全部沈めたとき(深い)のばねばかりが示す値をそれぞれ調べた。

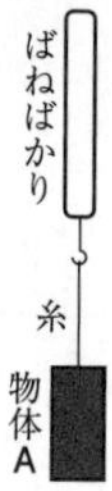

図2

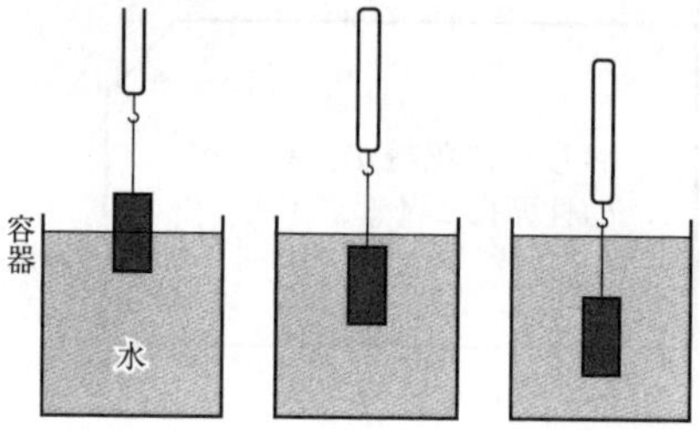

図3

❹ 物体Bを用いて、❷、❸と同様の操作を行った。

❺ 物体Cを用いて、❷、❸と同様の操作を行った。物体Cの場合は、ばねばかりを下に動かしても、水に浮いて沈まなかったため、空気中でのばねばかりが示す値のみを調べた。

【結果】

表

		空気中	半分水中	全部水中(浅い)	全部水中(深い)
ばねばかりが示した値〔N〕	物体A	1.20	1.00	0.80	0.80
	物体B	0.60	0.40	0.20	0.20
	物体C	0.30			

(1) **図1**の物体**A**で、面**X**を下にして机の上に置いたときの机に加わる圧力の大きさを**a**〔Pa〕とする。物体**B**、**C**の面**X**を下にして机の上に置いたとき、机に加わる圧力の大きさを**a**を用いて表すとどのようになるか。最も適当なものを、次の**ア**～**オ**の中からそれぞれ一つずつ選んで、その記号を書きなさい。

ア $\frac{1}{4}$**a**〔Pa〕　**イ** $\frac{1}{2}$**a**〔Pa〕　**ウ** **a**〔Pa〕　**エ** 2**a**〔Pa〕　**オ** 4**a**〔Pa〕

(2) **表**の結果から、物体**A**、**B**がそれぞれ半分水中に沈んでいるとき、一定の大きさの浮力がはたらいていることがわかる。このときの浮力の大きさは何Nか、求めなさい。

(3) **図4**のように、実験で用いた物体**C**とばねばかりをつないでいる糸を、容器の底に固定した滑車(定滑車)に通して、水中で物体**C**を静止させた。これについて、次の①、②の問いに答えなさい。

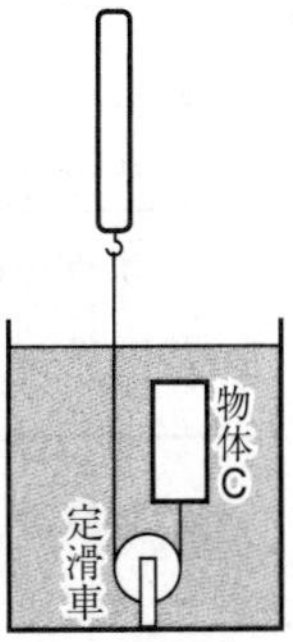

図4

① **図4**のばねばかりの目盛りは、何Nを示していると考えられるか、求めなさい。

② **図4**の物体**C**とばねばかりをつないでいる糸を切ると、物体**C**は浮かんでいき、水面に浮いた状態で静止した。この静止した物体**C**にはたらく重力の大きさと浮力の大きさは、どのような関係になっていると考えられるか、説明しなさい。ただし、数値や等号、不等号についてはふれないこと。

3 花子さんは、理科の授業でエンドウの遺伝について学んだあと、他の植物の遺伝についても調べてノートにまとめた。あとの(1)～(4)の問いに答えなさい。

花子さんのノートの一部

≪アサガオの遺伝≫

・アサガオは、自然の状態では、１つの花の中の花粉とめしべが受粉する(自家受粉)ことで種子をつくる。

・アサガオの１つの体細胞がもつ染色体の数は、全部で30本である。

・アサガオの「花弁」には、**図１**のような一重《ひとえ》と八重《やえ》の２つの形質があり、これらは対立形質である。

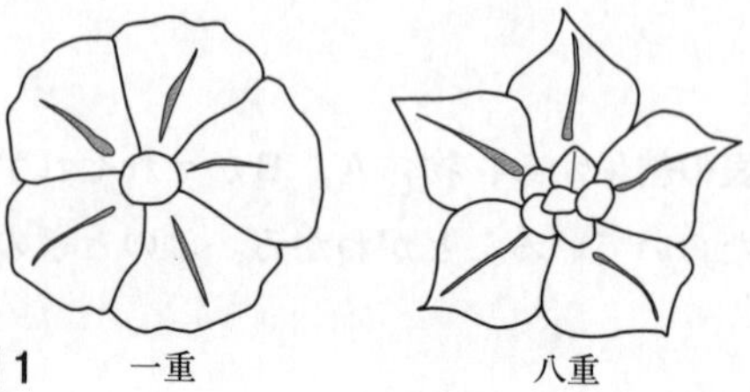

図１　一重　八重

・アサガオの「葉の色」には、緑色と黄緑色の２つの形質があり、これらは対立形質である。「葉の色」が緑色の純系と黄緑色の純系をかけ合わせてできる種子から育てたアサガオの「葉の色」は、すべて緑色になる。

・アサガオの「花弁」や「葉の色」の遺伝では、エンドウの「種子の形」の遺伝と同じ規則性で、遺伝子が子孫に受け継がれる。

(1) 次の文章は、一般的なアサガオの特徴について説明したものであるが、文中の下線部**ア**～**エ**には、誤って記述されたものが含まれている。誤って記述された内容を、**ア**～**エ**の中から一つ選んで、その記号を書きなさい。また、選んだ内容を正しい内容となるように書き直しなさい。

> アサガオは**ア**被子植物で、発芽すると**イ**２枚の子葉が広がり、その間から出てきた芽がつるを伸ばしながら葉をつけていく。葉には**ウ**平行になっている葉脈が見られ、茎の横断面における維管束は、**エ**輪のように並んでいる。

(2) 次の文章は、アサガオの花弁を一重にする遺伝子を**A**、八重にする遺伝子を**B**とするとき、遺伝子の組み合わせが**AB**である個体がつくる卵細胞について説明したものである。文中の［あ］に当てはまる数を書きなさい。また、［い］に当てはまる内容として、最も適当なものを、下の**ア**～**オ**の中から一つ選んで、その記号を書きなさい。

> １つの卵細胞に含まれている染色体の数は［あ］本で、**A**をもつ卵細胞と**B**をもつ卵細胞の数の比は、［い］になる。

ア　1：1　　**イ**　2：1　　**ウ**　3：1　　**エ**　1：2　　**オ**　1：3

(3)　ノート中の下線部のように、「葉の色」がすべて緑色になる理由について述べた文として、最も適当なものを、次の**ア**～**エ**の中から一つ選んで、その記号を書きなさい。ただし、アサガオの「葉の色」を緑色にする遺伝子を**C**、黄緑色にする遺伝子を**D**とする。

ア　子は両親から遺伝子**C**と**D**を受け継ぐが、遺伝子**C**による形質が遺伝子**D**による形質に対して、顕性の形質であるため。

イ　子は両親から遺伝子**C**と**D**を受け継ぐが、遺伝子**C**による形質が遺伝子**D**による形質に対して、潜性の形質であるため。

ウ　子は一方の親から遺伝子**C**を受け継ぎ、もう一方の親からは遺伝子**D**を受け継がないため。

エ　子は一方の親から遺伝子**D**を受け継ぎ、もう一方の親からは遺伝子**C**を受け継がないため。

(4)　**図2**のように、アサガオの「葉の形」には並葉の他に丸葉がある。これについて、次の①、②の問いに答えなさい。ただし、「葉の形」の遺伝では、エンドウの「種子の形」の遺伝と同じ規則性で、遺伝子が子孫に受け継がれるものとする。

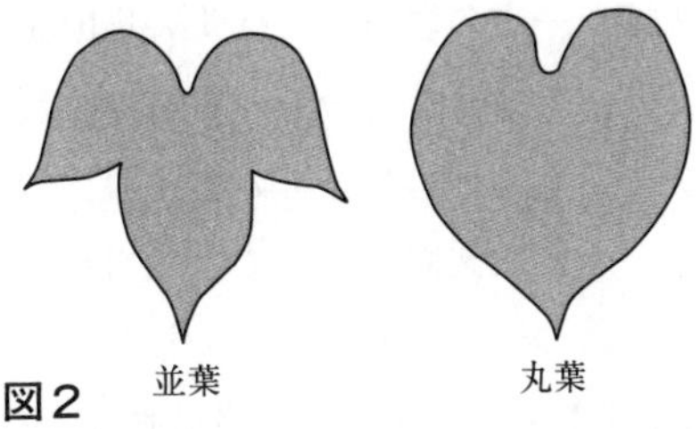

図2

①　アサガオの葉は平たくなっており、成長したアサガオの葉のつき方を真上から見ると、葉が重なり合わないようについている。葉がこのようなつくりになっている利点について述べた次の文中の［う］に当てはまる内容を書きなさい。また、［え］に当てはまるはたらきの名称を書きなさい。

> 日中、葉に［う］ことで、効率良く［え］を行うことができる点。

②　**表**は、昨年栽培したアサガオの４つの株**P**～**S**の「葉の形」と、それぞれの株から採取した種子を今年栽培した結果をまとめたものである。株**P**～**S**を、組み合わせをかえてかけ合わせたときの子についての説明として、最も適当なものを、次の**ア**～**エ**の中から一つ選んで、その記号を書きなさい。

表

株	昨年栽培したときの「葉の形」	それぞれの株から採取した種子を今年栽培した結果
P	並葉	すべての株で、並葉になった
Q	丸葉	すべての株で、丸葉になった
R	丸葉	すべての株で、丸葉になった
S	並葉	並葉になった株と丸葉になった株の数の比が約３：１になった

ア　株**P**と**Q**をかけ合わせると、子は並葉になる株と丸葉になる株の数の比が約１：１になる。

イ　株**P**と**R**をかけ合わせると、子は並葉になる株と丸葉になる株の数の比が約３：１になる。

ウ　株**Q**と**S**をかけ合わせると、子は並葉になる株と丸葉になる株の数の比が約１：１になる。

エ　株**R**と**S**をかけ合わせると、子は並葉になる株と丸葉になる株の数の比が約３：１になる。

4　次の会話は、先生が準備した岩石に関する、先生と太郎さんのやり取りの一部である。あとの(1)～(6)の問いに答えなさい。

先生：ここに、石灰岩、安山岩、花こう岩、チャートの４つの岩石があります。これらのうち、生物の遺骸(死骸)が堆積してできた岩石はどれでしょうか。

太郎：[あ]と[い]だと思います。

先生：そうですね。それでは、この２つの岩石を区別するにはどうすればよいでしょうか。

太郎：それぞれの岩石にうすい塩酸を数滴かけて、反応を比べればよいと思います。

先生：実験をして確かめてみましょう。

【太郎さんは、先生と一緒に実験を行った。】

太郎：一方の岩石は、うすい塩酸をかけた部分がとけて a <u>気体</u>が発生したので[あ]です。もう一方の岩石は、反応が見られなかったので[い]です。

先生：よく理解できていますね。他の２つの岩石は、どちらも[b]といい、マグマが冷え固まってできた岩石です。それでは、この２つの岩石をルーペで観察し、そのつくりをスケッチしましょう。

【太郎さんは、先生と一緒に観察を行い、図１、２のようにスケッチした。】

太郎：図１のスケッチの岩石は、同じくらいの大きさの粒が組み合わさってできています。一方で、図２のスケッチの岩石は、大きな粒とそのまわりの小さな粒からできています。

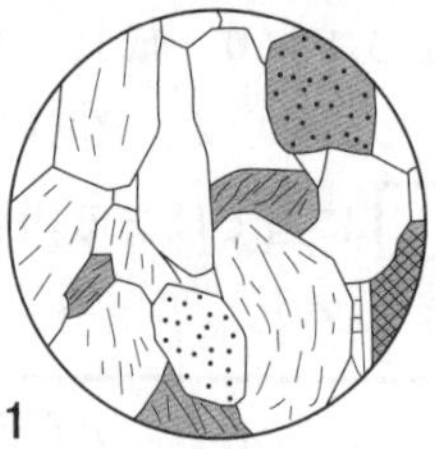
図１

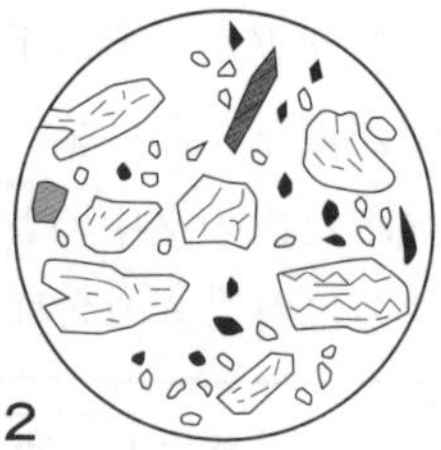
図２

先生：図１の岩石が[う]、図２の岩石が[え]ですね。

太郎：[b]のでき方とつくりのちがいについて確かめる実験をしてみたいです。

先生：わかりました。それでは、ミョウバンを使って調べてみましょう。

【太郎さんは、先生と一緒に次の**実験**を行った。】

【実験】

❶　80℃の水 100 g にミョウバンを溶かして、c <u>質量パーセント濃度が濃いミョウバン水溶液をつくり</u>、湯であたためておいた２つのペトリ皿に入れた。

❷　一方のペトリ皿はそのまま湯に入れておき、もう一方のペトリ皿は氷水につけた。

❸　しばらくすると、それぞれのペトリ皿のミョウバン水溶液中には結晶ができたので、双眼実体顕微鏡で観察した。図３のＡ、Ｂは、同じ倍率で観察したときに見られた結晶のようすを模式的に表したものである。

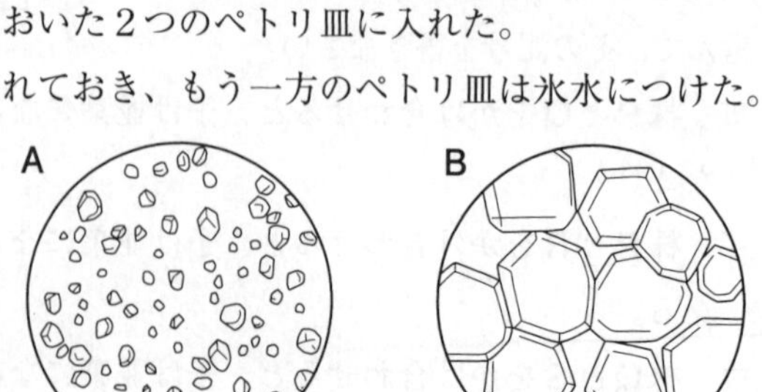

図３

(1) 文中の [あ] 、[い] に当てはまる岩石として、最も適当なものを、次の**ア**～**エ**の中からそれぞれ一つずつ選んで、その記号を書きなさい。

ア 石灰岩　　**イ** 安山岩　　**ウ** 花こう岩　　**エ** チャート

(2) 下線部**a**の気体は何か、化学式で書きなさい。

(3) 文中の [b] に当てはまる語を書きなさい。

(4) 文中の [う] 、[え] に当てはまる岩石として、最も適当なものを、次の**ア**～**エ**の中からそれぞれ一つずつ選んで、その記号を書きなさい。

ア 石灰岩　　**イ** 安山岩　　**ウ** 花こう岩　　**エ** チャート

(5) **実験**について、次の①、②の問いに答えなさい。

① 下線部**c**において、太郎さんは、ミョウバン水溶液の質量パーセント濃度が39％～40％の間となるように、ミョウバンを80℃の水100gに溶かした。このとき水に溶かしたミョウバンの質量は何gであったと考えられるか。最も適当なものを、次の**ア**～**カ**の中から一つ選んで、その記号を書きなさい。

ア 45g　　**イ** 50g　　**ウ** 55g　　**エ** 60g　　**オ** 65g　　**カ** 70g

② この実験でミョウバンを使った理由を、「溶解度」という語を用いて、ミョウバンの性質のみについてふれながら説明しなさい。

(6) 次の会話は、**実験**を終えた先生と太郎さんのやり取りの一部である。文中の [お] 、[か] に当てはまる内容の組み合わせとして、最も適当なものを、下の**ア**～**エ**の中から一つ選んで、その記号を書きなさい。

先生：**実験**の結果から、どのようなことがわかりますか。
太郎：**図1**、**2**で示したように、[b] のつくりにちがいができるのは、[お] が大きく異なるためだということがわかります。
先生：そのとおりです。**図2**のようなつくりをもつ [b] は、**図1**のようなつくりをもつ [b] に比べて、[お] が [か] ことがわかりますね。

	お	か
ア	マグマのねばりけ	強い
イ	マグマのねばりけ	弱い
ウ	マグマが冷え固まるまでの時間	長い
エ	マグマが冷え固まるまでの時間	短い

5 花子さんは、鉄と硫黄を混ぜて加熱したときの変化を調べる実験を行った。あとの(1)～(5)の問いに答えなさい。ただし、空気中の気体は反応に無関係であるものとする。

花子さんのノートの一部

【実験1】

❶ 図1のように、鉄粉7.0 gと硫黄4.0 gを乳鉢に入れてよく混ぜ合わせた後、その混合物の4分の1くらいを試験管Aに、残りの4分の3くらいを試験管Bにそれぞれ入れた。

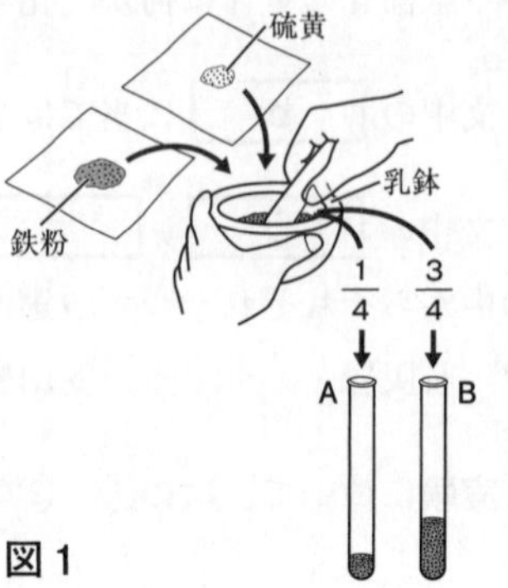

図1

❷ a<u>試験管ばさみで試験管Bをはさんで持ち、鉄粉と硫黄の混合物を加熱した</u>。混合物の一部が赤くなったところで加熱をやめた。このとき、b<u>加熱をやめても反応は進み</u>、c<u>鉄と硫黄は過不足なくすべて反応した</u>。試験管Aは、加熱せずそのままにしておいた。

❸ 試験管Bを十分に冷ました後、図2のように、試験管A、Bに磁石を近づけて試験管内の物質が磁石に引きつけられるかどうか調べた。

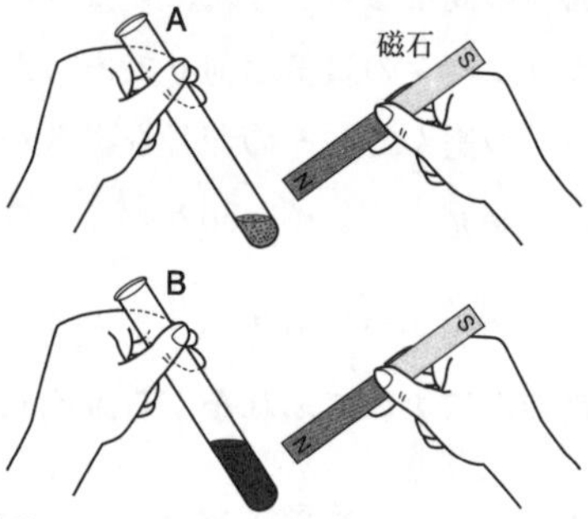

図2

❹ ❸の試験管A、B内の物質を少量とり、それぞれ別々の試験管に入れた。

❺ 試験管A、B内の物質を少量ずつ入れた試験管にうすい塩酸を数滴入れたところ、どちらも気体が発生した。このとき発生した気体に、においがあるかどうかを調べた。表1は、❸、❺の結果をまとめたものである。

表1

	磁石を近づけたとき	うすい塩酸を数滴入れたとき
鉄と硫黄の混合物（試験管A）	磁石に引きつけられた	においのない気体が発生した
加熱後の黒い物質（試験管B）	磁石に引きつけられなかった	□のようなにおいの気体が発生した

【実験2】

試験管C～Fを用意し、表2に示した質量の鉄粉と硫黄をそれぞれよく混ぜ合わせて、各試験管に入れた。その後、実験1の試験管Bと同様に試験管C～Fを加熱したところ、試験管C～Eの鉄と硫黄は過不足なくすべて反応したが、d<u>試験管Fの鉄と硫黄は、過不足なく反応せず、どちらか一方の物質が残った</u>。

表2

試験管	C	D	E	F
鉄粉の質量〔g〕	3.5	4.9	5.6	6.6
硫黄の質量〔g〕	2.0	2.8	3.2	3.6

(1)　下線部 a において、試験管 B の加熱方法と加熱部分はどのようであったか。最も適当なものを、次の図のア～エの中から一つ選んで、その記号を書きなさい。ただし、●は加熱部分を示している。

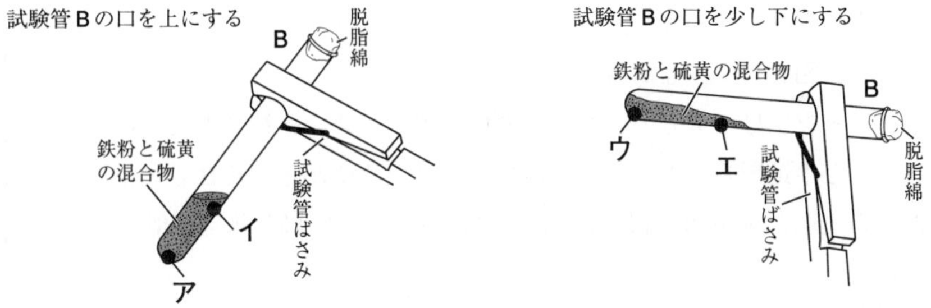

(2)　下線部 b のように反応が続いた理由について述べた次の文中の［ あ ］に当てはまる語を、正しい反応の名称となるように漢字二字で書きなさい。
　また、［ い ］に当てはまる内容を四字以内で書きなさい。

この反応は［ あ ］反応であるため、反応によって温度が［ い ］、連続的に反応が起こるため。

(3)　下線部 c の反応を化学反応式で書きなさい。

(4)　表 1 の［　　　］に当てはまる内容として、最も適当なものを、次のア～エの中から一つ選んで、その記号を書きなさい。

ア　エタノール　　イ　プールの消毒薬　　ウ　腐った卵　　エ　焦げた砂糖

(5)　下線部 d について、過不足なく反応せずに残った物質は鉄と硫黄のどちらか、一つ選んでその物質名を書きなさい。
　また、加熱後の試験管 F の中に見られる物質（反応せずに残った物質と加熱後の黒い物質）の質量は全部で何 g か、求めなさい。

6 太郎さんは、凸レンズのはたらきを調べる実験を行った。あとの(1)～(4)の問いに答えなさい。

太郎さんのノートの一部

【実験】

❶ 図1のような人形を映すために、凸レンズ、半透明のスクリーン、箱A(外箱)と箱B(内箱)を用いて、図2のような簡易型カメラをつくった。

❷ 半透明のスクリーンにはっきりとした人形の像を映すために、箱Bの穴からのぞきながら、凸レンズと半透明のスクリーンを最も近づけた状態から、箱Bを矢印Pの向きに動かした。ただし、人形の位置は、凸レンズの焦点より外側(焦点距離よりも遠い位置)であった。

正面から見たときのようす

図1

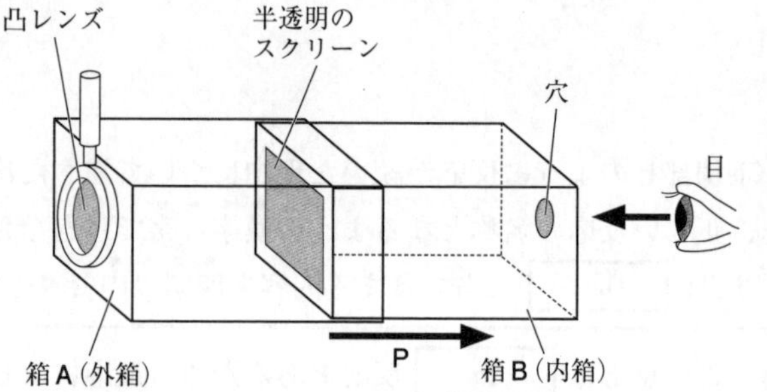

図2

(1) 次の文中の あ に当てはまる語を漢字二字で書きなさい。また、 い に当てはまる語として、最も適当なものを、下のア～ウの中から一つ選んで、その記号を書きなさい。

> 感覚器官である目に光(刺激)が入ると、光の刺激は あ にある感覚細胞で神経を伝わる信号に変えられ、 い に信号が伝えられると、ものが見えたと感じる。

ア 脳　　イ 脊髄　　ウ 筋肉

(2) **実験**において、❷の操作を行ったところ、**図3**のように箱Bが箱Aからはみ出してしまい、半透明のスクリーンにはっきりとした像が映らなかった。

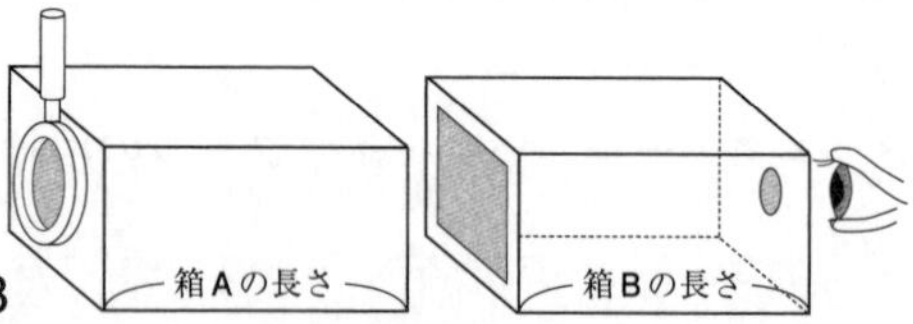

図3

箱Bが箱Aからはみ出すことなく、半透明のスクリーンにはっきりとした像を映すための方法として、最も適当なものを、次のア～オの中から**すべて**選んで、その記号を書きなさい。

ア 箱Aの長さを長くして、凸レンズと半透明のスクリーンとの距離を長くする。

イ 箱Bの長さを短くして、半透明のスクリーンと目との距離を短くする。

ウ 凸レンズを焦点距離の長い凸レンズにかえる。

エ 凸レンズを焦点距離の短い凸レンズにかえる。

オ 人形と凸レンズとの距離を短くする。

(3)　太郎さんは、簡易型カメラを改良したところ、半透明のスクリーンにはっきりとした像が映り、このときの像は実物と同じ大きさであった。この像を半透明のスクリーンの後方(**図3**の矢印**Q**の向き)から観察したときのようすとして、最も適当なものを、次の**ア**～**エ**の中から一つ選んで、その記号を書きなさい。

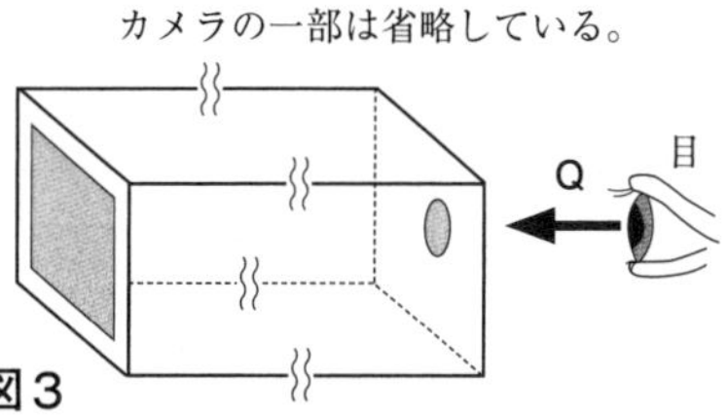

カメラの一部は省略している。

図3

ア

イ

ウ
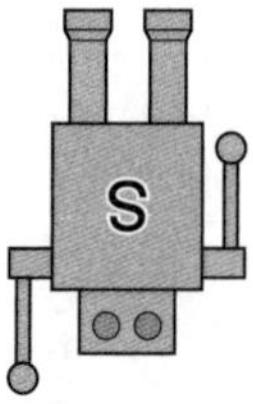

エ
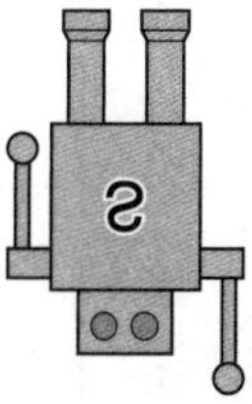

(4)　太郎さんは、半透明のスクリーンにはっきりとした像が映っている状態のまま、**図4**のように、簡易型カメラの凸レンズの下半分に光を通さない黒い厚紙を置いた。このときの像のようすについて述べた次の文中の[う]、[え]に当てはまる内容の組み合わせとして、最も適当なものを、下の**ア**～**カ**の中から一つ選んで、その記号を書きなさい。

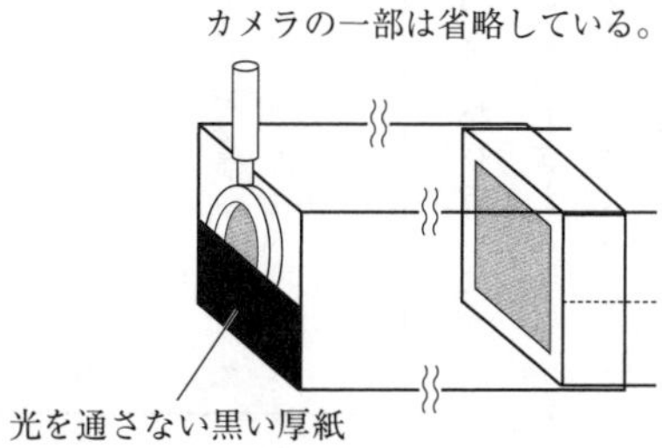

カメラの一部は省略している。

図4

半透明のスクリーンを動かすことなく穴からのぞいてみると、半透明のスクリーンには、はっきりとした[う]が映っており、黒い厚紙を置く前と比べて、[え]映っていた。

	う	え
ア	人形の上半分のみの像	同じ明るさで
イ	人形の上半分のみの像	暗くなって
ウ	人形の下半分のみの像	同じ明るさで
エ	人形の下半分のみの像	暗くなって
オ	人形の全身の像	同じ明るさで
カ	人形の全身の像	暗くなって

四

次の㈠〜㈣の問いに答えなさい。

㈠　次の【手紙】の□に入る表現として、最も適切なものを、後のア〜エの中から選んで、その記号を書きなさい。

【手紙】

拝啓

　少しずつ暖かくなり春らしさが感じられるころとなりましたが、先生におかれましてはいかがお過ごしでしょうか。私たちは今、現学年の学びの仕上げに取り組むと同時に、新学年への期待に胸を膨らませているところです。

　さて、先日は、本校でご講演いただき、ありがとうございました。私は、先生が□。今後、私たちが自分の将来について考えていくうえで、とても参考になるお話をうかがうことができました。

（中略）

　思いがけぬ春寒に体調などを崩されませんよう、くれぐれもご自愛くださいませ。

敬具

三月八日

かえで市立西中学校生徒会長　村上　光

おだ脳神経クリニック院長

小田　直広　様

ア　医師を目指した動機のお話を、興味深くお聞きになりました

イ　医師を目指された動機のお話を、興味深くお聞きしました

ウ　興味深く拝聴したのは、医師を目指された動機のお話です

エ　興味深く聞かれたのは、医師を目指した動機のお話です

㈡　次の送り状【Ⅰ】・【Ⅱ】について述べたものとして、最も適切なものを、後のア〜エの中から選んで、その記号を書きなさい。

【Ⅰ】

お届け先	郵便番号	3 0 0 − * * * *
	電話番号	029（***）1234
	住　所	つきみ市東町
		1−23−4
	氏　名	あさがお幼稚園　御中 ~~様~~
~~ご~~依頼主	郵便番号	3 0 0 − * * * *
	電話番号	029（***）4321
	住　所	わかば市南町
		5−24−3
	氏　名	緑山中学校　生徒会 ~~様~~

【Ⅱ】

~~お~~届け先	郵便番号	3 0 0 − * * * *
	電話番号	029（***）1234
	住　所	つきみ市東町1−
		23−4
	氏　名	あさがお幼稚園 ~~様~~
~~ご~~依頼主	郵便番号	3 0 0 − * * * *
	電話番号	029（***）4321
	住　所	わかば市南町5−24
		−3
	氏　名	緑山中学校　生徒会 ~~様~~

ア　【Ⅰ】は【Ⅱ】と同様に、相手に対する敬意を適切に表している。

イ　【Ⅱ】は【Ⅰ】と同様に、住所を読みやすくする工夫をしている。

ウ　【Ⅰ】は【Ⅱ】と異なり、相手に対する敬意を適切に表している。

エ　【Ⅱ】は【Ⅰ】と異なり、住所を読みやすくする工夫をしている。

㈢　次の⑴・⑵の――部の片仮名の部分を漢字で書きなさい。（漢字は楷書で書くこと。）

⑴　本屋で料理ザッシを買う。

⑵　優勝というロウホウが届く。

㈣　次の⑴〜⑶の――部の漢字の部分の読みを平仮名で書きなさい。

⑴　機嫌を損ねる。

⑵　精緻な細工。

⑶　手を煩わす。

㈤　【Ⅱ】の［B］に入る言葉として、最も適切なものを、次のア～エの中から選んで、その記号を書きなさい。

ア　永遠　　イ　可変　　ウ　有限　　エ　観念

㈥　西川さんが発表原稿を作成するときに、【Ⅱ】を用いることで、どのような効果が得られるか。最も適切なものを、次のア～エの中から選んで、その記号を書きなさい。

ア　【Ⅰ】に書かれている内容に異なる視点を加えることで、人間の姿勢や社会のあり方まで話を広げる効果。
イ　【Ⅰ】に書かれている内容の解決策を示すことで、これからの社会の変化を前向きにとらえさせる効果。
ウ　【Ⅰ】に書かれている内容とは反対の主張を紹介することで、社会には多様な考え方があることを示す効果。
エ　【Ⅰ】に書かれている内容に関する具体的な例を挙げることで、社会における人間の役割を考えさせる効果。

㈦　次は、西川さんが発表で示すために作成したスライドの一部です。［C］・［D］に入る最も適切な言葉を、［C］は【Ⅰ】の本文中から八字で、［D］は【Ⅱ】の本文中から六字で、それぞれ抜き出して書きなさい。

【スライドの一部】

【Ⅰ】の文章
◇人工知能の将来的な未来像
人工知能が、「常識」や
［C］を獲得するまで
には、まだ時間がかかる

【Ⅱ】の文章
◇人工知能の利点と欠点
利点＝時間的コストの縮減
欠点＝［D］

(一) 【I】の[A]に入る言葉として、最も適切なものを、次のア〜エの中から選んで、その記号を書きなさい。

ア したがって　イ あるいは　ウ つまり　エ しかし

(二) 【I】に小学校3年生程度の〝常識〟でも、これを獲得するまでにはあと10年以上はかかる とあるが、それはなぜか。その理由について説明した次の文の[　]に入る適切な内容を、【I】の本文中の言葉を使って、十五字以上、二十字以内で書きなさい。（句読点を含む。）

> 常識とは[　]なので、一定のパターンを抽出することが難しいから。

(三) 次の一文は、【I】の〈ア〉〜〈オ〉のどこに入るか。最も適切な箇所の記号を書きなさい。

> これを理解するには、頭脳明晰《めいせき》で知識も非常に豊富なのに、社会経験が足りなかったり発想が硬かったりするため、「空気が読めない」と言われてしまう人を思い浮かべてください、と言えば実感してもらえるでしょうか。

(四) 【I】の文章について説明したものとして、最も適切なものを、次のア〜エの中から選んで、その記号を書きなさい。

ア 人工知能を実用化するうえでの注意点について、米国人のプレゼンターの発言を根拠に主張を述べている。
イ 人工知能がもたらす明るい未来について、人間の日常生活の変化を予想しながら疑問を述べている。
ウ 人工知能のとらえ方における米国人と日本人の違いについて、筆者自身の研究をもとに考察を述べている。
エ 人間が人工知能に代替されてしまう可能性の低さについて、専門家の発言をもとに見解を述べている。

【II】（【I】を読んだ後に見つけた文章の一部）

読書に関して言えば、読みたい本がはっきりしている場合は、書店や古書店を歩いて探して回っていたネット以前の時代に比べれば、いまはそれを手に入れるための時間的コストは大幅に縮減されている。これは、稀少《きしょう》本の場合、特にそうである。

時間は[B]である以上、一つの分人[※1]に費やす時間が長くなればなるほど、多様な分人を生きることは難しくなる。

本探しで節約された時間は、執筆に回したり、コンサートに行ったりと、他のことをする自由に転化される。アマゾンのレコメンド機能[※2]による選択肢の縮減の弊[※3]については、他方で興味を持った本の著者の他の作品や、その参考文献などから、自力で次に読むべき本を探ってゆくことで、軽減することができるだろう。

重要なことは、自動化によって自分がどんな自由を失い、その分どんな自由を得るかを複眼的に考えていくことである。

ぶらぶら本屋を歩いてじっくり本を選びたい人にとって、そのための場所が残り続けることは重要である。

（平野啓一郎「自由のこれから」による。）

※1 分人＝筆者は、一人の人間が持つ側面のそれぞれを「分人」と名づけ、複数の「分人」の総体を「私」という一人の人間とする考え方を提唱している。
※2 レコメンド機能＝人工知能が、過去の購入履歴や検索履歴をもとに、おすすめの商品を提示する機能。
※3 弊＝よくない点。

三　西川さんは、国語の授業で、調べたことをまとめて発表する学習活動を行うことになり、「人工知能」をテーマに発表しようと考えました。発表原稿を作成するために見つけた文章【Ⅰ】・【Ⅱ】について、後の㈠～㈦の問いに答えなさい。

【Ⅰ】

ここ数年、人工知能へのマスコミの注目度も高くなる一方なので、関連するシンポジウム※1やラウンドテーブル※2などが数多く開かれるようになり、私もその司会や進行役を頼まれることが頻繁になりました。これまでも、人工知能には大きな関心を寄せてきたつもりですが、そういう場に参加すると、実用化目前の新技術などの知識はもちろん、その将来的な未来像についてもより深く知る機会が増え、驚かされることばかりです。

〈　ア　〉

そうした専門家によるプレゼンを聴いている中でも、実用化が近い話としてとくに興味をひかれたのは、スカイプ通話（ネット回線を通じた通話サービス）における「リアルタイムの同時通訳機能」が日本語にも対応するという話でした。たとえば、日・米間でスカイプを通じた社内会議をする場合に、あちらは英語でしゃべり、こちらは日本語でしゃべっても、ふつうに議論ができてしまうのです。

〈　イ　〉

「じゃあ、これから日本人は必死に英語を勉強しなくてもよくなるのですか？」と司会である私がプレゼンターの米国人に質問すると、同じことを感じた人も多かったようで会場が沸きます。プレゼンターは気負いもなく「少なくとも同時通訳の仕事はなくなるでしょうね」と英語で答えたのですが、これがまさに人間の同時通訳者を介して日本語で来場者に伝えられたので、会場はなんとも言えない妙な笑いに包まれました。

Ａ、人工知能もまだまだ万能ではありません。将来の話として、専門家の話で逆に安心させられたのは、

「人工知能は、これから3年から5年で有名大学の入試にも受かるような知能は獲得しますが、小学校3年生程度の〝常識〟でも、これを獲得するまでにはあと10年以上はかかるでしょう」

という予想でした。似たようなことはこれまでも言われてきましたが、人工知能の性能向上が著しいだけに、人間にとって簡単なことが人工知能にとっては必ずしも簡単とは限らないことが、かえって今まで以上に浮き彫りになってきたのです。

〈　ウ　〉

人間の行動や思考を人工知能に覚えさせるには、そこから一定のパターンが抽出できなければなりません。しかし、常識というものには相当な幅があるので、それが非常に難しいのです。現に、皆さんも日々の生活の中で、自分が常識と思っていたことが他人にはそうではなかったり、またその逆のこともあったりして、常識というものがじつにあいまいなものであることをしばしば経験しているはずです。

〈　エ　〉

私たち人間は、日常のもっとも基礎的な常識である挨拶ひとつにしても、相手、場所、時間、天気などのちょっとしたシチュエーションの差異によってこれを巧みに使い分けています。

（中略）

結局、常識とはいわゆる「暗黙知※3」なので、人間的な経験を積むこと以外ではこれを鍛えにくく、しかも、論理的には非常に遠い関係にある概念を人間は感性でいとも簡単に結び付けてしまうので、高性能の人工知能でもまだなかなか追いつけないのです。

〈　オ　〉

（竹内薫「文系のための理数センス養成講座」による。一部省略）

※1　シンポジウム＝複数の専門家と聴衆が質疑応答を行う形式の討論会。
※2　ラウンドテーブル＝一人の発表者と複数の参加者が意見交換を行う会。
※3　暗黙知＝言語化されていない知識や技能。

【Ⅱ】話し合いの一部

松尾　「汝、我に帰するに非ず」とありますが、これは、「彼の俗」は、孔子の［A］を尊敬しているのではないという意味ですよね。

三浦　はい。「彼の俗」の姿勢を非難した孔子は、自分の持ち物を与える代わりに、「彼の俗」を自分のところから退けたのではないでしょうか。

吉田　そうですね。「彼の俗」の姿勢は、宇治の関白殿の話における「鼎殿」で働く者にも共通しています。宇治の関白殿の「［B］」という行為は、「鼎殿」で働く者の姿勢を、皮肉っぽく非難したものとなっていますね。

松尾　孔子と宇治の関白殿にまつわる話を語っている人物は、二つの話を具体例として、②大切なことを伝えようとしています。

㈠ 【Ⅰ】の問うて云はくを、現代仮名遣いに直して、全て平仮名で書きなさい。

㈡ 【Ⅰ】に①顒々としてとあるが、どのような様子を表していると考えられるか。その具体的説明として、最も適切なものを、次のア～エの中から選んで、その記号を書きなさい。

ア 見た目がきちんと整っていて、厳かな様子。
イ 堂々としていて、貧しさを隠せている様子。
ウ 大きな声を出して、周囲を恐れさせる様子。
エ 周囲の意見を聞き入れず、かたくなな様子。

㈢ 【Ⅱ】の［A］に入る最も適切な言葉を、【Ⅰ】の本文中から漢字一字で抜き出して書きなさい。

㈣ 【Ⅱ】の［B］に入る最も適切な言葉を、【Ⅰ】の本文中から十七字で抜き出して、その初めと終わりの五字を書きなさい。（句読点を含む。）

㈤ 【Ⅱ】に②大切なこととあるが、【Ⅰ】においてはどのようなことだと考えられるか。その具体的内容として、最も適切なものを、次のア～エの中から選んで、その記号を書きなさい。

ア 権力者に認められるためには、相手に気に入られようとせず、常に正直な言動を行うべきだということ。
イ 人を尊敬する際には、表面的な部分を見るのではなく、本質的な部分を見て判断するべきだということ。
ウ 他者の評価を得るためには、服装や行動を派手に飾るのではなく、質素な生活を送るべきだということ。
エ 仏道修行を行う際には、欲望を捨て去り、仏教の教えを記した経典をひたすらに学ぶべきだということ。

二

松尾さんたちは、「昔の人の考え方を知ろう」という国語の授業で、【Ⅰ】の古典の文章を読み、【Ⅱ】のように内容についてグループで話し合いました。後の㈠～㈤の問いに答えなさい。

【Ⅰ】古典の文章

昔、孔子《こうし》に、一人有つて来帰す。（一人の人が来て弟子入りを志願した）孔子、問うて云《い》はく、「汝《なんぢ》、何を以《もつ》てか（どんな理由で）来《きた》つて我に帰する」。

彼《か》の俗云はく、「君子参内の時、これを見しに、（あなたが君主の御殿に参上された時、その様子を見ましたところ）①顒《ぎよう》々《ぎよう》として威勢あり。依《よ》つて、これに帰す」（弟子入りしたのです）。

孔子、弟子をして（弟子に命じて）、乗物・装束・金銀・財物等を取り出《いだ》して、これを与へき。「汝、我に帰するに非《あら》ず」。

また云はく、宇治《うぢ》の関白殿、ある時、※1鼎殿《かなへどの》に到つて、火を焼《た》く処《ところ》を見る。

鼎殿見て云はく、「何者ぞ、左右《さう》なく（断りもなく）御所の鼎殿へ入るは」と云つて、追ひ出されて後、先の悪《わろ》き衣服を脱ぎ改めて、顒々として取装束して、（直ちに立派な装束を着て）出で給《たま》ふ。時に、前《さき》の鼎殿、遥かに見て、恐れ入つて逃げぬ。時に、殿下、装束を竿《さを》に掛けられて、拝せられけり。

人、これを問ふ。答へて云はく、「我、人に貴《たつと》びらるるも、我が徳に非ず。ただ、この装束の故《ゆゑ》なり」。

愚かなる者の、人を貴ぶ事、かくの如《ごと》し。※2経教《きやうげう》の文字等を貴ぶ事も、また、かくの如し。

※1　鼎殿＝宮中や将軍・貴人の邸内にあった湯殿。または、そこで働く者。
※2　経教＝仏教の教えを記した経典。

(二) 【Ⅰ】・【Ⅱ】の中に ①茜がスリーポイントシュートを決めれば、彼女は私から確実に三点遠ざかってしまうようだった とあるが、この表現から読み取れる「私」の気持ちについて説明した【Ⅱ】の [B] に入る内容として、最も適切なものを、次の**ア**～**エ**の中から選んで、その記号を書きなさい。

ア 茜が一年生でレギュラーに抜擢されたことに、心のどこかで嫉妬している。
イ 茜が自分とは異なる道を歩み始めていることを、ごく自然に受け止めている。
ウ 自分も茜と同じように夢中になれるものを見つけたいと、強く願っている。
エ 茜が自分の手の届かない存在になってしまったことを、うらめしく感じている。

(三) 【Ⅰ】・【Ⅱ】の中に ②泣きじゃくる茜にほかにかけてやる言葉は何も浮かばなかった とあるが、このときの「私」の様子について説明した次の文の [　] に入る最も適切な言葉を、【Ⅰ】の本文中から二十六字で抜き出して、その初めと終わりの五字を書きなさい。

> 高校生になった茜は、自分と「私」が違う存在であることを十分に認識した上で楽しく日々を過ごしているように思っていたが、怪我をして [　] に予想以上に強いショックを受けていて、「私」はどうしたらよいのかわからなくなっている。

(四) 【Ⅱ】の「言動や描写から『茜』の人物像を考える」の [　] にはそれぞれ本文中の根拠となる部分が入るが、そこに入るものとして、**適切でないもの**を、次の**ア**～**エ**の中から一つ選んで、その記号を書きなさい。

ア 最初のころは私の読んだ本をすぐに読んでいた
イ 鏡は確かに世界を映すけれども、そこに映っているものは本物の世界ではない
ウ 「これで、もうすぐにわかるね」「左足にアキレス腱があるのが藍で、切れているほうが茜」
エ 私の手を握りしめて茜は声を絞るようにして泣いた

(五) 【Ⅰ】の表現の特徴として、最も適切なものを、次の**ア**～**エ**の中から選んで、その記号を書きなさい。

ア 「私」の主観的な思いを中心に描くことで、「私」の目から見た姉妹関係のあり方を印象づけている。
イ 姉妹の様子を第三者の視点から描写することで、姉妹の対照的な性格を客観的に表現している。
ウ 「私たち」という表現を多用することで、茜の存在から自由になれない「私」の苦悩を描いている。
エ 姉妹の会話を後半に集中させることで、姉妹が一度は失われた信頼関係を築き直す様子を強調している。

【Ⅱ】岡本さんのノート

○ 出来事や表現、言動から「私」の心情を考える

出来事	表現、言動	「私」の心情
・高校に進学 ・離れのような二階建ての子供部屋ができあがる	孤独や寂寞 ⟷ **A**	学校生活や茜との関係性について、相反する感情を抱いている
・茜がバスケットボール部で頭角を現す	①茜がスリーポイントシュートを決めれば、彼女は私から確実に三点遠ざかってしまうようだった	**B**
・茜が大怪我をする	②泣きじゃくる茜にほかにかけてやる言葉は何も浮かばなかった	茜の本心に気づき、混乱している

○ 言動や描写から「茜」の人物像を考える

〈根拠〉

			子供のころはまるで自分の指をしゃぶるように、いつも私の指をしゃぶって寝ていた

〈人物像〉

自分と「私」が双子であることを、姉である「私」よりも強く心のよりどころにして生きてきた人物

(一) 【Ⅱ】の **A** に入る最も適切な言葉を、【Ⅰ】の本文中から三字で抜き出して書きなさい。

鏡は確かに世界を映すけれども、そこに映っているものは本物の世界ではないのである。そのことに私も茜も気がつきはじめていた。私たちは鏡に映っているものが、自分自身の姿であることを十分にそして常に認識するべきときを迎えていたのである。

（中略）

楽しい日々を送っているように見えた茜に小さな異変が起こったのは、高校二年の秋の高体連※6を直前にした日のことだった。放課後の練習中にアキレス腱《けん》を断裂するという大怪我《おおけが》を負ってしまったのである。手術を終えた茜は病室で私に向かって寂しそうな顔でこう言った。

「これで、もうすぐにわかるね」

「何が？」

「左足にアキレス腱があるのが藍で、切れているほうが茜」

「すぐに元に戻るわよ」

「でも傷跡は消えない」

そう言うと茜は私に背を向けてしまった。肩が小刻みに震えていることで泣いているのがわかった。声を漏らさないように懸命に耐えていた。

「大会に出られなくて残念ね。あんなに一生懸命練習していたのに」

「ううん」というふうに茜はかぶりを振った。その瞬間に私はすべてを理解した。茜は大会に出られないことや、選手としてもう二度とコートに戻れなくなるかもしれないことを悔しがっているのではない。自分の体に私とはまったく違う目印を刻んでしまったことを悔やんでいるのだ。

「お姉ちゃん、ごめんね」と振り向かずに茜は言った。

「どうして、謝るの」

「どうしてかわからないけど、でも本当にごめんなさい」

私は茜が顔を向けている方向へまわりこんで右手を差し伸べた。私の手を茜は両手で抱きかかえるようにして握りしめて、泣きじゃくった。ポロポロと涙が次々と頬を伝っていく。嗚咽《おえつ》をこらえるために止めている呼吸が、ますます嗚咽を大きなものにした。

「痛いの？」

痛くなんかない。たとえ痛くたってそんなことで泣いているんじゃない。そのことは私も十分わかっていたけれど、②泣きじゃくる茜にほかにかけてやる言葉は何も浮かばなかった。

私の手を握りしめて茜は声を絞るようにして泣いた。子供のころはまるで自分の指をしゃぶるように、いつも私の指をしゃぶって寝ていたという母の言葉を思い出して私は胸が一杯になった。

（大崎善生「孤独か、それに等しいもの」による。一部省略）

※1　選別＝ここでは、私と茜が別々の道を進むこと。
※2　宝塚市＝兵庫県南東部に位置する市。
※3　逼塞感＝狭くて苦しい感覚。
※4　謳歌＝他者に遠慮することなく楽しむこと。
※5　寂寞＝もの寂しさ。
※6　高体連＝全国大会。

二〇二三年度　水城高等学校（一般再受験）

【国語】（五〇分）〈満点：一〇〇点〉

一　岡本さんは、国語の授業で【Ⅰ】の文章を読み、主人公の心情や登場人物の人物像を【Ⅱ】のようにノートにまとめました。後の(一)～(五)の問いに答えなさい。（【Ⅰ】はページごとに上段から下段に続いている。）

【Ⅰ】授業で読んだ文章

私（藍《あい》）と茜《あかね》は双子の姉妹で、見分けがつかないほどそっくりな外見をしている。

※1選別を自ら望んだのは私ではなくて、むしろ茜のほうだった。※2宝塚《たからづか》市内の同じ公立高校へ入学した二人は、例によって別々のクラスに分けられた。

高校進学に合わせて、家の裏庭に子供部屋二室が増築された。一ヵ月もしないうちに狭い庭の中に離れのような二階建ての部屋ができあがった。大きな柿の木が放り出されたようにポツンと立っていた場所だった。

くじ引きの結果、茜が二階、私が一階の部屋を使うことになった。それぞれの部屋に子供のころから使っていた二段ベッドを分解して置くことになり、茜と私は別々の部屋で過ごし別々の部屋で眠ることになった。さすがに私にとっても、茜にとってもそのほうが過ごしやすい年齢に達していた。

二人の背恰好《せかっこう》や性格が大きく変わることはなかったけれど、方向性だけは少しずつ角度を変えていった。私は小説に夢中になり、本ばかり読むようになった。最初のころは私の読んだ本をすぐに読んでいた茜も、ドストエフスキーや三島由紀夫《みしまゆきお》になると放り出すようになってしまっていた。

私にとって大切なものが、必ずしも彼女にとって大切なものであるとは限らない。そう感じはじめたのは高校一年の秋くらいのことだったのではないかと思う。

高校という空間は小学校や中学よりも少しだけ広がりがあった。今まで学校に感じていた※3逼塞感《ひっそくかん》は軽減され、それに伴い親密さも拡散していくような感覚があった。それは一緒の部屋で暮らしていた姉妹に二階建ての離れが与えられたのと同じような開放感であった。普通の高校生にはわずかに心地よいくらいか、あるいはほとんど意識することもないかもしれないような、高校という空間の小さな広がりは、しかし私たちにとっては驚くほどの大きなスペースに感じられた。

それは、自由という言葉に近かったのかもしれない。そして私たちは、高校生にして初めて手に入れた自由か、あるいはそれに近いものを手足を伸ばすように※4謳歌《おうか》し、楽しみ、そしてその陰にまるで代償のようにつきまとう孤独や※5寂寞《せきばく》に耐えながらお互いの生活を送っていった。

茜が目指したものはバスケットボールだった。高校入学と同時に入部したバスケットボール部で茜はぐいぐいと頭角を現していった。彼女は一年生でレギュラーに抜擢《ばってき》され、小さな体でコートを駆け回った。そしてボールがリングを抜けるたびに私と茜の差別化は進んでいくことになるのである。①茜がスリーポイントシュートを決めれば、彼女は私から確実に三点遠ざかってしまうようだった。

もちろん私たちはそれでよかった。

英語解答

1 (1) No.1 イ No.2 ウ No.3 エ No.4 ア No.5 イ

(2) No.1 イ No.2 ア No.3 エ No.4 ア

(3) No.1 イ No.2 イ

(4) ① 24 ② hospital ③ math

2 (1) ① lost ② elementary ③ find

(2) ④ had ⑤ lived ⑥ him

3 (1) ア (2) イ→ア→ウ

4 (1) many beautiful flowers

(2) ①…エ ②…ア ③…ウ ④…ウ ⑤…ア

5 (1) ア，イ，オ (2) イ

(3) ① (例) In 2018.

② (例) Because the tourists spend a lot of money.

(4) ①…ア ②…イ ③…エ (5) エ

6 ① ア→カ→エ→イ→オ

② カ→ウ→ア→エ→オ

③ エ→イ→ア→オ→ウ

④ ウ→イ→オ→エ→ア

数学解答

1 (1) ① -6 ② $\sqrt{7}$ ③ $12a$ ④ $a+9b$

(2) $x=2,\ 4$

2 (1) 77 (2) $\frac{1}{8}$ (3) 185枚

(4) 3倍

3 (1) 225°

(2) ① a…ウ b…オ c…エ

② $\frac{9}{4}$ cm

4 (1) 45秒 (2) 30m (3) 166秒後

5 (1) ① 0.24 ② 4，5，6

(2) イ，オ

6 (1) $16\pi\ \text{cm}^2$

(2) ① 7回 ② $2\sqrt{6}$ cm

社会解答

1

1 (1) イ

(2) 機械類…ウ　米…ア

(3) a…メスチソ〔メスチーソ〕

b と c…エ

(4) 1月1日午後6時

2 (1) カ

(2) a　(例)周辺の県から東京都に通勤，通学をする人が多い

県庁所在地名…横浜

(3) 熊本県…ア　栽培方法…促成

(4) ウ　(5) エ

2

1 (1) 国司　(2) オ

(3) 場所…ア　日本の様子…カ

(4) い　(例)年貢米や特産物を船で大量に運ぶことができる

うとえ…ウ

2 (1) 分国法　(2) イ　(3) ア

3

(1) 生存権　(2) ウ　(3) カ

(4) ウ，エ　(5) 流通　(6) ア

(7) a…労働基準　b と c…カ

(8) (例)労働者総数に占める非正規労働者の割合が増加しており，非正規労働者は年齢が上がっても賃金が上がりにくいこと。

4

1 (1) ア　(2) ア

2 (1) ウ　(2) イ

(3) ア→エ→ウ→イ

(4) (例)子どもの数を制限する一人っ子政策がとられていたため，全人口に占める0～14歳の割合が減少し，65歳以上の割合が増加した。

(5) グローバル

3 (1) 三角州　(2) イ　(3) エ

理科解答

1

(1) エ　(2) イ　(3) キ　(4) ウ

(5) イ　(6) ウ　(7) エ　(8) ウ

2

(1) 物体B…イ　物体C…ア

(2) 0.20N

(3) ①　0.10N

②　(例)つり合いの関係になっている。

3

(1) 記号…ウ

書き直し…(例)網目状の葉脈〔網状脈〕

(2) あ…15　い…ア　(3) ア

(4) ①　う…(例)より多くの日光が当たる

え…光合成

②…ウ

4

(1) あ…ア　い…エ　(2) CO_2

(3) 火成岩　(4) う…ウ　え…イ

(5) ①…オ

②　(例)ミョウバンの溶解度は，温度による変化が大きいから。

(6) エ

5

(1) イ

(2) あ…発熱　い…(例)上がり

(3) $Fe + S \longrightarrow FeS$　(4) ウ

(5) 物質名…鉄　質量…10.2 g

6

(1) あ…網膜　い…ア　(2) ア，エ

(3) ウ　(4) カ

国語解答

一 ㈠ 開放感　㈡ イ

㈢ 自分の体に～まったこと　㈣ イ

㈤ ア

二 ㈠ とうていわく　㈡ ア　㈢ 徳

㈣ 装束を竿に～せられけり　㈤ イ

三 ㈠ エ

㈡ 人によって相当な幅があるあいまいなもの

㈢ オ　㈣ エ　㈤ ウ　㈥ ア

㈦ C 人間の行動や思考

D 選択肢の縮減

四 ㈠ イ　㈡ ウ

㈢ ⑴ 雑誌　⑵ 朗報

㈣ ⑴ そこ　⑵ せいち　⑶ わずら

2022年度 水城高等学校(推薦)

【英　語】（50分）〈満点：100点〉

1 次のA～Cの問いに答えなさい。

A　次の(1)～(3)の各組について，下線部の発音が他の３語と異なる語を，１～４の中から一つずつ選びなさい。

(1)　1　boat　　2　saw　　3　snow　　4　only

(2)　1　health　　2　bread　　3　break　　4　head

(3)　1　station　　2　question　　3　action　　4　tradition

B　次の(1)～(3)の各組について，最も強いアクセントの位置が他と異なるものを，１～４の中から一つずつ選びなさい。

(1)　1　coffee (cof-fee)　　2　report (re-port)
　　3　hotel (ho-tel)　　4　because (be-cause)

(2)　1　museum (mu-se-um)　　2　however (how-ev-er)
　　3　already (al-read-y)　　4　energy (en-er-gy)

(3)　1　original (o-rig-i-nal)　　2　interested (in-ter-est-ed)
　　3　experience (ex-pe-ri-ence)　　4　especially (es-pe-cial-ly)

C　次の(1)，(2)の会話について，下線部の文や語句の意味を推測し，その意味として最も適切なものを，１～４の中から一つずつ選びなさい。

(1)　*A :*　I've come back from Australia.
　　B :　Have you?　Tell me about your trip.　I'm all ears.
　　A :　OK.　What shall I tell you first?

1　I've listened to it before.　　2　I want you to listen to me.
3　I'm listening to music now.　　4　I really want to listen.

(2)　*A :*　Mr. Brown told us to read this English *booklet and write a report.
　　B :　The booklet has only 10 pages, so it won't take long to finish it.
　　A :　Yes, he said, "It's not rocket science."
　　(注)　booklet：小冊子

1　as easy as you think　　2　as difficult as you think
3　as interesting as science　　4　as popular as science

2 次のAとBの問いに答えなさい。

A　次の(1)～(5)の（　　）に入れるのに最も適切な語を，それぞれ１～４の中から一つずつ選びなさい。

(1) She left Tokyo (　　) London yesterday.

1 to　　2 on　　3 for　　4 from

(2) They have a little dog (　　) Lucky.

1 call　　2 called　　3 calling　　4 to call

(3) (　　) is the shortest month of the year.

1 December　　2 September　　3 November　　4 February

(4) My brother has been (　　) TV since this morning.

1 watch　　2 watching　　3 watches　　4 watched

(5) I wish there (　　) no hungry people in the world.

1 is　　2 are　　3 was　　4 were

B　次の(1)～(3)において（　　）内の語（句）を並べかえて自然な英文を完成させたとき，（　　）内で２番目と４番目にくる語（句）はそれぞれどれか。１～５の中から一つずつ選びなさい。

(1) Do (1 something　2 write　3 you　4 to　5 have) with?

(2) You (1 room　2 clean　3 your　4 keep　5 should).

(3) The (1 dog　2 in the park　3 I　4 was　5 found) cute.

3 次の(1)～(3)の会話文の意味が通じるように，それぞれの（　　）内に入る最も適切なものを１～４の中から一つずつ選びなさい。

(1) *A*: Have you ever listened to a CD by this singer?

B: (　　　　)

A: So let's choose another CD to listen to.

1 I don't think I have.

2 No, but my friend told me it was nice.

3 Yes, actually many times.

4 Well, I don't know the singer.

(2) *A :* Do you know the Japanese word "*shun*?"

B : No, I don't. Can you tell me what it means?

A : It's often used when we talk about Japanese food. It means (　　　　　).

1 Japanese food is good for our health

2 we grow a lot of food all year round

3 we love Japan because of the four seasons

4 each food has its best season

(3) *A :* I haven't seen you these days. Did you go traveling?

B : Yes, (　　　　　).

A : I see. How was it?

1 I have just come back from Canada

2 I have lived in Canada

3 I have a plan to go to Canada

4 I have gone to Canada

4 次の会話文を読んで，あとの(1)～(3)の問いに答えなさい。

（＊のついた語（句）は注があります）

Aaron : I love this shopping mall. It has everything that we need.

Mika : I like this place, too. There are a lot of clothes stores, great restaurants, a bookstore, and a movie theater, for example.

Aaron : Yes. By the way, what time are we going to watch the movie at the theater?

Mika : It starts at 5 p.m. So, we have forty minutes. What do you want to do until then?

Aaron : Oh, I almost (ⓐ) that I have to go to the drugstore to get some medicine for my mom.

Mika : What happened to her? Is she OK?

Aaron : This morning, she said she had a headache, but we've *run out of medicine at home.

Mika: I see. I hope she gets better soon.

Aaron: Do you need to buy anything else, Mika?

Mika : Actually, I wanted to get a new watch. My old one is broken, and I need a new one *as soon as possible.

Aaron : Oh really? [A] ?

Mika : I was washing the dishes, and the watch got wet. I thought that it was *waterproof, but it wasn't. Soon after, it stopped working.

Aaron : Oh, no! [B] .

Mika : Yeah, me, too.

Aaron : Hmm, we may not have enough time [C] .

Mika : Yes. We need to be at the movie theater (ⓑ) 5 p.m., right? We should hurry up. *Otherwise, we will be late.

Aaron : Maybe we can *split up. What do you think?

Mika : You mean, you can get the medicine while I can get my watch? That's a good idea. What time and where should we meet again?

Aaron : Let's meet in front of the theater in [D] .

Mika : OK!

（注） run out of ～：～を使い果たす　as soon as possible：できる限り早く　waterproof：防水の
otherwise：そうでなければ　split up：分かれる

(1) A～Dの[　　]に入れるのに最も適切なものを，それぞれ1～4の中から**一つずつ**選びなさい。

A
1 How did that happen
2 How did you know it was broken
3 When did you buy the watch
4 Where did you get the watch

B
1 You liked that watch very much
2 I liked that watch
3 I have another watch
4 That's the watch I gave you

C
1 to go to the drugstore
2 to go to the watch store
3 to go to the drugstore or the watch store
4 to go to both the drugstore and the watch store

D　1　an hour

2　fifty minutes

3　forty minutes

4　thirty minutes

(2)　ⓐとⓑの（　　）に入れるのに最も適切な語を，それぞれ1～4の中から**一つずつ**選びなさい。

ⓐ　1　forgot　　2　hoped　　3　remembered　　4　thought

ⓑ　1　before　　2　in　　3　until　　4　with

(3)　次の1～4の絵の中で，Mika と Aaron のこのあとの行動としてこの会話文で説明されているものを**一つ**選びなさい。

1

2

3

4

5 次の英文を読んで，あとの(1)，(2)の問いに答えなさい。

（＊のついた語(句)は注があります）

Masaki is a junior high school student in Hikari City.

One Monday, when Masaki was going home from school, he saw an *elderly woman sitting on a bench in the park. The next day, he saw her again on his way home. That week, he saw her after school every day. He *wondered, "Why is that woman always there in that park?"

The next Monday after school, Masaki finally decided to talk to the elderly woman. He said, "Excuse me. What are you doing here? If you have a problem, I will try and help you." She said, "Hi. Thank you for asking. I don't have any problems. I'm just sitting here." He said, "I see. I'm Sato Masaki. I'm a student at Hikari Junior High School. Nice to meet you." She said, "Nice to meet you, too, Masaki. I'm Nakata Kayoko. I live near here alone. Is your house near here?" He said, "Yes. My family and I just came to this city two weeks ago. Before that, we lived in Kaede City." She said, "Oh, Kaede City? I also lived there before!" Masaki and Ms. Nakata enjoyed talking about Kaede City.

The next day after school, Masaki visited Ms. Nakata again. He said, "Hi, Ms. Nakata. How are you?" She said, "I'm fine, thank you, Masaki." He said, "Today, I ...." Masaki told her about the things he did at school that day. After that, he visited her and talked with her after school every day.

One Wednesday after school, Masaki was talking to Ms. Nakata *as usual. Then, she said, "Oh, Masaki. Are you OK? You *seem sad today." He said, "Oh, me? I'm not sad, Ms. Nakata." She said, "I know you are sad." He said, "You're right. I have a problem, but how did you know that? I don't think I showed my *feelings on my face." She said, "Actually, I'm *blind. I lost my *eyesight five years ago. Since then, I have used my ears more than before. So, I can understand someone's feelings only by listening to his or her voice. I come here to enjoy listening to the sounds of the wind every day." He was surprised. She said, "Then, what's your problem? Please tell me." He said, "Today, students in my class talked about their dreams, but I don't have a dream. I'm not happy about that." She said, "You don't have one now, but I think you will find one someday." He was *encouraged by her words. Masaki said, "Thank you. By the way, is there anything I can do for you? I want to help you."

The next day, Masaki started to help Ms. Nakata go shopping. To make shopping easier, he wrote down what to buy. Also, he checked the way to the shop to walk with her. However, he found that there were many *obstacles for blind people. He thought they should be *cleared.

One Sunday, when Masaki and Ms. Nakata were shopping, he said, "I have a dream. It's to be an *architect. When I become an architect, I will build a lot of buildings that are safe for blind people." Ms. Nakata said, "Thank you," in a *tearful voice.

(注) elderly：年配の　wonder：不思議に思う　as usual：いつものように
seem ～：～のように思われる　feeling：感情　blind：盲目の　eyesight：視力
encourage ～：～を元気づける　obstacle：障害　clear ～：～を取りのぞく
architect：建築家　tearful：涙ぐんだ

(1) A～Eの問いに対する答えとして最も適切なものを，それぞれ1～4の中から**一つずつ**選びなさい。

A. Which is not true about Kayoko?

1 She cannot see.
2 She doesn't live with her family.
3 She lives near the park.
4 She likes walking in the park.

B. Which is true about Masaki?

1 He lived in Kaede City when he saw Kayoko.
2 He asked Kayoko, "Why are you always in the park?"
3 He wanted to do something for Kayoko after talking about his problem to her.
4 He wants to be an architect to build a house with blind people.

C. Why did Kayoko know Masaki was sad?

1 He looked sad.
2 He didn't talk too much on that day.
3 His voice sounded sad.
4 His friend told her that he was sad.

D. On what day, did Masaki start to help her go shopping?

1 On Wednesday.

2 On Thursday.

3 On Friday.

4 On Saturday.

E. What did Masaki do for Kayoko when he went shopping with her?

1 He made a shopping list.

2 He checked about the shop.

3 He took a bus to the shop.

4 He cleared every barrier.

(2) 本文の内容に合う文を，次の１～７の中から三つ選びなさい。

1 Masaki saw Kayoko for the first time on his way to school.

2 Masaki decided to talk to Kayoko at her house.

3 Masaki has visited Kayoko many times since he first talked with her.

4 Masaki told Kayoko he didn't have any dreams and it was his problem.

5 Kayoko comes to the park to listen to the sounds of the wind.

6 Kayoko told Masaki to go shopping with her.

7 Kayoko cried because she was sad to hear about Masaki's dream.

【数　学】 (50分) 〈満点：100点〉

1 次の $\boxed{}$ にあてはまる数を答えなさい。

(1) $-4^2-3\times(1-8)=\boxed{\text{ア}}$

(2) $\dfrac{1}{2}(5a+7b)-\dfrac{1}{6}(3a-9b)=\boxed{\text{イ}}\,a+\boxed{\text{ウ}}\,b$

(3) $\dfrac{30}{\sqrt{6}}-\sqrt{2}\times\sqrt{12}=\boxed{\text{エ}}\sqrt{\boxed{\text{オ}}}$

(4) $2(x+1)(x+8)-(x+5)^2$ を因数分解した式は

$(x+\boxed{\text{カ}})(x-\boxed{\text{キ}})$ である。

(5) 方程式 $\dfrac{x+8}{3}=0.75x-9$ の解は $x=\boxed{\text{クケ}}$ である。

(6) 2次方程式 $x^2-6x+2=0$ の解は $x=\boxed{\text{コ}}\pm\sqrt{\boxed{\text{サ}}}$ である。

2 次の □ にあてはまる数を答えなさい。

(1) $a = \dfrac{1}{15}$，$b = -\dfrac{4}{5}$ のとき，$9a^2 - 6ab + b^2$ の値は [ア] である。

(2) x，y についての連立方程式 $\begin{cases} x + y = a \\ x + 4y = a + 8 \end{cases}$ の解の比が $x : y = 1 : 2$ のとき，

$a =$ [イ] である。

(3) 1次関数 $y = ax + b$ $(a > 0)$ と関数 $y = x^2$ において，x の変域が $-3 \leqq x \leqq 6$ のときの y の変域が同じになった。このとき，$a =$ [ウ]，$b =$ [エオ] である。

(4) 10円硬貨，50円硬貨，100円硬貨が1枚ずつある。この3枚の硬貨を同時に1回投げるとき，表が出た硬貨の金額の合計が50円以上になる確率は，$\dfrac{\text{カ}}{\text{キ}}$ である。ただし，それぞれの硬貨の表裏の出方は同様に確からしいとする。

(5) 右の図のように，線分ABを直径とする円Oがある。2点C，Dは円Oの周上の点であり，AC = CDである。

∠ACD = 46°のとき，∠CAB = [クケ]° である。

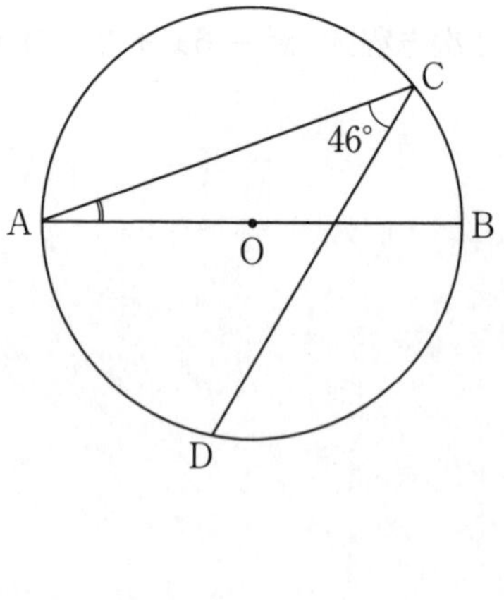

3 下の図のように，放物線$y=\frac{1}{2}x^2$と放物線$y=ax^2$ $(a<0)$がある。2点A，Bは放物線$y=\frac{1}{2}x^2$上の点であり，点Aのx座標は-3，点Bのx座標は4である。点Bを通りy軸に平行な直線と放物線$y=ax^2$との交点をCとする。このとき，2点A，Cを通る直線は原点Oを通る。また，線分ABとy軸との交点をDとする。

次の□にあてはまる数を答えなさい。

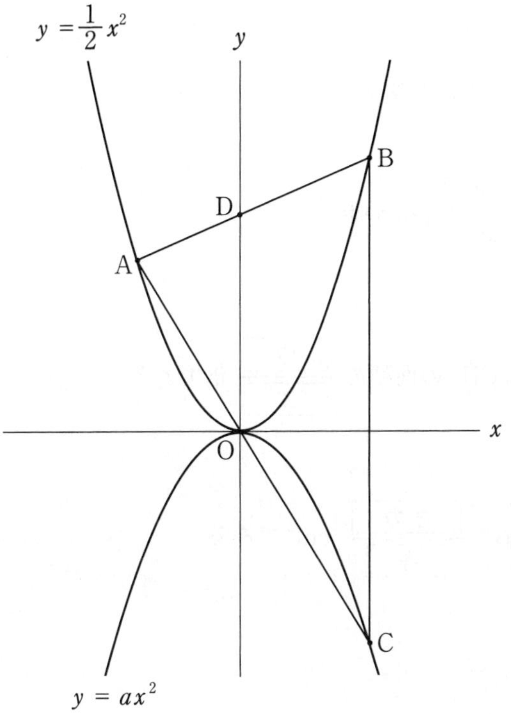

(1) 点Aのy座標は$\dfrac{\boxed{\text{ア}}}{\boxed{\text{イ}}}$である。

(2) $a=-\dfrac{\boxed{\text{ウ}}}{\boxed{\text{エ}}}$である。

(3) x軸上の正の部分に点Pをとる。

△DCPの面積が△ACBの面積と等しくなるとき，

点Pのx座標は$\dfrac{\boxed{\text{オカ}}}{\boxed{\text{キ}}}$である。

4 右の図において，四角形ABCDは1辺の長さが6 cmの正方形であり，四角形ECFGは1辺の長さが4 cmの正方形である。点Eは辺CD上にあり，3点B，C，Fはこの順に一直線上に並んでいる。また，線分BGと線分AC，EC，EFとの交点をそれぞれH，I，Jとする。

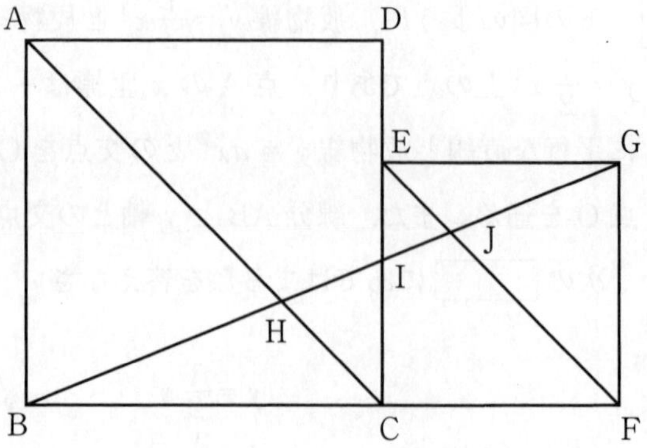

次の $\boxed{}$ にあてはまる数を答えなさい。

(1) 線分EIの長さは $\dfrac{\boxed{ア}}{\boxed{イ}}$ cmである。

(2) △EIJの面積は，△CIHの面積の $\dfrac{\boxed{ウ}}{\boxed{エ}}$ 倍である。

(3) 四角形EHCJの面積は $\dfrac{\boxed{オカ}}{\boxed{キ}}$ cm^2 である。

5 **図1**の立体PQRS－BCDEは，正四角すいA－BCDEの辺AB, AC, AD, AE上にそれぞれ点P, Q, R, SをAP ＝ AQ ＝ AR ＝ ASとなるようにとり，正四角すいA－BCDEから正四角すいA－PQRSを切り取ってできた立体である。

次の［　　］にあてはまる数を答えなさい。ただし，円周率はπとする。

図1

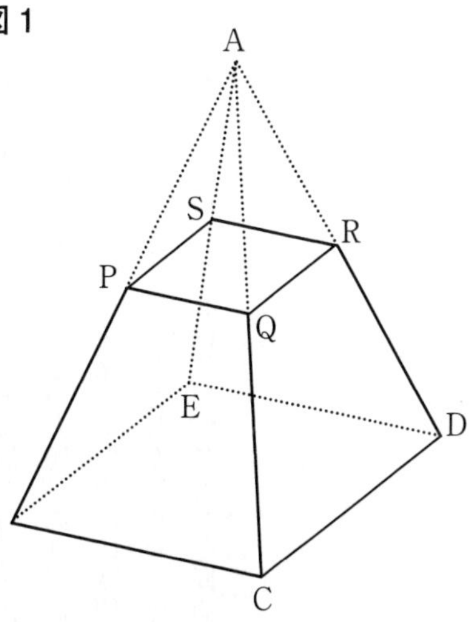

(1) 立体PQRS－BCDEにおいて，直線BPとねじれの位置にある辺は，全部で［ア］本ある。

(2) **図2**のように，立体PQRS－BCDEの内部に球Oがあり，球Oは立体PQRS－BCDEのすべての面と接している。

BC ＝ 6 cm，球Oの表面積が$16\pi\ \text{cm}^2$のとき，次の①，②の問いに答えなさい。

① 球Oの体積は$\dfrac{\boxed{イウ}}{\boxed{エ}}\pi\ \text{cm}^3$である。

② 線分PQの長さは$\dfrac{\boxed{オ}}{\boxed{カ}}$ cmである。

図2

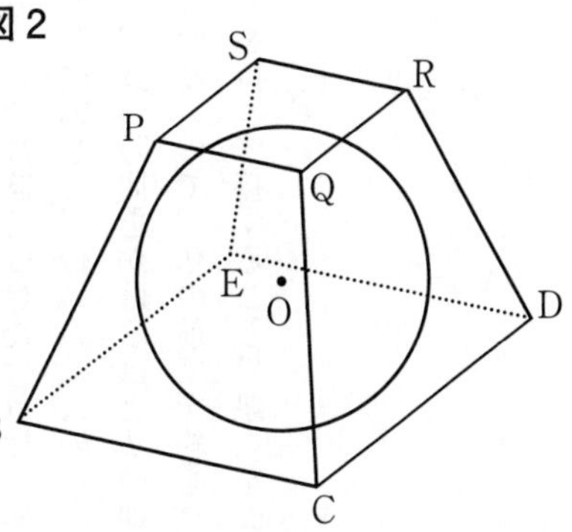

(3) ――③「悦びて」とあるが、誰が何を喜んでいるのか。最も適当なものを、次の1～5の中から選びなさい。

1 双六に負けた侍が、勝った侍のことをまんまとだまし通せそうなことを喜んでいる。
2 双六に負けた侍が、清水寺に二千度参ったご利益がついに現れたことを喜んでいる。
3 双六に勝った侍が、負けた侍の罪を仏や僧の前で明らかにできたことを喜んでいる。
4 双六に勝った侍が、清水寺に二千度参った徳が自分のものになることを喜んでいる。
5 清水寺の仏が、二千度参った徳が信仰心の厚い人物のものになることを喜んでいる。

(4) ――④「まことの心を致して」とあるが、どのようなことを指しているか。最も適当なものを、次の1～5の中から選びなさい。

1 双六の勝負をした二人の侍が、清水寺に二千度参った徳を譲渡するにあたり、仏の承諾を正式に得たこと。
2 双六に勝った侍が、清水寺に二千度参った徳を受け取るにあたり、身を清めたり手続きを行ったりしたこと。
3 双六に勝った侍が、清水寺に二千度参った徳を受け取ったことで、裕福な妻をもらって官職に就けたこと。
4 双六に負けた侍が、清水寺に二千度参った徳を手放すことで、賭け物を渡す責任をきちんと果たしたこと。
5 双六に負けた侍が、賭け物として相手に渡しはしたものの、自分の足で清水寺に二千度も参ったこと。

(5) この文章が伝えようとしている教えとして最も適当なものを、次の1～5の中から選びなさい。

1 双六のような賭け事は仏の教えに背くものであり、仏の加護を受けたければ、絶対に行ってはならない。
2 信仰は形よりも心が大切であり、信仰心の有無や質に応じて、仏の力は人の運命に介在するものである。
3 仏への信仰心を深めるためには時間が必要であり、長い時間をかけるほど仏の加護は大きなものとなる。
4 人と人の間で交わされた口約束には不確かな部分が多いので、仏の前で契約を交わすことが重要である。
5 人を信じる心は仏を信じる心と同様に尊く、真心を持って接することで悪人を改心させることもできる。

て、御前にて師の僧呼びて（清水寺の仏の前で信仰の師となる僧を呼んで）、事の由申させて、「二千度参りつる事、*2それがしに双六に打ち入れつ」と書きて取らせければ、請け取りつつ悦びて、伏し拝みまかり出でにけり。

その後、いく程なくして、この負侍、思ひかけぬ事にて捕《とら》へられて*3人屋《ひとや》にゐにけり。取りたる侍は、思ひかけぬ便りある妻まうけて、いとよく徳つきて、司《つかさ》などなりて、頼もしくてぞありける。

「目に見えぬものなれど、④まことの心を致して請け取りければ、仏、哀れと思《おぼ》しめしたりけるなめり」とぞ人はいひける。

（『宇治拾遺物語』）

（注）*1　千日詣…千日をかけて、寺社に千度参ること。
*2　それがしに双六に打ち入れつ…誰それに（と名前を明記して）双六の賭け物として譲渡した。
*3　人屋…牢屋《ろうや》。

(1)　――①「笑ひける」とあるが、誰が何を笑ったのか。最も適当なものを、次の1～5の中から選びなさい。

1　双六に勝った侍が、第三者が居合わせる場所で、清水寺に二千度参った徳を渡すと安易に言い放った、負けた侍の軽率さを笑った。
2　双六に勝った侍が、蓄えている財産がなく、賭け物となる物品がないのに双六の勝負を挑み続けた、負けた侍の無責任さを笑った。
3　双六に負けた侍が、適当な軽口を真に受け、清水寺に二千度参った徳を渡すという提案を承諾した、勝った侍の浅はかさを笑った。
4　侍たちの話をわきで聞いていた者が、負けた侍の物品だけではなく徳までも自分に渡すように言った、勝った侍の強情さを笑った。
5　侍たちの話をわきで聞いていた者が、清水寺に二千度参った徳を渡すと言って相手をだまそうとした、負けた侍の愚かさを笑った。

(2)　――②「かくては請け取らじ」とは、どういう意味か。最も適当なものを、次の1～5の中から選びなさい。

1　どうやって受け取るつもりか　　2　どうして受け取れるだろうか　　3　このままでは受け取るまい
4　それでは受け取りましょう　　5　やはり受け取れないだろう

と指摘されて、うまく返答できずに困り果てている。

5 「私」の前では〝絵を描く人〟を演じてきたが、すさまじい真剣さでサッカーをしている姿を見られていたことが判明し、隠していた自分の一面を「私」が知ることに恐怖を感じている。

(7) この文章の内容と表現について説明したものとして最も適当なものを、次の**1**～**5**の中から選びなさい。

1 木島との独特な関係性を巡る「私」の思いを、倒置法や体言止めを用いながら生き生きと描いている。

2 木島が「私」の絵を描く理由が明らかになっていく経緯を、「私」の視点から主観的に描いている。

3 木島という人物の内面に「私」が徐々に迫っていく様子を、第三者の視点から客観的に描いている。

4 木島が苦難を乗り越えながら絵の才能を発揮していく姿を、「私」の姿と対比させながら描いている。

5 木島との関わりの中で「私」が自分の目標を発見していく過程を、比喩表現を多用して描いている。

四 次の文章を読んで、あとの(1)～(5)の問いに答えなさい。

今は昔、人のもとに宮仕《みやづか》へしてある生侍《なまさぶらひ》《若い侍》ありけり。する事のなきままに、清水《きよみづ》へ人まねして、*1千日詣《せんにちまうで》を二度したりけり。その後いくばくもなくして、主のもとにありける同じやうなる侍と双六《すぐろく》を打ちけるが、多く負けて、渡すべき物なかりけるに、いたく責めければ、思ひわびて《困ってしまい》、「我持ちたる物なし。只今貯《ただいまたくは》へたる物とては、清水に二千度参りたる事のみなんある。それを渡さん」といひければ、傍《かたは》らにて聞く人は、謀《はか》るなりと、をこに思ひて①笑ひけるを、この勝ちたる侍、「いとよき事なり。渡さば得ん」といひて、「いな、②かくては請《う》け取らじ。三日して、この由《よし》を申して、おのれ渡す由の文書きて渡さばこそ請け取らめ」といひければ、「よき事なり」と契《ちぎ》りて、その日より精進して、三日といひける日、「さは、いざ清水へ」といひければ、この負侍、この痴者《しれもの》《愚か者》にあひたると、をかしく思ひて、③悦《よろこ》びてつれて参りにけり。いふままに文書き

(4) ――③「なんで、見に来たの?」とあるが、「私」がサッカー部の試合を見に行った理由として最も適当なものを、次の1~5の中から選びなさい。

1 どこか淡泊な印象がある木島には〝絵を描く人〟というイメージが似合っているが、〝サッカーをする人〟としての木島の真剣な姿にも好感を抱いていたから。
2 〝絵を描く人〟としての木島ではなく〝サッカーをする人〟としての木島の姿を自分に見せようとしたクラスメートの強引な誘いを断ることができなかったから。
3 自分が〝絵を描く人〟と〝サッカーをする人〟という二面性を持っている木島に特別な感情を抱いていることが、それとなく木島に伝わることを期待したから。
4 自分にとっての木島は〝絵を描く人〟という印象が強く、〝サッカーをする人〟という印象がなかったため、木島がサッカーをしている姿に興味を持ったから。
5 普段の〝絵を描く人〟としての木島の印象とは対照的に、デビュー戦で孤独に見えた〝サッカーをする人〟としての木島の印象が、強烈に心に残っていたから。

(5) ――④「納得したようにうなずいた」とあるが、その様子を表した慣用句として最も適当なものを、次の1~5の中から選びなさい。

1 的を射る　2 腑《ふ》に落ちる　3 気を揉《も》む
4 頭《こうべ》を垂れる　5 下駄を預ける

(6) ――⑤「ほろ苦い感じの笑みが木島の顔に浮かんだ」とあるが、このときの木島の気持ちとして最も適当なものを、次の1~5の中から選びなさい。

1 チームの一員として真剣にサッカーの試合に臨んだが、一人だけ違う長袖のユニフォームを着てゴール前にいる姿がさみしく見えたと言われ、自分がチーム内で孤立していたことを実感している。
2 サッカーにおけるゴールキーパーの特殊な役割や、試合に臨む選手の気持ちが理解できず、十六年分の自分の真剣さを適当にしか受け止めていない「私」の軽薄な感想に、ショックを受けている。
3 サッカーの試合に真剣に臨んだものの満足のいく活躍ができなかったことから、それまでの自分の適当さを存分に思い知らされることとなった日の記憶がよみがえり、切ない気持ちになっている。
4 物事に真剣に取り組むのは自分の主義に合わないという発言を過去に行ったにもかかわらず、サッカーの試合には真剣に取り組んでいた

(1) 本文には、次の一文が抜けています。これを入れる位置として最も適当なものを、次の1～5の中から選びなさい。

でも、目が少し困ってるかも。

1 【ア】　2 【イ】　3 【ウ】　4 【エ】　5 【オ】

(2) ――①「木島とはほんとに変な関係だ」とあるが、「私」と木島の関係について説明したものとして最も適当なものを、次の1～5の中から選びなさい。

1 直接話したことはあまりないが、美術の授業でお互いのデッサンを描き合ったことをきっかけに、「私」は木島に対して性別を超えた友情を感じている。
2 学校ではほとんど会話をしたことがないが、学校の外ではお互いの家を訪れるほど親しく、木島が自分の絵を描いてくれることに、深い喜びを感じている。
3 女子の扱いには慣れている感じの木島が、ほとんど話したこともない自分の絵を好んで描いていることに疑問を抱きながらも、木島の絵に魅力を感じている。
4 お互いに口数の少ない性格で、学校では距離をとっているが、絵を描くという趣味を共有できる木島に対して、「私」は強い親近感を抱いている。
5 言葉を交わす機会は決して多くはないものの、木島が自分の絵をたくさん描いていることは認識しており、自分もまた、木島のことを強く意識している。

(3) ――②「木島はうんざりしたように笑った」とあるが、「私」はこのときの木島の気持ちをどのように推測しているか。最も適当なものを、次の1～5の中から選びなさい。

1 古風な家には似つかわしくないポスターが自分の部屋に貼られていることを、恥ずかしく感じている。
2 性格が大きく異なり趣味も合わない妹と、部屋を共有しなければならないことに、嫌気がさしている。
3 現代的な外見とは裏腹に、古い時代の有名人を好んでポスターを貼る妹の偏屈さに、困り果てている。
4 いくら好きだとはいっても、部屋の壁にポスターを貼りたがる妹の感覚が理解できず、あきれている。
5 自分があまり好きではないことを知っていながら、ポスターを貼ったままにする妹にいらだっている。

私が木島に惚《ほ》れているって信じこんでいるおせっかいなクラスメートに強引に引っ張って行かれたんだ。でも、それは理由じゃないね。行きたくなかったら絶対に行ってないもん。

「サッカーをしてる木島くんを見てみたかったんだ」

すると、木島は④納得したようにうなずいた。

「俺、村田さんには〝絵を描く人〟なんだよな」

「そうだよ」

でも、〝サッカーをする人〟の木島の姿も強烈に心に残ったのだ。あの日、木島はデビュー戦で、見てるほうが心配でぶったおれそうになるくらい緊張していた。一人だけ違うキーパーの長袖の黒いユニフォームを着て、ゴールの前で腰をかがめて、信じられないくらい孤独に見えた。

「ゴールの前に一人でいるのって、さみしくない？」

あの姿を思い出して思わず聞いてしまった。

「そういうふうに見える？」

⑤ほろ苦い感じの笑みが木島の顔に浮かんだ。

「ひでえ内容だったもんなァ」

「でも、マジだったね。こわいくらい」

黒いユニのキーパーのすさまじい緊張感、すさまじい真剣さ――ずっと消えずに残っている強い印象。

「マジになるのはイヤだって前に言ってたよね」

学校の帰りに一度だけ、そんな会話をしたことがあった。木島はしばらく考えこむように沈黙してから、

「マジってむずかしいよ。やっぱ」

しみじみとつぶやいた。

「俺はあの試合で、十六年分の自分の適当さをいやってほど噛《か》み締めることになったよ」

すごい体験だったんだな。私はうなずいた。うらやましい……。私に生きてきた年月分の自分の適当さを噛み締める日が来るだろうか？　そんな日のことを想像すると、やっぱり貴重な体験というより恐怖かもしれない。改めて木島の顔をつくづくと見る。もう普通の顔をしてる。彼はどうやって、自分を知ることの恐怖と立ち向かったのかな？　乗り越えられたのかな？　まだ引きずっているのかな？　すごく聞きたいけど聞いちゃいけない気がして黙っていた。

（佐藤多佳子『彼のモチーフ』）

（注）＊1　三和土…玄関の靴を置く場所。

＊2　レッド・ツェッペリンやヴァン・ヘイレン…海外のロックバンド。

「いつもお兄ちゃんが絵に描いてるの見てるから。すごい、ちゃんと生きてる人だね！」

変な感心のされ方。おかしいの。

「おまえ、何か飲み物持ってこいよ。お菓子とかさ」

木島が言うと、

「えらそうな口きいてるよ」

妹はからかうように言った。【オ】

「えらそうなとこ、見せたいんだよ」

「早く行けよ！」

怒鳴られて、彼女は鼻歌のようなクスクス笑いを振りまきながら階段を降りていった。

木島たちの部屋は、八畳くらいの和室だった。机が二つ、衣装ダンス、ポリ製の収納箱。壁には[*2]レッド・ツェッペリンやヴァン・ヘイレンなんかのポスターがべたべた貼ってある。

「ひっでえ趣味だろ？」

私の視線を追って、木島が言った。

「あいつ、トシヨリばっかり好きなんだ」

妹のか。

「木島クンのは？」

「ないない」

②木島はうんざりしたように笑った。

「ポスターなんて貼らねえよ」

そうかもって思った。どこか淡泊な印象がある。偏屈なにおいもする。ポスターを貼るほど好きなものなんてない、みたいな。どんなに好きでも壁に何かを飾ったりしない、みたいな。

部屋はよく冷房が効いていた。畳に向き合うように座ると、どこを見たらいいのか困った。窓のところを見る。でも、どっかの家の屋根しか見えない。何か、しゃべってくれればいいのに。さっさと絵を描きはじめてくれればいいのに。妹、まだ戻ってこないのかな……。沈黙が苦しくなった頃に木島がぽつんと尋ねてきた。

「試合、見に来てたでしょ？」

「うん」

ちょっとビックリした。知ってたのか……。夏休みに入る前に見にいったサッカー部の試合。

「③なんで、見に来たの？」

あっさりとした口調だけど、目には興味の色が浮かんでいた。

バスが森戸《もりと》神社の停留所に止まった。海側の座席に座っていたから、木島がもう来ているかどうかは見えなかった。冷房のきいた車内から息もできないほどの熱気の中に降り立つと、すぐに「村田さん」と声をかけられた。アクアブルーに白い英字のロゴの入った着古した感じのTシャツにジーンズ、裸足に黒いスポーツサンダル。顔も腕もよく日焼けしている。退屈そうないつもの無表情。【ウ】

「こんにちは」

って挨拶すると、木島は居心地悪そうにニヤッとしてみせて「ンチワ」と口の中でつぶやいた。

「すぐ、そこだから、ウチ」

背中を向けて歩き出す。大股でゆっくりと歩く。私がついてきてるかどうか時々確かめるように振り返る。

山側に坂をのぼって、しばらく行ったところに、壊れかけたクリーニング屋さんの看板があって、その脇の路地を入り、勝手口のドアを開けた。狭い*三和土《たたき》に靴を脱いだ。黒っぽいごつごつした板張りの台所に続いて茶の間がある。古い家のにおいがした。何十年も人が暮らしている日々の積み重ねのようなひっそりした重いにおいだ。部屋の窓はどこも開いているのに風が通らず、湿っぽくムッとして暑かった。台所も茶の間も適当にちらかっているのが、なんだか安心できた。お客を迎えるためにやたらときちんと片づいた家って好きじゃない。

「ボロ家だけど」

茶の間をよこぎって廊下に出たところで、木島は振り返って、ちょっと恥ずかしそうにぼそっと言った。

「おじいちゃんチなんだ」

「うん」

「おじいちゃん、脳卒中で倒れてさ、一緒に住むことになったんだけど、頑固ジジイでさ、冷房とかキライなわけ。やっと二階に一個つけてもらったんだよ」

暗い廊下から狭い急傾斜の階段をのぼってその二階へ行くらしい。けっこう緊張する。病気のおじいちゃんは、どこにいるんだろう？　ふたりっきりかな。妹いるって言ったっけ？

軽い足音が上からタタタと響いて、階段のてっぺんに、明るい茶髪のロングヘアーを腰まで伸ばしたほっそりした女の子が現れた。オフショルダーの白いTシャツにショートパンツ。キレイなコだ。【エ】

「いらっしゃい！」

木島の無愛想とは正反対にパッと輝くような笑顔で挨拶してくれた。

「妹。玲美《れみ》」

と木島が紹介してくれた。

「同じクラスの村田さん」

「わ、本物だ！」

妹は嬉しそうに叫んだ。

1 より正しい結論や真理への到達を目的とする学問的な議論のあり方を批判したうえで、政治的な議論や話し合いにおける正しさについて、哲学的に論じている。

2 一定の条件の下で実験すれば常に同じ結論になることを前提とする自然科学の考え方を参考に、学問的な議論や政治的な議論の改善点について、具体的に論じている。

3 人びとの政治に対する意識が薄れている理由を分析したうえで、正しいと思うことは遠慮なく発言するべきだという主張を、自分の体験を根拠にして論じている。

4 政治のあり方に関する既存の考え方や意見に対する反論を中心に述べながら、政治的な議論や話し合いのあり方について、学問的な議論と対比させて論じている。

5 政治に正しさを過度に導入したことで本来の政治が損なわれてしまった過去の事例を挙げながら、政治に必要な条件について、項目を細かく分類して論じている。

三 次の文章を読んで、あとの⑴～⑺の問いに答えなさい。

「あの、木島《きじま》といいます。村田《むらた》さん……みのりさん」

「私、です」

なんで木島が私に電話なんかしてきたんだろうって疑問はあとからゆっくりやってきた。意外……なはずなのに、なんだか、私はずっと待っていたような気がしたんだ。木島のことを。

「いきなり電話してゴメン。俺、ずっと部活でさ、もう毎日さ」

木島は私とわかって、いくぶん安心したようにゆるんだ声に変わった。【ア】

「いきなりで悪いんだけど、村田さん、明日、暇ない？　俺さ、村田さんの絵、見て描きたいんだけど、そういう暇ない？」

「あるよ」

無愛想な声になった。木島に絵を描きたいと言われて、すっごく意外で嬉《うれ》しくて気持ちが跳ね上がるのを思わず押さえたら男みたいな声が出た。

木島ンチに行く約束をする。待ち合わせ場所や時間を相談して決める。木島はこんなことは慣れてるのか落ちついている。私は小学校以来、男の子の家には行ったことがない。どんな感じなのか想像もつかない。【イ】

①木島とはほんとに変な関係だ。ほとんどしゃべったことがない。だけど、彼のことをよく知っているような気がしてる。明日、家に行けば、しゃべったりもするんだろうな。でも、何より、肝心なのは、彼の絵がちゃんと見られるってこと。木島は私をたくさん絵に描いている――らしい。見たことがないんだ、美術の授業で描いたデッサン一枚しか。見たくてたまらなかったけど、そんなの言いに行けなかったよ。明日は見られる！

(4) ——③「話し合いをリードする」とあるが、「主導権を握る」という意味を持つ故事成語として最も適当なものを、次の1～5の中から選びなさい。

1 牛耳を執る　2 雨だれ石を穿《うが》つ　3 覆水盆に返らず
4 和して同ぜず　5 火中の栗を拾う

(5) ——④「こうした対立」とあるが、どのような対立のことか。その内容として最も適当なものを、次の1～5の中から選びなさい。

1 経済的に対照的な立場の人たちがそれぞれの主張を行うことで生じる対立。
2 双方が相手の主張の中にある絶対的な正しさを認めないことで起こる対立。
3 共通の理由に基づく将来的な予測が対照的な主張となることで生じる対立。
4 双方が相手の主張の誤りを端的に指摘できないために長期化している対立。
5 主張の正しさと人びとの支持のどちらを優先するかの違いから生じる対立。

(6) ——⑤「人びとが話し合うことの意味」とあるが、人びとが話し合うことの意味はどのようなことだと考えられるか。最も適当なものを、次の1～5の中から選びなさい。

1 それぞれの異なる特徴をもった複数の人びとが、机上で学問的にも政治的にも正しい答えを導けるという考え方に歯止めをかけ、超人的な人間による正しい政治に向けて協調すること。
2 それぞれの異なる特徴をもった複数の人びとが、一時的にそれぞれの利害関係を離れて理性的に意見を交換し、正しい政治を実現するための普遍的に正しいルールを導き出すこと。
3 それぞれの異なる特徴をもった複数の人びとが、自らの利害関係や私的なことを念頭に置きつつ、絶対的な正しさを導き出すことの難しさを認識しながらさまざまな判断をすること。
4 それぞれの異なる特徴をもった複数の人びとが、話し合いを通じて自分とは異なる他者の特徴を理解し、あらゆる利害関係を超えた、公的で普遍的な正しさを再認識すること。
5 それぞれの異なる特徴をもった複数の人びとが、「自由」や「平等」といったそれなりに正しい原理に関する解釈を共有することで、無限に続きかねない議論に終止符を打つこと。

(7) この文章の内容や展開の説明として最も適当なものを、次の1～5の中から選びなさい。

4　a　そして　　b　たとえば　　c　すると　　d　そこで

5　a　つまり　　b　それとも　　c　しかし　　d　また

(2)　――①「そこでは人びとはもはや生身の存在ではなくなってしまう」とあるが、この表現は、人びとがどうなることを表しているか。最も適当なものを、次の1～5の中から選びなさい。

1　ある一つの正しい結論に到達することを目標として人びとが話し合いを行う場で、妥協や調整のための議論ばかりが展開され、説得力のある反対意見が出なくなるということ。

2　人びとが自らの利害関係から離れたり、保留したりした状態で話し合いを行う場で、議論自体や議論の結果に実感がわかず、自分たちには関係がないと感じるようになるということ。

3　自分たちが身を置いている現実の世界から離れたところで行われる人びとの話し合いの場で、政治的な判断に個人的な利害関係が含まれることが増え、問題が生じるようになるということ。

4　自分がどのような背景を持つ人間なのかを自覚していない人びとが話し合いを行う場で、議論の方向性が定まらず、理性的に話し合うことができなくなるということ。

5　話し合いの現場に参加している人びとと直接的な関係のない議論が行われる話し合いの場で、人間の存在が宙に浮いてしまい、結論を出すのが難しくなるということ。

(3)　――②「政治の領域をあまりに純粋にとらえようとする」とあるが、どういうことか。最も適当なものを、次の1～5の中から選びなさい。

1　古代ギリシア以来の公私二分論を現代の政治に適用することはできないと考え、現代人がもつ生活の不安に基づいた政治のあり方を模索すること。

2　政治を行い、生き続けるために必要なものをつくることができる人間は公的な存在であり、私的な存在である動物よりも高級であると考えること。

3　個々の人間の生活や、動物としての本能にかかわる私的なものは、政治という理性的で公的なものの中に一切持ち込むべきではないと考えること。

4　生活の不安がないお金持ちだけが政治について発言する一方で、生活への不安をもつ人びとが政治は自分とは関係のないものだと受け止めること。

5　公私二分論の立場を強調することで国家の権力が個人の生活に介入できないようにし、国家と国民が真に中立的な議論を行える環境をつくること。

一見中立的な議論の環境というのは、実はある人びとにとって有利な環境だということもありえます。経済的により強い立場にある人びとは、自己主張を声高にしなくてもいい。（　d　）、お金があれば、よりよい教育を受けて、説得力のある話し方を身につける可能性がある。「正しい」③話し合いをリードすることができるわけです。その中で、知らず知らずのうちに、そうした立場の人びとにとって有利な結論が導き出されてしまうかもしれず、しかも、こうしたことはあまり意識されません。

　政治的な主張は、誰にも否定できないような理由を示さなければならないので、それを基準として考えれば、正しい主張を選び出せるという意見もあります。しかし、たとえば原発問題について、原発を維持することは事故の危険などで人びとの生命にとって有害だという主張がありますが、原発を廃止すれば電力不足などで人びとの生命にとって有害だという主張もあります。これらは、人びとの生命を守るという、同じ理由を挙げる二つの主張です。もちろん、事実誤認などがないかどうかをまず検討しなければなりませんが、将来のことに関しては、完全な予測というのはおそらくできないでしょう。二つの主張のどちらかが、端的に誤りであるとすることは難しいように思います。そうなると、④こうした対立については、絶対的な正しさをめぐって決着をつけることはできず、人びとがどちらを支持するかによって決めていくしかないのではないでしょうか。

　もう一つの大きな問題は、正しい答えが机上で決められるという考え方を押し進めていくと、そもそも⑤人びとが話し合うことの意味が希薄になっていきかねないということです。それぞれ異なる特徴をもった複数の人びとが話し合う必要性がどこにあるのか、よくわからなくなってくる。みな、自分の特徴は置いてくるわけですから、みながいなくてもいいことになる。さらにいえば、あらゆる利害関係を超えて、正しく認識できるような理性的な人が一人いればいいということにもなってしまうかもしれない。超人的な人間が、普遍的に正しいルールを導き出し、それを適用しさえすれば正しい政治を実現できるということになりかねないのです。

　このように、政治に正しさというものを過度に導入しようとすると、政治の大切な条件としての、人びとの複数性ということがどこかに行ってしまうこともある。（中略）

　政治に正しさばかりを求めていくと、政治における話し合いが邪魔になり、本来の政治そのものを終わらせてしまうことになるのです。そうならないためには、たとえば「自由」や「平等」といった、いずれもそれなりに正しい原理が、その解釈をめぐって無限に続く話し合いの主題であることを、いつも意識しておく必要があります。

（杉田敦『政治的思考』。一部省略した箇所がある。）

（注）＊　メンツ…自分が相手にどう思われるか。体面、体裁。

(1)（　a　）～（　d　）に入る語の組み合わせとして最も適当なものを、次の1～5の中から選びなさい。

1　a　あるいは　b　それから　c　さて　d　ところが
2　a　すなわち　b　または　c　だから　d　なぜなら
3　a　さらに　b　そもそも　c　しかも　d　けれども

二　次の文章を読んで、あとの(1)～(7)の問いに答えなさい。

学問的な議論というのは、学会や研究会でやっている話し合いもそうですし、学者が研究論文を発表し、それに対して別の学者が反論したり修正したりして、紙の上で議論が続いていくということもあります。要するに、ある人が何らかの学問的な成果を発表して、それに対して意見を述べたり批判をしたりするということですが、何のために学問的な議論をするのかといえば、それによって、より正しい結論や真理に到達できると考えられているからです。学問的な議論の場では、正しいと思うことを遠慮なく発言することがルールです。もっとも、現実には、学問の世界にも、利害関係やメンツ*、上下関係などがあって、なかなか真正面からの反論はできないこともあるのですが、それは正しい学問のあり方とはいえません。学問的な議論は、話し合うことによって、正しい結論が現れてくると考えられている。とりわけ自然科学では、一定の条件の下で実験すれば、誰がやっても同じ結論になるはずだとされています。

それでは、政治的な議論や話し合いも、そういう自然科学などと同じように考えられるものでしょうか。（　a　）、政治的な議論も、唯一の正しい結論を見出すために行うのでしょうか。（　b　）、さまざまな正しさがある中で、それらを交渉によって妥協させたり、調整したりするために行うのでしょうか。

「政治哲学」では、人びとが本当に理性的に話し合えば、ある一つの正しい結論に到達するはずだという考え方が強い。政治の世界でも、他の分野と同じような意味で正しさをめぐって合意することができるとするのです。（　c　）、そのように「正しい」話し合いを実現するために何が求められるかというと、人びとが自らの利害関係をどこかに置いてくる、あるいはカッコに入れた状態で議論することです。いわば、私たちが身を置いているこの現場を離れたところで話し合いをすることを仮想する。ここに大きな問題があります。というのも、①そこでは人びとはもはや生身の存在ではなくなってしまうからです。

自分がどのような背景をもつ人間なのかということが、私たちの政治的な判断にはどうしてもかかわってくるわけで、そこのところを完全にそぎ落とすのは難しいことです。もちろん、難しくてもやらなければならないこともありますが、いろいろと問題が多い。議論がそれぞれの人の身体を置き去りにしたままであると、あまり説得力がないということがあります。議論の結果が宙に浮いてしまう。所詮《しょせん》、自分とは関係のない机上の議論だという受け止め方をされてしまいがちなのです。

これに関連して、政治はもっぱら「公」にかかわるもので、「私」にかかわることを持ち込んではならないといった論点も、あまり強調すべきではないと思っています。この公私二分論は、まさに古代ギリシア以来あるもので、政治について考えるときには、しばしばそれが持ち出されてきます。人が動物として生き続けていくために必要なものをつくったり、あるいは動物として子孫を残したりするための場が私的なところとされ、その一方で、人が理性を用いて話し合っていく場が公的なところとされる。そして、公的な場こそが高級で、私的な場はより低級なところなので、政治という公的なものからは、私的なものは追い出されなければならないというのです。しかし、こうした考え方をすることで、人びとがもつ生活への不安などが、政治の外に出されてしまうことになりがちです。うがった見方をすれば、生活の不安がないお金持ちだけが政治について発言することができるということにもなりかねない。その一方で、公私二分論があることで、国家の権力が個人の家の中に入ってきにくくなるということもありますが、②政治の領域をあまりに純粋にとらえようとすることには弊害が多いと思います。

(4) 次のa～dのことわざの意味を、あとの1～5の中から一つずつ選んだとき、残るものはどれか。

a 海老で鯛を釣る　b 光陰矢のごとし　c 三つ子の魂百まで　d 豆腐にかすがい

1 何の効果も反応もないこと。
2 形は似ているが実際は違いすぎて比較できないこと。
3 少しの元手や努力で大きな利益を得ること。
4 月日が経つのがとても早いこと。
5 幼い頃の性格は一生変わらないということ。

(5) 次の漢文を「帝堯《ていげう》の時に當《あた》りて、鴻水《こうずゐ》天に滔《はびこ》り、浩浩《かうかう》として山を懐《つつ》み陵《をか》に襄《のぼ》り、下民其《そ》れ憂ふ。」と読むとき、返り点が正しくつけられているものを、あとの1～5の中から選びなさい。

當帝堯之《の》時、鴻水滔天、浩浩懐山襄陵、下民其憂。

1 當㆓帝堯㆒之時、鴻水滔レ天、浩浩懐レ山襄レ陵、下民㆓其憂㆒。
2 當㆓帝堯之時㆒、鴻水滔レ天、浩浩懐レ山襄レ陵、下民其レ憂。
3 當㆓帝堯㆒之時、鴻水滔レ天、浩浩懐㆓山襄陵㆒、下民其憂。
4 當㆓帝堯之時㆒、鴻水滔レ天、浩浩懐レ山襄レ陵、下民其憂。
5 當㆓帝堯之時㆒、鴻水滔レ天、浩浩懐㆓山襄陵㆒、下民㆓其憂㆒。

(6) 次の文中に、助動詞はいくつあるか。あとの1～5の中から選びなさい。

今週中に梅雨が明けるらしいので、来週の試合は中止にはなるまい。

1 一つ　2 二つ　3 三つ　4 四つ　5 五つ

二〇二二年度 水城高等学校(推薦)

【国語】(五〇分)〈満点:一〇〇点〉

一 次の(1)~(6)の問いに答えなさい。

(1) 次のア・イの傍線を付したカタカナの部分と同じ漢字を用いるものを、あとの1~4の中からそれぞれ一つずつ選びなさい。

ア 人通りの多い時間タイを避ける。

1 アメリカにタイ在する。　2 熱タイ低気圧が発生する。
3 土砂がタイ積する。　4 安タイな生活を送る。

イ 平和運動にケン身的に取り組む。

1 ケン設会社に勤める。　2 彼は穏ケンな思想を持つ。
3 科学の発展に貢ケンする。　4 問題がケン著に現れる。

(2) 「慎」の訓読みとして正しいものを、次の1~5の中から選びなさい。

1 うなが(す)　2 ひそ(む)　3 かたよ(る)　4 つつし(む)　5 あきら(める)

(3) 次の熟語と構成(文字と文字の結びつき・関係)が同じ熟語を、あとの1~5の中から選びなさい。

観劇

1 名作　2 在宅　3 去就　4 天授　5 恩恵

英語解答

1 A　(1)…2　(2)…3　(3)…2

B　(1)…1　(2)…4　(3)…2

C　(1)…4　(2)…2

2 A　(1)…3　(2)…2　(3)…4　(4)…2

(5)…4

B　(1)　２番目…5　４番目…4

(2)　２番目…4　４番目…1

(3)　２番目…3　４番目…2

3 (1)　3　(2)　4　(3)　1

4 (1)　A…1　B…2　C…4　D…4

(2)　ⓐ…1　ⓑ…1　(3)　3

5 (1)　A…4　B…3　C…3　D…2

E…1

(2)　3，4，5

1〔音声総合・語句解釈〕

A＜単語の発音＞

(1)　1．boat[ou]　2．saw[ɔː]　3．snow[ou]　4．only[ou]

(2)　1．health[e]　2．bread[e]　3．break[ei]　4．head[e]

(3)　1．station[ʃən]　2．question[tʃən]　3．action[ʃən]　4．tradition[ʃən]

B＜単語のアクセント＞

(1)　1．cóf-fee　2．re-pórt　3．ho-tél　4．be-cáuse

(2)　1．mu-sé-um　2．how-év-er　3．al-réad-y　4．én-er-gy

(3)　1．o-ríg-i-nal　2．ín-ter-est-ed　3．ex-pé-ri-ence　4．es-pé-cial-ly

C＜語句解釈＞

(1)A：オーストラリアから帰ってきたところなんだ。／B：そうなの？　旅の話を聞かせて。ぜひ聞きたいな。／A：いいよ，まず何を話そうか？／／Aの返答から，Bが旅の話を聞きたがっていることがわかる。be all earsは「一心に耳を傾ける」という意味。

(2)A：ブラウン先生から，この英語の小冊子を読んでレポートを書くように言われたんだ。／B：この冊子は10ページしかないから，終えるのに長くはかからないよ。／A：そうだね，先生は「それは何も難しいことではない」と言っていたよ。／／Bの「終えるのに長くはかからない」との言葉にAは同意していることから，It's not rocket science.は「難しくはない」という意味だと判断できる。not as difficult as you thinkは「思うほど難しくはない」という意味。rocket scienceは「難しいこと」。'not as ～ as …'は「…ほど～でない」。

2〔文法総合〕

A＜適語選択・語形変化＞

(1)'leave ～ for …'で「…に向けて～を出発する」という意味を表す。　「彼女は昨日ロンドンに向けて東京を出発した」

(2)a little dog「小さな犬」に対し，「～と呼ばれる」という受け身の意味で修飾するcalledが適切(過去分詞の形容詞的用法)。　「彼らはラッキーと呼ばれる小さな犬を飼っている」

(3)一番短い月は「２月」。　「２月は一年で一番短い月だ」

(4)「(過去のある時点から現時点まで)ずっと～している」という意味を表す現在完了進行形'have/has been ～ing'にする。　「私の兄〔弟〕は今朝からずっとテレビを見ている」

(5)‘I wish＋主語＋過去形...’の形で「～であればいいのに」という‘現在実現できそうもないことへの願望’の意味を表せる(仮定法過去)。ここは‘主語＋過去形...’の部分が‘there＋be動詞 ～’「～がある〔いる〕」の形なので，後ろのpeopleに合わせてwereを選ぶ。 「世の中から空腹の人がいなくなればいいのに」

B＜整序結合＞

(1)一般動詞の疑問文の形でDo you haveとし(Do you writeでは後が続かない)，haveの目的語にsomethingを置き，この後にto write withと続ける(to不定詞の形容詞的用法)。something to write withで「何か書くもの」という意味。このように，to不定詞の形容詞的用法で最後に前置詞が置かれる形は次のように考える。 a house to live in「住む家」←live in a house「家に住む」／a pen to write with「書くペン」←write with a pen「ペンで書く」 Do you have something to write with?「何か書くものはありますか」

(2)You shouldの後にcleanを動詞として用いるとkeepが余ってしまう。‘keep＋目的語＋形容詞’で「～を…に保つ」という意味を表す。 You should keep your room clean.「君は自分の部屋をきれいに保つべきだ」

(3)The dogが主語，wasが述語動詞で，The dog was cute.が文の骨組みになると考えられる。残りの語句をI found in the parkとまとめてThe dogの後ろに置けば，目的格の関係代名詞を省略した‘名詞＋主語＋動詞...’の形で「私が公園で見つけた犬」となる。 The dog I found in the park was cute.「私が公園で見つけた犬はかわいかった」

3〔対話文完成─適文選択〕

(1)A：この歌手のCDを聴いたことがある？／B：うん，実は何度もあるよ。／A：じゃあ，別のCDを選んで聴いてみよう。∥この後Aは別のCDを聴くことを提案していることから判断できる。many timesは「何度も」という意味。

(2)A：日本語の「旬」という言葉を知ってる？／B：いいえ，知らないな。どういう意味か教えてもらえる？／A：日本の食べ物について話すときによく使われるんだ。それぞれの食べ物には一番おいしい時季があるという意味だよ。∥空所を含む文の主語Itはthe Japanese word “*shun*”を指す。

(3)A：最近，会ってなかったね。旅行にでも行っていたの？／B：うん，カナダから帰ってきたところなんだ。／A：そうなんだ。どうだった？∥Aに「旅行にでも行っていたの？」という質問に，BがYesと答えていることから判断できる。

4〔長文読解総合─対話文〕

≪全訳≫❶アーロン(A)：僕はこのショッピングモールが大好きなんだ。必要なものが全部そろっているからね。❷ミカ(M)：私もここが好きよ。服屋さんがたくさんあるし，おいしいレストランもあるし，本屋さんもあるし，映画館もあるしね。❸A：そうだね。ところで，映画館で映画を見るのは何時だっけ？❹M：午後5時からよ。だから，あと40分あるわ。それまで何したい？❺A：そうだ，ほとんど忘れてたけど，母のためにドラッグストアに薬を買いに行かないと。❻M：お母さん，どうかしたの？ 大丈夫？❼A：今朝，頭が痛いって言ってたんだけど，家にある薬がなくなっちゃったんだ。❽M：そうなんだ。早く良くなるといいね。❾A：ミカ，君は何か買う物がある？❿M：実は，新しい時計を買いたかったの。使っていたのが壊れちゃったから，早く新しいのが欲しいんだ。⓫A：そうなの？ A どうして壊れちゃったの？⓬M：お皿を洗っていたら，時計がぬれちゃったの。防水だと思っていたんだけど，そうじゃなかったのよ。その後，すぐに動かなくなっちゃって。⓭A：そんな！ B僕はあの時計好きだったな。⓮M：うん，私もよ。⓯A：うーん，Cドラッグストアと時計屋の両方に行く時間はないだろうね。⓰M：そうね。午後５時前には映画館に行かないといけないでしょ？　急がないと。でないと，遅れちゃうわ。⓱A：二手に分かれるのはどうだろう。どう思う？⓲M：つまり，あなたは薬を買ってきて，私は時計を買ってくるっていうこと？　それはいい考えね。何時にどこで待ち合わせる？⓳A：D30分後に映画館の前で会おう。⓴M：わかったわ！

(1)＜適文・適語句選択＞A．この後，ミカは時計が壊れた経緯について話していることから判断できる。Aの直訳は「どのようにしてそれは起きたのですか」で，これは「どうして壊れたのですか」ということ。主語の that は「時計が壊れたこと」を表す。　B．この後のミカの me, too「私も」につながるのは２だけ。　C．映画が始まるまで40分しかなく（第４段落第２文），また，アーロンはこの後２人がそれぞれ用のあるお店に別々に行くことを提案していることから判断できる。'both *A* and *B*'「*A*と*B*の両方とも」　D．映画が始まるまで40分しかないことから考えればよい。'in＋期間'で「（今から）～後に」という意味を表す。

(2)＜適語選択＞ⓐ直前の almost「ほとんど」に注目。母親のために薬を買いに行かなければならないことを，アーロンは「ほとんど忘れていた」≒「今思い出した」のである。　ⓑ映画は午後５時に始まるのだから，「午後５時前には」映画館に行く必要がある。until は「～までずっと」という意味なので不適切。

(3)＜要旨把握＞第17～19段落参照。アーロンは薬を買いに，ミカは時計を買いに行く。

5〔長文読解総合―物語〕

≪全訳≫❶マサキはヒカリ市の中学生だ。❷ある月曜日，マサキが学校から帰ってくるとき，１人のおばあさんが公園のベンチに座っているのを見た。翌日も，帰る途中に見かけた。その週は，毎日放課後に見かけた。彼は「なぜ，あの人はいつもあの公園にいるのだろう」と思った。❸次の月曜日の放課後，マサキはついにそのおばあさんに声をかけることにした。彼は，「すみません。ここで何をしているんですか？　何かお困りでしたら，お手伝いしますよ」と言った。彼女は「こんにちは。声をかけてくれてありがとうね。何か困ったことがあるわけじゃないのよ。ここに座っているだけなの」と言った。彼は「そうですか。僕はサトウマサキと申します。ヒカリ中学校の生徒です。初めまして」と言うと，彼女は「初めまして，マサキさん。私はナカタカヨコよ。この近くで一人暮らしをしているの。あなたのおうちはこの近くなの？」と言った。彼は「はい，２週間前に家族でこの街に来たばかりなんです。その前はカエデ市に住んでいました」と答えた。彼女は「あらっ，カエデ市ですって？　私も以前そこに住んでいたのよ！」と言った。マサキとナカタさんは，カエデ市の話で盛り上がった。❹次の日の放課後，マサキは再びナカタさんを訪ねた。彼が「こんにちは，ナカタさん。お元気ですか？」と言うと，彼女は「元気よ，ありがとう，マサキ」と答えた。それから彼は「今日，僕は…」と言った。マサキはその日の学校での出来事を話した。それからというもの，彼は毎日放課後に彼女を訪ね，話をした。❺ある水曜日の放課後，マサキはいつものようにナカタさんと話していた。すると，ナカタさんが「あら，マサキ。大丈夫？　今日は悲しそうだけど」と尋ねた。彼は「えっ，僕が？　悲しくなんかないですよ，ナカタさん」と言った。ナカタさんは，「私にはあなたが悲しんでいるのがわかるわ」と言った。彼は「そのとおりです。悩みがあるんですけど，どうしてわかったんですか？　顔には出していないつもりなんですけど…」と言った。彼女は「実はね，私は目が見えないの。５年前に視力を失ったのよ。それ以来，以前より耳を使うようになったの。だから，声を聞くだけで，その人の気持ちがわかるのよ。私はね，毎日風の音を聴くのが楽しみでここに来ているのよ」と言った。彼は驚いた。それから彼女は「それで，悩みって何なの？　教えてくれる？」と言った。彼は「今日，クラスのみんなが夢について話をしたんですけど，僕には夢がないんです。そのことで気が晴れなくて」と言った。彼女は，「今は夢がなくても，いつか見つかるわ」と言った。その言葉に，彼は勇気づけられた。マサキは「ありがとうございます。ところで，僕に何かできることはありますか？　あなたの力になりたいのですが」と言った。❻翌日，マサキはナカタさんの買い物の手伝いを始めた。買い物をしやすいように，何を買うかをメモしておいた。また，彼女と一緒に歩く店までの道も確認した。しかし，目の見えない人にとっての障害がたくさんあることがわかった。彼はそれらを取り除くべきだと思った。❼ある日曜日，マサキとナカタさんが買い物をしているとき，彼は「僕には夢ができました。建築家になることです。建築家になったら，目の不自由な人が安心して暮らせるような建物をたくさんつくるんです」と言った。ナカタさんは涙声で「ありがとうね」と言った。

(1)＜英問英答＞A．「カヨコについて，正しくないものはどれか」―4．「彼女は公園を散歩するのが好きだ」　このような記述はない。1．「彼女は目が見えない」，2．「彼女は家族と暮らしていない」，3．「彼女は公園の近くに住んでいる」はいずれも正しい。　B．「マサキについて正しいものはどれか」―3．「自分の悩みを相談した後，カヨコに何かしてあげたいと思った」　第5段落後半参照。　C．「なぜカヨコはマサキが悲しんでいることがわかったのか」―3．「彼の声が悲しそうだった」　第5段落中盤参照。視力を失ってから，聴力によって人の感情がわかるようになった。　sound ～「～のように聞こえる」　D．「マサキが彼女の買い物を手伝い始めたのは何曜日か」―2．「木曜日」　第5段落第1文および第6段落第1文参照。マサキがカヨコの買い物を手伝うことを申し出たのは水曜日で，実際に手伝い始めたのはその翌日からである。　E．「マサキはカヨコと一緒に買い物に行ったとき，カヨコに何をしてあげたか」―1．「買い物リストをつくった」　第6段落第2文参照。　write down ～「～を書きとめる」

(2)＜内容真偽＞1．「マサキは学校に行く途中で初めてカヨコに会った」…×　第2段落第1文参照。学校に行く途中ではなく，学校から家に帰る途中である。なお，‘on ～'s way to …’で「～が…へ行く途中」という意味を表すが，「家へ帰る途中」という場合は，toは不要でon ～'s way homeとなる。　2．「マサキはカヨコの家で話をすることにした」…×　全体を通して，マサキとカヨコが話をしていた場所は公園である。　3．「マサキは，初めて話をしてから，何度もカヨコを訪ねている」…○　第3段落以降の内容に一致する。　4．「マサキはカヨコに，自分には夢がなく，それが悩みだと言った」…○　第5段落後半に一致する。　5．「カヨコは風の音を聴くために公園にやってくる」…○　第5段落中盤に一致する。　6．「カヨコはマサキに，一緒に買い物に行こうと言った」…×　第5，6段落参照。カヨコが一緒に買い物に行くことを提案したという記述はない。　7．「カヨコはマサキの夢の話を聞いて悲しくなり，泣いた」…×　第7段落参照。カヨコが泣いたのは，マサキから自分の夢についての話を聞かされ，それに感動したから。

数学解答

1 (1) 5　(2) イ…2　ウ…5
(3) エ…3　オ…6
(4) カ…9　キ…1
(5) ク…2　ケ…8
(6) コ…3　サ…7

2 (1) 1　(2) 4
(3) ウ…4　エ…1　オ…2
(4) カ…3　キ…4
(5) ク…2　ケ…3

3 (1) ア…9　イ…2
(2) ウ…3　エ…8
(3) オ…6　カ…1　キ…6

4 (1) ア…8　イ…5
(2) ウ…4　エ…9
(3) オ…4　カ…0　キ…7

5 (1) 4
(2) ①　イ…3　ウ…2　エ…3
②　オ…8　カ…3

1〔独立小問集合題〕

(1)＜数の計算＞与式 $=-16-3\times(-7)=-16-(-21)=-16+21=5$

(2)＜式の計算＞与式 $=\frac{5}{2}a+\frac{7}{2}b-\frac{1}{2}a+\frac{3}{2}b=\frac{4}{2}a+\frac{10}{2}b=2a+5b$

(3)＜数の計算＞与式 $=\frac{30\times\sqrt{6}}{\sqrt{6}\times\sqrt{6}}-\sqrt{2\times12}=\frac{30\sqrt{6}}{6}-\sqrt{2^2\times6}=5\sqrt{6}-2\sqrt{6}=3\sqrt{6}$

(4)＜式の計算—因数分解＞与式 $=2(x^2+9x+8)-(x^2+10x+25)=2x^2+18x+16-x^2-10x-25=x^2+8x-9=(x+9)(x-1)$

(5)＜一次方程式＞$0.75=\frac{3}{4}$ だから，両辺に3と4の最小公倍数12をかけて，$4(x+8)=9x-108$，$4x+32=9x-108$，$4x-9x=-108-32$．$-5x=-140$　$\therefore x=28$

(6)＜二次方程式＞$x^2-6x=-2$ として，両辺に9を加えると，$x^2-6x+9=-2+9$，$(x-3)^2=7$，$x-3=\pm\sqrt{7}$　$\therefore x=3\pm\sqrt{7}$

≪別解≫解の公式より，$x=\frac{-(-6)\pm\sqrt{(-6)^2-4\times1\times2}}{2\times1}=\frac{6\pm\sqrt{28}}{2}=\frac{6\pm2\sqrt{7}}{2}=3\pm\sqrt{7}$ となる。

2〔独立小問集合題〕

(1)＜数の計算＞与式 $=(3a)^2-2\times3a\times b+b^2=(3a-b)^2$ となる。$3a-b=3\times\frac{1}{15}-\left(-\frac{4}{5}\right)=\frac{1}{5}+\frac{4}{5}=\frac{5}{5}=1$ だから，与式 $=1^2=1$ である。

(2)＜連立方程式—解の利用＞$x+y=a$……①，$x+4y=a+8$……②とする。①，②の連立方程式の解の比が $x:y=1:2$ だから，$x=m$，$y=2m$ とおける。これを①に代入すると，$m+2m=a$，$3m-a=0$……③となり，②に代入すると，$m+4\times2m=a+8$，$9m-a=8$……④となる。③×3−④で m を消去して，$-3a-(-a)=0-8$，$-2a=-8$，$a=4$ となる。

≪別解≫②−①より，$4y-y=8$，$3y=8$，$y=\frac{8}{3}$ となるので，$x:y=1:2$ より，$x=\frac{1}{2}y=\frac{1}{2}\times\frac{8}{3}=\frac{4}{3}$ である。よって，①より，$\frac{4}{3}+\frac{8}{3}=a$，$a=4$ となる。

(3)＜関数—$\boldsymbol{a}$，$\boldsymbol{b}$ の値＞関数 $y=x^2$ において，x の変域が $-3\leqq x\leqq6$ だから，x の絶対値が最小の $x=0$ のとき y は最小で $y=0$，x の絶対値が最大の $x=6$ のとき y は最大で $y=6^2=36$ となり，y の変域は $0\leqq y\leqq36$ である。一次関数 $y=ax+b\,(a>0)$ では，x の値が増加すると y の値も増加するから，y の変域が同じ $0\leqq y\leqq36$ のとき，x が最小の $x=-3$ で y は最小の $y=0$，x が最大の $x=6$ で y は最大の $y=36$ となる。よって，$x=-3$，$y=0$ を代入すると，$0=a\times(-3)+b$ より，$-3a+b=0$……①，$x=6$，$y=36$ を代入すると，$36=a\times6+b$ より，$6a+b=36$……②となる。①，②を連立方程式として解くと，

①－②より，$-3a-6a=0-36$，$-9a=-36$，$a=4$となり，これを①に代入して，$-3\times4+b=0$，$b=12$となる。

(4)＜確率―硬貨＞10円，50円，100円の硬貨を同時に1回投げるとき，表裏の出方はそれぞれ2通りあるから，全部で$2\times2\times2=8$(通り)ある。このうち，表が出た硬貨の金額の合計が50円以上になるのは，50円硬貨，100円硬貨の少なくともどちらかが表になるときである。50円硬貨，100円硬貨がともに裏になるときを考えると，(10円，50円，100円)＝(表，裏，裏)，(裏，裏，裏)の2通りだから，50円硬貨，100円硬貨の少なくともどちらかが表になるのは$8-2=6$(通り)であり，求める確率は$\frac{6}{8}=\frac{3}{4}$となる。

(5)＜平面図形―角度＞右図で，点Aと点D，点Bと点Cをそれぞれ結ぶ。

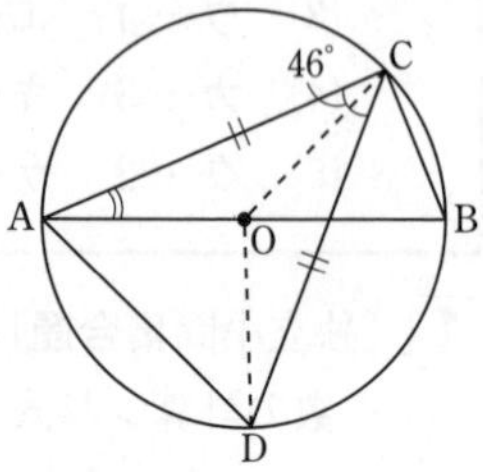

△ACDはAC＝CDの二等辺三角形だから，$\angle CAD=\angle CDA=(180^\circ-\angle ACD)\div2=(180^\circ-46^\circ)\div2=67^\circ$である。また，$\overset{\frown}{DB}$に対する円周角より，$\angle DAB=\angle DCB$であり，半円の弧に対する円周角より，$\angle ACB=90^\circ$だから，$\angle DAB=90^\circ-\angle ACD=90^\circ-46^\circ=44^\circ$である。よって，$\angle CAB=\angle CAD-\angle DAB=67^\circ-44^\circ=23^\circ$となる。

≪別解≫右上図で，点Oと2点C，Dを結ぶと，OA＝OD，OC＝OC，AC＝DCより，$\triangle OAC\equiv\triangle ODC$だから，$\angle OCA=\angle OCD=\frac{1}{2}\angle ACD=\frac{1}{2}\times46^\circ=23^\circ$である。△OACはOA＝OCの二等辺三角形なので，$\angle CAB=\angle OCA=23^\circ$となる。

3〔関数―関数$y=ax^2$と一次関数のグラフ〕

≪基本方針の決定≫(2)　直線ACの式を利用して，点Cの座標を求める。　(3)　点Pのx座標を文字でおき，その文字を使って△DCPの面積を求める。

(1)＜y座標＞右図で，点Aは放物線$y=\frac{1}{2}x^2$上にあり，x座標が-3なので，y座標は，$x=-3$を代入して，$y=\frac{1}{2}\times(-3)^2=\frac{9}{2}$となる。

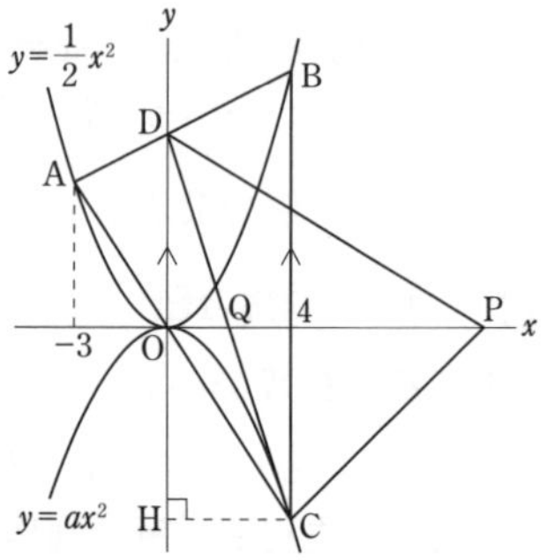

(2)＜比例定数＞右図で，直線ACは原点Oを通るので，その式は$y=mx$とおける。(1)より$A\left(-3,\ \frac{9}{2}\right)$だから，$\frac{9}{2}=m\times(-3)$より，$m=-\frac{3}{2}$となり，直線ACの式は$y=-\frac{3}{2}x$である。また，点Bの$x$座標が4で，直線BCは$y$軸に平行だから，点Cの$x$座標も4である。点Cは直線$y=-\frac{3}{2}x$上にあるので，$y=-\frac{3}{2}\times4=-6$となり，C(4，$-6$)である。点Cは放物線$y=ax^2$上にもあるので，$-6=a\times4^2$より，$a=-\frac{3}{8}$となる。

(3)＜x座標＞右上図で，点Bは放物線$y=\frac{1}{2}x^2$上にあり，x座標が4なので，$y=\frac{1}{2}\times4^2=8$より，B(4，8)である。(2)よりC(4，-6)だから，$BC=8-(-6)=14$となる。△ACBは，底辺をBCと見ると，2点A，Bのx座標より，高さは$4-(-3)=7$となる。よって，$\triangle ACB=\frac{1}{2}\times14\times7=49$だから，$\triangle DCP=\triangle ACB=49$である。次に，点Cから$y$軸に垂線CHを引き，△DCP＝〔四角形DHCP〕－△DHCと考える。$A\left(-3,\ \frac{9}{2}\right)$，B(4，8)より，直線ABの傾きは$\left(8-\frac{9}{2}\right)\div\{4-(-3)\}=\frac{1}{2}$となるので，その式は$y=\frac{1}{2}x+b$とおけ，点Bを通ることから，$8=\frac{1}{2}\times4+b$，$b=6$となる。これより，切片が6なので，D(0，6)である。C(4，-6)だから，CH＝4，$DH=6-(-6)=12$となり，$\triangle DHC=\frac{1}{2}\times CH\times DH=\frac{1}{2}\times4\times12=24$となる。また，点Pの$x$座標を$p$とおくと，$OP=p$であり，DO＝

$OH=6$ だから，$\triangle DOP=\dfrac{1}{2}\times OP\times DO=\dfrac{1}{2}\times p\times 6=3p$，〔台形 OHCP〕$=\dfrac{1}{2}\times(OP+CH)\times OH=\dfrac{1}{2}\times(p+4)\times 6=3p+12$ となり，〔四角形 DHCP〕$=\triangle DOP+$〔台形 OHCP〕$=3p+(3p+12)=6p+12$ と表せる。したがって，$\triangle DCP=$〔四角形 DHCP〕$-\triangle DHC=(6p+12)-24=6p-12$ となるので，$6p-12=49$ が成り立つ。これを解いて，$6p=61$，$p=\dfrac{61}{6}$ である。

≪別解≫前ページの図で，直線 DC と x 軸の交点を Q として，$\triangle DCP=\triangle DPQ+\triangle CPQ$ と考える。上で求めたように，D(0, 6)，$\triangle ACB=49$ であり，(2)より C(4, -6)だから，$49=\dfrac{1}{2}\times PQ\times 6+\dfrac{1}{2}\times PQ\times 6$ が成り立ち，$PQ=\dfrac{49}{6}$ となる。直線 DC の傾きは $\dfrac{-6-6}{4-0}=-3$ だから，その式は $y=-3x+6$ であり，$0=-3x+6$，$x=2$ より，Q(2, 0)である。よって，点 P の x 座標は $OQ+QP=2+\dfrac{49}{6}=\dfrac{61}{6}$ となる。

4 〔平面図形―正方形〕

≪基本方針の決定≫(1)　$\triangle GEI$ と $\triangle BCI$ に着目して，$EI:CI$ を求める。　(2)　$\triangle EIJ$ と $\triangle CIH$ が相似であることに気づきたい。

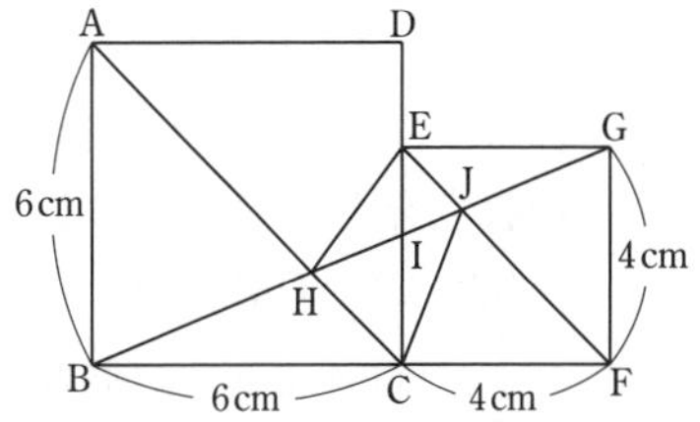

(1)＜長さ＞右図の $\triangle GEI$ と $\triangle BCI$ で，$\angle GEI=\angle BCI=90^\circ$，$\angle EIG=\angle CIB$(対頂角)だから，2組の角がそれぞれ等しくなり，$\triangle GEI\backsim\triangle BCI$ である。よって，$EI:CI=GE:BC=4:6=2:3$ となるから，$EI=\dfrac{2}{2+3}EC=\dfrac{2}{5}\times 4=\dfrac{8}{5}$(cm)となる。

(2)＜面積比＞右図の $\triangle EIJ$ と $\triangle CIH$ で，$\angle EIJ=\angle CIH$(対頂角)であり，$\triangle ECF$ と $\triangle ACD$ がともに直角二等辺三角形より，$\angle IEJ=\angle ICH=45^\circ$ である。よって，2組の角がそれぞれ等しいから，$\triangle EIJ\backsim\triangle CIH$ である。(1)より，相似比は $EI:CI=2:3$ である。相似な図形の面積比は相似比の2乗なので，$\triangle EIJ:\triangle CIH=2^2:3^2=4:9$ となり，$\triangle EIJ$ の面積は $\triangle CIH$ の面積の $\dfrac{4}{9}$ 倍である。

(3)＜面積＞右上図で，(2)より $\triangle EIJ=\dfrac{4}{9}\triangle CIH$ だから，$\triangle CIH=S$ とすると，$\triangle EIJ=\dfrac{4}{9}S$ と表せる。また，$EI:CI=2:3$ より，$\triangle EIH:\triangle CIH=2:3$ だから，$\triangle EIH=\dfrac{2}{3}\triangle CIH=\dfrac{2}{3}S$ と表せ，同様に，$\triangle EIJ:\triangle CIJ=2:3$ だから，$\triangle CIJ=\dfrac{3}{2}\triangle EIJ=\dfrac{3}{2}\times\dfrac{4}{9}S=\dfrac{2}{3}S$ と表せる。以上より，四角形 EHCJ の面積は，$\triangle EIJ+\triangle EIH+\triangle CIH+\triangle CIJ=\dfrac{4}{9}S+\dfrac{2}{3}S+S+\dfrac{2}{3}S=\dfrac{25}{9}S$ となる。次に，$\triangle ABH$ と $\triangle CIH$ で，$\angle AHB=\angle CHI$(対頂角)であり，$AB\parallel DC$ より $\angle ABH=\angle CIH$(錯角)だから，$\triangle ABH\backsim\triangle CIH$ であり，$BH:IH=AB:CI$ となる。$EI=\dfrac{8}{5}$ より，$CI=EC-EI=4-\dfrac{8}{5}=\dfrac{12}{5}$ だから，$AB:CI=6:\dfrac{12}{5}=5:2$ となり，$BH:IH=5:2$ である。これより，$\triangle BCH:\triangle CIH=BH:IH=5:2$ となる。$\triangle BCI=\dfrac{1}{2}\times BC\times CI=\dfrac{1}{2}\times 6\times\dfrac{12}{5}=\dfrac{36}{5}$ だから，$\triangle CIH=\dfrac{2}{5+2}\triangle BCI=\dfrac{2}{7}\times\dfrac{36}{5}=\dfrac{72}{35}$ である。よって，$S=\dfrac{72}{35}$ より，四角形 EHCJ の面積は，$\dfrac{25}{9}S=\dfrac{25}{9}\times\dfrac{72}{35}=\dfrac{40}{7}$(cm^2)である。

5 〔空間図形〕

≪基本方針の決定≫(1)　空間内で，平行でなく交わらない2つの直線をねじれの位置にあるという。(2)②　断面で考える。

図1

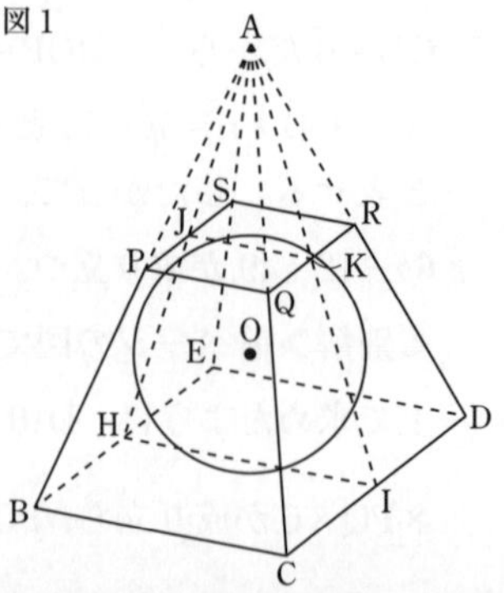

(1)＜ねじれの位置にある辺の数＞右図1の立体PQRS-BCDEで，直線BPは点Aを通るので，点Aを通る直線AC，AD，AEは直線BPと交わる。つまり，辺CQ，辺DR，辺ESは直線BPと交わる辺である。また，辺PQ，辺PS，辺BC，辺BEも直線BPと交わる辺である。直線BPと平行な辺はないので，直線BPとねじれの位置にある辺は，残りの辺QR，辺RS，辺CD，辺DEの4本ある。

(2)＜体積，長さ＞①右図1で，球Oの表面積が$16\pi\mathrm{cm}^2$なので，半径を$r$cmとすると，$4\pi r^2=16\pi$が成り立ち，$r^2=4$，$r=\pm2$となり，球Oの半径は2cmである。よって，球Oの体積は$\frac{4}{3}\pi\times2^3=\frac{32}{3}\pi$(cm^3)となる。　②図1で，辺BE，辺CDの中点をそれぞれH，Iとし，線分AHと辺PS，線分AIと辺QRの交点をそれぞれJ，Kとする。立体PQRS-BCDEは，正四角錐A-BCDEから正四角錐A-PQRSを切り取ってできた立体であり，球Oは立体PQRS-BCDEの全ての面と接するので，図形の対称性から，接点は線分JH，KI，JK，HI上にあり，さらに線分JK，HIの中点となる。これより，4点J，H，K，Iを通る断面は，右図2のようになる。図2で，円Oと辺JK，辺JH，辺HIの接点をそれぞれL，M，Nとする。$\angle OLJ=\angle OMJ=90^\circ$，OJ＝OJ，OL＝OMより，$\triangle OJL\equiv\triangle OJM$だから，$\angle JOL=\angle JOM=\frac{1}{2}\angle LOM$である。同様に，$\triangle HON\equiv\triangle HOM$より，$\angle HON=\angle HOM=\frac{1}{2}\angle MON$となる。よって，$\angle JOL+\angle HON=\frac{1}{2}\angle LOM+\frac{1}{2}\angle MON=\frac{1}{2}(\angle LOM+\angle MON)=\frac{1}{2}\times180^\circ=90^\circ$となるので，$\angle JOL=90^\circ-\angle HON$である。また，$\triangle HON$で，$\angle OHN=180^\circ-\angle HNO-\angle HON=180^\circ-90^\circ-\angle HON=90^\circ-\angle HON$となる。以上より，$\angle JOL=\angle OHN$となり，$\angle OLJ=\angle HNO=90^\circ$より，$\triangle OJL\backsim\triangle HON$となるので，JL：ON＝OL：HNである。図1で，HI＝BC＝6であり，図2で，点Nが線分HIの中点より，$HN=\frac{1}{2}HI=\frac{1}{2}\times6=3$だから，JL：2＝2：3が成り立つ。これを解くと，$JL\times3=2\times2$，$JL=\frac{4}{3}$となる。点Lは線分JKの中点なので，$JK=2JL=2\times\frac{4}{3}=\frac{8}{3}$となり，図1で，$PQ=JK=\frac{8}{3}$(cm)となる。

図2

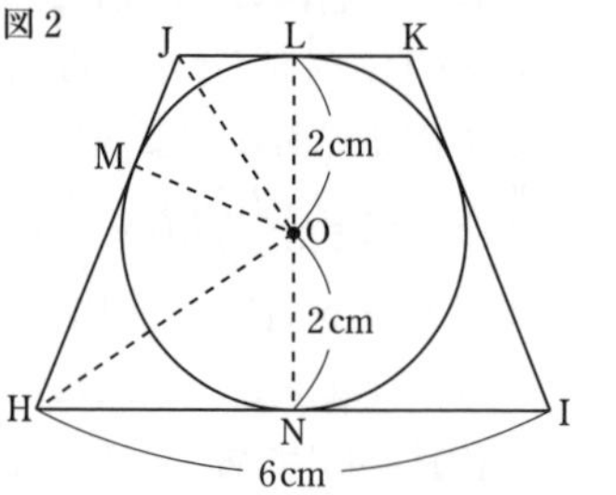

覚えておこう！

・球の表面積，体積の公式

半径rの球の表面積は，$4\pi r^2$

体積は，$\frac{4}{3}\pi r^3$

═読者へのメッセージ═

関数$y=ax^2$で表されるグラフは放物線となります。放物線は，円錐を平面で切断しても得られる曲線です。高校で学習します。

国語解答

一	(1) ア…2　イ…3	(2) 4		
	(3) 2	(4) 2	(5) 4	(6) 2
二	(1) 5	(2) 2	(3) 3	(4) 1
	(5) 3	(6) 3	(7) 4	
三	(1) 3	(2) 5	(3) 4	(4) 4
	(5) 2	(6) 3	(7) 1	
四	(1) 5	(2) 3	(3) 1	(4) 2
	(5) 2			

一〔国語の知識〕

(1)＜漢字＞ア.「時間帯」と書く。1は「滞在」，3は「堆積」，4は「安泰」。　イ.「献身的」と書く。1は「建設」，2は「穏健」，4は「顕著」。

(2)＜漢字＞「慎」は，注意深くする，という意味。音読みは「慎重」などの「シン」。

(3)＜熟語の構成＞「観劇」と「在宅」は，下の字が上の字の目的語になっている熟語。「名作」は，上の字が下の字を修飾している熟語。「去就」は，反対の意味の漢字を組み合わせた熟語。「天授」は，上の字が主語，下の字が述語になっている熟語。「恩恵」は，似た意味の漢字を組み合わせた熟語。

(4)＜ことわざ＞a.「海老《えび》で鯛《たい》を釣る」は，少しの負担や労力で多くの利益を得る，という意味(…3)。　b.「光陰矢のごとし」は，月日がたつのがとても早い，という意味(…4)。　c.「三つ子の魂百まで」は，幼い頃の性格は年をとっても変わらない，という意味(…5)。　d.「豆腐にかすがい」は，全く効果がない，という意味(…1)。

(5)＜漢文の訓読＞「帝堯之時」→「當」→「鴻水」→「天」→「滔」→「浩浩」→「山」→「懷」→「陵」→「襄」→「下民其憂」の順で読む。「時」から「當」に二字以上返って読むので，一・二点を用いる。「天」から「滔」，「山」から「懷」，「陵」から「襄」には，それぞれ一字返るので，レ点を用いる。帝が堯の時代に，洪水が空にまであふれて，水は広がって山を抱き丘を登り，民は苦しんだ，という意味。

(6)＜品詞＞「明けるらしい」の「らしい」は，推量を表す助動詞。「なるまい」の「まい」は，ここでは，～ないだろう，という打ち消しの推量を表す助動詞。

二〔論説文の読解―政治・経済学的分野―政治〕出典；杉田敦『政治的思考』。

≪本文の概要≫学問において議論するのは，議論によってより正しい結論や真理に到達できると考えられているからである。同様に，政治哲学においても，話し合いの結果，ある一つの正しい結論に到達するはずであるという考え方が強い。そのような「正しい」話し合いを実現するためには，人々が自らの利害関係から離れて話し合う必要がある。けれども，自分がどのような背景を持つ人間なのかということは，政治的な判断に関わるものであり，自分の特徴から離れるならば，議論は，自分とは関係のないものだという受け止め方をされてしまう。また，政治という公的な場が高級で，私的な場は低級であるという考え方は，経済的に強い立場にある人々を有利にしかねない。原発問題のように，絶対的に正しい答えを導き出すことが，不可能な問題もある。政治とは，絶対的な正しさを求めるものではなく，利害関係を抱えた人々が，さまざまな正しさを話し合い，妥協，調整するものである。政治において，人々の複数性は，大切な条件なのである。

(1)＜接続語＞a.「政治的な議論や話し合いも，そういう自然科学などと同じように考えられるもの」なのか，言い換えるならば，「政治的な議論も，唯一の正しい結論を見出すために行う」ものなのだろうか。　b.「政治的な議論も，唯一の正しい結論を見出すために行う」ものなのか，あるいは，「さまざまな正しさ」を妥協させたり調整したりするために行うものなのか。　c.政治哲学では，政治の世界でも「正しさをめぐって合意することができる」とするけれども，「『正しい』話し合いを実現するため」には，人々が「自らの利害関係」から離れることが求められる。　d.「経済的により強い立場にある人びとは，自己主張を声高にしなくてもいい」し，さらには，「よりよい教育を受けて，説得力のある話し方を身につけ」て，「話し合いをリードすること」もできる有利な環境にいるのである。

(2)＜表現＞政治的な議論において「正しい」話し合いを実現するためには，人々は，自らの利害関係から離れることが求められる。けれども，「自分がどのような背景をもつ人間なのか」ということは，政治的な判断に関わることであり，そこから離れすぎると，人々は，議論を「自分とは関係のない机上の議論」であるという受け止め方をしてしまうのである。

(3)＜文章内容＞政治は専ら「公」に関わるものという考え方があるが，政治の領域を純粋にとらえようとすると，政治は公的な高級の場で，生活は私的な低級な場であり，「政治という公的なものからは，私的なものは追い出されなければならない」という考え方に行き着くのである。

(4)＜故事成語＞「牛耳を執る」は，団体や組織などの中心となり自分の思いどおりに事を運ぶ，という意味。「牛耳る」ともいう。「雨だれ石を穿つ」は，小さな努力を根気よく続ければ，やがて大きなことを成し遂げられる，という意味。「覆水盆に返らず」は，一度したことは取り返しがつかない，という意味。「和して同ぜず」は，人と協調はするが安易に同意はせず，主体性を保つことが大事である，という意味。「火中の栗《くり》を拾う」は，自分の利益にならないのに危険を冒す，また，危険を承知で責任ある立場を引き受ける，という意味。

(5)＜文章内容＞原発維持派も廃絶派も，主張の理由は「人びとの生命を守る」という同じものであるが，将来どのようになるかという予測が異なるために，対立している。

(6)＜文章内容＞政治に過度に正しさを求めていくと，「それぞれ異なる特徴をもった複数の人びとが話し合う必要性」がなくなるのである。それなりに正しいとされる原理も「その解釈をめぐって無限に続く話し合いの主題」になるのであり，政治的な議論には，さまざまな背景を持つ人々が，自らの利害関係や私的な生活と切り離されることなく，「さまざまな正しさがある中で，それらを交渉によって妥協させたり，調整したりする」ことに，意味があると考えられる。

(7)＜要旨＞筆者は，学問的な議論において正しい結論や真理を求めるように，政治的な議論においても正しさが求められるのか，と問いかけたうえで，正しさを追求しすぎると，議論から当事者性が失われたり，立場の弱い人が排除されたりするなどの弊害が生じることを指摘し，正しさを過度に求めることよりも，人々の複数性が政治には大切であると述べている。

三 〔小説の読解〕出典；佐藤多佳子『彼のモチーフ』（『黄色い目の魚』所収）。

(1)＜文脈＞バスを降りた「私」を待っていた木島は，「退屈そうないつもの無表情」のようでいて，実は「目が少し困ってるかも」と，「私」は感じたのである。

(2)＜文章内容＞「私」は，木島と「ほとんどしゃべったことがない」し，木島が「私をたくさん絵に描いている」ことは知っているが，「美術の授業で描いたデッサン一枚」以外，見たことはなかった。けれども，「私」は，「彼のことをよく知っているような気がして」おり，強く意識していた。

(3)＜心情＞「私」は，「どんなに好きでも壁に何かを飾ったりしない」ような印象を木島に持っていたので，木島は，ポスターをやたらと貼りたがる妹にあきれているのだろうと考えている。

(4)＜文章内容＞「私」にとって，木島は「絵を描く人」であるが，「サッカーをしてる木島くんを見てみたかった」ので，「私」は木島の試合を見に行った。

(5)＜慣用句＞「腑に落ちる」は，納得がいく，という意味。「的を射る」は，うまく要点をつかむ，という意味。「気を揉む」は，いろいろと心配する，という意味。「頭を垂れる」は，謙虚に振る舞う，という意味。「下駄《げた》を預ける」は，問題についての処理や責任を相手に任せる，という意味。

(6)＜心情＞木島のデビュー戦はひどい内容で，木島は「十六年分の自分の適当さをいやってほど嚙み締めることに」なった。キーパーはさみしくないのかという「私」の問いかけによって，さみしく見えたであろうひどい試合を思い出して，木島は，感傷的な気分になったのである。

(7)＜表現＞「私」と木島は，ほとんど話したこともないのに，よく知っているような気がする奇妙な関係である。「私はずっと待っていたような気がしたんだ。木島のことを。」や，「いつもの無表情。」など倒置法や体言止めによって，「私」の感じたことが印象的に表現されている。

四〔古文の読解—説話〕出典；『宇治拾遺物語』巻第六ノ四。

≪現代語訳≫今となっては昔のことだが，ある人のところに奉公している若い侍がいた。することもないので，清水寺へ人のまねをして，千日詣でを二度していた。その後まもなく，同じ主人に仕える同じような身分の侍とすごろくを打ったが，大負けして，渡すべきものがなかったところ，（勝った侍が）激しく催促したので，（負けた侍は）困ってしまい，「私が持っているものはない。今蓄えているものといえば，清水寺に二千度参ったことだけである。それを渡そう」と言ったので，そばで聞いている人は，だますのだ，愚かなことだと思って笑っていたが，この勝った侍は，「とてもよいことだ。（二千度お参りしたことを）渡すならば受け取ろう」と言って，「いや，このままでは受け取るまい。三日たって（心身を清めてから），この事情を（清水寺の仏に）申し上げて，お前が渡すという内容を文書に書いて渡すならば受け取ろう」と言ったので，（負けた侍は）「よいことだ」と（言って）約束して，（勝った侍は）その日から心身を清めて，三日（経過した）という日に，「では，さあ清水へ（行こう）」と言ったので，この負けた侍は，このような愚か者に会ったものだ，とおかしく思って，喜んで（勝った侍を清水寺へ）連れて参詣《さんけい》した。（勝った侍の）言うように文書に書いて，清水寺の仏の前で信仰の師となる僧を呼んで，事の次第を言わせて，「二千度お参りしたことを，誰それに（と名前を明記して）すごろくの賭けものとして譲渡した」と書いて（勝った侍に）渡したところ，（勝った侍は文書を）受け取って喜び，伏し拝んで退出した。／その後，まもなく，この負けた侍は，思いがけないことで捕らえられて牢屋《ろうや》に入ってしまった。（文書を）取った侍は，思いがけない縁故を持つ妻を得て，とてもよく財産もなし，官職にもついて，裕福になった。／「目に見えないものであるけれども，誠実な心で（二千度参りを）受け取ったので，仏も，情け深くお思いになったように思われる」と人々は言ったものだ。

(1)＜古文の内容理解＞すごろくに負けた侍は，何も持っていないので，清水寺に二千度参ったことを勝った侍に渡そうと言った。それを周りで聞いた人々は，負けた侍は勝った侍をだまそうとしており，愚かなことだと思って笑ったのである。

(2)＜現代語訳＞「かくて」は，このようにして，という意味の副詞。「じ」は，助動詞「じ」の終止形で，～するつもりはない，という打ち消しの意思を表す。全体で，このままでは受け取るまい，という意味。

(3)＜古文の内容理解＞勝った侍が，約束どおり清水寺に二千度参ったことを受け取りに行こうと言うので，負けた侍は，勝った侍のことを愚か者だとおかしく思い，だませることを喜んだのである。

(4)＜古文の内容理解＞勝った侍は，清水寺に二千度参ったことを受け取るために，三日精進して，仏の前で事情を報告して文書にして，受け取った。勝った侍が誠意を尽くして徳を得たことを，「まことの心を致して」と人々は評したのである。

(5)＜古文の内容理解＞負けた侍は，清水寺に二千度参ったことを，勝った侍に渡し，後に牢屋に入った。一方，二千度参ったことを丁重に受け取った勝った侍には，よいことが続いた。仏に対する態度によって，運命が分かれたのであり，信仰心が大事であることを伝えている話である。

2022年度 水城高等学校

【英　語】（50分）〈満点：100点〉

1 次のＡ～Ｃの問いに答えなさい。

Ａ　次の(1)～(3)の各組について，下線部の発音が他の３語と異なる語を，１～４の中から一つずつ選びなさい。

(1)　1　young　　2　cousin　　3　country　　4　around

(2)　1　build　　2　image　　3　rise　　4　women

(3)　1　laugh　　2　through　　3　bought　　4　thought

Ｂ　次の(1)～(3)の各組について，最も強いアクセントの位置が他と異なるものを，１～４の中から一つずつ選びなさい。

(1)　1　advice (ad-vice)　　2　ticket (tick-et)
　　3　protect (pro-tect)　　4　tonight (to-night)

(2)　1　Africa (Af-ri-ca)　　2　interview (in-ter-view)
　　3　violin (vi-o-lin)　　4　holiday (hol-i-day)

(3)　1　population (pop-u-la-tion)　　2　January (Jan-u-ar-y)
　　3　necessary (nec-es-sar-y)　　4　supermarket (su-per-mar-ket)

Ｃ　次の(1)，(2)の会話について，下線部の文や語句の意味を推測し，その意味として最も適切なものを，１～４の中から一つずつ選びなさい。

(1)　*A :*　I'm trying to make an *origami* cat, but it's difficult. Can you help me, please?
　　B :　I don't think I can. I'm all thumbs.
　　A :　Oh. Then I'll ask someone else.

　　1　It's easy for me to make it.　　2　I'm interested in making it.
　　3　I'm not good at making it.　　4　I can help you make it.

(2)　*A :*　Why don't you come to see me tomorrow? It has been so long.
　　B :　Yes, but I have to take a rain check. I have a lot of work to do.
　　A :　OK. How about next week?

　　1　will come to see you another time　　2　will call you later
　　3　don't want to see you　　4　won't see you if it rains

2 次のAとBの問いに答えなさい。

A　次の(1)～(5)の（　　）に入れるのに最も適切な語を，それぞれ１～４の中から一つずつ選びなさい。

(1)　Let's wait（　　）it stops raining.

1　until　　2　by　　3　during　　4　while

(2)　The girl（　　）by the door is my sister.

1　stand　　2　stands　　3　standing　　4　stood

(3)　If you want to improve your English, you should（　　）Mr. Suzuki's advice.

1　fall　　2　affect　　3　travel　　4　follow

(4)　I closed the door, but now it's open. That's（　　）.

1　strange　　2　excited　　3　angry　　4　bright

(5)　If she（　　）his phone number, she could call him.

1　know　　2　knows　　3　knew　　4　known

B　次の(1)～(3)において（　　）内の語（句）を並べかえて自然な英文を完成させたとき，（　　）内で２番目と４番目にくる語（句）はそれぞれどれか。１～５の中から一つずつ選びなさい。

(1)　It's hard to（1　how　　2　tell　　3　you　　4　to　　5　get）there.

(2)　I don't（1　as　　2　books　　3　have　　4　he　　5　as many）does.

(3)　I（1　a shop　　2　sells　　3　that　　4　know　　5　nice）T-shirts.

3 次の(1)～(3)の会話文の意味が通じるように，それぞれの（　　）内に入る最も適切なものを１～４の中から一つずつ選びなさい。

(1)　*A*：　It's hot today, isn't it?

B：　It is. I want to do something I can enjoy inside.

A：　I agree.（　　　　　）

1　How about going swimming in the sea?

2　Why don't we watch DVDs at home?

3　I like summer, too.

4　It's colder than yesterday.

(2) *A* : You play the piano well. How often do you practice it?

B : (　　　　)

A : Really? You will be a great pianist.

1 Almost every day.

2 Yes, I love playing the piano.

3 I take piano lessons from a famous teacher.

4 I go to piano school by bus.

(3) *A* : Hello. May I have your name, please?

B : This is Tanaka Taro. I'd like to speak to Ms. Green.

A : (　　　　) She will come back in thirty minutes.

1 Sure. Please call me back later.

2 I don't know when she's coming back.

3 Sorry. But she's out right now.

4 I see. She's here now.

4 次の会話文を読んで，あとの(1)～(3)の問いに答えなさい。

(＊のついた語(句)は注があります)

Anna : How's school going?

Kenta : Not too bad. I think my school life started very well.

Anna : It's been a few weeks since you came to the U.S.A., right? Do you feel homesick?

Kenta : Not really. I've already made some friends. I'm enjoying the experience.

Anna : I'm glad to hear that [A].

Kenta : Yes. However, I'm sometimes surprised at the differences between here and Japan.

Anna : I know! I lived in Japan for a few years when I was younger.

Kenta : Oh, really? I didn't know that. [B]?

Anna : I lived in Tokyo at that time. It was an exciting experience. The city is very big and there were so many places to see. I also traveled around the country. Each area had a different *atmosphere and *scenery.

Kenta : It's good to know that you had a great time in Japan. Which city did you like the most?

Anna : Well, I loved Kyoto very much. The city is unique, and I liked the traditional culture there. Also, I felt that the (ⓐ) there was very interesting. They sounded different from the people in Tokyo. Do they have an *accent?

Kenta : Yes, that's right.

Anna : I see! That *makes sense.

Kenta : You are from New Zealand, right? [C].

Anna : *Generally, people from New Zealand have a different accent from people in other English-speaking countries like the U.S.A. and the U.K.

Kenta : Yeah, I thought so. But your English sounds very American.

Anna : It's been a long time since I moved here from New Zealand, so I think I lost my accent.

Kenta : I see. By the way, where in New Zealand are you from?

Anna : I'm from a city called Hamilton. Have you ever (ⓑ) of the city?

Kenta : Hmm, I don't think so. Where is it?

Anna : It's close to Auckland on the *north island.

Kenta : What's it like?

Anna : It's full of nature. We don't have an *ocean, but there is a big river called the Waikato River going through the city. Also, there is a zoo with a long history. We can see many kinds of animals.

Kenta : That sounds great. [D]

Anna : Please do!

（注） atmosphere：雰囲気　scenery：景色　accent：なまり　make sense：意味をなす
generally：一般的に　north：北の　ocean：大洋

(1) **A～Dの[　　]に入れるのに最も適切なものを，それぞれ１～４の中から一つずつ選びなさい。**

A　**1**　I don't feel homesick

2　I've become friends with you

3　you'll stay for another year

4　you're enjoying your time here

B　1　Can you tell me where you want to go
　　2　Can you tell me more about it
　　3　Can you tell me why you lived in Japan
　　4　Can you tell me some good points about your country

C　1　I don’t hear a strong accent
　　2　I don’t have a strong accent
　　3　I don’t know about strong accents
　　4　I don’t speak English with a strong accent

D　1　I want to visit your hometown in the future.
　　2　I want you to visit your hometown in the future.
　　3　Do you want to visit your hometown in the future?
　　4　Do you want me to visit your hometown in the future?

(2)　ⓐとⓑの（　　）に入れるのに最も適切な語を，それぞれ１～４の中から**一つずつ**選びなさい。

ⓐ　1　custom　　2　language　　3　people　　4　food
ⓑ　1　lived　　2　visited　　3　heard　　4　been

(3)　次の１～４の絵の中で，Hamilton 市について，この会話文で説明されているものとは**異なるものを一つ**選びなさい。

1
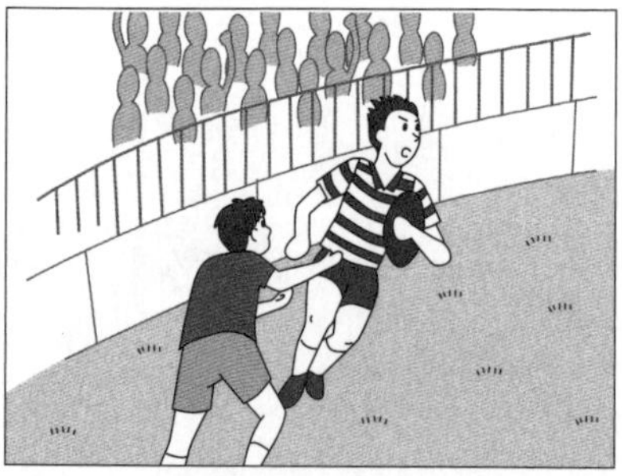

2

3

4

5 次の英文を読んで，あとの(1)，(2)の問いに答えなさい。

（＊のついた語（句）は注があります）

Today, a lot of people drink coffee as a daily drink. There are many ways to enjoy coffee, like with milk, hot coffee and so on.

When did people start drinking coffee? Some people believe that coffee was drunk first in *Ethiopia, but there are some other stories about who *discovered coffee first. The first *record about coffee was written in the 10th century, and it says that coffee was drunk as medicine. A doctor made soup from the *seeds of coffee *berries. He didn't call this soup coffee, but this was the first *form of coffee. He asked his patients to drink the soup as medicine, then, found that this drink could help people feel better.

Another famous coffee story is about a person named Omar. One day, he found birds eating some red berries on some trees. Because he was very hungry, he brought the berries back home and started eating them and also made soup from them. After he tried them, he started to feel *energized. There is also a story about a boy in Ethiopia named Kaldi. He also ate the red berries on some trees that he discovered, and he found that they made him feel better. After that, he gave the berries to *others. When they needed to work all night, they drank the soup of the berries to stay *awake.

Nobody knows *if these stories are true. However, one thing we can say is that coffee has a long history. *Unlike today, coffee was not drunk for *enjoyment at first, but it was *more likely drunk as medicine.

In the 13th century, they began to drink coffee as a drink, not as medicine. They even tried to *figure out a way to make the coffee have a better *taste. For example, people found that the drink was more delicious after *roasting the berries. In the 16th century, coffee spread to other countries such as India and then *Turkey. *Eventually it spread to Italy in Europe around 1600. Coffee trees were also *introduced to Europe, and they *ended up growing the trees *on their own. This is how they started making coffee in Europe.

How about Japan? Some people say that coffee was brought to Japan for the first time in the Edo *period. Japan closed the door to foreign countries then. Also, coffee was not popular at that time. In the Meiji *era, people started enjoying coffee. However, coffee was expensive, so not many Japanese people could buy it. *As foreign culture was introduced to Japan little by little, coffee also became more popular, and it got cheaper and easier to buy.

Today, the coffee *industry is very big. When you walk in the street, you can find a lot of coffee shops very easily. There are many ways to enjoy coffee because there are many kinds of *beans. You can find a cup of coffee for 100 yen, or you can even *pay 1,000 yen. It is interesting to think that coffee was first used as medicine, but *nowadays, people enjoy it just like they enjoy juice.

(注) Ethiopia：エチオピア　discover ～：～を発見する　record：記録　seed：種　berry：実
form：形　energized：やる気が出た　others：他人　awake：起きている
if ～：～かどうか　unlike ～：～とは異なり　enjoyment：楽しみ
more likely ～：どちらかというと～である　figure out ～：～がわかる　taste：味
roast ～：～をあぶる　Turkey：トルコ　eventually：最後には
introduce ～：～を持ち込む，～を紹介する　end up ～：結局～する　on one's own：自分で
period：時代　era：時代　as ～：～するにつれて　industry：産業　bean：豆
pay ～：～を支払う　nowadays：最近では

⑴　A～Eの問いに対する答えとして最も適切なものを，それぞれ1～4の中から**一つずつ**選びなさい。

A． How many stories about "who discovered coffee first" does the writer introduce?

1　Two.
2　Three.
3　Four.
4　Five.

B． How long did people drink coffee as medicine?

1　For some years.
2　For one hundred years.
3　For a century.
4　For a few centuries.

C. Which is not true about people who tried coffee?

1 They felt good.

2 They got more energy.

3 They stayed awake.

4 They had to go to the hospital.

D. Which is true about coffee brought to Japan?

1 People in the Edo period liked coffee because of its taste.

2 People in the Edo period began growing coffee trees on their own.

3 Coffee was liked by more people in the Meiji era than in the Edo period.

4 Coffee got cheaper in the Meiji era, but it was still hard to enjoy.

E. What countries did coffee as a drink spread to in this passage?

1 Turkey → India → Italy

2 India → Italy → Turkey

3 Italy → India → Turkey

4 India → Turkey → Italy

(2) 本文の内容に合う文を，次の１～７の中から三つ選びなさい。

1 A doctor named the soup he made “coffee” in the 10th century.

2 There is a book that says coffee came from Ethiopia.

3 Omar made soup from red berries to help sick people.

4 Kaldi felt better after eating the red berries others gave him.

5 Roasting the berries made coffee more delicious.

6 There are so many kinds of beans that we can enjoy coffee in different ways now.

7 Nowadays, coffee is sold at various prices.

【数　学】（50分）〈満点：100点〉

1　次の $\boxed{}$ にあてはまる数を答えなさい。

(1)　$5 \times (-3) - 4^2 \div \left(-\dfrac{2}{3}\right) = \boxed{\text{ア}}$

(2)　$6a - 12 \times \dfrac{a-2b}{3} = \boxed{\text{イ}}\,a + \boxed{\text{ウ}}\,b$

(3)　$(\sqrt{3}-1)(\sqrt{6}+\sqrt{2}) = \boxed{\text{エ}}\sqrt{\boxed{\text{オ}}}$

(4)　$2x(x+1)+(x+2)(7x+8)$ を因数分解した式は

$(\boxed{\text{カ}}\,x + \boxed{\text{キ}})^2$ である。

(5)　連立方程式 $\begin{cases} 5x - 4y = 2 \\ x - 0.9y = -0.3 \end{cases}$ の解は $x = \boxed{\text{ク}}$，$y = \boxed{\text{ケ}}$ である。

(6)　2次方程式 $(x-6)^2 - 12 = 0$ の解は $x = \boxed{\text{コ}} \pm \boxed{\text{サ}}\sqrt{\boxed{\text{シ}}}$ である。

2　次の［　　］にあてはまる数を答えなさい。

(1)　$n < \dfrac{30}{\sqrt{12}} < n + 1$ を満たす自然数 n の値は，$n =$ ［ア］ である。

(2)　2次方程式 $2x^2 - ax + a - 5 = 0$ の解の1つが $x = \dfrac{1}{2}$ のとき，もう1つの解は $x =$ ［イ］ である。

(3)　1次関数 $y = ax + b$ のグラフは，2直線 $y = 2x + 7$ と $y = -x + 10$ の交点を通り，x 軸と点 $(-2,\ 0)$ で交わる。このとき，$a =$ ［ウ］，$b =$ ［エ］ である。

(4)　箱の中に，赤玉，青玉，黄玉，白玉が1個ずつ入っている。この箱から玉を1個ずつ3回取り出し，取り出した順に一列に並べるとき，両端にある玉が赤玉と白玉である確率は $\dfrac{\text{オ}}{\text{カ}}$ である。ただし，取り出した玉は元に戻さないものとし，どの玉が取り出されることも同様に確からしいとする。

(5)　右の図で，3点A，B，Cは円Oの周上の点であり，AB∥COである。

$\angle$BOC $= 118^\circ$ のとき，$\angle$ACO $=$ ［キク］$^\circ$ である。

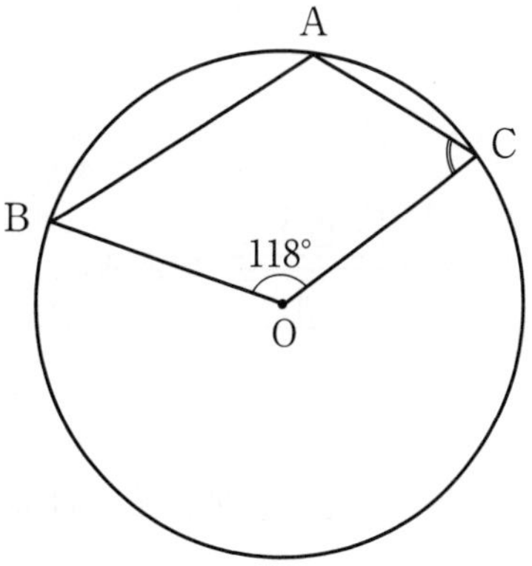

3 下の図のように，放物線 $y = \frac{1}{4}x^2$ と放物線 $y = ax^2$ $\left(a > \frac{1}{4}\right)$ がある。2 点 A，B は放物線 $y = \frac{1}{4}x^2$ 上の点であり，点 A の x 座標は -6，点 B の x 座標は 4 である。点 C は放物線 $y = ax^2$ 上の点であり，四角形 AOBC は平行四辺形である。また，線分 BC と y 軸との交点を D とする。

次の □ にあてはまる数を答えなさい。ただし，O は原点とする。

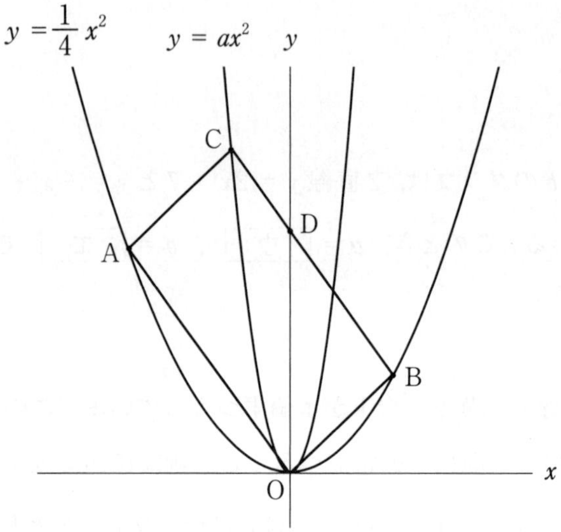

(1) 関数 $y = \frac{1}{4}x^2$ において，x の変域が $-4 \leqq x \leqq 2$ のとき，
y の変域は [ア] $\leqq y \leqq$ [イ] である。

(2) $a = \dfrac{\boxed{ウエ}}{\boxed{オ}}$ である。

(3) 点 D を通り，四角形 AOBC の面積を 2 等分する直線の傾きは，$\dfrac{\boxed{カ}}{\boxed{キ}}$ である。

4 右の図において，△ABCはAB = 5cm，AC = 3cm，BC = 4cm，∠ACB = 90°の直角三角形である。2点D，Eは辺AC上にあって点A，点Cと異なる点であり，AD = DE = ECである。また，点Dから辺ABにひいた垂線と辺ABとの交点をFとし，線分FDの延長線と辺BCの延長線との交点をGとする。直線BEと線分FGとの交点をHとする。

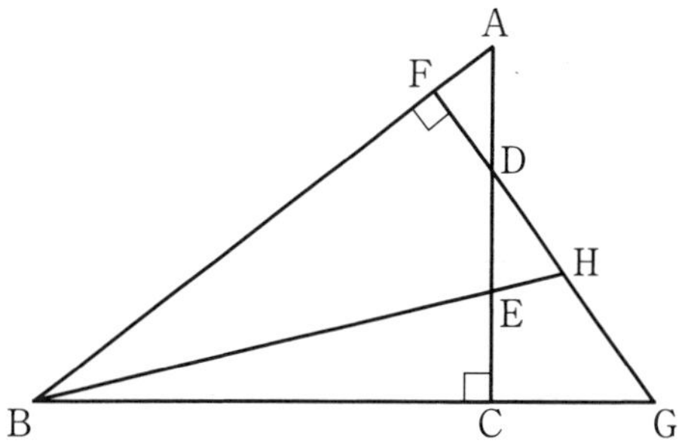

次の [　　] にあてはまる数を答えなさい。

(1) 線分AFの長さは $\dfrac{\boxed{ア}}{\boxed{イ}}$ cmである。

(2) 線分FDの長さと線分DGの長さの比を最も簡単な整数の比で表すと，
FD：DG = [ウ]：[エオ] である。

(3) △DEHの面積は $\dfrac{\boxed{カ}}{\boxed{キク}}$ cm^2 である。

5 **図1**は，AD = 10 cm，BC = 15 cm，AB = 13 cm，CD = 12 cm，∠C = ∠D = 90°の台形である。この台形を，辺DCを軸として1回転させたところ，**図2**のような立体ができた。線分AFは点Dを中心とする円の直径，線分BEは点Cを中心とする円の直径であり，AF∥BEである。

次の□にあてはまる数を答えなさい。ただし，円周率はπとする。

図1

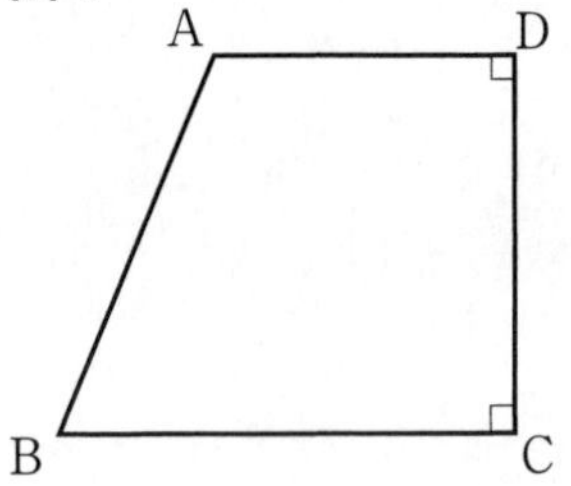

図2

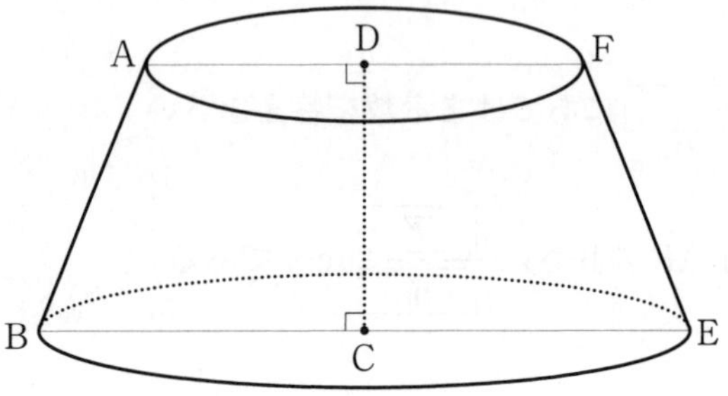

(1) **図1**において，点Cから辺ABに垂線をひくことができる。その交点をPとする。
このとき，線分CPの長さは，$\dfrac{\boxed{\text{アイウ}}}{\boxed{\text{エオ}}}$ cmである。

(2) **図2**の立体の体積は，$\boxed{\text{カキクケ}}$ π cm^3 である。

(3) **図2**の立体の表面積は，$\boxed{\text{コサシ}}$ π cm^2 である。

(5) この文章の内容に合うものとして最も適当なものを、次の1〜5の中から選びなさい。

1 堀河院は、見事だとうわさに聞いていた明宗の笛を聞くために策略を巡らしたが、結局のところ、明宗の笛を聞くことはできなかった。

2 明宗の笛を聞くための方策を考えていた堀河院は、明宗と親しくしている女性から助言をもらい、ついに明宗の笛を聞くことができた。

3 堀河院が自分の笛を手に入れようとしていることを知った明宗は、にせものの笛で見事な演奏をし、そのにせものを堀河院に献上した。

4 明宗の笛は、月の夜には恐ろしい音を奏でると言われており、その笛の音を実際に耳にした堀河院は、明宗が笛を吹くことを禁止した。

5 明宗の笛をこっそりと聞いていた堀河院は、ようやく聞くことのできた笛に深く心を打たれ、演奏の途中で明宗に賞賛の言葉をかけた。

(1) ――①「ゆゆしき心おくれの人」とは、どのような人のことか。最も適当なものを、次の1～5の中から選びなさい。

1 非常に頑固な人　2 素晴らしい才能を持つ人　3 とてものんびりとした人
4 ひどく臆病な人　5 大変古風な考えを持つ人

(2) ――②「本意なし」とあるが、ここでは、誰のどのような気持ちのことか。最も適当なものを、次の1～5の中から選びなさい。

1 堀河院の、明宗が高価な笛を自分に渡さなかったことに立腹する気持ち。
2 堀河院の、明宗の笛を聞くことができなかったことを残念に思う気持ち。
3 明宗の、堀河院の前で満足のいく笛を吹けなかったことを悔やむ気持ち。
4 明宗の、親しい女性に自分の笛の演奏を聞いてもらいたいと願う気持ち。
5 明宗の、自分の笛には本当の心がこもっていないと深く反省する気持ち。

(3) ――③「をかし」とあるが、何をどのように思う気持ちか。最も適当なものを、次の1～5の中から選びなさい。

1 明宗が、たいした理由もなく、ただ堀河院が自分の笛を聞いているというだけで慌てふためいたことを、滑稽だと思う気持ち。
2 始皇帝殺害を計画した秦舞陽と笛吹きの明宗には、相手を前にすると震えだすという共通点があることを、興味深いと思う気持ち。
3 親しい女性の前で笛を吹いた際に、縁側から転げ落ちるほど演奏に没頭していた生真面目な明宗を、愛らしいと思う気持ち。
4 始皇帝を見たとたんに顔色を変えたという秦舞陽の話を知った明宗が、秦舞陽と同じ反応をしていることを、面白いと思う気持ち。
5 笛を演奏してほしいという願いを断わった明宗の無礼な行いに対して、堀河院が寛大に許したことを、素晴らしいと思う気持ち。

(4) ――④「かやうのこと、上古のよき人も、力及ばぬことなり」とあるが、どういうことか。最も適当なものを、次の1～5の中から選びなさい。

1 音楽家として比類のない技術や才能を持つ人物であっても、音楽以外の分野では一流になれなかったということ。
2 音楽や和歌の分野で世に知られた人物であっても、十分な準備ができなければ技量を発揮できなかったということ。
3 歴史上の偉大な人物とされている堀河院や始皇帝であっても、その存在を好ましく思わない者がいたということ。
4 優れた才能をもつ人物や大きな決断をした人物であっても、何かのきっかけで平常心を失うことがあるということ。
5 実際には何の欠点もなかった人物であっても、書物の内容に誤りがあれば、後世に不名誉な逸話が残るということ。

四　次の文章を読んで、あとの⑴～⑸の問いに答えなさい。

堀河院《ほりかはゐん》の御時、*1勘解由次官《かげゆのすけ》明宗《あきむね》とて、いみじき笛吹きありけり。①ゆゆしき心おくれの人なり。院、笛聞こしめされむとて、召したりける時、帝《みかど》の御前と思ふに、臆して、わななきて、え吹かざりけり。

②本意《ほい》なしとて、相知れりける女房《明宗と親しい女性》に仰《おほ》せられて、「私に坪の辺《ほと》りに呼びて《個人的に坪庭のあたりに呼び出して》、吹かせよ。われ、立ち聞かむ」と仰せありければ、月の夜、かたらひ契《ちぎ》りて《約束を交わして》、吹かせけり。「女房の聞く《女性だけが聞いている》」と思ふに、はばかるかたなくて思ふさまに吹きける。世にたぐひなく、めでたかりけり。帝、感に堪へさせ給《たま》はず、「日ごろ、上手とは聞こしめしつれども、かくほどまでは思《おぼ》しめさず。いとどこそめでたけれ」と仰せ出《いだ》されたるに、「さは《さては》、帝の聞こしめしけるよ」と、たちまち臆して、さわぎけるほどに、縁より落ちにけり《縁側から庭に転げ落ちた》。「*2安楽塩《あんらくえん》」といふ異名を付きにけり。

昔、*3秦舞陽《しんぶやう》が始皇帝を瞻奉《みたてまつ》りて《見たとたんに》、色変じ、身ふるひたりけるは、逆心をつつみえざりける《始皇帝殺害の意志を包み隠せなかった》ゆゑなり。明宗、なにによりて、さしもあわてけると、③をかし。

*4天徳《てんとく》の歌合《うたあはせ》に、*5博雅三位《はくがのさんみ》、*6講師《かうじ》つとむるに、ある歌を読みあやまりて、色変じ、声ふるひける由《よし》、かの時の記《その時代の書物》に見えたり。④かやうのこと、上古のよき人《昔の立派な人》も、力及ばぬことなり。

（『十訓抄』）

（注）
*1　勘解由次官…地方行政にあたる役人の審査をする官職の副官。
*2　安楽塩…楽曲の名前。「あな、落縁《らくえん》」に掛けられている。
*3　秦舞陽…戦国時代のころの中国の人物。
*4　天徳の歌合…天徳四年（九六〇年）に村上天皇の内裏で行われた、和歌の優劣を競う集まり。
*5　博雅三位…平安時代中期に琵琶《びわ》や笛の名人として知られた人物。
*6　講師…歌合の際に、出された和歌を読み上げる役。

(5) ——④「息を呑んで写真を凝視するだけの赤緒にはっちが慌てたように言った」とあるが、このときのはっちの様子として最も適当なものを、次の**1**～**5**の中から選びなさい。

1 赤緒が中学時代の一件を今でも根に持っていることがわかり、新人戦の写真を撮ったことを後悔している。

2 赤緒に悔しい気持ちを思い出させてしまったのではないかと不安になり、赤緒を落ち着かせようとしている。

3 赤緒との関係がようやく修復されそうだったのに、再び険悪な雰囲気になってしまい、動揺している。

4 赤緒の泣き顔を撮ったことで、赤緒の気分を害してしまったかもしれないと思い、うろたえている。

5 赤緒の反応から、今なら自分の主張を受け入れてもらえると考え、機会を逃すまいと気負っている。

(6) ——⑤「ほんっとはっちは頑固やのぉ」とあるが、このときの赤緒の気持ちとして最も適当なものを、次の**1**～**5**の中から選びなさい。

1 はっちが海外に行くことを知り、はっちが自分の写真を撮ってくれる機会もなくなるだろうと思うとともに、はっちへの感謝の気持ちが強まっている。

2 泣き顔の写真はひたむきにテニスに向き合ってきた赤緒の努力や思いが見る人に伝わるようなとてもいい写真だという、はっちの強い思いに根負けしている。

3 大勢の前で取り乱す自分の写真をはっちに見せられたことで、中学時代にはっちに感情をぶつけたときの自分のひどい顔が思い出されて反省している。

4 集中した凛々しい顔つきを見せる試合中の写真よりも、悔しさや喜びを率直に表した試合後の写真こそがいい写真だというはっちの主張に共感している。

5 高校の新人戦のときの泣き顔と、中学三年のときの泣き顔は繋がっているというはっちの言葉に感動し、中学時代に激怒したことを謝ろうと思っている。

(7) この文章の内容と表現について説明したものとして最も適当なものを、次の**1**～**5**の中から選びなさい。

1 はっち、高杉、赤緒の三人がお互いに支え合いながら夢に向かって努力する姿を、会話のやりとりを中心に描いている。

2 はっちと赤緒が中学時代の自分の非をお互いに認めて和解していく様子を、季節の変化に重ねながら淡々と描いている。

3 テニスで女王と呼ばれている赤緒が、中学時代からの友人たちに本心を打ち明ける姿を、はっちの視点から描いている。

4 赤緒が中学三年のときの惨敗を乗り越えて新人戦で優勝するまでの過程を、はっちの撮った写真に重ねながら描いている。

5 はっちの撮った写真を通して、はっちと赤緒の友情が修復されていく様子を、第三者的な立場の高杉の視点で描いている。

1 寝耳に水だった　　2 手前味噌《みそ》だった　　3 怪我《けが》の巧妙だった
4 立て板に水だった　　5 青菜に塩だった

(3) ――②「垢抜けない印象だった彼女がキラキラして見えた」とあるが、高杉がそのように感じたのはなぜか。最も適当なものを、次の1～5の中から選びなさい。

1 大きな夢のために思い切った決断をしたはっちが、友人に会えなくなることをまったく気にしていない様子を見て、意志の強さが伝わってきたから。
2 はっちの父親が新聞社に勤めるカメラマンであることを初めて知り、カメラマンになりたいというはっちの夢が叶う可能性が高いとわかったから。
3 はっちが父親のお下がりであるフィルムカメラを使い続けていたのは、自分もカメラマンになりたいという大きな夢があったからだと気づいたから。
4 はっきりとした計画もない状態で自分の夢を追って高校を休学し、世界をまわるという決断をしたはっちの思い切りのよさに、感心したから。
5 海外で活躍するカメラマンになるという大きな夢を何の気負いもなく語るはっちの姿に、自分にはない冒険心を感じ、はっちが遠い存在に感じたから。

(4) ――③「手もとで一枚ずつ写真をめくる赤緒の顔をはっちが不安そうに窺っている」とあるが、はっちが「不安そうに窺っている」のはなぜか。その理由として最も適当なものを、次の1～5の中から選びなさい。

1 自分の撮った写真を赤緒に渡せたことは嬉しかったが、中学時代よりも力強さと華やかさを備えた赤緒のプレー姿をきちんと撮影できているかどうか自信がなかったから。
2 中学時代に自分のことを否定する態度を示した赤緒の試合のスケジュールを調べ、勝手に写真を撮りに行った自分の行為を、高杉に責められるのではないかと思っていたから。
3 自分が勝手に試合会場に行って撮った春季ジュニアの写真をめくっていく赤緒の様子を見て、中学時代のように赤緒を怒らせてしまうかもしれないと心配だったから。
4 中学時代に赤緒に激怒されたときに撮った泣き顔写真と、今回こっそりと撮った凛々しい姿の写真には、似ている部分があることを赤緒が理解できるか気がかりだったから。
5 赤緒の号泣写真を勝手に壁新聞に載せた一件以来、泣き顔の写真は撮らないようにしてきたが、美しいだけの写真には魅力を感じず、上手く撮れないことに困惑していたから。

二人の頭の上から高杉が呟くと赤緒が驚いた顔を向けてきた。はっちもはっとしたように顔をあげた。
胸にこみあげてくるものを感じながら高杉は写真を見下ろす。知らなかった――メールで軽くお祝いを言ったときには赤緒からも淡泊な返事が返ってきただけだったから。この写真を見なければ知ることはできなかっただろう――「こんなに、嬉《うれ》しかったんやな……」
あのとき一人きりでコートにぶつけた感情を、自分だけの胸に刻みつけ、不屈の根性で這《は》いあがってきて、摑《つか》み取った一勝だ。【エ】
「おまえが一年間向きあってきたもんが、ここに詰まってる。いい写真やと思うぞ。この写真も、中三んときの写真も……」
目を見開いてこちらを見あげている赤緒の顔をちらりと見て、照れ笑いを浮かべつつ。
「仲間として、おれが誇りに思う赤緒梓や」
赤緒が顔を伏せて再び写真に目を落とした。【オ】
「……ひっどい顔や。ただの三位やのに、あほみたいに取り乱して」
とまた吐き捨てる。しかし笑うような息を小さく漏らし、
「ほやけど、最っ高に気持ちよかったんやー……。この顔と、あのときの顔と、繋《つな》がってるんやの……」
あの日のことを思いだして噛《か》みしめるように呟いた。
「⑤ほんっとはっちは頑固やのぉ。さすがに梓も負けたわ。……中学んとき……ごめん」
ぽつりとした声とともに、写真を持った赤緒の指の上に、ぽつりと一つ涙が落ちた。
ずっと不安なまなざしで赤緒を見つめていたはっちが、ほっとしたようにくしゃっと表情を崩した。写真を持ったまま赤緒が両手をはっちの首にまわして抱きしめた。大きな荷物と赤緒のあいだに挟まれた小さいはっちが、泣き笑いの顔で首を振った。

（壁井ユカコ『空への助走』）

（注）＊1 逡巡した…ためらった。
＊2 ひっで…「非常に」という意味の方言。
＊3 精悍…力強く鋭い様子。
＊4 見せてえんよ…「見せてないよ」という意味の方言。

(1) 本文には、次の一文が抜けています。これを入れる位置として最も適当なものを、次の1～5の中から選びなさい。
激戦をもぎ取った赤緒の顔には満足しきったような、しかし礼節を忘れない抑えた笑みが乗っていた。
1 【ア】　2 【イ】　3 【ウ】　4 【エ】　5 【オ】

(2) ――①「想像もしていなかった」とあるが、この部分を慣用句を用いて置き換えた表現として最も適当なものを、次の1～5の中から選びなさい。

鍛えられた両脚をしっかりと開いて人工芝のコートを踏みしめ、集中した顔つきでラケットを構える姿。唇をすぼめて気を吐きながらオーバーヘッドサーブを放つ姿。構えの一つ一つ、プレーの一瞬一瞬で凛々《りり》しい表情を見せる赤緒が、どの写真にも捉えられていた。

④ではなく③手もとで一枚ずつ写真をめくる赤緒の顔をはっちが不安そうに窺《うかが》っている。硬かった赤緒の表情がすこしずつほぐれていき、唇に微笑《びしょう》が浮かぶ。【イ】

「やっぱりはっちが撮ってくれる梓《あずさ》が一番美人やなあ……」

なんて、半分自画自賛の呟きがその唇から漏れた。

はっちが赤緒の号泣《ごうきゅう》写真を壁新聞に載せて激怒された一件以来、高杉もひさしぶりにはっちが撮った赤緒の写真を見た。高校生になってから赤緒がテニスをしている姿を見るのは初めてだったが、中学時代以上に力強さと華やかさを備えたそのプレー姿は、間違いなく女王にふさわしかった。やはり赤緒には〝一番〟が似合う。

めくった写真を眺めては一番下に送るという作業を数枚続けたところで、赤緒がなにかに気づいて一度手をとめた。

「これ……春のと違う。新人戦や。はっち新人戦も来てたんか……?」

そこまでの写真とはたしかに違う会場のようだった。なにより四月のやわらかな陽射しとはその角度と強さが明確に違う。夏場のぎらつく陽射しの下で、サンバイザーの陰になっていても赤緒の顔が*3精悍《せいかん》な色に焼けているのがわかる。

九月の新人戦の三位決定戦だ——写っている対戦相手のユニフォームを見て高杉もピンと来た。

次の写真はネット越しに対戦相手と握手を交わしている姿だった。両者譲らずゲームを奪《と》りあい、タイブレークにもつれ込む長試合だったと聞いていた。【ウ】

次の一枚をめくった瞬間、赤緒の指がびくりと固まった。

握手を終えて相手と互いに背を向け、コートを離れるところを写したものだった。

赤緒が立ちどまり、空を仰いで泣いていた。おそらく見ている人々も大勢いるだろうに、堪えきれなくなったように——ラケットを持った手をだらりと下げ、天に向かって雄叫《おたけ》びをあげるかのように口をいっぱいに開き、大粒の涙をぼろぼろと頰《ほお》につたわせて大泣きしていた。中三の惨敗のときの写真と同じく見る影もないほど不細工な顔で、けれど今度は悔し涙ではない涙を流していた。

「あっ、誰にも見せてえんよ*4」

④息を呑《の》んで写真を凝視するだけの赤緒にはっちが慌てたように言った。

「ほやけどわたしはこれ、いい写真やと思う。ほんとはみんなに見て欲しい……」

上目遣いに赤緒の顔色を窺いながら、怖々と、けれど頑固にあのときと同じ主張を繰り返した。

「……ひどい顔やな」

吐き捨てるように赤緒が言った。

「ひっどい顔。最悪」

「いい写真やな」

三　次の文章を読んで、あとの(1)～(7)の問いに答えなさい。

高校卒業まではだいたいみんな地元にいるものと思っていた。学校が違っても地元にいれば顔をあわせることはあるし、どうせ県内で若者が行く場所なんて限られている。会う機会はいくらでもあるだろうと気軽な感覚でいた。――その猶予《ゆうよ》が突然消失するなんて、①想像もしていなかった。

はっちの父親がカメラマンで、新聞社に勤めているというのは聞いたことがあった。しかしずっと単身赴任で東京の支社に行っていたことは二週間前に寺川《てらかわ》に聞いて初めて知った。はっちが父親のお下がりだというフィルムカメラにこだわりを持って使い続けていたのには、一緒に暮らせない父親への想いも何割かはあったのかもしれない。

その父親がフリーに転身して海外に赴くというので、父親のもとでカメラの勉強をしつつ自分も世界をまわりたいと、はっちもついていくことにしたらしい。退学ではなくて休学に落ち着いたらしいが、それにしても思い切った決断だ。

「海外っつっても、どこ行くんや？」

「東京でお父さんと合流して、ちょっとのあいだ東京にいると思うけど、五月から中国行くんやって。あとのことはまだわからんけど、まずはアジアまわるんやと思う」

「わからんって……すげぇな」

けっこうあっけらかんとしたはっちの言い方に唖然《あぜん》とした。その種の冒険心は高杉《たかすぎ》にはないものだ。

小さい身体に、背負ったリュックサックに負けないほどの大きな夢が、今、いっぱいに詰まっていた。②垢《あか》抜けない印象だった彼女がキラキラして見えた。

「赤緒《あかお》ちゃんに会えたら、渡したいもんがあったんや」

はっちがカメラバッグを引き寄せて外ポケットからなにかを引きだした。

数枚の写真だった。

「春季ジュニアのなんやけど」

「春季ジュニアって、こないだのけ？」

高杉のほうが驚いて口を挟んだ。高杉が気にもしていなかった赤緒の試合のスケジュールをはっちはわざわざ調べて会場に足を運んでいたのか。

尋慶《じんけい》女子テニス部の統一感のあるユニフォームに身を包み、サンバイザーをきりりとかぶった赤緒の姿が写真の中に見えた。春先の試合だったからか、焼けてはいるが真夏よりはやや色の薄い脚が淡いクリーム色のスコートから伸びている。【ア】

「はっち、撮りに来てたの……？」

赤緒も驚いたように呟《つぶや》き、ひととき*1逡巡《しゅんじゅん》したものの、高杉の横にでてきて気まずそうな手つきで写真を受け取った。

「勝手に行ってもてごめんなさい……。優勝おめでとう。すごいよ。*2ひっですごいって思ったよ」

(5) ――④「放送は、この時期の社会の動き全体の波頭のような意味を持つにすぎない」とあるが、筆者はどのようなことを言おうとしているのか。最も適当なものを、次の**1**～**5**の中から選びなさい。

1 放送の領域で顕著に見られた社会の「大衆化」現象は、放送以外の領域でも同時に進んでいたということ。
2 放送の領域は、放送以外の社会的な領域とは異なる特殊な形で「大衆化」を押し進めていったということ。
3 放送の領域から始まった「大衆化」現象が放送以外の領域に広がるまでには、時間がかかったということ。
4 放送の領域を「大衆化」させた革新的な技術が、自動車や写真などの領域に応用されていったということ。
5 放送の領域よりも自動車や写真などの領域のほうが、社会の「大衆化」への影響が大きかったということ。

(6) ――⑤「経済的な制度もまた、この動きに加担した」とあるが、どういうことか。最も適当なものを、次の**1**～**5**の中から選びなさい。

1 資本主義的な市場の原理が、他人の権利を著しく侵害することを原則的に禁じたことで、社会全体の「大衆化」が加速したということ。
2 資本主義的な市場の原理が、自然を利用して人間の欲望を最大限に実現することを善としたことで、人間の欲望が加速したということ。
3 資本主義的な市場の原理が、社会全体の「大衆化」の動きに干渉することで、製品や商品の高性能化と低価格化が加速したということ。
4 資本主義的な市場の原理が、大衆と呼ばれる生活者のなかに「需要」を生み出していくことで、近代技術の発展が加速したということ。
5 資本主義的な市場の原理が、供給する側の競争を促進することで、生活者一人一人が様々な欲望をかなえる動きが加速したということ。

(7) この文章の内容や展開の説明として最も適当なものを、次の**1**～**5**の中から選びなさい。

1 電気産業の発展の歴史に具体的に触れながら、現代の「大衆」の生活に欠かせない技術の土台を築いたエディソンの功績について、客観的に論じている。
2 生活空間の「大衆化」という視点を中心に据えながら、近代技術がもたらした生活者の欲望や希望の在り方の変化について、具体例を交えて論じている。
3 メディアや交通手段が発展した経緯を示しながら、一般生活者を「大衆」として一まとめに扱うことの弊害について、欧米と日本を対比して論じている。
4 「大衆化」現象の内実を考察しながら、個々の生活者が己の欲望をかなえる権利を保障した現代のイデオロギーの在り方について、批判的に論じている。
5 一九世紀末から二〇世紀前半にかけての「大衆」の生活の変化を分析しながら、現代人に求められる生活の姿勢について、経済学の視点から論じている。

5　軽工業から重工業へと移行していった近代産業技術の発展によって、生活空間が変容した一般の人たちの中に特別なグループが生まれ、「大衆」という新しい社会層が生まれた。

(3)　――②「かつて活字文化もそうであった、という言い分は、妥当性を欠いている」とあるが、筆者がこのように述べるのはなぜか。最も適当なものを、次の1～5の中から選びなさい。

1　「放送」以前の活字文化は、工場労働者、資本家、作家、音楽家といった区別を明確に分節化しており、対象者を「大衆」という呼び名で一まとめに扱ったわけではなかったから。

2　「放送」以前の活字文化は、原則的に不特定多数でのっぺらぼうの「大衆」を前提として初めて成立するものであり、対象となる社会層を限定したフランスは特殊な例であるから。

3　「放送」以前の活字文化、とりわけ二〇世紀初頭までのヨーロッパにおける活字メディアは厳重に管理された特殊な言葉のみを扱い、抽象的で中身のない言葉は扱わなかったから。

4　「放送」以前の活字文化が対象として想定していたのは、知識人という特定の社会層であり、個性や特性を一切捨象した不特定多数の存在を対象としていたわけではなかったから。

5　「放送」以前の活字文化は、それなりの教育を受けた特別な社会層だけが知識を発信できたものであり、不特定多数の人が「広く投げかける」ことができたわけではなかったから。

(4)　――③「ラジオ放送」とあるが、ラジオについて筆者はどのように述べているか。その内容として最も適当なものを、次の1～5の中から選びなさい。

1　ラジオは、内容が一方的に放送局から送られてくる点では他の「放送」と同じであるが、現在でも基本的には一対一の通信手段として利用されている点では他の「放送」と全く異なる媒体である。

2　ラジオは、第一次世界大戦における戦場で個人どうしをつなぐ通信の技術として利用されたが、後に、不特定多数の相手に伝えられる通信手段として、「放送」という技術革新の出発点となった。

3　ラジオは、その需要が第一次世界大戦における戦場に求められた時代から、特性の全くわからない不特定多数を対象としていた通信手段であり、「放送」というアイディアの原点であると言える。

4　ラジオは、基本的には戦場で必要とされた通信手段であったため、敵側に周波数を合致させられないための技術を発展させる必要があり、そのことが後の放送技術の進展へとつながっていった。

5　ラジオは、もともとは第一次世界大戦における戦場で、戦争の手段の一つとして使われたものであったため、放送技術が進展する過程の中で、平和を求める「大衆」から敬遠されるようになった。

（注）＊1　市民ラジオ…個人が手軽に利用できる、短距離の音声通信用無線システム。
＊2　技術におけるイノヴェーション…技術革新。
＊3　露払い…貴人の先に立って道を開くこと。また、その役を務める人。
＊4　金満家…お金持ち。
＊5　御者…動物を動力とする馬車などの乗り物で、動物を操る人。
＊6　厩舎…家畜を飼うための小屋や施設。
＊7　T型フォード…アメリカ合衆国のフォード・モーター社が開発した自動車。
＊8　イデオロギー…人間の行動を左右する、根本的な物の考え方の体系。政治思想、社会思想。
＊9　能う限り…可能な限り。
＊10　掣肘を被る…他者に干渉されて自由な行動を妨げられること。

(1)　（ a ）～（ d ）に入る語の組み合わせとして最も適当なものを、次の1～5の中から選びなさい。

1　a　たとえば　b　したがって　c　一方で　d　同じく
2　a　あるいは　b　それでも　c　特に　d　だから
3　a　つまり　b　なぜなら　c　または　d　すると
4　a　そして　b　むしろ　c　すなわち　d　しかし
5　a　とりわけ　b　ただし　c　要するに　d　さらに

(2)　――①「『大衆』とは新しい社会層である」とあるが、「大衆」という新しい社会層が生まれた経緯について、筆者はどのように述べているか。最も適当なものを、次の1～5の中から選びなさい。

1　生活そのものに関わってくる新しい「文明の利器」と呼ばれる技術的成果が社会に浸透し、一人一人の生活から個性が失われていったことで、「大衆」という新しい社会層が生まれた。
2　近代産業技術が鉄鋼業の興隆を迎え、鉄鋼業の製品が一般の人々の生活を変える一方で、その技術が大規模な建造物に吸収されるようになり、「大衆」という新しい社会層が生まれた。
3　電気・電力関係の技術の進歩によって、従来は一まとめにできなかった一般の生活者を、他の社会の構成員と一まとめに扱えるようになり、「大衆」という新しい社会層が生まれた。
4　十九世紀末に特別なグループや特別な性格づけを持った個人の集合が誕生し、その活動体が新しいスタンスの働きかけをするようになり、「大衆」という新しい社会層が生まれた。

あることに気付かれたときに、〈broadcasting〉というアイディアが生まれたのであった。

このときの伝えられる対象は、伝える側からすれば、顔の見えない、どのような特性を持つか、全くわからないような不特定多数、（ c ）「大衆」ということになったのである。

二〇世紀初頭に始まるこのような「大衆」の出現は、放送の領域に限ったわけではなかった。④放送は、この時期の社会の動き全体の波頭のような意味を持つにすぎない。ほとんどあらゆる社会の現場で、「大衆化」現象が起こった。そして、そこには常に*2技術におけるイノヴェーションが介在していた。

例えばすでに述べた自動車がそうである。もともと、自動車は趣味のものとして出発した。初期の自動車は、馬車よりも遅く、アメリカでは「赤旗《あかはた》条例」というような条例が布《し》かれた地域もあったほどである。この条例は、自動車が往来を通行するときは、その前を赤旗を持った人間が、*3露払いのように旗を振りながら先導しなければならない、というもので、当時、往来の王者であった馬を驚かせないための措置だった。一方、交通の主役の馬車を自分で持つということは、特にヨーロッパ大陸では、貴族や*4金満家以外にはとうてい望めないことだった。*5御者を常時雇い、*6厩舎《きゅうしゃ》を経営し、馬を飼い、というようなことは、とても一般の生活者に望めることではなかった。すでに述べたように、そうした時代の生活空間は、馬車を所有する、というような望みを、一般の生活者が持つことを本来的に禁じていた、と言うことができよう。

（ d ）、*7T型フォードの出現は、この禁制を打ち破ったことになる。一般の生活者が、特定の社会階級の人々のみに許されてきたある種の特権を享受できる機会を、技術的進歩によって与えられることになったのであった。

同じことが写真についても言えるだろう。貴族ならば、自分の家族や祖先の肖像を、画家に頼んで描かせることができる。しかし、一般の生活者に、そのような望みを抱く余地は全くなかった。しかし、イーストマンの発明になる小型写真機とそれに関連するフィルムなどの一連の技術開発は、この望むべくもなかった望みを、一般の生活者に簡単に実現させることに成功した。

こうして眺めてみると、二〇世紀前半に欧米や近代化に踏み切った地域では、技術が、一般の生活者の生活のスタイルを変えたばかりではなく、欲望や希求の在り方を根本的に変えたという点が浮かび上がってくる。

近代化の建前として、社会の構成員が、他人の権利を著しく侵害しない限り、己の欲するところを最大限に実現し得る、という権利が保障されている、という原則が立てられたことはすでに述べた。文明の*8イデオロギーに従えば、人間は自らの欲し望むところを、自然から*9能《あた》う限り引き出すことを善と見なすことができることになる、という点もすでに述べた通りである。

そして今、「大衆化」という社会全体の動きのなかで、生活者一人一人は、もはや生活空間からいわれなき*10掣肘《せいちゅう》を被ることなく、これまで望んでもできず、あるいは望むことさえ禁じられてきた様々な欲望を、近代技術がかなえてくれることを知ったのである。

⑤経済的な制度もまた、この動きに加担した。資本主義的な市場の原理は、大衆と呼ばれる生活者のなかの「需要」に応えることを一義とし、需要に見合う供給において、製品や商品の性能、価格などの競争を、正当かつ必要なものとした。生活者は、自らの欲するものを、手に入れることができるようになった。

（村上陽一郎『文化としての科学／技術』）

二　次の文章を読んで、あとの(1)〜(7)の問いに答えなさい。

電灯、蓄音機、映画など生活者の生活そのものに関わってくる新しい「文明の利器」と呼ばれる技術的成果、（　a　）、そうした成果を成り立たせる基本である電力の集中供給システムなど、電気産業と呼ばれるもののほとんどすべての出発点を用意したのがエディソンであったことはよく知られている。

ここではしかし、その技術的な内容よりも、それらがもたらした生活空間の変容について語ることにしたい。

確かに近代産業技術の発展は、初期の軽工業から、次第に重工業へと移行し、一九世紀末には、鉄鋼業の興隆を迎えた。鉄鋼業の製品は、間接的には、大衆の生活を変えたが、直接的には、造船・造艦《ぞうかん》、鉄道、橋梁《きょうりょう》、大規模な建造物などに吸収されるのが通常のルートであった。しかし、電力・電気関係の技術の進歩は、その成果が、文字通り「大衆」と呼ばれる新しい生活者層をつくり出し、かつ彼らに奉仕する役割を果たし始めた。

①「大衆」とは新しい社会層である、と書いた。もちろん一九世紀までにも、一般の生活者は存在した。しかし、彼らは「大衆」という形で、一まとめに扱うことのできるような社会層ではなかった。というよりも、ここで「大衆」が誕生したというのは、社会の構成員のなかに、「大衆」と呼ばれる特別なグループ、特別な性格づけを持った個人の集合が誕生したことを意味するわけではない。（　b　）、生活者一般を対象としてある活動体が働きかけるときにとられる新しい姿勢、新しいスタンスこそが、「大衆」の創生と結びついていると考えるべきだろう。つまり「大衆」として社会の構成員、生活者を一まとめに扱う、その扱い方が、従来にはなかった新しい生活者の扱い方であり、それが「大衆」という社会層を生み出したものなのである。

その最もよい例が「放送」という技術革新である。書くまでもないが、放送に当たる英語は〈broadcasting〉である。直訳すれば「広く投げかける」ことである。放送の対象になる個人は、一人一人として取り出したときには、工場労働者であったり、資本家であったり、作家であったり、音楽家であったり、……つまり「大衆」という呼び名で十把一《じっぱひと》からげにされるような存在ではない。しかし、放送という概念は、聴取者のそうした個性や特性を一切捨象した、不特定多数の、抽象的かつのっぺらぼうの「大衆」という存在を前提にして、初めて成立するものと言わなければならない。

②かつて活字文化もそうであった、という言い分は、妥当性を欠いている。何故《なぜ》なら、とりわけ二〇世紀初頭までのヨーロッパにおける活字メディアは、決して不特定多数の抽象的かつのっぺらぼうの「大衆」を想定はしていなかったのであって、知識人という明確に分節化された社会層だけが対象であったからである。フランスにおいて典型的なように、ヨーロッパでは、多かれ少なかれ、書き言葉は厳重に管理された特殊な言葉であり、それを操ることができるのは、それなりの教育を受けた特別な社会層に限られていたからである。

しかし③ラジオ放送は全く異なった媒体であった。内容は一方的に放送局から送られてくる。放送技術の進展はそれ自体興味深い過程を辿《たど》っている。もともとラジオという技術は、現在*1「市民ラジオ」などという言い方のなかに残っているような、個人どうしをつなぐ通信の一形態として出発した。しかも、その需要は、基本的には第一次世界大戦における戦場に求められた。最前線に貼りついた監視兵と、後方の味方の大砲の陣地との間で、着弾状況の報告や照準の修正のために使われた通信手段が、ラジオという存在を支えたのであった。

ここでは、ラジオは一対一の通信手段であった。しかし、この技術は、周波数さえ合致させられれば、「誰にでも」伝えられる通信手段でも

(4) 次のa～dのことわざの意味を、あとの1～5の中から一つずつ選んだとき、残るものはどれか。

a 敵は本能寺にあり　b 出る杭は打たれる　c 縁の下の力持ち　d 虎穴に入らずんば虎子を得ず

1 危険を冒さなければ大きな利益は得られないこと。
2 真の目的は今やっているものとは別のところにあるということ。
3 物事はその道の専門家にまかせるのがよいということ。
4 人の目につかないところで他人のために努力すること。
5 才能がある人は人にねたまれたり憎まれたりしやすいということ。

(5) 次の漢文を「乃《すなは》ち身を労《ろう》し思《おもひ》を焦《こが》し、外に居《を》ること十三年、家門を過ぐれども敢《あへ》て入らず。」と読むとき、返り点が正しくつけられているものを、あとの1～5の中から選びなさい。

乃労身焦思、居外十三年、過家門不《ず》敢入。

1 乃労㆓身焦思㆒、居㆑外十三年、過㆑家門不㆑敢㆑入。
2 乃労㆑身焦㆑思、居外㆓十三年㆒、過㆑家㆑門不㆓敢入㆒。
3 乃労㆑身焦㆑思、居㆑外十三年、過㆓家門㆒不㆑敢㆑入。
4 乃労㆓身焦思㆒、居外㆓十三年㆒、過㆑家門不㆑敢㆑入㆒。
5 乃労㆑身焦㆑思、居㆑外十三年、過㆓家門㆒不㆓敢入㆒。

(6) 次の文中に、付属語はいくつあるか。あとの1～5の中から選びなさい。

用事を済ませた後は、図書館で本を読んで過ごす予定だ。

1 四つ　2 五つ　3 六つ　4 七つ　5 八つ

二〇二二年度 水城高等学校

【国語】（五〇分）〈満点：一〇〇点〉

一 次の(1)～(6)の問いに答えなさい。

(1) 次のア・イの傍線を付したカタカナの部分と同じ漢字を用いるものを、あとの1～4の中からそれぞれ一つずつ選びなさい。

ア ノウシュクしたリンゴジュース。

1 色のノウタンをつける。　2 ノウギョウ体験を行う。

3 荷物をシュウノウする。　4 クノウを乗り越える。

イ ショウヒ電力を削減する。

1 畑にヒリョウをまく。　2 時間をロウヒする。

3 山奥のヒキョウを訪れる。　4 長年のヒガンを達成する。

(2) 「遮」の訓読みとして正しいものを、次の1～5の中から選びなさい。

1 ふさ（ぐ）　2 あざけ（る）　3 さえぎ（る）　4 は（がす）　5 やわ（らぐ）

(3) 次の熟語と構成（文字と文字の結びつき・関係）が同じ熟語を、あとの1～5の中から選びなさい。

呼応

1 骨折　2 因果　3 予定　4 豊富　5 登校

英語解答

1 A (1)…4 (2)…3 (3)…1

B (1)…2 (2)…3 (3)…1

C (1)…3 (2)…1

2 A (1)…1 (2)…3 (3)…4 (4)…1

(5)…3

B (1) 2番目…3 4番目…4

(2) 2番目…5 4番目…1

(3) 2番目…1 4番目…2

3 (1) 2 (2) 1 (3) 3

4 (1) A…4 B…2 C…1 D…1

(2) ⓐ…2 ⓑ…3 (3) 1

5 (1) A…2 B…4 C…4 D…3

E…4

(2) 5, 6, 7

1〔音声総合・語句解釈〕

A＜単語の発音＞

(1) 1. young[ʌ] 2. cousin[ʌ] 3. country[ʌ] 4. around[au]

(2) 1. build[i] 2. image[i] 3. rise[ai] 4. women[i]

(3) 1. laugh[f] 2. through[黙字] 3. bought[黙字] 4. thought[黙字]

B＜単語のアクセント＞

(1) 1. ad-více 2. tíck-et 3. pro-téct 4. to-níght

(2) 1. Áf-ri-ca 2. ín-ter-view 3. vi-o-lín 4. hól-i-day

(3) 1. pop-u-lá-tion 2. Ján-u-ar-y 3. néc-es-sar-y 4. sú-per-mar-ket

C＜語句解釈＞

(1)A：折り紙で猫を折ろうとしているんだけど，難しくて。手伝ってくれる？／B：手伝えないと思う。私は不器用だから。／A：そっか。じゃあ，他の人に頼むよ。//この後，Aは「他の人に頼む」と言っていることから判断できる。つまり，Bは「それをつくるのが得意ではない」のである。thumb は「親指」という意味。親指は細かい作業ができないことから be all thumbs で「不器用な」という意味になる。

(2)A：明日，私に会いにうちに来ない？ 久しぶりだよね。／B：そうだね，でも，またの機会にするよ。しなきゃいけない仕事がたくさんあるから。／A：わかった，来週はどうかな？//続く内容からBには，やるべき仕事がたくさんあり明日会いに行くことは難しいことがわかる。take a rain check は「今は辞退して，後日の約束をする」という意味。

2〔文法総合〕

A＜適語選択・語形変化＞

(1)後ろに‘主語＋動詞...’という文の形が続くので前置詞の by と during は不可。文の意味から「～まで(ずっと)」の意味の until が適切。 「雨がやむまで待とう」

(2)The girl is my sister が文の骨組みで，( ) by the door は The girl を修飾する部分と考えられる。「～している」という意味で The girl を修飾する standing が適切(現在分詞の形容詞的用法)。直後の by は「～のそばに」という意味。 「ドアのそばに立っている女の子は私の姉〔妹〕です」

(3) advice「助言」を目的語にとる動詞として適切なのは follow「〜に従う」。 affect「〜に影響する」 「もしあなたが英語を上達させたいなら，スズキ先生の助言に従った方がいいですよ」

(4) strange「不思議な，変な」 「私はドアを閉めたが，今は開いている。それは不思議だ」

(5)主節に could という過去形が使われていることに注目。‘If＋主語＋動詞の過去形…, 主語＋助動詞の過去形＋動詞の原形…’「もし〜なら，…なのに」の仮定法過去の文。 know－knew－known 「もし彼女が彼の電話番号を知っていれば，彼に電話できるのに」

B＜整序結合＞

(1) ‘It is 〜 to …’「…することは〜だ」の形式主語構文にする。to の後は ‘tell＋人＋物事’「〈人〉に〈物事〉を教える」の形で ‘物事’ の部分を ‘how＋to不定詞’「〜の仕方」にまとめる。 It's hard to tell you how to get there.「そこへの行き方をあなたに教えるのは難しい」

(2) ‘not as 〜 as …’「…ほど〜でない」の形をつくる。この表現で ‘数’ に関して述べる場合は as 以下が ‘as many＋複数名詞＋as’ という形になる。 I don't have as many books as he does.「私は彼ほど多くの本を持っていない」

(3)主語 I に続く動詞は know。その目的語に a shop を置き，この後，that を主格の関係代名詞として用いて a shop that sells 〜「〜を売っている店」とまとめる。 I know a shop that sells nice T-shirts.「私はすてきなTシャツを売っている店を知っている」

3〔対話文完成—適文選択〕

(1) A：今日は暑いね。／B：そうだね。屋内で楽しめることをしたいな。／A：賛成。家で DVD を見るのはどう？∥inside「屋内で」に着目する。Why don't we 〜？は ‘提案・勧誘’ を表し，「〜するのはどうですか」という意味。

(2) A：あなたはピアノが上手ね。どのくらいの頻度で練習しているの？／B：ほとんど毎日です。／A：そうなの？ きっとすばらしいピアニストになるわね。∥How often は「どのくらいの頻度で」という意味。

(3) A：もしもし。お名前を教えていただけますか？／B：タナカタロウです。グリーンさんをお願いできますか？／A：すみませんが，彼女は今外出中です。30分後に戻ってきます。∥直後の「グリーンさんは30分後に戻ってくる」という内容から，今は不在であることがわかる。be out は「不在の」，right now は「今は」という意味。

4〔長文読解総合—対話文〕

≪全訳≫❶アナ(A)：学校はどう？❷ケンタ(K)：悪くないよ。学校生活はとても順調に始まったと思うよ。❸A：アメリカに来てから数週間がたったわよね？ ホームシックになったりしていない？❹K：そんなことないよ。もう友達も何人かできたし。この経験を楽しんでいるよ。❺A：Aここで楽しく過ごしていると聞いてうれしいわ。❻K：うん。でも，ここと日本との違いに驚くこともあるよ。❼A：わかるわ！ 私も若い頃，何年か日本に住んでいたことがあるのよ。❽K：えっ，本当？ それは知らなかった。Bもっと詳しく教えてくれる？❾A：そのときは東京に住んでいたの。エキサイティングな経験だったわ。街はとても大きく，見る場所もたくさんあったし。それに日本国内を旅して回ったのよ。地域によって雰囲気や景色が違っていたわ。❿K：日本ですばらしい時間を過ごしたようでよかったね。どの都市が一番気に入った？⓫A：そうね，京都がとても気に入ったわ。京都の街は独特だし，伝統的な文化も良かった。それに，京都の言葉はとてもおもしろいと感じたわ。東京の人たちとは違うように聞こえたの。なまりがあるのかしら？**12**K：そうだよ。**13**A：なるほど！　それで納得したわ。**14**K：君はニュージーランド出身だよね？　C強いなまりが聞こえないね。**15**A：一般的に，ニュージーランドの人は，アメリカやイギリスなど他の英語圏の人とは発音が違うの。**16**K：うん，そうだと思ってた。でも，君の英語はすごくアメリカ人っぽいね。**17**A：ニュージーランドからこっちに移ってきて，もうずいぶんたつから，なまりがなくなったんだと思う。**18**K：そうか。ところで，ニュージーランドのどの地域から来たの？**19**A：ハミルトンという街から来たのよ。この街については聞いたことある？**20**K：うーん，ないと思う。どこにあるの？**21**A：北島のオークランドに近い所よ。**22**K：どんな所？**23**A：自然が豊かな所よ。海はないけど，ワイカト川という大きな川が街の中を流れているの。それに長い歴史を持つ動物園もあるわ。いろいろな動物が見られるのよ。**24**K：それはいいね。D将来，君の故郷を訪れたいな。**25**A：ぜひ，そうしてね！

(1)＜適文選択＞A．be glad to hear that ～は「～ということを聞いてうれしい」という意味。直前でケンタが言った「この経験を楽しんでいる」を受ける内容が入る。　B．この発言を受けてアナは日本での生活について語っている。2の it はアナが日本に数年間住んでいたことを指す。C．この後アナは第17段落で，「なまりがなくなった」と言っている。アナが話す英語にはニュージーランドなまりが感じられないのである。　D．ハミルトンの魅力について聞いた直後のケンタの発言であることから判断する。直後の，Please do！はこのケンタの発言を受けてのもので，この do は visit my hometown in the future を表している。

(2)＜適語選択＞ⓐ直後の「東京の人たちとは違うように聞こえたの。なまりがあるのかしら？」という発言から，京都の人々の「言葉」を話題にしていることがわかる。　‘sound＋形容詞’「～のように聞こえる」　ⓑ hear of ～で「～について聞く」という意味。Have you ever heard of ～？で「～について聞いたことがありますか」。

(3)＜要旨把握＞第23段落参照。1のスポーツに関する記述はない。

5〔長文読解総合―説明文〕

≪全訳≫**1**今日，多くの人が毎日の飲み物としてコーヒーを飲んでいる。ミルクを入れたり，ホットコーヒーにしたり，コーヒーの楽しみ方はいろいろある。**2**人々はいつコーヒーを飲み始めたのだろうか。コーヒーが最初に飲まれたのはエチオピアであると考える人たちがいるが，誰が最初に発見したかということについては，別の説もある。コーヒーに関する最初の記録は10世紀に書かれており，それによるとコーヒーは薬として飲まれていたそうだ。ある医者がコーヒーの実の種からスープをつくった。彼はこのスープをコーヒーとは呼ばなかったが，これがコーヒーの最初の形であった。そして，そのスープを薬として患者に飲んでもらったところ，この飲み物が人々の気分を良くすることがわかった。**3**コーヒーに関するもう1つの有名な話は，オマールという人についてである。ある日，彼は鳥たちが何本かの木の赤い実を食べているのを見つけた。彼は非常に空腹だったので，家にその実を持ち帰って食べ始め，また，それらからスープをつくった。それを飲むと元気が出てきた。また，エチオピアのカルディという男の子の話もある。彼もまた，自分が発見した木の赤い実を食べると，気分が良くなることがわかった。その後，その実を他の人にもあげた。彼らは夜通し働かなければならないとき，その実のスープを飲んで眠らないようにしたのだ。**4**このような話が本当なのかは誰にもわからない。しかし，

1つ言えることは，コーヒーには長い歴史があるということだ。現代と違って，コーヒーは最初楽しむために飲んだのではなく，どちらかというと薬として飲んでいたようだ。❺13世紀には，薬としてではなく，飲み物としてコーヒーを飲むようになった。さらに，コーヒーをよりおいしく飲むための方法を見つけようとした。例えば実を焙煎《ばいせん》して飲むと，よりおいしくなることを発見した。16世紀になると，コーヒーはインド，それからトルコなど他の国にも広まった。やがて1600年頃，ヨーロッパのイタリアにも広まった。コーヒーの木もヨーロッパに伝わり，自分たちで栽培するようになった。こうして，ヨーロッパでコーヒーがつくられるようになったのである。❻では，日本はどうだろうか。日本に初めてコーヒーがもたらされたのは，江戸時代だと言う人たちがいる。日本は当時，鎖国状態だった。また，当時はコーヒーが普及していなかった。明治時代になると，コーヒーが飲まれるようになった。しかし，コーヒーは高価なものだったので，買うことができる日本人は多くなかった。少しずつ外国の文化が入ってくるにつれて，コーヒーも普及し，安く，買いやすくなっていった。❼現在では，コーヒー産業はとても大きい。街を歩けば，たくさんのコーヒーショップを簡単に見つけることができる。豆の種類も多いので，コーヒーの楽しみ方もいろいろである。１杯100円のコーヒーもあれば，1000円のものもある。コーヒーは最初薬として使われたが，今では人々はジュースを楽しむようにコーヒーを楽しんでいることを考えるのは興味深い。

⑴＜英問英答＞Ａ.「筆者は『誰が最初にコーヒーを発見したか』という話をいくつ紹介しているか」―２.「３つ」　第２，３段落参照。ある医者，オマール，カルディを発見者とするそれぞれの話を紹介している。　Ｂ.「人々はどれくらいの期間コーヒーを薬として飲んでいたのか」―４.「数世紀間」　第２段落第３文および第５段落第１文参照。コーヒーが飲まれ始めた10世紀は薬として飲まれていたが，13世紀になって飲み物として飲まれるようになった。　Ｃ.「コーヒーを試飲した人々について真実でないものはどれか」―４.「彼らは病院へ行かなければならなかった」１.「気分が良くなった」(第２段落最終文)，２.「元気が出てきた」(第３段落第４文)，３.「眠らずにいた」(第３段落最終文)はどれも正しい。　Ｄ.「日本に持ち込まれたコーヒーについて正しいのはどれか」―３.「コーヒーは江戸時代より明治時代の方がより多くの人に好まれた」第６段落参照。　Ｅ.「この文章では，飲み物としてのコーヒーはどのような国に広まったのか」―４.「インド → トルコ → イタリア」　第５段落後半参照。

⑵＜内容真偽＞１.「10世紀，ある医者は自分がつくったスープを『コーヒー』と名づけた」…×　第２段落後半参照。医者はこのスープをコーヒーとは呼んでいない。　２.「コーヒーはエチオピアから伝わったと書いてある本がある」…×　第２段落前半参照。エチオピアが発祥だという説はあるが，それを示す本に関する記述はない。　３.「オマールは病人を助けるために，赤い実からスープをつくった」…×　第３段落前半参照。「病人を助けるために」という記述はない。　４.「カルディは，人からもらった赤い実を食べると元気になった」…×　第３段落後半参照。彼は赤い実を人からもらったのではなく，自分で見つけて人にもあげたのである。　５.「赤い実を焙煎すると，コーヒーがおいしくなった」…○　第５段落第３文に一致する。　６.「今は豆の種類がたくさんあるので，いろいろなコーヒーの楽しみ方ができる」…○　第７段落第３文に一致する。　７.「現在，コーヒーはいろいろな値段で売られている」…○　第７段落第４文に一致する。

2022年度／水城高等学校

数学解答

1 (1) 9　(2) イ…2　ウ…8
(3) エ…2　オ…2
(4) カ…3　キ…4
(5) ク…6　ケ…7
(6) コ…6　サ…2　シ…3

2 (1) 8　(2) 4
(3) ウ…3　エ…6
(4) オ…1　カ…6
(5) キ…5　ク…9

3 (1) ア…0　イ…4
(2) ウ…1　エ…3　オ…4
(3) カ…7　キ…2

4 (1) ア…3　イ…5
(2) ウ…8　エ…2　オ…5
(3) カ…6　キ…1　ク…9

5 (1) ア…1　イ…8　ウ…0　エ…1
オ…3
(2) カ…1　キ…9　ク…0　ケ…0
(3) コ…6　サ…5　シ…0

1〔独立小問集合題〕

(1)＜数の計算＞与式 $=-15-16\times\left(-\frac{3}{2}\right)=-15-(-24)=-15+24=9$

(2)＜式の計算＞与式 $=6a-4(a-2b)=6a-4a+8b=2a+8b$

(3)＜数の計算＞与式 $=\sqrt{18}+\sqrt{6}-\sqrt{6}-\sqrt{2}=\sqrt{2\times3^2}-\sqrt{2}=3\sqrt{2}-\sqrt{2}=2\sqrt{2}$

≪別解≫与式 $=(\sqrt{3}-1)\times\sqrt{2}(\sqrt{3}+1)=\sqrt{2}(\sqrt{3}-1)(\sqrt{3}+1)=\sqrt{2}\{(\sqrt{3})^2-1^2\}=\sqrt{2}(3-1)=2\sqrt{2}$

(4)＜式の計算─因数分解＞与式 $=2x^2+2x+7x^2+8x+14x+16=9x^2+24x+16=(3x)^2+2\times3x\times4+4^2=(3x+4)^2$

(5)＜連立方程式＞$5x-4y=2$……①，$x-0.9y=-0.3$……②とする。②×10より，$10x-9y=-3$……②′ ①×2−②′より，$-8y-(-9y)=4-(-3)$　∴$y=7$　これを①に代入して，$5x-4\times7=2$，$5x-28=2$，$5x=30$　∴$x=6$

(6)＜二次方程式＞$(x-6)^2=12$より，$x-6=\pm\sqrt{12}$，$x-6=\pm2\sqrt{3}$　∴$x=6\pm2\sqrt{3}$

2〔独立小問集合題〕

(1)＜数の性質＞$\frac{30}{\sqrt{12}}=\frac{30}{2\sqrt{3}}=\frac{15}{\sqrt{3}}=\frac{15\times\sqrt{3}}{\sqrt{3}\times\sqrt{3}}=\frac{15\sqrt{3}}{3}=5\sqrt{3}=\sqrt{5^2\times3}=\sqrt{75}$であり，$8^2<75<9^2$だから，$8<\frac{30}{\sqrt{12}}<9$となる。よって，$n=8$である。

(2)＜二次方程式─解の利用＞二次方程式$2x^2-ax+a-5=0$に解の$x=\frac{1}{2}$を代入して，$2\times\left(\frac{1}{2}\right)^2-a\times\frac{1}{2}+a-5=0$，$\frac{1}{2}-\frac{1}{2}a+a-5=0$，$1-a+2a-10=0$　∴$a=9$　これをもとの二次方程式に代入すると，$2x^2-9x+9-5=0$より，$2x^2-9x+4=0$となる。解の公式を用いると，$x=\frac{-(-9)\pm\sqrt{(-9)^2-4\times2\times4}}{2\times2}=\frac{9\pm\sqrt{49}}{4}=\frac{9\pm7}{4}$より，$x=\frac{9+7}{4}=4$，$x=\frac{9-7}{4}=\frac{1}{2}$となるから，もう1つの解は$x=4$である。

(3)＜関数─傾き，切片＞2直線$y=2x+7$，$y=-x+10$の交点の座標は2式を連立方程式として解いたときの解として求められる。2式からyを消去して，$2x+7=-x+10$，$3x=3$　∴$x=1$　これを$y=2x+7$に代入して，$y=2\times1+7$　∴$y=9$　よって，交点の座標は(1，9)だから，$y=ax+b$に$x=1$，$y=9$を代入して，$9=a+b$……①が成り立つ。また，一次関数$y=ax+b$のグラフがx軸と点$(-2,\ 0)$で交わることから，$y=ax+b$に$x=-2$，$y=0$を代入して，$0=-2a+b$……②が成り立つ。①，②を連立方程式として解く。①−②より，$9-0=a-(-2a)$，$3a=9$　$\therefore a=3$　これを①に代入して，$9=3+b$　$\therefore b=6$

(4)＜確率—色玉＞赤玉，青玉，黄玉，白玉が1個ずつ入った箱の中から玉を1個ずつ3回取り出し，取り出した順に一列に並べるときの並べ方は，1回目に取り出す玉は4通り，2回目に取り出す玉は1回目に取り出した玉以外の3通り，3回目に取り出す玉は1，2回目に取り出した玉以外の2通りの取り出し方があるので，全部で$4\times3\times2=24$(通り)ある。このうち，両端にある玉が赤玉と白玉である場合は，(i)1回目に赤玉を取り出し，3回目に白玉を取り出す場合か，(ii)1回目に白玉を取り出し，3回目に赤玉を取り出す場合である。(i)の場合，2回目に取り出すのは青玉か黄玉なので，取り出し方は2通りあり，(ii)の場合も2回目に取り出すのは青玉か黄玉なので，取り出し方は2通りある。よって，両端にある玉が赤玉と白玉である場合は$2+2=4$(通り)あるので，求める確率は$\frac{4}{24}=\frac{1}{6}$である。

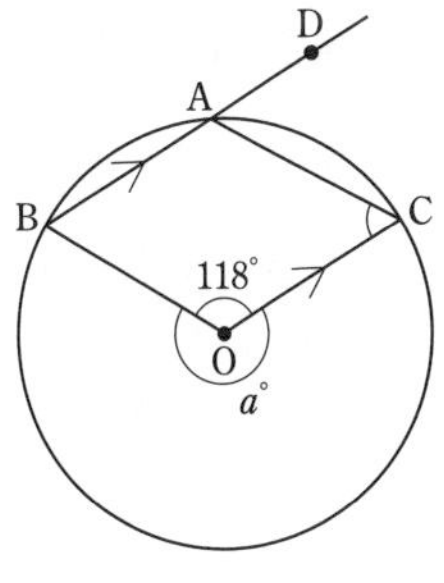

(5)＜平面図形—角度＞右図のように，線分BAの延長線上に点Dをとる。AB∥COより，錯角は等しいから，∠ACO＝∠CADとなる。円Oの点Aを含まない$\overset{\frown}{BC}$に対する中心角の大きさを$a°$とすると，$a°=360°-118°=242°$だから，円周角と中心角の関係より，$\angle CAB=\frac{1}{2}a=\frac{1}{2}\times242°=121°$となる。よって，$\angle ACO=\angle CAD=180°-\angle CAB=180°-121°=59°$である。

3〔関数—関数 $y=ax^2$ と一次関数のグラフ〕

≪基本方針の決定≫(2)　辺ACを斜辺とし，残りの2辺がx軸，y軸に平行な直角三角形をつくって考える。　(3)　平行四辺形の面積を2等分する直線は，対角線の交点を通る。

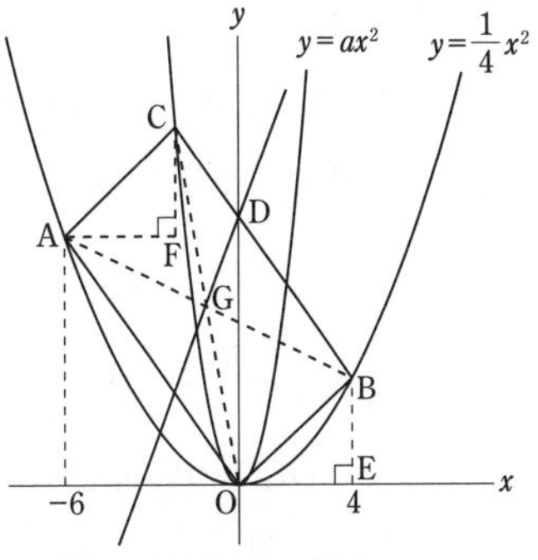

(1)＜変域＞右図のように，関数$y=\frac{1}{4}x^2$では，xの絶対値が大きいほど，yの値は大きくなる。よって，xの変域が$-4\leqq x\leqq2$のとき，$x=0$でyは最小値$y=0$をとり，$x=-4$でyは最大値$y=\frac{1}{4}\times(-4)^2=4$をとる。したがって，$y$の変域は$0\leqq y\leqq4$である。

(2)＜比例定数＞右図のように，点Bからx軸に垂線BEを引く。点Bは関数$y=\frac{1}{4}x^2$のグラフ上にあり，x座標は4なので，$y=\frac{1}{4}\times4^2=4$より，B(4, 4)となる。これより，△OBEはOE＝BE＝4の直角二等辺三角形である。また，点Aを通りx軸に平行な直線と点Cを通りy軸に平行な直線の交点をFとして△ACFをつくると，四角形AOBCが平行四辺形で，AC∥OB，AC＝OBより，△ACF≡△OBEとなるから，AF＝CF＝OE＝4となる。よって，点Aのx座標は-6で，$y=\frac{1}{4}\times(-6)^2=9$より，A(−6, 9)だから，点Cの$x$座標は$-6+4=-2$，$y$座標は$9+4=13$である。点Cは関数$y=ax^2$のグラフ上にあるので，$y=ax^2$に$x=-2$，$y=13$を代入して，$13=a\times(-2)^2$より，$a=\frac{13}{4}$となる。

(3)＜傾き＞▱AOBCの面積を2等分する直線は，対角線OC，BAの交点を通るから，上図のように，対角線OC，BAの交点をGとすると，四角形AOBCの面積を2等分する直線は直線GDとなる。まず，点Dの座標を求める。点Dは直線BCとy軸の交点だから，(2)で，B(4, 4)，C(−2, 13)より，直線BCの傾きは$\frac{4-13}{4-(-2)}=-\frac{3}{2}$となり，その式は$y=-\frac{3}{2}x+b$とおけ，点Bを通ることから，$4=-\frac{3}{2}\times4+b$，$b=10$となる。よって，D(0, 10)である。次に，点Gの座標を求める。平行四辺形の対角線はそれぞれの中点で交わるので，点Gは線分OCの中点である。したがって，C(−2,

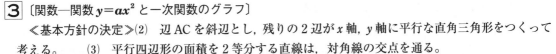

13)より，x座標は$\frac{0+(-2)}{2}=-1$，y座標は$\frac{0+13}{2}=\frac{13}{2}$となるから，G$\left(-1,\ \frac{13}{2}\right)$である。以上より，求める直線の傾きは，2点D，Gの座標より，$\left(10-\frac{13}{2}\right)\div\{0-(-1)\}=\frac{7}{2}$となる。

4〔平面図形─直角三角形〕

≪基本方針の決定≫(1)　△ABC∽△ADFに気づきたい。　(3)　点Eから線分FGに垂線を引き，合同な三角形や相似な三角形を利用して，辺HDの長さを求める。

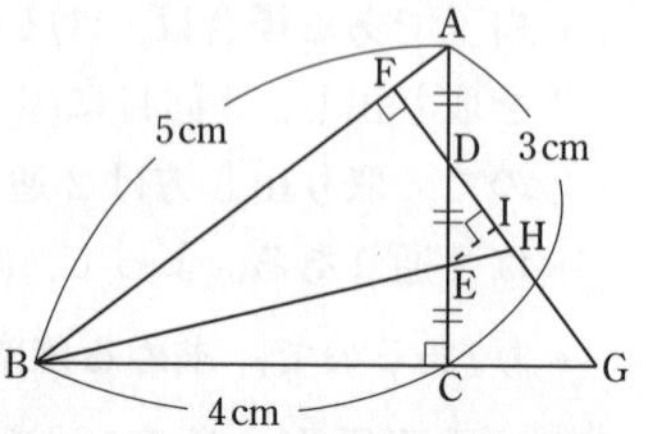

(1)<長さ>右図の△ABCと△ADFにおいて，∠ACB＝∠AFD＝90°，∠CAB＝∠FAD(共通)より，2組の角がそれぞれ等しいので，△ABC∽△ADFである。これより，AC：AF＝AB：ADであり，AD＝DE＝ECより，AD＝$\frac{1}{3}$AC＝$\frac{1}{3}\times3=1$だから，3：AF＝5：1が成り立つ。よって，AF×5＝3×1より，AF＝$\frac{3}{5}$(cm)となる。

(2)<長さの比>右上図の△ADFと△GDCにおいて，∠AFD＝∠GCD＝90°，∠ADF＝∠GDC(対頂角)より，2組の角がそれぞれ等しいので，△ADF∽△GDCである。これより，DA：DG＝FD：CDとなる。(1)で△ABC∽△ADFだから，CB：FD＝AB：ADより，4：FD＝5：1が成り立ち，FD×5＝4×1，FD＝$\frac{4}{5}$である。また，CD＝AC－AD＝3－1＝2である。よって，1：DG＝$\frac{4}{5}$：2が成り立ち，DG×$\frac{4}{5}$＝1×2より，DG＝$\frac{5}{2}$となるから，FD：DG＝$\frac{4}{5}$：$\frac{5}{2}$＝8：25である。

(3)<面積>右上図のように，点Eから線分FGに垂線EIを引く。△ADFと△EDIにおいて，AD＝ED，∠AFD＝∠EID＝90°，∠ADF＝∠EDI(対頂角)より，直角三角形で斜辺と1鋭角がそれぞれ等しいので，△ADF≡△EDIだから，ID＝FD＝$\frac{4}{5}$，EI＝AF＝$\frac{3}{5}$となる。また，△HEIと△HBFにおいて，∠HIE＝∠HFB＝90°，∠IHE＝∠FHB(共通)より，2組の角がそれぞれ等しいので，△HEI∽△HBFであり，HI：HF＝EI：BFである。BF＝AB－AF＝$5-\frac{3}{5}=\frac{22}{5}$だから，HI：HF＝$\frac{3}{5}$：$\frac{22}{5}$＝3：22となる。よって，HI：IF＝HI：(HF－HI)＝3：(22－3)＝3：19となり，IF＝ID＋FD＝$\frac{4}{5}+\frac{4}{5}=\frac{8}{5}$だから，HI：$\frac{8}{5}$＝3：19が成り立ち，HI×19＝$\frac{8}{5}\times3$より，HI＝$\frac{24}{95}$である。したがって，△DEHの底辺をHDと見ると，高さはEI＝$\frac{3}{5}$となるから，HD＝HI＋ID＝$\frac{24}{95}+\frac{4}{5}=\frac{20}{19}$より，△DEH＝$\frac{1}{2}$×HD×EI＝$\frac{1}{2}\times\frac{20}{19}\times\frac{3}{5}=\frac{6}{19}$(cm^2)である。

5〔空間図形─回転体〕

≪基本方針の決定≫(1)　△PBCと相似な三角形をつくる。　(2)，(3)　回転体を円錐の一部と考える。

図1

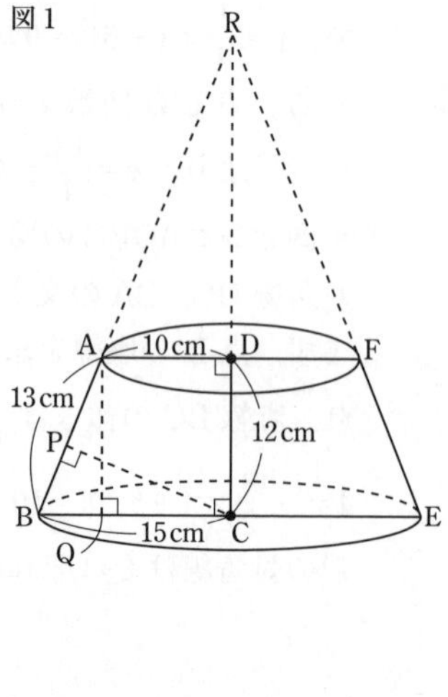

(1)<長さ>右図1のように，頂点Aから辺BCに垂線AQを引く。△PBCと△QBAにおいて，∠CPB＝∠AQB＝90°，∠PBC＝∠QBA(共通)より，2組の角がそれぞれ等しいから，△PBC∽△QBAとなり，CP：AQ＝CB：ABである。ここで，四角形ABCDは∠BCD＝∠CDA＝90°の台形より，四角形AQCDは長方形となるから，AQ＝CD＝12である。よって，CP：12＝15：13が成り立ち，CP×13＝12×15より，CP＝$\frac{180}{13}$(cm)となる。

(2)<体積>右図1のように，辺BAと辺CDの延長線の交点をRとする。

このとき，図1の台形ABCDを辺DCを軸として1回転させてできる立体は，△RBCを辺RCを軸として1回転させてできる円錐から，△RADを辺RDを軸として1回転させてできる円錐を除いたものとなる。AD∥BCより，△RAD∽△RBCであるから，RD：RC＝AD：BCとなり，RD＝x(cm)とすると，RC＝$x+12$と表せるので，$x:(x+12)=10:15$が成り立つ。これを解くと，$x:(x+12)=2:3$より，$x\times3=(x+12)\times2$，$3x=2x+24$，$x=24$となるから，RD＝24，RC＝24＋12＝36である。よって，求める立体の体積は，$\frac{1}{3}\pi\times15^2\times36-\frac{1}{3}\pi\times10^2\times24=1900\pi$ (cm^3)となる。

(3)＜面積＞前ページの図1の立体を展開すると，右図2のようになり，側面はおうぎ形RBB′からおうぎ形RAA′を除いたものとなる。図1で，(2)より，△RAD∽△RBCで，相似比はAD：BC＝10：15＝2：3だから，RA：RB＝2：3である。RA＝y(cm)とすると，RB＝RA＋AB＝$y+13$と表せるので，$y:(y+13)=2:3$が成り立ち，$y\times3=(y+13)\times2$より，$y=26$となる。

図2

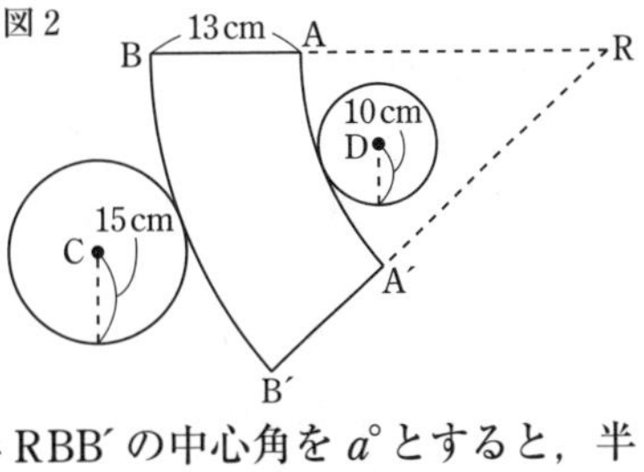

よって，RA＝26，RB＝26＋13＝39である。これより，おうぎ形RBB′の中心角を$a°$とすると，半径がRB＝39，弧の長さは円Cの周の長さと等しいから，$\overset{\frown}{BB'}=2\pi\times15=30\pi$より，$\frac{a°}{360°}=\frac{30\pi}{2\pi\times39}=\frac{5}{13}$となる。したがって，側面積は，$\pi\times RB^2\times\frac{a°}{360°}-\pi\times RA^2\times\frac{a°}{360°}=\pi\times39^2\times\frac{5}{13}-\pi\times26^2\times\frac{5}{13}=325\pi$となるから，表面積は，$\pi\times10^2+\pi\times15^2+325\pi=650\pi$ (cm^2)である。

2022年度／水城高等学校

国語解答

一 (1) ア…1　イ…2　(2) 3
(3) 2　(4) 3　(5) 5　(6) 4

二 (1) 4　(2) 3　(3) 4　(4) 2
(5) 1　(6) 5　(7) 2

三 (1) 3　(2) 1　(3) 4　(4) 3
(5) 4　(6) 2　(7) 5

四 (1) 4　(2) 2　(3) 1　(4) 4
(5) 5

一〔国語の知識〕

(1)＜漢字＞ア．「濃縮」と書く。1は「濃淡」，2は「農業」，3は「収納」，4は「苦悩」。　イ．「消費」と書く。1は「肥料」，2は「浪費」，3は「秘境」，4は「悲願」。

(2)＜漢字＞「遮」は，視界をはばむ，行動を妨げる，という意味。音読みは「遮光」などの「シャ」。

(3)＜熟語の構成＞「呼応」と「因果」は，反対の意味の漢字を組み合わせた熟語。「骨折」は，上の字が主語，下の字が述語になっている熟語。「予定」は，上の字が下の字を修飾している熟語。「豊富」は，似た意味の漢字を組み合わせた熟語。「登校」は，下の字が上の字の目的語になっている熟語。

(4)＜ことわざ＞a．「敵は本能寺にあり」は，本当の目的や目標は別にある，という意味(…2)。　b．「出る杭《くい》は打たれる」は，才能がある人や出すぎたことをする人は，人からねたまれたり，憎まれたりする，という意味(…5)。　c．「縁の下の力持ち」は，他人のために陰で苦労や努力をすること(…4)。　d．「虎穴に入らずんば虎子を得ず」は，危険を冒さなければ大きな成果は得られない，という意味(…1)。

(5)＜漢文の訓読＞「乃」→「身」→「勞」→「思」→「焦」→「外」→「居」→「十三年」→「家門」→「過」→「敢入」→「不」の順で読む。「身」から「勞」，「思」から「焦」，「外」から「居」には，それぞれ一字返るので，レ点を用いる。「門」から「過」，「入」から「不」には，二字以上返って読むので，一・二点を用いる。すぐに体を酷使し苦心して，外にいるのは十三年になり，家の門の前を過ぎてもあえて入らなかった，という意味。

(6)＜品詞＞付属語は，それだけで文節をつくることができず，常に他の単語の後について文節をつくる単語のこと。助詞と助動詞がこれに属する。「用事を」の「を」，「後は」の「は」，「図書館で」の「で」，「本を」の「を」，「読んで」の「で」が，助詞。「済ませた」の「た」，「予定だ」の「だ」が，助動詞。

二〔論説文の読解─政治・経済学的分野─社会〕出典；村上陽一郎『文化としての科学／技術』。

≪本文の概要≫エディソンが発明した電気産業は，生活空間を変容した。電力・電気関係の技術の進歩は，「大衆」と呼ばれる新しい生活者層をつくり出し，社会を変えたのである。それまでにも一般の生活者は存在したが，一般の生活者が一まとめに社会の構成員としてはたらきかけられる対象となったという点で，社会が変化し，「大衆」が誕生したといえるのである。かつて活字文化の対象は，教育を受けた特別な社会層だけであった。一方，ラジオ放送は誰にでも伝えられる通信手段となり，放送の対象は不特定多数の「大衆」になった。馬車や肖像画も，特定の社会階級の人々のみに許された特権であった。しかし，自動車や写真機の発明といった技術的進歩は，一般の生活者に，特定の社会階級の人々にしか許されなかったような望みを実現させることを可能にした。大衆化の動きと近代技術によって，生活者は，生活スタイルが変わっただけでなく，自ら欲するものを手に入れることができるようになったのである。

(1)＜接続語＞a．エディソンは，電灯，蓄音機などの「新しい『文明の利器』と呼ばれる技術的成果」と，さらに「そうした成果を成り立たせる基本である電力の集中供給システムなど」の，電気産業のほぼ全ての出発点を用意した。　b．「大衆」の誕生とは，社会の構成員の中に「特別な性格づけを持った個人の集合が誕生したことを意味する」わけではなく，どちらかといえば，「生活者一般を対象としてある活動体が働きかける」という姿勢が，「大衆」を生み出したのである。　c．ラジオ放送の対象は，「顔の見えない，どのような特性を持つか，全くわからないような不特定多数」，つまり「『大衆』ということになった」のである。　d．馬車が交通の主役であった時代の社会は，交通手段を自分で持つというような望みを，「一般の生活者が持つことを本来的に禁じていた」のであるが，自動車の出現は「この禁制を打ち破った」のである。

(2)＜文章内容＞十九世紀までの一般の生活者は，「大衆」という形で「一まとめに扱うことのできるような社会層では」なかった。しかし，電力・電気の技術の進歩により，一般の生活者を対象として一まとめに扱う新しい方法が生まれ，それが「『大衆』という社会層を生み出した」のである。

(3)＜文章内容＞放送は，聴取者の個性や特性に関係なく，不特定多数の「大衆」という存在を前提にして，初めて成立するものである。かつての活字文化も同様だという指摘は，適切ではない。かつての活字文化は，「知識人という明確に分節化された社会層だけが対象」であり，対象は「それなりの教育を受けた特別な社会層に限られていたから」である。

(4)＜文章内容＞もともとラジオという技術は，「個人どうしをつなぐ通信の一形態」として始まり，第一次世界大戦では「一対一の通信手段」として使われた。その後，ラジオの技術は，「誰にでも」伝えられる通信手段でもあることに気づかれ，不特定多数の「大衆」に伝える「放送」になった。

(5)＜文章内容＞「大衆」の出現は，放送の領域に限らず，「ほとんどあらゆる社会の現場」で起こった。例えば，自動車や写真のような技術の進化は，特定の社会階級の特権であったものを，一般の生活者が享受するものに変えたのである。

(6)＜文章内容＞資本主義的な市場の原理は，「需要に見合う供給において，製品や商品の性能，価格などの競争を，正当かつ必要なものとした」ので，生活者は，自分が欲しいと思うものを，適正な価格で手に入れることができるようになったのである。

(7)＜主題＞冒頭では，電力・電気関係の技術の進歩が「『大衆』と呼ばれる新しい生活者層をつくり出し」たことが述べられている。具体例として，活字文化とラジオ放送，馬車と自動車，肖像画と写真が対比され，技術革新によって「生活者は，自らの欲するものを，手に入れることができるようになった」という社会の変化が論じられている。

三〔小説の読解〕出典；壁井ユカコ『強者の同盟』（『空への助走　福蜂工業高校運動部』所収）。

(1)＜文脈＞赤緒が長試合に勝って「対戦相手と握手を交わしている姿」を撮った写真には，「満足しきったような，しかし礼節を忘れない抑えた笑み」を浮かべている赤緒が写っていた。

(2)＜慣用句＞「寝耳に水」は，不意の出来事や知らせに驚くこと。「手前味噌」は，自分で自分を褒めること。「怪我の功名」は，あやまちによって思いがけないよい結果がもたらされること。「立て板に水」は，滑らかにすらすらと話すこと。「青菜に塩」は，元気なくしょげていること。

(3)＜心情＞はっちは，高校を休学して父親のもとでカメラの勉強をしつつ世界を回るという「思い切った決断」をした。「その種の冒険心は高杉にはないもの」だから，夢に向かって行動するはっちが，高杉には，キラキラと輝いているように見えたのである。

(4)＜心情＞はっちは，中学時代に「赤緒の号泣写真を壁新聞に載せ」て，赤緒に「激怒」されていた。自分では赤緒のテニスの試合のいい写真が撮れたと思っているが，赤緒に断りなく撮った写真なので，写真を見て赤緒が怒るかもしれないと思って，はっちは，不安になったのである。

(5)＜心情＞はっちは，「赤緒の号泣写真を壁新聞に載せ」て，赤緒に「激怒された」ことがあり，泣き顔の写真を凝視している赤緒の様子を見て，赤緒が怒り出すのではないかと思って慌てて，写真を誰にも見せていないと言ったのである。

⑹＜心情＞中学時代に泣き顔の写真のことで赤緒に激怒されたが，それでも，今もはっちは，赤緒の感情があふれ出ている泣き顔の写真を，「いい写真」だからみんなに「見て欲しい」と言う。赤緒の「一年間向きあってきた」ものが詰まっている「いい写真やと思う」という高杉の言葉を聞き，再び写真を見た赤緒は，泣き顔の写真を「いい写真」だと受け入れることができた。赤緒は，はっちの写真に対する思いには負けたという気持ちを込めて，「頑固やのぉ」と言ったのである。

⑺＜表現＞はっちは，中学時代に写真のことで赤緒に激怒されたが，それでも赤緒のテニスの試合を撮っていた。赤緒が，その中の泣き顔の写真を，一年間向き合ってきたものが詰まっている写真として受け入れ，赤緒とはっちが仲直りする様子が，その場にいた高杉の視点から描かれている。

四〔古文の読解―説話〕出典；『十訓抄』一ノ三十八。

≪現代語訳≫堀河天皇のときに，勘解由次官で明宗という，すばらしい笛吹きがいた。ひどく臆病な人である。天皇が，(明宗の)笛をお聞きになろうと，お呼びになったときに，(明宗は)天皇の御前と思うと，気後れして，震えて，(笛を)吹くことができなかった。／(天皇は明宗の笛を聞けなかったことを)残念だと(思われて)，(明宗と)親しい女性におっしゃって，「個人的に(明宗を)坪庭の辺りに呼び出して，(笛を)吹かせるように。私は，立ち聞きしよう」とのご命令があったので，月の夜に，(女性は明宗と)約束を交わして，(笛を)吹かせた。(明宗は)「女性だけが聞いている」と思っているので，気後れすることもなく思いのままに(笛を)吹いた。(その音色は)比べるものがないほど，すばらしかった。／天皇は，感動を抑えることがおできにならず，「日頃，上手とお聞きになられているけれども，これほどまでとは思っておられない。大変すばらしい」とのお言葉を出されたところ，(明宗は)「さては，天皇がお聞きになっていたのだ」と，すぐに気後れして，動揺するうちに，縁側から(庭に)転げ落ちた。(それで人々は明宗に)「安楽塩(ああ落縁)」というあだ名をつけてしまった。／昔，秦舞陽が始皇帝を見たとたんに，顔色が変わり，体が震えたのは，始皇帝殺害の意志を包み隠せなかったからである。明宗は，何が理由で，これほどにもうろたえたのかと，滑稽である。／天徳の歌合わせで，博雅の三位が，講師を務めたときに，ある歌を読み間違えて，顔色が変わり，声が震えたことが，その時代の書物に書いてある。／このようなことは，昔の立派な人も，力の及ばないことである。

⑴＜現代語訳＞「ゆゆしき」は，形容詞「ゆゆし」の連体形で，ここでは，(程度が)甚だしい，という意味。「心おくれ」は，気後れのこと。全体で，ひどく気後れする，臆病な人，という意味。

⑵＜古文の内容理解＞「本意なし」は，本来の希望が実現しなくて残念だ，不本意だ，という意味。堀河天皇は，上手だと評判の明宗の笛を聞きたかったのに，明宗が気後れして吹くことができず，聞くことができなかったので，残念だと思ったのである。

⑶＜古文の内容理解＞「をかし」は，ここでは，滑稽だ，おもしろい，という意味。秦舞陽には，始皇帝殺害の意志を隠せなかったからという震える理由があったが，明宗は，天皇が聞いているからといって，なぜそんなにも震えたのかと，作者には滑稽に感じられたのである。

⑷＜古文の内容理解＞皇帝殺害を決めた人でも，皇帝の顔を見たとたんに動揺した話や，内裏で行われた歌合わせで講師を務めるほどの力量のある人でも，歌を読み間違えたことで声が震えたという記録があるように，どんなに優れた人でも，動揺して実力を発揮できないということはある。

⑸＜古文の内容理解＞堀河天皇は，評判の明宗の笛を聞きたいと思って明宗を呼んだが，明宗は吹けなかった。そこで，天皇は，明宗と親しい女性に，自分はこっそり立ち聞きするので，女性が個人的に明宗を呼んで笛を吹かせるよう命じた。天皇は，明宗の笛がすばらしいので，感動を抑えられずに賞賛の言葉をかけ，明宗は天皇が聞いていたことに動揺して，縁側から転げ落ちた。

●要点チェック●　図形編―合同

◎図形の合同

合同……一方の図形を移動させて(ずらしたり《平行移動》，回したり《回転移動》，裏返したり《対称移動》して)，他方の図形に重ね合わせることのできるとき，この２つの図形は合同である。

• 合同な図形の性質

1．対応する線分の長さは等しい。

2．対応する角の大きさは等しい。

• 三角形の合同条件

２つの三角形は次のどれかが成り立つとき合同である。

1．３組の辺がそれぞれ等しい。

2．２組の辺とそのはさむ角がそれぞれ等しい。

3．１組の辺とその両端の角がそれぞれ等しい。

1.

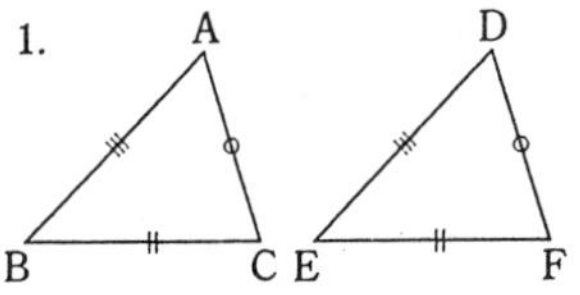

AB＝DE
BC＝EF
AC＝DF

2.

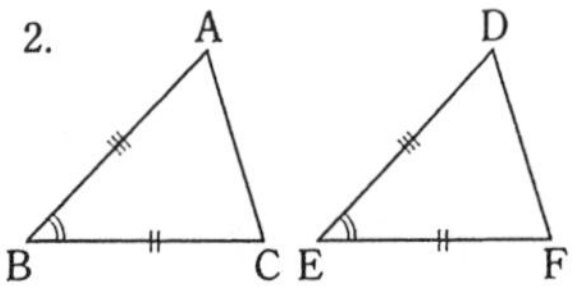

AB＝DE
BC＝EF
∠ABC＝∠DEF

3.

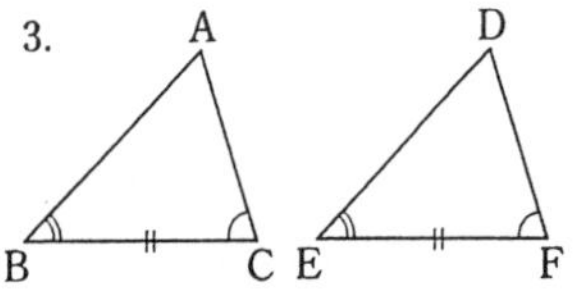

BC＝EF
∠ABC＝∠DEF
∠ACB＝∠DFE

• 直角三角形の合同条件

２つの直角三角形は次のどちらかが成り立つとき合同である。

1．斜辺と１鋭角がそれぞれ等しい。

2．斜辺と他の１辺がそれぞれ等しい。

1.

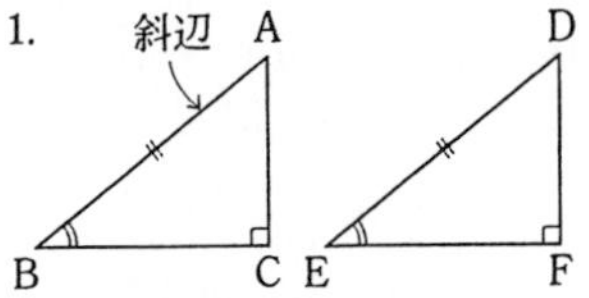

∠ACB＝∠DFE＝90°
AB＝DE
∠ABC＝∠DEF

2.

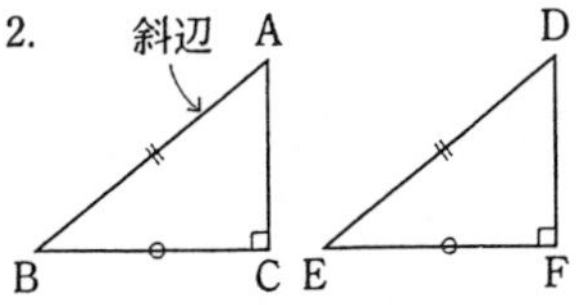

∠ACB＝∠DFE＝90°
AB＝DE
BC＝EF

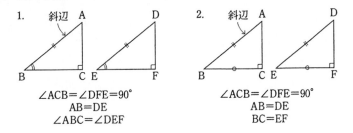

Memo

高校を受験する生徒とご父母のための…

2025 年度用

高校合格資料集

■首都圏有名書店にて今秋発売予定！

※表紙は昨年のものです。

内容目次

1 まず試験日はいつ？ 推薦ワクは？競争率は？

2 この学校のことは どこに行けば分かるの？

3 かけもち受験のテクニックは？

4 合格するために大事なことが二つ！

5 もしもだよ！ 試験に落ちたらどうしよう？

6 勉強しても成績があがらない

7 最後の試験は面接だよ！

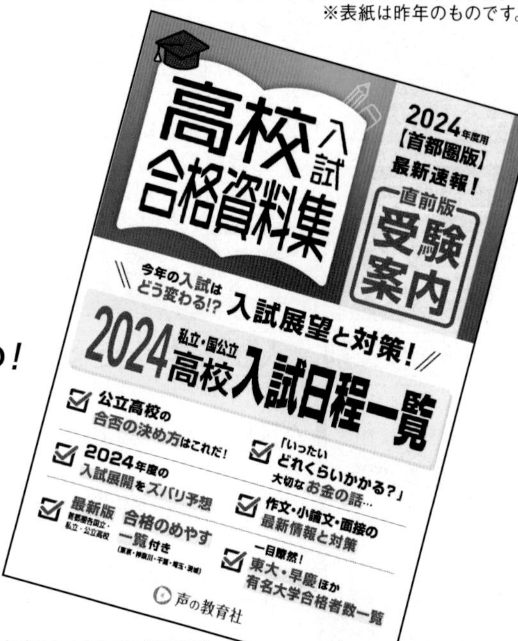

定価1430円（税込）

当社発行物の無断使用は固くお断りいたします。御使用の前はまずご相談ください。

当社発行物には500点余の首都圏中・高過去問をはじめ、6点の学校案内、そのほかいくつかの情報誌などがございます。その多くが年度版で、限られたスタッフが来るべき受験シーズン前に余裕を持って受験生へ届けられるよう、日夜作業にあたり出版を重ねております。

最近、通塾生ご父母や塾内部からの告発によって、いくつかの塾が許諾なしに当社過去問を複写（コピー）し生徒に配布、授業等にも使用していることが発覚し、その一部が紛争、係争に至っております。過去問には原著作者や管理団体、代行出版等のほか、当社に著作権がございます。当社としましては、著作権侵害の発覚に対しては著作権を有するこれらの著作権関係者にその事実を開示して、マスコミにリリースする場合や法的な措置を取る場合がございます。その事例としましては、毎年当社過去問の発行を待って自由にシステム化使用していたＡ塾、個別教室でコピーを生徒に解かせ指導していたＢ塾、冊子化していたＣ社、生徒の希望によって書籍の過去問代わりにコピーを配布していたＤ塾などがあります。

当社発行物の全部もしくは一部を無断使用することは固くお断りいたします。

当社コンテンツの中にはリーズナブルな設定で紙面の利用を許諾している塾もたくさんございますので、ご希望の方は、お気軽にご相談くださいますようお願いします。同時に、当社発行物を無断で使用している会社などにつきましての情報もお寄せいただければ幸いです。

株式会社 声の教育社

スーパー過去問の **解説執筆・解答作成スタッフ（在宅）募集！** ※募集要項の詳細は、10月に弊社ホームページ上に掲載します。

2025年度用

高校スーパー過去問

■編集人　声の教育社・編集部

■発行所　株式会社　声の教育社

〒162-0814 東京都新宿区新小川町8-15

☎03-5261-5061㈹ FAX03-5261-5062

https://www.koenokyoikusha.co.jp

※本書の内容についての一切の責任は当社にあります。内容・解説・解答その他の質問等は文書にて当社に御郵送くださるようお願いいたします。

公立高校過去問シリーズ

- 東京都立高校
- 神奈川県公立高校
- 千葉県公立高校
- 埼玉県公立高校
- 茨城県公立高校
- 栃木県公立高校
- 群馬県公立高校

掲載全問に
わかりやすい解説つき
各教科の
出題傾向と対策

定価1100円(税込)

都立独自高校 公立高校過去問シリーズ

251 都立日比谷高校
252 都立西高校
253 都立八王子東高校
254 都立国立高校
255 都立戸山高校
256 都立国分寺高校
257 都立立川高校
258 都立新宿高校
259 都立青山高校

定価2090円(税込)

高校ベスト10シリーズ

出題形式別、入試によく出る順!!

ベスト10Neo **国語** 読解問題

ベスト10Neo **数学** 図形問題

英語 文法問題ベスト10

定価990～1100円(税込)

高校受験面接ブック

別冊がウリ!! 首都圏の各高校の面接内容

本体 質問回答例ベスト150
面接ワークシート
自己PR書の書き方とワークシート

別冊 首都圏の私国立高校などの面接方法、時間、質問具体例
推薦・一般入試の面接内容
主要校の面接会場のようす
(各校図示)

小冊子 試験場に持って行けるチェックBOOK
など面接対策がつまった1冊

定価1320円(税込)

図解でわかる!! 作文・小論文

本体 (88P) **合格作文の書き方**
①7日間で仕上げる基礎編
②4日間で仕上げる応用編

別冊 (52P) 首都圏の各高校の作文課題、制限時間、文字数の具体例調査
①首都圏の作文課題2000例を代表的な15パターンに分類(書き易くするため)
②着眼点、キーワード、ポイントを各パターンごとにコメント
③推薦と一般入試の作文出題校と課題例を一挙公開!!
④首都圏公立高校4年間課題調査

定価1100円(税込)

公立の漢字

公立高校の試験によく出る漢字

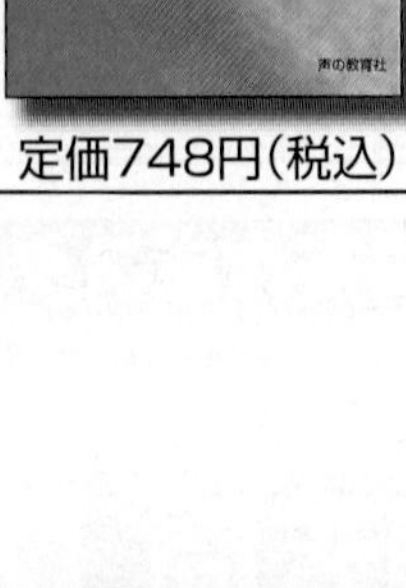

1 漢字は全都道府県で出題!!
2 公立の漢字の配点は高い!!
3 10年間の頻度をデータ化!!
4 最頻出漢字を5段階評価!!

定価748円(税込)

声の教育社 〒162-0814 東京都新宿区新小川町8-15
TEL.03(5261)5061 FAX.03(5261)5062

カコを追いかけ
ミライをつかめ

水城高等学校

別冊解答用紙

丁寧に抜きとって、別冊
としてご使用ください。

入試結果データ　　　　　　　　　　　　　※ ― は非公表

	2024年度		2023年度		2022年度	
合格最低点	推薦	―	推薦	―	推薦	―
	一般	―	一般	90	一般	―
	一般再受験	―	一般再受験	186	一般再受験	―

※推薦・一般は300点満点。一般再受験は500点満点。

注意

○ 解答用紙は、収録の都合により縮小したものや、小社独自に作成したものもあります。
○ 学校配点は学校発表のもの、推定配点は小社で作成したものです。
○ 無断転載を禁じます。
○ 解答用紙を拡大コピーする場合、表示した拡大率に対応する用紙サイズは以下のとおりです。
101%～102%＝B5　103%～118%＝A4　119%～144%＝B4　145%～167%＝A3
(タイトルと配点表は含みません)

２０２４年度　水城高等学校・推薦

英語解答用紙

評点
/100

【記入上の注意】

1. 氏名・フリガナ・受験番号を記入すること。
2. 受験番号は全５けたを必ずマークすること。
3. マークする際は必ずHBの黒鉛筆を用い，ていねいにマークすること。
4. 訂正するときは，プラスチック消しゴムできれいに消すこと。
5. 所定の記入欄以外の場所には何も書かないこと。
6. 解答用紙は折り曲げたり，汚したりしないこと。
7. 記入例

良い例	悪い例		
3	3 うすい	3 短い	3 ほそい

フリガナ	
氏　名	

受験番号（受験番号記入欄／受験番号マーク欄）

万	千	百	十	一
0	0	0	0	0
1	1	1	1	1
2	2	2	2	2
3	3	3	3	3
4	4	4	4	4
5	5	5	5	5
6	6	6	6	6
7	7	7	7	7
8	8	8	8	8
9	9	9	9	9

1	A	(1)	1 2 3 4
		(2)	1 2 3 4
		(3)	1 2 3 4
	B	(1)	1 2 3 4
		(2)	1 2 3 4
		(3)	1 2 3 4
	C	(1)	1 2 3 4
		(2)	1 2 3 4
2	A	(1)	1 2 3 4
		(2)	1 2 3 4
		(3)	1 2 3 4
		(4)	1 2 3 4
		(5)	1 2 3 4

2	B	(1)	2番目	1 2 3 4 5
			4番目	1 2 3 4 5
		(2)	2番目	1 2 3 4 5
			4番目	1 2 3 4 5
		(3)	2番目	1 2 3 4 5
			4番目	1 2 3 4 5

3	(1)	1 2 3 4
	(2)	1 2 3 4
	(3)	1 2 3 4

4	(1)	A	1 2 3 4
		B	1 2 3 4
		C	1 2 3 4
		D	1 2 3 4
	(2)	ⓐ	1 2 3 4
		ⓑ	1 2 3 4
	(3)		1 2 3 4
5	(1)	A	1 2 3 4
		B	1 2 3 4
		C	1 2 3 4
		D	1 2 3 4
		E	1 2 3 4
	(2)		1 2 3 4 5 6 7

（注）この解答用紙は実物を縮小してあります。Ａ３用紙に152％拡大コピーすると、ほぼ実物大で使用できます。（タイトルと配点表は含みません）

推定配点	
1 各３点×８ 2 A 各３点×５ B 各４点×３ 3、4 各３点×10 5 (1) 各３点×５ (2) ４点	
100点	計

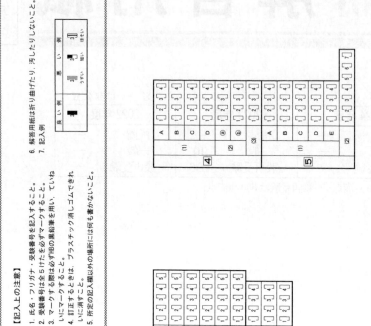

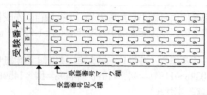

2024年度　水城高等学校・推薦

数学解答用紙

【記入上の注意】

1. 氏名・フリガナ・受験番号を記入すること。
2. 受験番号は全５けたを必ずマークすること。
3. マークする際は必ずHBの黒鉛筆を用い，ていねいにマークすること。
4. 訂正するときは，プラスチック消しゴムできれいに消すこと。
5. 所定の記入欄以外の場所には何も書かないこと。
6. 解答用紙は折り曲げたり，汚したりしないこと。
7. 記入例

良い例	悪い例		
3	3 うすい	3 短い	3 ほそい

フリガナ	
氏　名	

受験番号				
万	千	百	十	一
0	0	0	0	0
1	1	1	1	1
2	2	2	2	2
3	3	3	3	3
4	4	4	4	4
5	5	5	5	5
6	6	6	6	6
7	7	7	7	7
8	8	8	8	8
9	9	9	9	9

受験番号記入欄
受験番号マーク欄

1	(1)	ア	0	1	2	3	4	5	6	7	8	9
		イ	0	1	2	3	4	5	6	7	8	9
	(2)	ウ	0	1	2	3	4	5	6	7	8	9
		エ	0	1	2	3	4	5	6	7	8	9
	(3)	オ	0	1	2	3	4	5	6	7	8	9
		カ	0	1	2	3	4	5	6	7	8	9
		キ	0	1	2	3	4	5	6	7	8	9
	(4)	ク	0	1	2	3	4	5	6	7	8	9
		ケ	0	1	2	3	4	5	6	7	8	9
		コ	0	1	2	3	4	5	6	7	8	9
	(5)	サ	0	1	2	3	4	5	6	7	8	9
		シ	0	1	2	3	4	5	6	7	8	9
	(6)	ス	0	1	2	3	4	5	6	7	8	9
		セ	0	1	2	3	4	5	6	7	8	9
		ソ	0	1	2	3	4	5	6	7	8	9

2	(1)	ア	0	1	2	3	4	5	6	7	8	9
	(2)	イ	0	1	2	3	4	5	6	7	8	9
		ウ	0	1	2	3	4	5	6	7	8	9
		エ	0	1	2	3	4	5	6	7	8	9
		オ	0	1	2	3	4	5	6	7	8	9
	(3)	カ	0	1	2	3	4	5	6	7	8	9
		キ	0	1	2	3	4	5	6	7	8	9
		ク	0	1	2	3	4	5	6	7	8	9
		ケ	0	1	2	3	4	5	6	7	8	9
	(4)	コ	0	1	2	3	4	5	6	7	8	9
		サ	0	1	2	3	4	5	6	7	8	9
	(5)	シ	0	1	2	3	4	5	6	7	8	9
		ス	0	1	2	3	4	5	6	7	8	9
		セ	0	1	2	3	4	5	6	7	8	9

3	(1)	①	ア	0	1	2	3	4	5	6	7	8	9
		②	イ	0	1	2	3	4	5	6	7	8	9
			ウ	0	1	2	3	4	5	6	7	8	9
			エ	0	1	2	3	4	5	6	7	8	9
	(2)		オ	0	1	2	3	4	5	6	7	8	9
			カ	0	1	2	3	4	5	6	7	8	9

4	(1)		ア	0	1	2	3	4	5	6	7	8	9
			イ	0	1	2	3	4	5	6	7	8	9
			ウ	0	1	2	3	4	5	6	7	8	9
	(2)	①	エ	0	1	2	3	4	5	6	7	8	9
		②	オ	0	1	2	3	4	5	6	7	8	9
			カ	0	1	2	3	4	5	6	7	8	9
			キ	0	1	2	3	4	5	6	7	8	9

5	(1)	ア	0	1	2	3	4	5	6	7	8	9
	(2)	イ	0	1	2	3	4	5	6	7	8	9
		ウ	0	1	2	3	4	5	6	7	8	9
		エ	0	1	2	3	4	5	6	7	8	9
		オ	0	1	2	3	4	5	6	7	8	9
	(3)	カ	0	1	2	3	4	5	6	7	8	9
		キ	0	1	2	3	4	5	6	7	8	9
		ク	0	1	2	3	4	5	6	7	8	9
		ケ	0	1	2	3	4	5	6	7	8	9

評点
/100

(注)この解答用紙は実物を縮小してあります。Ａ３用紙に152%拡大コピーすると、ほぼ実物大で使用できます。(タイトルと配点表は含みません)

推定配点	
1～5　各5点×20	
100点	計

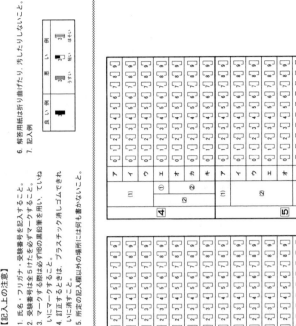

二〇二四年度　水城高等学校・推薦

国語解答用紙

評点
/100

【記入上の注意】

1. 氏名・フリガナ・受験番号を記入すること。
2. 受験番号は全５けたを必ずマークすること。
3. マークする際は必ずHBの黒鉛筆を用い，ていねいにマークすること。
4. 訂正するときは，プラスチック消しゴムできれいに消すこと。
5. 所定の記入欄以外の場所には何も書かないこと。
6. 解答用紙は折り曲げたり，汚したりしないこと。
7. 記入例

良い例	悪い例		
3	3（うすい）	3（短い）	3（ほそい）

フリガナ	
氏　名	

受験番号				
万	千	百	十	一
0	0	0	0	0
1	1	1	1	1
2	2	2	2	2
3	3	3	3	3
4	4	4	4	4
5	5	5	5	5
6	6	6	6	6
7	7	7	7	7
8	8	8	8	8
9	9	9	9	9

受験番号記入欄
受験番号マーク欄

一	(1)	ア	1 2 3 4
		イ	1 2 3 4
	(2)		1 2 3 4 5
	(3)		1 2 3 4 5
	(4)		1 2 3 4 5
	(5)		1 2 3 4 5
	(6)		1 2 3 4 5
二	(1)		1 2 3 4 5
	(2)		1 2 3 4 5
	(3)		1 2 3 4 5
	(4)		1 2 3 4 5
	(5)		1 2 3 4 5
	(6)		1 2 3 4 5
	(7)		1 2 3 4 5

三	(1)	1 2 3 4 5
	(2)	1 2 3 4 5
	(3)	1 2 3 4 5
	(4)	1 2 3 4 5
	(5)	1 2 3 4 5
	(6)	1 2 3 4 5
	(7)	1 2 3 4 5

四	(1)	1 2 3 4 5
	(2)	1 2 3 4 5
	(3)	1 2 3 4 5
	(4)	1 2 3 4 5
	(5)	1 2 3 4 5

（注）この解答用紙は実物を縮小してあります。Ａ３用紙に152%拡大コピーすると、ほぼ実物大で使用できます。（タイトルと配点表は含みません）

推定配点	
一 (1)～(3) 各３点×４　(4)～(6) 各４点×３ 二～四 各４点×19	
計	100点

2024年度　水城高等学校

英語解答用紙

評点	/100

【記入上の注意】
1. 氏名・フリガナ・受験番号を記入すること。
2. 受験番号は全５けたを必ずマークすること。
3. マークする際は必ずHBの黒鉛筆を用い，ていねいにマークすること。
4. 訂正するときは，プラスチック消しゴムできれいに消すこと。
5. 所定の記入欄以外の場所には何も書かないこと。
6. 解答用紙は折り曲げたり，汚したりしないこと。
7. 記入例

良い例	悪い例		
3	3 うすい	3 短い	3 ほそい

フリガナ	
氏　名	

受験番号				
万	千	百	十	一
0	0	0	0	0
1	1	1	1	1
2	2	2	2	2
3	3	3	3	3
4	4	4	4	4
5	5	5	5	5
6	6	6	6	6
7	7	7	7	7
8	8	8	8	8
9	9	9	9	9

受験番号記入欄
受験番号マーク欄

1	A	(1)	1 2 3 4
		(2)	1 2 3 4
		(3)	1 2 3 4
	B	(1)	1 2 3 4
		(2)	1 2 3 4
		(3)	1 2 3 4
	C	(1)	1 2 3 4
		(2)	1 2 3 4
2	A	(1)	1 2 3 4
		(2)	1 2 3 4
		(3)	1 2 3 4
		(4)	1 2 3 4
		(5)	1 2 3 4

2	B	(1)	2番目	1 2 3 4 5
			4番目	1 2 3 4 5
		(2)	2番目	1 2 3 4 5
			4番目	1 2 3 4 5
		(3)	2番目	1 2 3 4 5
			4番目	1 2 3 4 5
3	(1)			1 2 3 4
	(2)			1 2 3 4
	(3)			1 2 3 4

4	(1)	A	1 2 3 4
		B	1 2 3 4
		C	1 2 3 4
		D	1 2 3 4
	(2)	ⓐ	1 2 3 4
		ⓑ	1 2 3 4
	(3)		1 2 3 4
5	(1)	A	1 2 3 4
		B	1 2 3 4
		C	1 2 3 4
		D	1 2 3 4
		E	1 2 3 4
	(2)		1 2 3 4 5 6 7

（注）この解答用紙は実物を縮小してあります。Ａ３用紙に152%拡大コピーすると、ほぼ実物大で使用できます。（タイトルと配点表は含みません）

推定配点	
	1 各３点×８ 2 Ａ 各３点×５　Ｂ 各４点×３ 3、4 各３点×10 5 (1) 各３点×５　(2) ４点
計	100点

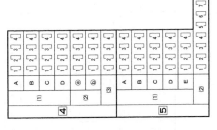

2024年度 水城高等学校

数学解答用紙

【記入上の注意】

1. 氏名・フリガナ・受験番号を記入すること。
2. 受験番号は全５けたを必ずマークすること。
3. マークする際は必ずHBの黒鉛筆を用い，ていねいにマークすること。
4. 訂正するときは，プラスチック消しゴムできれいに消すこと。
5. 所定の記入欄以外の場所には何も書かないこと。
6. 解答用紙は折り曲げたり，汚したりしないこと。
7. 記入例

良い例	悪い例		
3	3 うすい	3 短い	3 ほそい

フリガナ	
氏　名	

受験番号

万	千	百	十	一
0	0	0	0	0
1	1	1	1	1
2	2	2	2	2
3	3	3	3	3
4	4	4	4	4
5	5	5	5	5
6	6	6	6	6
7	7	7	7	7
8	8	8	8	8
9	9	9	9	9

受験番号記入欄

受験番号マーク欄

1	(1)	ア	0	1	2	3	4	5	6	7	8	9
		イ	0	1	2	3	4	5	6	7	8	9
	(2)	ウ	0	1	2	3	4	5	6	7	8	9
		エ	0	1	2	3	4	5	6	7	8	9
	(3)	オ	0	1	2	3	4	5	6	7	8	9
		カ	0	1	2	3	4	5	6	7	8	9
		キ	0	1	2	3	4	5	6	7	8	9
	(4)	ク	0	1	2	3	4	5	6	7	8	9
		ケ	0	1	2	3	4	5	6	7	8	9
		コ	0	1	2	3	4	5	6	7	8	9
	(5)	サ	0	1	2	3	4	5	6	7	8	9
		シ	0	1	2	3	4	5	6	7	8	9
		ス	0	1	2	3	4	5	6	7	8	9
	(6)	セ	0	1	2	3	4	5	6	7	8	9
		ソ	0	1	2	3	4	5	6	7	8	9

2	(1)	ア	0	1	2	3	4	5	6	7	8	9
	(2)	イ	0	1	2	3	4	5	6	7	8	9
		ウ	0	1	2	3	4	5	6	7	8	9
		エ	0	1	2	3	4	5	6	7	8	9
	(3)	オ	0	1	2	3	4	5	6	7	8	9
		カ	0	1	2	3	4	5	6	7	8	9
	(4)	キ	0	1	2	3	4	5	6	7	8	9
		ク	0	1	2	3	4	5	6	7	8	9
	(5)	ケ	0	1	2	3	4	5	6	7	8	9
		コ	0	1	2	3	4	5	6	7	8	9
3	(1)	ア	0	1	2	3	4	5	6	7	8	9
		イ	0	1	2	3	4	5	6	7	8	9
	(2)	ウ	0	1	2	3	4	5	6	7	8	9
		エ	0	1	2	3	4	5	6	7	8	9
		オ	0	1	2	3	4	5	6	7	8	9
		カ	0	1	2	3	4	5	6	7	8	9
		キ	0	1	2	3	4	5	6	7	8	9
	(3)	ク	0	1	2	3	4	5	6	7	8	9
		ケ	0	1	2	3	4	5	6	7	8	9

4	(1)		ア	0	1	2	3	4	5	6	7	8	9
			イ	0	1	2	3	4	5	6	7	8	9
			ウ	0	1	2	3	4	5	6	7	8	9
			エ	0	1	2	3	4	5	6	7	8	9
	(2)	①	オ	0	1	2	3	4	5	6	7	8	9
			カ	0	1	2	3	4	5	6	7	8	9
		②	キ	0	1	2	3	4	5	6	7	8	9
			ク	0	1	2	3	4	5	6	7	8	9
			ケ	0	1	2	3	4	5	6	7	8	9
			コ	0	1	2	3	4	5	6	7	8	9
5	(1)		ア	0	1	2	3	4	5	6	7	8	9
			イ	0	1	2	3	4	5	6	7	8	9
	(2)	①	ウ	0	1	2	3	4	5	6	7	8	9
			エ	0	1	2	3	4	5	6	7	8	9
			オ	0	1	2	3	4	5	6	7	8	9
		②	カ	0	1	2	3	4	5	6	7	8	9
			キ	0	1	2	3	4	5	6	7	8	9
			ク	0	1	2	3	4	5	6	7	8	9

評点
/100

（注）この解答用紙は実物を縮小してあります。Ａ３用紙に152%拡大コピーすると，ほぼ実物大で使用できます。（タイトルと配点表は含みません）

推定配点
1～5　各5点×20
計　100点

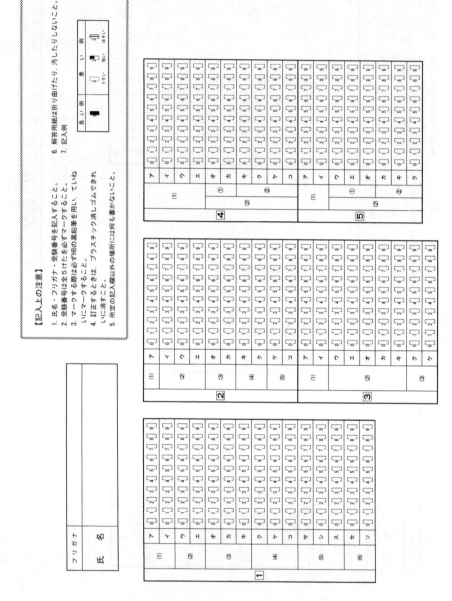

二〇二四年度　水城高等学校

国語解答用紙

評点
／100

【記入上の注意】

1. 氏名・フリガナ・受験番号を記入すること。
2. 受験番号は全５けたを必ずマークすること。
3. マークする際は必ずHBの黒鉛筆を用い，ていねいにマークすること。
4. 訂正するときは，プラスチック消しゴムできれいに消すこと。
5. 所定の記入欄以外の場所には何も書かないこと。
6. 解答用紙は折り曲げたり，汚したりしないこと。
7. 記入例

良い例	悪い例		
3	3 うすい	3 短い	3 ほそい

フリガナ	
氏　名	

受験番号				
万	千	百	十	一
0	0	0	0	0
1	1	1	1	1
2	2	2	2	2
3	3	3	3	3
4	4	4	4	4
5	5	5	5	5
6	6	6	6	6
7	7	7	7	7
8	8	8	8	8
9	9	9	9	9

受験番号記入欄

受験番号マーク欄

一	(1)	ア	1 2 3 4
		イ	1 2 3 4
	(2)		1 2 3 4 5
	(3)		1 2 3 4 5
	(4)		1 2 3 4 5
	(5)		1 2 3 4 5
	(6)		1 2 3 4 5
二	(1)		1 2 3 4 5
	(2)		1 2 3 4 5
	(3)		1 2 3 4 5
	(4)		1 2 3 4 5
	(5)		1 2 3 4 5
	(6)		1 2 3 4 5
	(7)		1 2 3 4 5

三	(1)	1 2 3 4 5
	(2)	1 2 3 4 5
	(3)	1 2 3 4 5
	(4)	1 2 3 4 5
	(5)	1 2 3 4 5
	(6)	1 2 3 4 5
	(7)	1 2 3 4 5

四	(1)	1 2 3 4 5
	(2)	1 2 3 4 5
	(3)	1 2 3 4 5
	(4)	1 2 3 4 5
	(5)	1 2 3 4 5

（注）この解答用紙は実物を縮小してあります。Ａ３用紙に152%拡大コピーすると、ほぼ実物大で使用できます。（タイトルと配点表は含みません）

推定配点	
一 (1)～(3) 各３点×４　(4)～(6) 各４点×３ 二～四 各４点×19	
計	100点

2024年度 水城高等学校 一般再受験

英語解答用紙

番号	
氏名	

評点	/100

（注）この解答用紙は実物を縮小してあります。182%拡大コピーすると、ほぼ実物大で使用できます。（タイトルと配点表は含みません）

5			
	(1)		各行に一つずつ記号を書くこと
	(2)		
	(3)	①	
		②	
	(4)		(　　)(　　)(　　)(　　)。
	(5)	①	
		②	

5(1)　順不同

6		
	①	→ → → →
	②	→ → → →
	③	→ → → →
	④	→ → → →

3		
	(1)	
	(2)	→ →

4			
	(1)	①	
		②	
		③	
		④	
		⑤	
	(2)		(　　)(　　)。

1			
	(1)	No. 1	
		No. 2	
		No. 3	
		No. 4	
		No. 5	
	(2)	No. 1	
		No. 2	
		No. 3	
		No. 4	
	(3)	No. 1	
		No. 2	
	(4)	①	→ → →
		②	

2			
	(1)	①	
		②	
		③	
	(2)	④	
		⑤	
		⑥	

推定配点
1 (1)、(2) 各2点×9　(3)、(4) 各3点×4 2 各2点×6　3 各4点×2 4 (1) 各2点×5　(2) 3点 5 (1)～(4) 各3点×7　(5) 各2点×2 6 各3点×4
100点 計

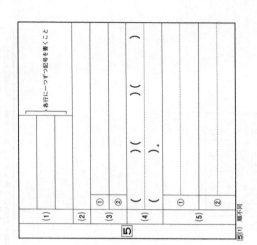

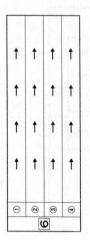

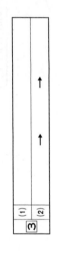

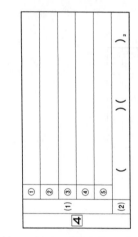

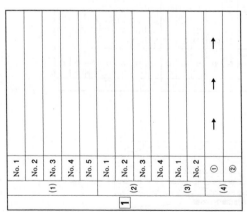

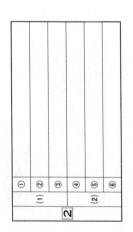

２０２４年度 水城高等学校 一般再受験

数学解答用紙

番号		氏名		評点	/100

5	(1)	秒速	cm
	(2)	ア　イ　ウ	
	(3)	秒速　cm	秒後

6	(1)		cm^3
	(2)	①	度
		②	倍

3	(1)	
	(2)	
	(3)	

4	(1)			cm
	(2)	①	ア	
			イ	
			ウ	
			エ	
			オ	
		②		cm^2

1	(1)	①	
		②	
		③	
		④	
	(2)		

2	(1)	
	(2)	
	(3)	円
	(4)	cm^2

（注）この解答用紙は実物を縮小してあります。204%拡大コピーすると、ほぼ実物大で使用できます。（タイトルと配点表は含みません）

推定配点	
1 各4点×5 2 各5点×4 3 (1) 4点 (2) 5点 (3) 6点 4 (1) 4点 (2) ① アイ、ウエ 各2点×2 オ 1点 ② 6点 5 (1) 4点 (2) 5点 (3) 6点 6 (1) 4点 (2) ① 5点 ② 6点	計 100点

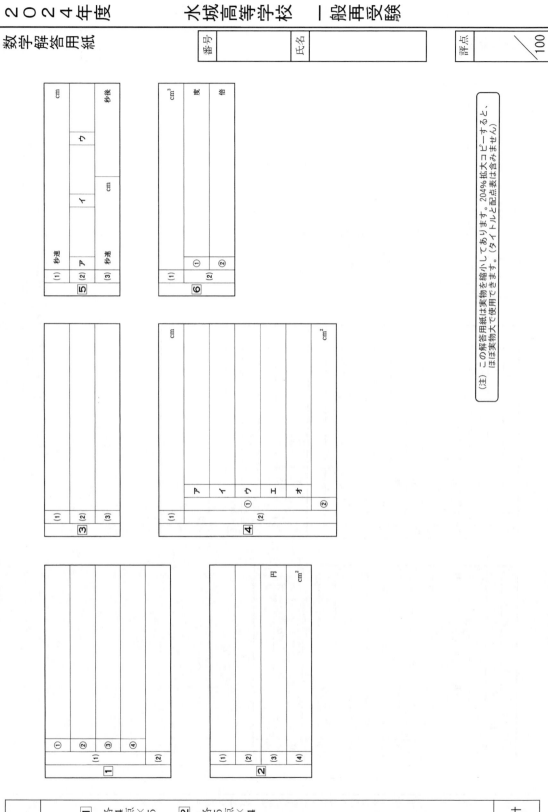

2024年度　水城高等学校　一般再受験

社会解答用紙

番号		氏名	

評点
/100

1

1	(1)		
	(2)	最も遠い都市	
		方位	
	(3)	月　日　午前 午後　時	
	(4)	①	
		②	
		③	
2	(1)		
	(2)	①	
		②	
	(3)		
	(4)	ア / イ / ウ / エ	

2

1	(1)		
	(2)		
	(3)	①	
		②	う
			え
	(4)		
2	(1)	①	
		②	
	(2)		
	(3)		

3

1	(1)	語	
		記号	
	(2)		
	(3)		
2	(1)		
	(2)		
	(3)		
3	(1)	①	企業数
			従業者総数
		②	企業
	(2)	ア / イ / ウ / エ	

4

1	(1)	→　→　→	
	(2)		
	(3)		
	(4)	精神の自由	
		経済活動の自由	
2	(1)	語	
		記号	
	(2)		
	(3)	①	
		②	

（注）この解答用紙は実物を縮小してあります。204%拡大コピーすると、ほぼ実物大で使用できます。（タイトルと配点表は含みません）

推定配点

1　1 (1)〜(3) 各2点×4　(4) ①、② 各2点×2　③ 4点　2 (1)〜(3) 各2点×6　(4) 4点

2　1 (1)、(2) 各2点×2　(3) ① 2点　② 各1点×2　(4) 2点　2 (1)、(2) 各2点×3　(3) 4点

3　1 各2点×4　2 (1)、(2) 各2点×2　(3) 4点　3 (1) 各2点×3　(2) 4点

4　1 各2点×5　2 (1) 各2点×2　(2) 4点　(3) 各2点×2

計
100点

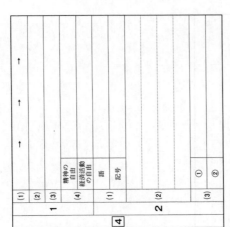

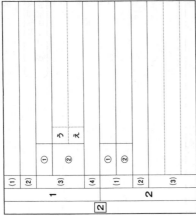

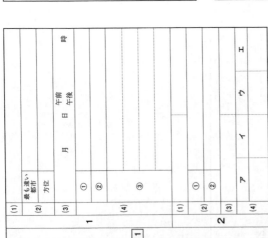

2024年度　水城高等学校　一般再受験

理科解答用紙

番号		氏名		評点	/100

5

(1)		
(2)	記号	
	理由	
(3)		
(4)	夏	
	冬	

5(2)、(4)　それぞれ両方できて得点

6

(1)		
(2)	①	
	②	
(3)		J

3

(1)			g
(2)			
(3)			液
(4)	①	い	
		う	
	②		cm³
(5)			

3(4)①　両方できて得点

4

(1)	
(2)	
(3)	
(4)	
(5)	
(6)	

1

(1)	
(2)	
(3)	
(4)	
(5)	
(6)	
(7)	
(8)	

2

(1)	①	つり合いの関係にある2力は、	
	②		N
(2)		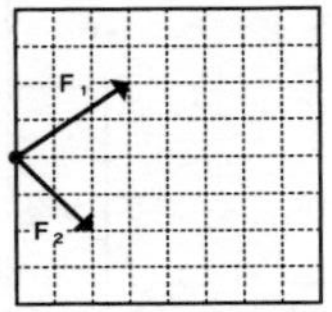	
(3)	①		
	②	それぞれひもを引く力の大きさ	
		それぞれひもを引く力の合力の大きさ	

2(3)②　両方できて得点

（注）この解答用紙は実物を縮小してあります。200％拡大コピーすると、ほぼ実物大で使用できます。（タイトルと配点表は含みません）

推定配点	
1	各3点×8
2	(1)、(2) 各3点×3　(3) ① 3点　② 4点
3	(1) 3点　(2)、(3) 各2点×2　(4) ① 4点　② 3点　(5) 2点
4	(1)～(3) 各3点×3　(4)、(5) 各2点×2　(6) 3点
5	各4点×4
6	各3点×4
計	100点

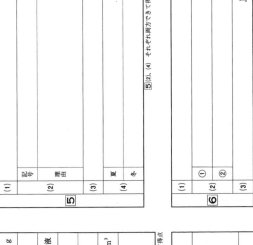

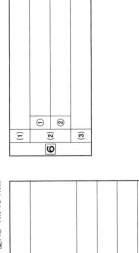

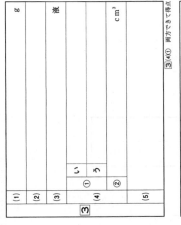

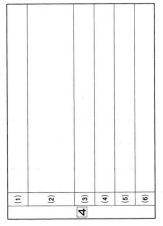

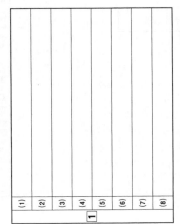

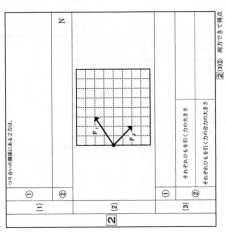

二〇二四年度 水城高等学校 一般再受験

国語解答用紙

番号		氏名		評点	/100

一

(一)

(二) 35 40

(三)

(四)

(五)

二

(一) (二) (三)

(四)

(五)

三

(一)

(二) 35 40

(三)

(四)

(五)

(六) ↓ ↓ ↓ ↓

(七) E F

四

(一) (1) (2)

(二) (1) (2) う (3) いて (4)

(三)

（注）この解答用紙は実物を縮小してあります。Ａ３用紙に154％拡大コピーすると、ほぼ実物大で使用できます。（タイトルと配点表は含みません）

推定配点	計
一 (一) 6点 (二)～(五) 各5点×4 二 (一) 5点 (二) 4点 (三) 5点 (四) 4点 (五) 6点 三 (一) 4点 (二) 5点 (三)～(五) 各4点×3 (六) 7点 (七) 5点 四 (一) 各3点×2 (二) 各2点×4 (三) 3点	100点

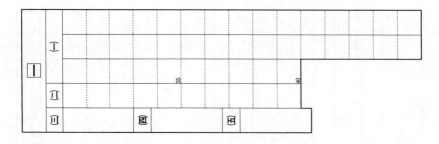

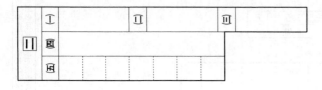

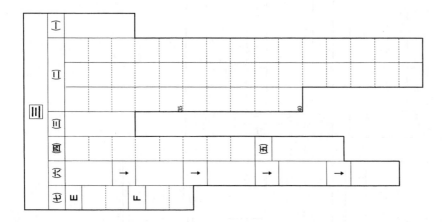

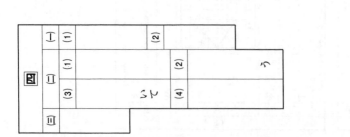

２０２３年度　水城高等学校・推薦

英語解答用紙

評点	/100

【記入上の注意】

1. 氏名・フリガナ・受験番号を記入すること。
2. 受験番号は全５けたを必ずマークすること。
3. マークする際は必ずHBの黒鉛筆を用い，ていねいにマークすること。
4. 訂正するときは，プラスチック消しゴムできれいに消すこと。
5. 所定の記入欄以外の場所には何も書かないこと。
6. 解答用紙は折り曲げたり，汚したりしないこと。
7. 記入例

良い例	悪い例		
3	3 うすい	3 短い	3 ほそい

フリガナ	
氏　名	

受験番号				
万	千	百	十	一
0	0	0	0	0
1	1	1	1	1
2	2	2	2	2
3	3	3	3	3
4	4	4	4	4
5	5	5	5	5
6	6	6	6	6
7	7	7	7	7
8	8	8	8	8
9	9	9	9	9

受験番号記入欄

受験番号マーク欄

1	A	(1)	1 2 3 4
		(2)	1 2 3 4
		(3)	1 2 3 4
	B	(1)	1 2 3 4
		(2)	1 2 3 4
		(3)	1 2 3 4
	C	(1)	1 2 3 4
		(2)	1 2 3 4
2	A	(1)	1 2 3 4
		(2)	1 2 3 4
		(3)	1 2 3 4
		(4)	1 2 3 4
		(5)	1 2 3 4

2	B	(1)	2番目	1 2 3 4 5
			4番目	1 2 3 4 5
		(2)	2番目	1 2 3 4 5
			4番目	1 2 3 4 5
		(3)	2番目	1 2 3 4 5
			4番目	1 2 3 4 5
3	(1)			1 2 3 4
	(2)			1 2 3 4
	(3)			1 2 3 4

4	(1)	A	1 2 3 4
		B	1 2 3 4
		C	1 2 3 4
		D	1 2 3 4
	(2)	ⓐ	1 2 3 4
		ⓑ	1 2 3 4
	(3)		1 2 3 4
5	(1)	A	1 2 3 4
		B	1 2 3 4
		C	1 2 3 4
		D	1 2 3 4
		E	1 2 3 4
	(2)		1 2 3 4 5 6 7

（注）この解答用紙は実物を縮小してあります。Ａ３用紙に152%拡大コピーすると、ほぼ実物大で使用できます。（タイトルと配点表は含みません）

推定配点	
1 各３点×８	
2 A 各３点×５　B 各４点×３	
3、4 各３点×10	
5 (1) 各３点×５　(2) ４点	
計	100点

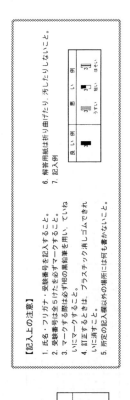

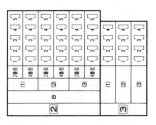

2023年度　水城高等学校・推薦

数学解答用紙

評点
/100

【記入上の注意】

1. 氏名・フリガナ・受験番号を記入すること。
2. 受験番号は全５けたを必ずマークすること。
3. マークする際は必ずHBの黒鉛筆を用い，ていねいにマークすること。
4. 訂正するときは，プラスチック消しゴムできれいに消すこと。
5. 所定の記入欄以外の場所には何も書かないこと。
6. 解答用紙は折り曲げたり，汚したりしないこと。
7. 記入例

良い例	悪い例		
3	3 うすい	3 短い	3 ほそい

フリガナ	
氏　名	

受験番号

万	千	百	十	一
0	0	0	0	0
1	1	1	1	1
2	2	2	2	2
3	3	3	3	3
4	4	4	4	4
5	5	5	5	5
6	6	6	6	6
7	7	7	7	7
8	8	8	8	8
9	9	9	9	9

受験番号記入欄
受験番号マーク欄

1	(1)	ア	0 1 2 3 4 5 6 7 8 9
		イ	0 1 2 3 4 5 6 7 8 9
	(2)	ウ	0 1 2 3 4 5 6 7 8 9
		エ	0 1 2 3 4 5 6 7 8 9
	(3)	オ	0 1 2 3 4 5 6 7 8 9
		カ	0 1 2 3 4 5 6 7 8 9
	(4)	キ	0 1 2 3 4 5 6 7 8 9
		ク	0 1 2 3 4 5 6 7 8 9
		ケ	0 1 2 3 4 5 6 7 8 9
	(5)	コ	0 1 2 3 4 5 6 7 8 9
		サ	0 1 2 3 4 5 6 7 8 9
	(6)	シ	0 1 2 3 4 5 6 7 8 9
		ス	0 1 2 3 4 5 6 7 8 9

2	(1)	ア	0 1 2 3 4 5 6 7 8 9
	(2)	イ	0 1 2 3 4 5 6 7 8 9
		ウ	0 1 2 3 4 5 6 7 8 9
	(3)	エ	0 1 2 3 4 5 6 7 8 9
		オ	0 1 2 3 4 5 6 7 8 9
		カ	0 1 2 3 4 5 6 7 8 9
		キ	0 1 2 3 4 5 6 7 8 9
	(4)	ク	0 1 2 3 4 5 6 7 8 9
		ケ	0 1 2 3 4 5 6 7 8 9
	(5)	コ	0 1 2 3 4 5 6 7 8 9
		サ	0 1 2 3 4 5 6 7 8 9
3	(1)	ア	0 1 2 3 4 5 6 7 8 9
	(2)	イ	0 1 2 3 4 5 6 7 8 9
		ウ	0 1 2 3 4 5 6 7 8 9
		エ	0 1 2 3 4 5 6 7 8 9
	(3)	オ	0 1 2 3 4 5 6 7 8 9
		カ	0 1 2 3 4 5 6 7 8 9

4	(1)	ア	0 1 2 3 4 5 6 7 8 9
	(2)	イ	0 1 2 3 4 5 6 7 8 9
		ウ	0 1 2 3 4 5 6 7 8 9
		エ	0 1 2 3 4 5 6 7 8 9
	(3)	オ	0 1 2 3 4 5 6 7 8 9
		カ	0 1 2 3 4 5 6 7 8 9
		キ	0 1 2 3 4 5 6 7 8 9
		ク	0 1 2 3 4 5 6 7 8 9
5	(1)	ア	0 1 2 3 4 5 6 7 8 9
		イ	0 1 2 3 4 5 6 7 8 9
		ウ	0 1 2 3 4 5 6 7 8 9
	(2) ①	エ	0 1 2 3 4 5 6 7 8 9
		オ	0 1 2 3 4 5 6 7 8 9
	(2) ②	カ	0 1 2 3 4 5 6 7 8 9
		キ	0 1 2 3 4 5 6 7 8 9
		ク	0 1 2 3 4 5 6 7 8 9
		ケ	0 1 2 3 4 5 6 7 8 9

（注）この解答用紙は実物を縮小してあります。Ａ３用紙に152%拡大コピーすると、ほぼ実物大で使用できます。（タイトルと配点表は含みません）

推定配点	
1～5　各5点×20	
100点	計

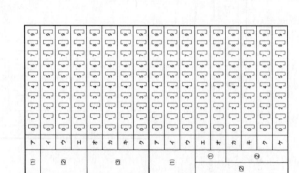

二〇二三年度　水城高等学校・推薦

国語解答用紙

評点
/100

（注）この解答用紙は実物を縮小してあります。Ａ３用紙に152%拡大コピーすると、ほぼ実物大で使用できます。（タイトルと配点表は含みません）

【記入上の注意】

1. 氏名・フリガナ・受験番号を記入すること。
2. 受験番号は全５けたを必ずマークすること。
3. マークする際は必ずHBの黒鉛筆を用い，ていねいにマークすること。
4. 訂正するときは，プラスチック消しゴムできれいに消すこと。
5. 所定の記入欄以外の場所には何も書かないこと。
6. 解答用紙は折り曲げたり，汚したりしないこと。
7. 記入例

良い例	悪い例		
3	3 うすい	3 短い	3 ほそい

フリガナ	
氏　名	

四	(1)	1 2 3 4 5
	(2)	1 2 3 4 5
	(3)	1 2 3 4 5
	(4)	1 2 3 4 5
	(5)	1 2 3 4 5

三	(1)	1 2 3 4 5
	(2)	1 2 3 4 5
	(3)	1 2 3 4 5
	(4)	1 2 3 4 5
	(5)	1 2 3 4 5
	(6)	1 2 3 4 5
	(7)	1 2 3 4 5

一	(1)	ア	1 2 3 4
		イ	1 2 3 4
	(2)		1 2 3 4 5
	(3)		1 2 3 4 5
	(4)		1 2 3 4 5
	(5)		1 2 3 4 5
	(6)		1 2 3 4 5
二	(1)		1 2 3 4 5
	(2)		1 2 3 4 5
	(3)		1 2 3 4 5
	(4)		1 2 3 4 5
	(5)		1 2 3 4 5
	(6)		1 2 3 4 5
	(7)		1 2 3 4 5

受験番号

万	千	百	十	一
0	0	0	0	0
1	1	1	1	1
2	2	2	2	2
3	3	3	3	3
4	4	4	4	4
5	5	5	5	5
6	6	6	6	6
7	7	7	7	7
8	8	8	8	8
9	9	9	9	9

受験番号マーク欄

受験番号記入欄

推定配点
一　(1)～(3)　各３点×４　(4)～(6)　各４点×３
二～四　各４点×19
計　100点

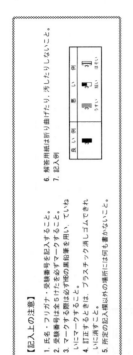

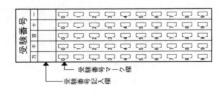

2023年度　水城高等学校

英語解答用紙

評点
/100

【記入上の注意】

1. 氏名・フリガナ・受験番号を記入すること。
2. 受験番号は全５けたを必ずマークすること。
3. マークする際は必ずHBの黒鉛筆を用い，ていねいにマークすること。
4. 訂正するときは，プラスチック消しゴムできれいに消すこと。
5. 所定の記入欄以外の場所には何も書かないこと。
6. 解答用紙は折り曲げたり，汚したりしないこと。
7. 記入例

良い例	悪い例		
3	3 うすい	3 短い	3 ほそい

フリガナ	
氏　名	

受験番号記入欄　受験番号マーク欄

受験番号				
万	千	百	十	一
0	0	0	0	0
1	1	1	1	1
2	2	2	2	2
3	3	3	3	3
4	4	4	4	4
5	5	5	5	5
6	6	6	6	6
7	7	7	7	7
8	8	8	8	8
9	9	9	9	9

1	A	(1)	1 2 3 4
		(2)	1 2 3 4
		(3)	1 2 3 4
	B	(1)	1 2 3 4
		(2)	1 2 3 4
		(3)	1 2 3 4
	C	(1)	1 2 3 4
		(2)	1 2 3 4
2	A	(1)	1 2 3 4
		(2)	1 2 3 4
		(3)	1 2 3 4
		(4)	1 2 3 4
		(5)	1 2 3 4

2	B	(1)	2番目	1 2 3 4 5
			4番目	1 2 3 4 5
		(2)	2番目	1 2 3 4 5
			4番目	1 2 3 4 5
		(3)	2番目	1 2 3 4 5
			4番目	1 2 3 4 5
3	(1)			1 2 3 4
	(2)			1 2 3 4
	(3)			1 2 3 4

4	(1)	A	1 2 3 4
		B	1 2 3 4
		C	1 2 3 4
		D	1 2 3 4
	(2)	ⓐ	1 2 3 4
		ⓑ	1 2 3 4
	(3)		1 2 3 4
5	(1)	A	1 2 3 4
		B	1 2 3 4
		C	1 2 3 4
		D	1 2 3 4
		E	1 2 3 4
	(2)		1 2 3 4 5 6 7

（注）この解答用紙は実物を縮小してあります。Ａ３用紙に152%拡大コピーすると、ほぼ実物大で使用できます。（タイトルと配点表は含みません）

推定配点	
1 各3点×8 2 A 各3点×5　B 各4点×3 3、4 各3点×10 5 (1) 各3点×5　(2) 4点	
100点	計

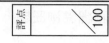

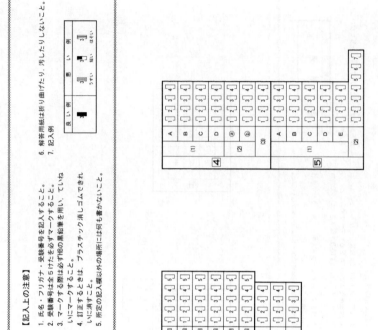

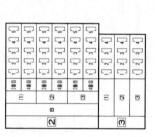

２０２３年度　水城高等学校

数学解答用紙

評点
/100

（注）この解答用紙は実物を縮小してあります。Ａ３用紙に152%拡大コピーすると、ほぼ実物大で使用できます。（タイトルと配点表は含みません）

【記入上の注意】

1. 氏名・フリガナ・受験番号を記入すること。
2. 受験番号は全５けたを必ずマークすること。
3. マークする際は必ずHBの黒鉛筆を用い，ていねいにマークすること。
4. 訂正するときは，プラスチック消しゴムできれいに消すこと。
5. 所定の記入欄以外の場所には何も書かないこと。
6. 解答用紙は折り曲げたり，汚したりしないこと。
7. 記入例

良い例	悪い例		
3（黒く塗りつぶし）	3 うすい	3 短い	3 ほそい

フリガナ	
氏　名	

4	(1)	ア	0 1 2 3 4 5 6 7 8 9
	(2)	イ	0 1 2 3 4 5 6 7 8 9
		ウ	0 1 2 3 4 5 6 7 8 9
		エ	0 1 2 3 4 5 6 7 8 9
	(3)	オ	0 1 2 3 4 5 6 7 8 9
		カ	0 1 2 3 4 5 6 7 8 9
		キ	0 1 2 3 4 5 6 7 8 9
		ク	0 1 2 3 4 5 6 7 8 9
5	(1)	ア	0 1 2 3 4 5 6 7 8 9
		イ	0 1 2 3 4 5 6 7 8 9
	(2) ①	ウ	0 1 2 3 4 5 6 7 8 9
	(2) ②	エ	0 1 2 3 4 5 6 7 8 9
		オ	0 1 2 3 4 5 6 7 8 9

2	(1)	ア	0 1 2 3 4 5 6 7 8 9
		イ	0 1 2 3 4 5 6 7 8 9
		ウ	0 1 2 3 4 5 6 7 8 9
	(2)	エ	0 1 2 3 4 5 6 7 8 9
		オ	0 1 2 3 4 5 6 7 8 9
	(3)	カ	0 1 2 3 4 5 6 7 8 9
		キ	0 1 2 3 4 5 6 7 8 9
		ク	0 1 2 3 4 5 6 7 8 9
		ケ	0 1 2 3 4 5 6 7 8 9
	(4)	コ	0 1 2 3 4 5 6 7 8 9
		サ	0 1 2 3 4 5 6 7 8 9
	(5)	シ	0 1 2 3 4 5 6 7 8 9
		ス	0 1 2 3 4 5 6 7 8 9
3	(1)	ア	0 1 2 3 4 5 6 7 8 9
		イ	0 1 2 3 4 5 6 7 8 9
	(2)	ウ	0 1 2 3 4 5 6 7 8 9
		エ	0 1 2 3 4 5 6 7 8 9
	(3)	オ	0 1 2 3 4 5 6 7 8 9
		カ	0 1 2 3 4 5 6 7 8 9
		キ	0 1 2 3 4 5 6 7 8 9

1	(1)	ア	0 1 2 3 4 5 6 7 8 9
		イ	0 1 2 3 4 5 6 7 8 9
	(2)	ウ	0 1 2 3 4 5 6 7 8 9
		エ	0 1 2 3 4 5 6 7 8 9
	(3)	オ	0 1 2 3 4 5 6 7 8 9
		カ	0 1 2 3 4 5 6 7 8 9
	(4)	キ	0 1 2 3 4 5 6 7 8 9
		ク	0 1 2 3 4 5 6 7 8 9
		ケ	0 1 2 3 4 5 6 7 8 9
	(5)	コ	0 1 2 3 4 5 6 7 8 9
		サ	0 1 2 3 4 5 6 7 8 9
	(6)	シ	0 1 2 3 4 5 6 7 8 9
		ス	0 1 2 3 4 5 6 7 8 9

受験番号				
万	千	百	十	一
0	0	0	0	0
1	1	1	1	1
2	2	2	2	2
3	3	3	3	3
4	4	4	4	4
5	5	5	5	5
6	6	6	6	6
7	7	7	7	7
8	8	8	8	8
9	9	9	9	9

受験番号記入欄
受験番号マーク欄

推定配点	
1〜5　各５点×20	
計	100点

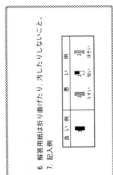

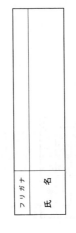

二〇二三年度　水城高等学校

国語解答用紙

評点
/100

【記入上の注意】

1. 氏名・フリガナ・受験番号を記入すること。
2. 受験番号は全５けたを必ずマークすること。
3. マークする際は必ずHBの黒鉛筆を用い，ていねいにマークすること。
4. 訂正するときは，プラスチック消しゴムできれいに消すこと。
5. 所定の記入欄以外の場所には何も書かないこと。
6. 解答用紙は折り曲げたり，汚したりしないこと。
7. 記入例

良い例	悪い例		
■	3 うすい	3 短い	3 ほそい

フリガナ	
氏　名	

一	(1)	ア	1 2 3 4
		イ	1 2 3 4
	(2)		1 2 3 4 5
	(3)		1 2 3 4 5
	(4)		1 2 3 4 5
	(5)		1 2 3 4 5
	(6)		1 2 3 4 5
二	(1)		1 2 3 4 5
	(2)		1 2 3 4 5
	(3)		1 2 3 4 5
	(4)		1 2 3 4 5
	(5)		1 2 3 4 5
	(6)		1 2 3 4 5
	(7)		1 2 3 4 5

三	(1)	1 2 3 4 5
	(2)	1 2 3 4 5
	(3)	1 2 3 4 5
	(4)	1 2 3 4 5
	(5)	1 2 3 4 5
	(6)	1 2 3 4 5
	(7)	1 2 3 4 5

四	(1)	1 2 3 4 5
	(2)	1 2 3 4 5
	(3)	1 2 3 4 5
	(4)	1 2 3 4 5
	(5)	1 2 3 4 5

受験番号

万	千	百	十	一
0	0	0	0	0
1	1	1	1	1
2	2	2	2	2
3	3	3	3	3
4	4	4	4	4
5	5	5	5	5
6	6	6	6	6
7	7	7	7	7
8	8	8	8	8
9	9	9	9	9

受験番号記入欄
受験番号マーク欄

（注）この解答用紙は実物を縮小してあります。Ａ３用紙に152%拡大コピーすると、ほぼ実物大で使用できます。（タイトルと配点表は含みません）

推定配点	
一　(1)～(3)　各３点×４　(4)～(6)　各４点×３ 二～四　各４点×19	
100点	計

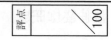

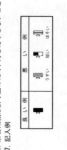

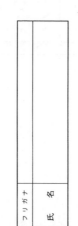

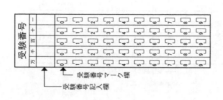

２０２３年度 水城高等学校 一般再受験

英語解答用紙

番号		氏名		評点	/100

5

(1)			各行に一つずつ記号を書くこと
(2)			
(3)	①		
	②		
(4)	①		
	②		
	③		
(5)			

5(1) 順不同

6

①	→ → → →
②	→ → → →
③	→ → → →
④	→ → → →

3

(1)	
(2)	→ →

4

(1)	( )( )( ).	
(2)	①	
	②	
	③	
	④	
	⑤	

1

(1)	No. 1	
	No. 2	
	No. 3	
	No. 4	
	No. 5	
(2)	No. 1	
	No. 2	
	No. 3	
	No. 4	
(3)	No. 1	
	No. 2	
(4)	①	
	②	
	③	

2

(1)	①	
	②	
	③	
(2)	④	
	⑤	
	⑥	

（注）この解答用紙は実物を縮小してあります。179%拡大コピーすると、ほぼ実物大で使用できます。（タイトルと配点表は含みません）

推定配点

1 (1)、(2) 各2点×9 (3)、(4) 各3点×5
2 各2点×6 3 (1) 4点 (2) 3点
4 (1) 3点 (2) 各2点×5
5 (1) 各2点×3 (2)～(5) 各3点×7
6 各2点×4

計	100点

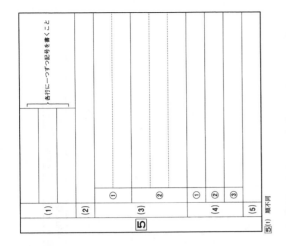

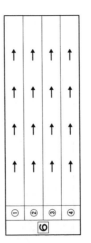

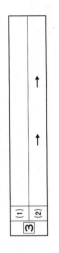

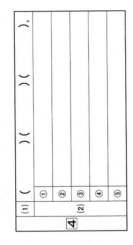

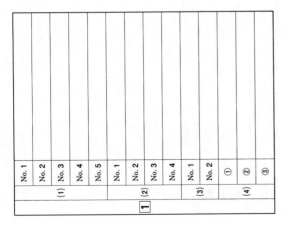

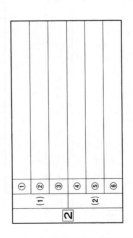

２０２３年度　水城高等学校　一般再受験

数学解答用紙

番号		氏名	

評点
／100

1

1	(1)	①	
		②	
		③	
		④	
	(2)		$x =$ 　　　　, $x =$

2

2	(1)	
	(2)	
	(3)	枚
	(4)	倍

3

3	(1)				度
	(2)	①	a	b	c
		②			cm

4

4	(1)	秒
	(2)	m
	(3)	秒後

5

5	(1)	①	
		②	$x =$
	(2)		

6

6	(1)		cm^2
	(2)	①	回
		②	cm

（注）この解答用紙は実物を縮小してあります。196%拡大コピーすると、ほぼ実物大で使用できます。（タイトルと配点表は含みません）

推定配点

1 各４点×５
2 各５点×４
3 (1) ４点 (2) ① 各３点×３ ② ５点
4 各５点×３
5 各４点×３
6 各５点×３

計
100点

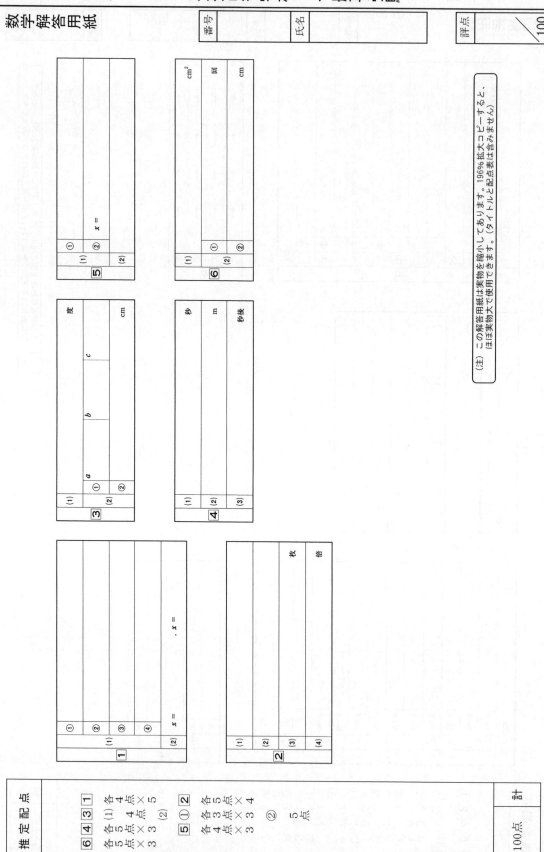

２０２３年度　水城高等学校　一般再受験

社会解答用紙

番号		氏名		評点	/100

1

1	(1)		
	(2)	機械類	
		米	
	(3)	a	
		bとc	
	(4)		月　日　時
2	(1)		
	(2)	a	
		県庁所在地名	市
	(3)	熊本県	
		栽培方法	栽培
	(4)		
	(5)		

2

1	(1)		
	(2)		
	(3)	場所	
		日本の様子	
	(4)	い	
		うとえ	
2	(1)		
	(2)		
	(3)		

3

(1)	
(2)	
(3)	
(4)	
(5)	
(6)	
(7) a	法
(7) bとc	
(8)	

4

1	(1)	
	(2)	
2	(1)	
	(2)	
	(3)	→　→　→
	(4)	
	(5)	化
3	(1)	
	(2)	
	(3)	

（注）この解答用紙は実物を縮小してあります。196%拡大コピーすると、ほぼ実物大で使用できます。（タイトルと配点表は含みません）

推定配点	計
1 1 (1)、(2) 各2点×3 (3) a 3点 bとc 2点 (4) 3点 2 (1) 2点 (2) a 4点 県庁所在地名 2点 (3) 熊本県 2点 栽培方法 3点 (4)、(5) 各2点×2 2 1 (1)～(3) 各2点×4 (4) い 4点 うとえ 2点 2 (1) 3点 (2)、(3) 各2点×2 3 (1) 3点 (2)、(3) 各2点×2 (4)、(5) 各3点×2 (6) 2点 (7) a 3点 bとc 2点 (8) 4点 4 1 各2点×2 2 (1)～(3) 各2点×3 (4) 4点 (5) 3点 3 (1) 3点 (2)、(3) 各2点×2	100点

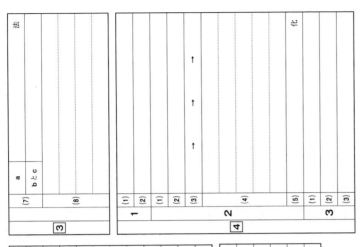

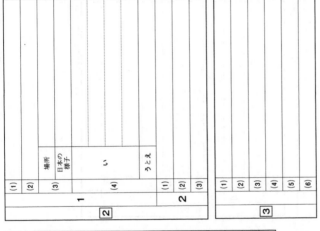

2023年度　水城高等学校　一般再受験

理科解答用紙

番号		氏名		評点	/100

5

(1)		
(2)	あ	
	い	
(3)		
(4)		
(5)	物質名	
	質量	g

5(2)、(5)　それぞれ両方できて得点

6

(1)	あ	
	い	
(2)		
(3)		
(4)		

6(1)　両方できて得点、(2)　順不同・全部できて得点

3

(1)	記号		
	書き直し		
(2)	あ		
	い		
(3)			
(4)	①	う	
		え	
	②		

3(1)、(2)　それぞれ両方できて得点

4

(1)	あ	
	い	
(2)		
(3)		
(4)	う	
	え	
(5)	①	
	②	
(6)		

4(1)、(4)　それぞれ両方できて得点

1

(1)	
(2)	
(3)	
(4)	
(5)	
(6)	
(7)	
(8)	

2

(1)	物体B	
	物体C	
(2)		N
(3)	①	N
	②	

2(1)　両方できて得点

（注）この解答用紙は実物を縮小してあります。200%拡大コピーすると、ほぼ実物大で使用できます。（タイトルと配点表は含みません）

推定配点
1 各3点×8
2 (1)、(2) 各3点×2　(3) ① 3点　② 4点
3 各3点×6〔(1)、(2)はそれぞれ完答〕
4 (1) 3点　(2)、(3) 各2点×2　(4) 3点　(5) ① 2点　② 4点
(6) 3点
5 (1)～(3) 各3点×3　(4) 2点　(5) 3点
6 各3点×4
計　100点

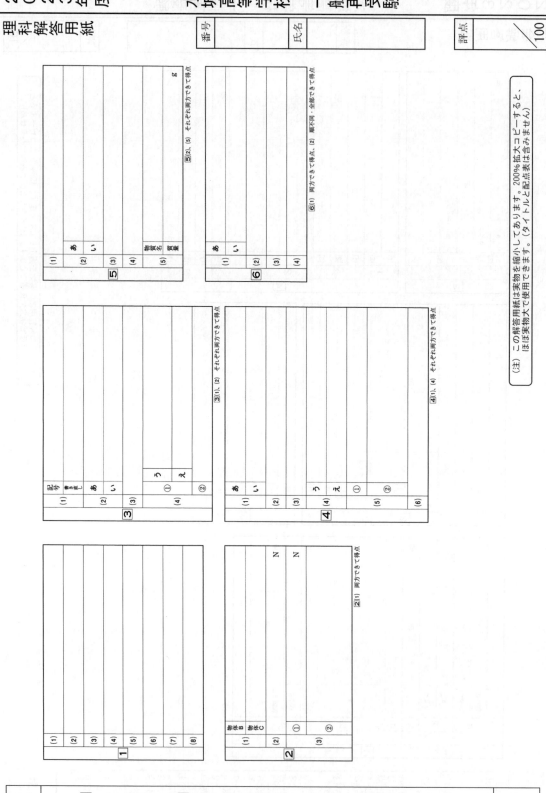

二〇二三年度　水城高等学校　一般再受験

国語解答用紙

番号		氏名		評点	/100

一

(一)　(二)　(三) 初め／終わり　(四)　(五)

二

(一)　(二)　(三)　(四) 初め／終わり　(五)

三

(一)　(二) 15 20　(三)　(四)　(五)　(六)　(七) C　D

四

(一)　(二)　(三) (1) (2)　(四) (1) ねる　(2)　(3) わす

(注) この解答用紙は実物を縮小してあります。Ａ３用紙に159%拡大コピーすると、ほぼ実物大で使用できます。(タイトルと配点表は含みません)

推定配点

一 (一) 4点　(二)、(三) 各5点×2　(四) 6点　(五) 5点

二 (一) 3点　(二) 4点　(三)～(五) 各5点×3

三 (一) 3点　(二)、(三) 各5点×2　(四) 6点　(五)、(六) 各5点×2　(七) 各4点×2

四 (一)、(二) 各3点×2　(三)、(四) 各2点×5

計 100点

2022年度　水城高等学校・推薦

英語解答用紙

評点
/100

【記入上の注意】

1. 氏名・フリガナ・受験番号を記入すること。
2. 受験番号は全5けたを必ずマークすること。
3. マークする際は必ずHBの黒鉛筆を用い，ていねいにマークすること。
4. 訂正するときは，プラスチック消しゴムできれいに消すこと。
5. 所定の記入欄以外の場所には何も書かないこと。
6. 解答用紙は折り曲げたり，汚したりしないこと。
7. 記入例

良い例	悪い例		
3	3 うすい	3 短い	3 ほそい

フリガナ	
氏　名	

受験番号記入欄　受験番号マーク欄

受験番号				
万	千	百	十	一
0	0	0	0	0
1	1	1	1	1
2	2	2	2	2
3	3	3	3	3
4	4	4	4	4
5	5	5	5	5
6	6	6	6	6
7	7	7	7	7
8	8	8	8	8
9	9	9	9	9

1	A	(1)	1 2 3 4
		(2)	1 2 3 4
		(3)	1 2 3 4
	B	(1)	1 2 3 4
		(2)	1 2 3 4
		(3)	1 2 3 4
	C	(1)	1 2 3 4
		(2)	1 2 3 4
2	A	(1)	1 2 3 4
		(2)	1 2 3 4
		(3)	1 2 3 4
		(4)	1 2 3 4
		(5)	1 2 3 4

2	B	(1)	2番目	1 2 3 4 5
			4番目	1 2 3 4 5
		(2)	2番目	1 2 3 4 5
			4番目	1 2 3 4 5
		(3)	2番目	1 2 3 4 5
			4番目	1 2 3 4 5
3	(1)			1 2 3 4
	(2)			1 2 3 4
	(3)			1 2 3 4

4	(1)	A	1 2 3 4
		B	1 2 3 4
		C	1 2 3 4
		D	1 2 3 4
	(2)	ⓐ	1 2 3 4
		ⓑ	1 2 3 4
	(3)		1 2 3 4
5	(1)	A	1 2 3 4
		B	1 2 3 4
		C	1 2 3 4
		D	1 2 3 4
		E	1 2 3 4
	(2)		1 2 3 4 5 6 7

(注)　この解答用紙は実物を縮小してあります。Ａ３用紙に152%拡大コピーすると，ほぼ実物大で使用できます。(タイトルと配点表は含みません)

推定配点	
1 各3点×8　2 A 各3点×5　B 各4点×3　3，4 各3点×10　5 (1) 各3点×5　(2) 4点	
計	100点

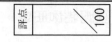

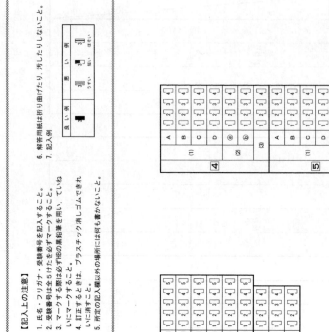

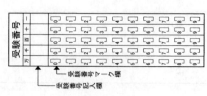

2022年度 水城高等学校・推薦

数学解答用紙

評点
/100

【記入上の注意】

1. 氏名・フリガナ・受験番号を記入すること。
2. 受験番号は全５けたを必ずマークすること。
3. マークする際は必ずHBの黒鉛筆を用い，ていねいにマークすること。
4. 訂正するときは，プラスチック消しゴムできれいに消すこと。
5. 所定の記入欄以外の場所には何も書かないこと。
6. 解答用紙は折り曲げたり，汚したりしないこと。
7. 記入例

良い例	悪い例		
3	3	3	3
	うすい	短い	ほそい

受験番号				
万	千	百	十	一
0	0	0	0	0
1	1	1	1	1
2	2	2	2	2
3	3	3	3	3
4	4	4	4	4
5	5	5	5	5
6	6	6	6	6
7	7	7	7	7
8	8	8	8	8
9	9	9	9	9

受験番号記入欄

受験番号マーク欄

1	(1)	ア	0	1	2	3	4	5	6	7	8	9
	(2)	イ	0	1	2	3	4	5	6	7	8	9
		ウ	0	1	2	3	4	5	6	7	8	9
	(3)	エ	0	1	2	3	4	5	6	7	8	9
		オ	0	1	2	3	4	5	6	7	8	9
	(4)	カ	0	1	2	3	4	5	6	7	8	9
		キ	0	1	2	3	4	5	6	7	8	9
	(5)	ク	0	1	2	3	4	5	6	7	8	9
		ケ	0	1	2	3	4	5	6	7	8	9
	(6)	コ	0	1	2	3	4	5	6	7	8	9
		サ	0	1	2	3	4	5	6	7	8	9

2	(1)	ア	0	1	2	3	4	5	6	7	8	9
	(2)	イ	0	1	2	3	4	5	6	7	8	9
	(3)	ウ	0	1	2	3	4	5	6	7	8	9
		エ	0	1	2	3	4	5	6	7	8	9
		オ	0	1	2	3	4	5	6	7	8	9
	(4)	カ	0	1	2	3	4	5	6	7	8	9
		キ	0	1	2	3	4	5	6	7	8	9
	(5)	ク	0	1	2	3	4	5	6	7	8	9
		ケ	0	1	2	3	4	5	6	7	8	9
3	(1)	ア	0	1	2	3	4	5	6	7	8	9
		イ	0	1	2	3	4	5	6	7	8	9
	(2)	ウ	0	1	2	3	4	5	6	7	8	9
		エ	0	1	2	3	4	5	6	7	8	9
	(3)	オ	0	1	2	3	4	5	6	7	8	9
		カ	0	1	2	3	4	5	6	7	8	9
		キ	0	1	2	3	4	5	6	7	8	9

4	(1)		ア	0	1	2	3	4	5	6	7	8	9
			イ	0	1	2	3	4	5	6	7	8	9
	(2)		ウ	0	1	2	3	4	5	6	7	8	9
			エ	0	1	2	3	4	5	6	7	8	9
	(3)		オ	0	1	2	3	4	5	6	7	8	9
			カ	0	1	2	3	4	5	6	7	8	9
			キ	0	1	2	3	4	5	6	7	8	9
5	(1)		ア	0	1	2	3	4	5	6	7	8	9
	(2)	①	イ	0	1	2	3	4	5	6	7	8	9
			ウ	0	1	2	3	4	5	6	7	8	9
			エ	0	1	2	3	4	5	6	7	8	9
		②	オ	0	1	2	3	4	5	6	7	8	9
			カ	0	1	2	3	4	5	6	7	8	9

（注）この解答用紙は実物を縮小してあります。Ａ３用紙に152％拡大コピーすると、ほぼ実物大で使用できます。（タイトルと配点表は含みません）

推定配点	
1～5 各5点×20	
100点	計

二〇二三年度　水城高等学校・推薦

国語解答用紙

評点
/100

【記入上の注意】
1. 氏名・フリガナ・受験番号を記入すること。
2. 受験番号は全５けたを必ずマークすること。
3. マークする際は必ずHBの黒鉛筆を用い，ていねいにマークすること。
4. 訂正するときは，プラスチック消しゴムできれいに消すこと。
5. 所定の記入欄以外の場所には何も書かないこと。
6. 解答用紙は折り曲げたり，汚したりしないこと。
7. 記入例

良い例	悪い例		
3	3	3	3
	うすい	短い	ほそい

フリガナ	
氏　名	

受験番号				
万	千	百	十	一
0	0	0	0	0
1	1	1	1	1
2	2	2	2	2
3	3	3	3	3
4	4	4	4	4
5	5	5	5	5
6	6	6	6	6
7	7	7	7	7
8	8	8	8	8
9	9	9	9	9

←受験番号記入欄
←受験番号マーク欄

一	(1) ア	1	2	3	4	
	(1) イ	1	2	3	4	
	(2)	1	2	3	4	5
	(3)	1	2	3	4	5
	(4)	1	2	3	4	5
	(5)	1	2	3	4	5
	(6)	1	2	3	4	5
二	(1)	1	2	3	4	5
	(2)	1	2	3	4	5
	(3)	1	2	3	4	5
	(4)	1	2	3	4	5
	(5)	1	2	3	4	5
	(6)	1	2	3	4	5
	(7)	1	2	3	4	5

三	(1)	1	2	3	4	5
	(2)	1	2	3	4	5
	(3)	1	2	3	4	5
	(4)	1	2	3	4	5
	(5)	1	2	3	4	5
	(6)	1	2	3	4	5
	(7)	1	2	3	4	5

四	(1)	1	2	3	4	5
	(2)	1	2	3	4	5
	(3)	1	2	3	4	5
	(4)	1	2	3	4	5
	(5)	1	2	3	4	5

（注）この解答用紙は実物を縮小してあります。Ａ３用紙に152%拡大コピーすると，ほぼ実物大で使用できます。（タイトルと配点表は含みません）

推定配点	計
一 (1)〜(3) 各３点×４　(4)〜(6) 各４点×３ 二〜四 各４点×19	100点

２０２２年度　水城高等学校

英語解答用紙

評点	/100

【記入上の注意】

1. 氏名・フリガナ・受験番号を記入すること。
2. 受験番号は全５けたを必ずマークすること。
3. マークする際は必ずHBの黒鉛筆を用い，ていねいにマークすること。
4. 訂正するときは，プラスチック消しゴムできれいに消すこと。
5. 所定の記入欄以外の場所には何も書かないこと。
6. 解答用紙は折り曲げたり，汚したりしないこと。
7. 記入例

良い例	悪い例		
3	3 うすい	3 短い	3 ほそい

フリガナ	
氏　名	

受験番号

万	千	百	十	一
0	0	0	0	0
1	1	1	1	1
2	2	2	2	2
3	3	3	3	3
4	4	4	4	4
5	5	5	5	5
6	6	6	6	6
7	7	7	7	7
8	8	8	8	8
9	9	9	9	9

受験番号記入欄　受験番号マーク欄

1	A	(1)	1 2 3 4
		(2)	1 2 3 4
		(3)	1 2 3 4
	B	(1)	1 2 3 4
		(2)	1 2 3 4
		(3)	1 2 3 4
	C	(1)	1 2 3 4
		(2)	1 2 3 4
2	A	(1)	1 2 3 4
		(2)	1 2 3 4
		(3)	1 2 3 4
		(4)	1 2 3 4
		(5)	1 2 3 4

2	B	(1)	2番目	1 2 3 4 5
			4番目	1 2 3 4 5
		(2)	2番目	1 2 3 4 5
			4番目	1 2 3 4 5
		(3)	2番目	1 2 3 4 5
			4番目	1 2 3 4 5
3	(1)			1 2 3 4
	(2)			1 2 3 4
	(3)			1 2 3 4

4	(1)	A	1 2 3 4
		B	1 2 3 4
		C	1 2 3 4
		D	1 2 3 4
	(2)	ⓐ	1 2 3 4
		ⓑ	1 2 3 4
	(3)		1 2 3 4
5	(1)	A	1 2 3 4
		B	1 2 3 4
		C	1 2 3 4
		D	1 2 3 4
		E	1 2 3 4
	(2)		1 2 3 4 5 6 7

（注）この解答用紙は実物を縮小してあります。Ａ３用紙に152％拡大コピーすると，ほぼ実物大で使用できます。（タイトルと配点表は含みません）

推定配点

1　各３点×８

2　A　各３点×５　B　各４点×３

3、4　各３点×10

5　(1)　各３点×５　(2)　４点

計　100点

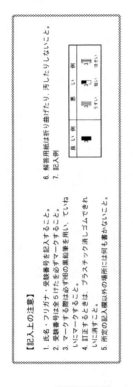

2022年度 水城高等学校 数学解答用紙

【記入上の注意】

1. 氏名・フリガナ・受験番号を記入すること。
2. 受験番号は全５けたを必ずマークすること。
3. マークする際は必ずHBの黒鉛筆を用い，ていねいにマークすること。
4. 訂正するときは，プラスチック消しゴムできれいに消すこと。
5. 所定の記入欄以外の場所には何も書かないこと。
6. 解答用紙は折り曲げたり，汚したりしないこと。
7. 記入例

良い例	悪い例		
3	うすい	短い	ほそい

受験番号記入欄 受験番号マーク欄

受験番号				
万	千	百	十	一
0 1 2 3 4 5 6 7 8 9	0 1 2 3 4 5 6 7 8 9	0 1 2 3 4 5 6 7 8 9	0 1 2 3 4 5 6 7 8 9	0 1 2 3 4 5 6 7 8 9

1	(1)	ア	0 1 2 3 4 5 6 7 8 9
	(2)	イ	0 1 2 3 4 5 6 7 8 9
		ウ	0 1 2 3 4 5 6 7 8 9
	(3)	エ	0 1 2 3 4 5 6 7 8 9
		オ	0 1 2 3 4 5 6 7 8 9
	(4)	カ	0 1 2 3 4 5 6 7 8 9
		キ	0 1 2 3 4 5 6 7 8 9
	(5)	ク	0 1 2 3 4 5 6 7 8 9
		ケ	0 1 2 3 4 5 6 7 8 9
	(6)	コ	0 1 2 3 4 5 6 7 8 9
		サ	0 1 2 3 4 5 6 7 8 9
		シ	0 1 2 3 4 5 6 7 8 9

2	(1)	ア	0 1 2 3 4 5 6 7 8 9
	(2)	イ	0 1 2 3 4 5 6 7 8 9
	(3)	ウ	0 1 2 3 4 5 6 7 8 9
		エ	0 1 2 3 4 5 6 7 8 9
	(4)	オ	0 1 2 3 4 5 6 7 8 9
		カ	0 1 2 3 4 5 6 7 8 9
	(5)	キ	0 1 2 3 4 5 6 7 8 9
		ク	0 1 2 3 4 5 6 7 8 9
3	(1)	ア	0 1 2 3 4 5 6 7 8 9
		イ	0 1 2 3 4 5 6 7 8 9
	(2)	ウ	0 1 2 3 4 5 6 7 8 9
		エ	0 1 2 3 4 5 6 7 8 9
		オ	0 1 2 3 4 5 6 7 8 9
	(3)	カ	0 1 2 3 4 5 6 7 8 9
		キ	0 1 2 3 4 5 6 7 8 9

4	(1)	ア	0 1 2 3 4 5 6 7 8 9
		イ	0 1 2 3 4 5 6 7 8 9
	(2)	ウ	0 1 2 3 4 5 6 7 8 9
		エ	0 1 2 3 4 5 6 7 8 9
		オ	0 1 2 3 4 5 6 7 8 9
	(3)	カ	0 1 2 3 4 5 6 7 8 9
		キ	0 1 2 3 4 5 6 7 8 9
		ク	0 1 2 3 4 5 6 7 8 9
5	(1)	ア	0 1 2 3 4 5 6 7 8 9
		イ	0 1 2 3 4 5 6 7 8 9
		ウ	0 1 2 3 4 5 6 7 8 9
		エ	0 1 2 3 4 5 6 7 8 9
		オ	0 1 2 3 4 5 6 7 8 9
	(2)	カ	0 1 2 3 4 5 6 7 8 9
		キ	0 1 2 3 4 5 6 7 8 9
		ク	0 1 2 3 4 5 6 7 8 9
		ケ	0 1 2 3 4 5 6 7 8 9
	(3)	コ	0 1 2 3 4 5 6 7 8 9
		サ	0 1 2 3 4 5 6 7 8 9
		シ	0 1 2 3 4 5 6 7 8 9

評点
/100

推定配点	
1～5 各5点×20	
100点	計

二〇二二年度 水城高等学校 国語解答用紙

【記入上の注意】

1. 氏名・フリガナ・受験番号を記入すること。
2. 受験番号は全５けたを必ずマークすること。
3. マークする際は必ずHBの黒鉛筆を用い，ていねいにマークすること。
4. 訂正するときは，プラスチック消しゴムできれいに消すこと。
5. 所定の記入欄以外の場所には何も書かないこと。
6. 解答用紙は折り曲げたり，汚したりしないこと。
7. 記入例

良い例	悪い例		
3	うすい	短い	ほそい

フリガナ	
氏　名	

受験番号記入欄 受験番号マーク欄

受験番号				
万	千	百	十	一
0 1 2 3 4 5 6 7 8 9	0 1 2 3 4 5 6 7 8 9	0 1 2 3 4 5 6 7 8 9	0 1 2 3 4 5 6 7 8 9	0 1 2 3 4 5 6 7 8 9

一	(1)	ア	1 2 3 4
		イ	1 2 3 4
	(2)		1 2 3 4 5
	(3)		1 2 3 4 5
	(4)		1 2 3 4 5
	(5)		1 2 3 4 5
	(6)		1 2 3 4 5
二	(1)		1 2 3 4 5
	(2)		1 2 3 4 5
	(3)		1 2 3 4 5
	(4)		1 2 3 4 5
	(5)		1 2 3 4 5
	(6)		1 2 3 4 5
	(7)		1 2 3 4 5

三	(1)	1 2 3 4 5
	(2)	1 2 3 4 5
	(3)	1 2 3 4 5
	(4)	1 2 3 4 5
	(5)	1 2 3 4 5
	(6)	1 2 3 4 5
	(7)	1 2 3 4 5

四	(1)	1 2 3 4 5
	(2)	1 2 3 4 5
	(3)	1 2 3 4 5
	(4)	1 2 3 4 5
	(5)	1 2 3 4 5

評点
/100

推定配点	
一 (1)～(3) 各3点×4 (4)～(6) 各4点×3　二～四 各4点×19	
100点	計

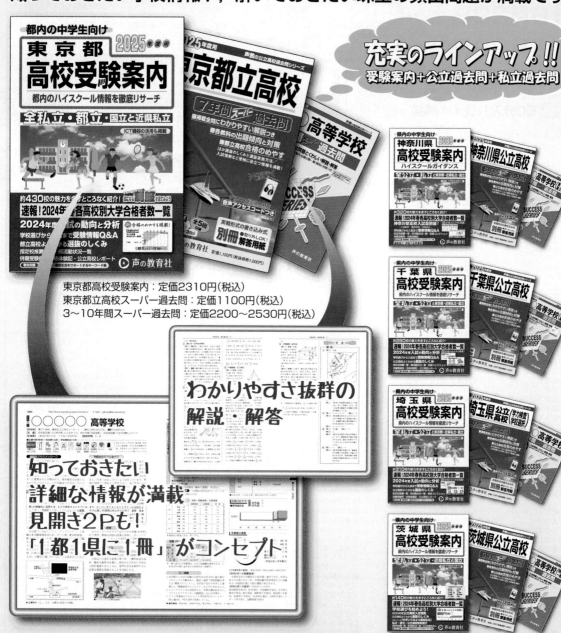

高校後見返し